Portfoliomanagement in Unternehmen

Reinhard Grimm · Markus Schuller
Raimund Wilhelmer

Portfoliomanagement in Unternehmen

Leitfaden für Manager und Investoren

Reinhard Grimm
St. Pölten
Österreich

Raimund Wilhelmer
Haslau/Wien
Österreich

Markus Schuller
Monaco
Monaco

ISBN 978-3-658-00259-6
DOI 10.1007/978-3-658-00260-2

ISBN 978-3-658-00260-2 (eBook)

Die Deutsche Nationalbibliothek verzeichnet diese Publikation in der Deutschen Nationalbibliografie; detaillierte bibliografische Daten sind im Internet über http://dnb.d-nb.de abrufbar.

Springer Gabler
© Springer Fachmedien Wiesbaden 2014
Das Werk einschließlich aller seiner Teile ist urheberrechtlich geschützt. Jede Verwertung, die nicht ausdrücklich vom Urheberrechtsgesetz zugelassen ist, bedarf der vorherigen Zustimmung des Verlags. Das gilt insbesondere für Vervielfältigungen, Bearbeitungen, Übersetzungen, Mikroverfilmungen und die Einspeicherung und Verarbeitung in elektronischen Systemen.

Die Wiedergabe von Gebrauchsnamen, Handelsnamen, Warenbezeichnungen usw. in diesem Werk berechtigt auch ohne besondere Kennzeichnung nicht zu der Annahme, dass solche Namen im Sinne der Warenzeichen- und Markenschutz-Gesetzgebung als frei zu betrachten wären und daher von jedermann benutzt werden dürften.

Lektorat: Stefanie Brich, Katharina Harsdorf

Springer Gabler ist eine Marke von Springer DE. Springer DE ist Teil der Fachverlagsgruppe Springer Science+Business Media
www.springer-gabler.de

Vorwort

Vor nicht allzu langer Zeit stand ein mittelständisches österreichisches Unternehmen mit etwa 1.000 Mitarbeitern vor der Herausforderung, dass die Umsätze in einem der adressierten Zielmärkte stark rückläufig waren. Daher wurde der Portfoliomanager mit der Aufgabe betraut, eine Marktanalyse durchzuführen, um die Positionierung der einzelnen Produkte anzupassen und potenzielle neue Marktsegmente zu identifizieren. Es verging Woche um Woche, ohne dass eine entsprechende Erhebung vorlag. Der zuständige Manager, der die Analyse in Auftrag gegeben hatte, wurde zusehends nervöser, da keine Gegenmaßnahme für den anhaltenden Rückgang definiert werden konnte, und übte zunehmend Druck auf den Portfoliomanager aus. Trotzdem hielt er auch nach einem Zeitraum von zwei Monaten das erwünschte Dokument nicht in Händen. Eines Tages sprach ihn ein Kollege des Portfoliomanagers auf dem Gang an und teilte ihm mit, dass der betroffene Mitarbeiter fast rund um die Uhr an der Analyse arbeite, aber sich sein Elaborat nicht zu übermitteln getraue, da er ja nicht wisse, ob das Ergebnis „richtig" sei. In seiner perfektionistischen Art wollte der Portfoliomanager eine hochwertige Arbeit abliefern, hatte aber keinen Maßstab dafür, diese inhaltlich zu bewerten.

Diese und zahlreiche vergleichbare Begebenheiten, die wir in den letzten Jahren beobachten konnten, waren der Anstoß, ein Buch zum Thema Portfoliomanagement zu schreiben. Portfoliomanagement ist mit Sicherheit eine der ambivalentesten Aufgaben in einem Unternehmen. In keiner anderen Rolle ist das Spektrum der Anforderungen derart vielfältig und wohl wenige Funktionen sind so konfliktbehaftet wie das Portfoliomanagement. Dies fordert einen speziellen Typ Mensch, der eine breite Palette an fachlicher Qualifikation, aber auch an sozialen Fähigkeiten an den Tag legt. Allerdings sind am Arbeitsmarkt nur wenige solcher „Wunderwuzzis" zu bezahlbaren Konditionen verfügbar und darüber hinaus wird auch der Wert der Tätigkeiten kraft ihrer indirekten Wirkung häufig deutlich unterschätzt. Daher kommt es in Unternehmen, die Produkt- oder Portfoliomanagement einführen, oftmals zu pragmatischen Besetzungen durch gute Fachkräfte, ehemalige Team- oder Projektleiter sowie Kollegen aus dem Marketing, die mit der Aufgabe betraut werden, das „Portfolio des Unternehmens zu konsolidieren und zu managen". Die Konsequenz zeigt sich in obigem Beispiel. In diesem Fall wurde ein hervorragender, analytisch veranlagter Mitarbeiter vom Chefentwickler zum Portfoliomanager „befördert".

Dieser stand nun vor der Herausforderung, eine Arbeit durchzuführen, deren Richtigkeit erst Jahre später beurteilt werden kann und keinesfalls durch ihn selbst zum Zeitpunkt der Erstellung.

In diesem Buch wollen wir daher vor allem die unternehmerische Natur der Aufgabe des Portfoliomanagements in ihrer Gesamtheit verdeutlichen und darüber hinaus auch auf die Voraussetzungen eingehen, die für deren Gelingen unerlässlich sind. Für Entscheider und Unternehmer soll es Anhaltspunkte liefern, die Rahmenbedingungen für Portfoliomanagement richtig zu definieren, die optimale Person für diese Aufgabe auszuwählen und deren Arbeit zu bewerten. Umgekehrt möchten wir auch für Portfoliomanager mit konkreten Beispielen, Tipps und Handlungsanregungen eine Unterstützung für die vielfältigen Aspekte ihrer Rolle bieten – wissend, dass eine Person wohl nur schwer das gesamte Spektrum abdecken kann.

Dieser Umstand hat uns auch dazu bewogen, zu dritt an diesem Buch zu schreiben. Raimund Wilhelmer bringt als Unternehmer und Berater vor allem Erfahrungen im Aufbau kleiner und mittelständischer Firmen ein, die sich mit Produkten am Markt erfolgreich positionierten. Den Blickwinkel größerer, international tätiger Unternehmen trägt Reinhard Grimm bei. Er kennt aus seiner beruflichen Praxis auch die Herausforderungen, mit denen sich Portfoliomanager angesichts komplexer Organisationsstrukturen und interner Vorgaben auseinanderzusetzen haben. Von ihm stammen vor allem jene Aspekte, die es zu berücksichtigen gilt, um in einem solchen Kontext ein funktionierendes Portfoliomanagement aufzubauen und nachhaltig zu etablieren. Da es beim Management von Produktportfolios in den meisten Fällen letztlich auch darum geht, entsprechende Einnahmen und Gewinne zu erwirtschaften, betrachtet Markus Schuller das Thema Portfoliomanagement aus Investorensicht und steuert übertragbare Erkenntnisse aus der Optimierung von Portfolios im Asset Management bei. Er ist Eigentümer und Geschäftsführer eines Unternehmens, das sich auf die Optimierung der Strategic Asset Allocation von Portfolios professioneller Anleger in Europa fokussiert, und kennt die Kriterien, nach denen Portfolios und Geschäftspläne beurteilt werden.

Die Beispiele, die wir in diesem Buch anführen, basieren neben frei erfundenen Illustrationen vor allem auf öffentlich zugänglichen Publikationen und realen Situationen, die wir selbst in der Praxis miterleben durften – bei denen jedoch die betroffenen Personen und Unternehmen aus Gründen der Vertraulichkeit mit fiktiven Namen bezeichnet werden.

Wir hoffen, Ihnen damit einen vielschichtigen Einblick in das Thema Portfoliomanagement zu vermitteln und dass Sie für sich selbst zahlreiche nützliche Anregungen aus diesem Buch ableiten können.

In jedem Fall wünschen wir Ihnen viel Freude beim Lesen und vor allem Erfolg bei Ihren Vorhaben rund um das Thema Portfoliomanagement!

Wien, November 2013

Reinhard Grimm
Markus Schuller
Raimund Wilhelmer

Inhaltsverzeichnis

1	Einleitung		1
2	**Vom Produkt zum Portfolio**		5
	2.1	Produkt oder Einzellösung?	5
		2.1.1 Produkt oder kein Produkt?	7
		2.1.2 Typische Muster halbherziger Produktentscheidungen	11
		2.1.3 Die Falle der „kleinen Anpassungen"	14
		2.1.4 Zwei Geschäftsmodelle	16
		2.1.5 Iterative/stufenweise Entwicklung	18
	2.2	Mehrere Abstraktionsebenen von Produkten	21
		2.2.1 Ebene 1: Direkte Replikation des primären Erzeugnisses	21
		2.2.2 Ebene 2: Metaprodukt	23
		2.2.3 Ebene 3: Vorgehensweise als Produkt	26
	2.3	Ein einzelnes Produkt birgt Risiken – mehrere Produkte bringen Kosten	30
	2.4	Portfolio-Sensitivitätsanalyse	39
	2.5	Fokussierung versus Diversifikation	43
	2.6	Produkt-/Portfolioentwicklung	51
	2.7	Zusammenfassung	55
	Weiterführende Literatur		56
		Bücher und Zeitschriften	56
		eBooks	57
		Online-Quellen	57
3	**Marktanalyse**		59
	3.1	Methoden von Marktanalysen	65
		3.1.1 Abgrenzung der Analysevariablen	67
		3.1.2 Ermittlung der Erfolgsfaktoren	68
		3.1.3 Auswahl der Datenquellen	70
		3.1.4 Verwendete Methoden der Marktanalyse	73

	3.2	Analysemethoden und -instrumente	75
		3.2.1 Portfolio-Markt-Matrix (Ansoff-Matrix oder Z-Matrix)	75
		3.2.2 Marktwachstums-Marktanteils-Portfolio (BCG-Matrix oder Boston I Portfolio)	77
		3.2.3 Marktattraktivitäts-Wettbewerbsstärken-Portfolio (Neun-Felder-Portfolio oder McKinsey-Portfolio)	79
		3.2.4 SWOT-Analyse	80
		3.2.5 Aussagekraft von Marktanalysen	81
	3.3	Wie ermittelt man Marktpotenzial und in weiterer Folge potenzielles Absatzvolumen?	83
	3.4	Regelmäßige Marktbeobachtung	85
	3.5	Marktanalyse im Kontext interner und externer Unternehmenskomplexität	87
		3.5.1 Interne und externe Komplexität	87
		3.5.2 Erkennen und Verarbeitung von Komplexität	91
	3.6	Alleinstellungsmerkmale, USPs	97
		3.6.1 Merkmale von USPs	98
		3.6.2 Individuelle Einschätzung versus analytisches Erkennen	99
	3.7	Innovationskraft: „Early Bird" versus „Adabei"	100
		3.7.1 Innovationen und deren Potenzial	100
		3.7.2 Der richtige Zeitpunkt	103
	3.8	Kosten versus Nutzen von Marktanalysen	104
	3.9	Zusammenfassung	106
	Weiterführende Literatur		108
		Bücher und Zeitschriften	108
		Online-Quellen	108
4	**Das Produktportfolio im Kontext der Unternehmensstrategie**		**111**
	4.1	Instrumente des strategischen Marketings – der Marketingprozess	113
	4.2	Wie erstellt man eine interne Unternehmensanalyse?	117
		4.2.1 Kennzahlen-Analyse	117
		4.2.2 GAP-Analyse	120
		4.2.3 Wert(schöpfungs)ketten-Analyse	123
	4.3	Benchmark-Analyse als Schnittstelle zwischen Markt und Unternehmen	125
	4.4	Zieldefinition	129
	4.5	Strategiedefinition	132
		4.5.1 Definition des Portfolios: Portfoliostrategie	133
		4.5.2 Preisgefüge: Preisstrategie	136
		4.5.3 Weiterentwicklung und Nachhaltigkeit: Innovationsstrategie	142
	4.6	Operatives Marketing	144
	4.7	Portfoliomanagement versus Bauchladen	148

	4.8	Der Portfoliomanager als interner und externer Vertrieb	150
	4.9	Change Management	150
	4.10	Zusammenfassung	154
	Weiterführende Literatur		155
		Bücher und Zeitschriften	155

5 Organisation und Management ... 157
- 5.1 Der Portfoliomanager ... 157
- 5.2 Organisation ... 164
  - 5.2.1 Untergeordnetes Portfoliomanagement ... 165
  - 5.2.2 Portfoliomanagement als Matrix ... 168
  - 5.2.3 Portfoliomanagement mit Linienverantwortung ... 172
  - 5.2.4 Organisatorische Zuordnung des Portfoliomanagements ... 174
  - 5.2.5 Komplexität ... 178
- 5.3 Natürliche Konflikte im Portfoliomanagement ... 182
  - 5.3.1 Widerspruch 1: Produkt versus Linie ... 184
  - 5.3.2 Widerspruch 2: Produkt versus Projekt ... 186
  - 5.3.3 Widerspruch 3: Produkt versus Vertrieb ... 191
  - 5.3.4 Widerspruch 4: Portfolio versus Produkt ... 195
- 5.4 Abläufe ... 197
  - 5.4.1 Abstimmung Portfoliomanagement – Vertrieb – Projektmanagement ... 197
  - 5.4.2 Information und Kommunikation ... 201
  - 5.4.3 Entscheidungen ... 204
- 5.5 Zusammenfassung ... 207
- Weiterführende Literatur ... 209
  - Bücher und Zeitschriften ... 209

6 Geschäftsplan ... 211
- 6.1 Erstellung des Geschäftsplanes ... 213
  - 6.1.1 Die Basis des Geschäftsplanes ist ein solides Geschäftsmodell ... 213
  - 6.1.2 Vom Geschäftsmodell zum Geschäftsplan ... 215
- 6.2 Inhalte eines Geschäftsplanes ... 220
  - 6.2.1 Executive Summary ... 222
  - 6.2.2 Allgemeine Unternehmensbeschreibung/ Kontext ... 223
  - 6.2.3 Produkte und Dienstleistungen ... 225
  - 6.2.4 Marketingplan ... 226
  - 6.2.5 Umsetzungsplan ... 243
  - 6.2.6 Management und Organisation ... 247
  - 6.2.7 Unternehmensstruktur und Kapitalisierung ... 250
  - 6.2.8 Risiken und Chancen ... 252
  - 6.2.9 Finanzplan ... 255
  - 6.2.10 Konklusion ... 272

	6.3	Zusammenfassung	273
	Weiterführende Literatur		274
		Bücher und Zeitschriften	274
		eBooks	274
		Online-Quellen	274
7	**Die Sicht des Investors**		275
	7.1	Historie des Portfoliomanagements	275
		7.1.1 Moderne Portfoliotheorie (MPT)	276
		7.1.2 CAPM (Capital Asset Pricing Model)	279
		7.1.3 Effizienzmarkthypothese (EMH)	280
		7.1.4 Asset Allocation 1. Generation	281
		7.1.5 Asset Allocation 2. und 3. Generation	287
	7.2	Umgang mit Investmentbanken	301
		7.2.1 Eine (sehr) kurze Geschichte von Investment-Banking-Services	301
		7.2.2 Klassische Investment-Banking-Services	303
		7.2.3 Schein und Sein	305
	7.3	Gängige Bewertungsmethoden in der Unternehmensanalyse	312
		7.3.1 Discounted Cash Flow/Net Present Value	313
		7.3.2 Comparables/Multiples	314
		7.3.3 Venture-Capital-Methode	316
		7.3.4 First-Chicago-Methode	318
		7.3.5 Methodenwahl	320
	7.4	Bewertung von Produktportfolios	321
		7.4.1 Produktneuheiten in Cash-Flow-Annahmen berücksichtigen?	321
		7.4.2 Nützliche Praktikerliste aus Investorensicht	321
		7.4.3 Reflexion hinsichtlich Bewertungsmodellen und Verhandlungen	322
	7.5	Zusammenfassung	324
	Weiterführende Literatur		326
		Bücher	326
		Online-Quellen	327

Sachverzeichnis ... 329

Abbildungsverzeichnis

Abb. 2.1	Bewertungshorizont: Einzelvorhaben versus Produkt	8
Abb. 2.2	Aspekte pro Produktstrategie	10
Abb. 2.3	Gesamtentwicklung versus schrittweises Vorgehen	19
Abb. 2.4	Ebene 1: Direkte Replikation	22
Abb. 2.5	Ebene 2: Metaprodukt	24
Abb. 2.6	Vorgehensweise als Produkt	27
Abb. 2.7	Produktlebenszyklus nach Kotler und Bliemel	36
Abb. 2.8	Revidierter Produktlebenszyklus nach Moore	37
Abb. 2.9	Portfolio-Sensitivitätsanalyse Schritte 1–3	39
Abb. 2.10	Portfolio-Sensitivitätsanalyse Schritte 4–9	40
Abb. 2.11	Portfolio-Sensitivitätsanalyse Schritte 10 und 11	42
Abb. 3.1	Abgrenzung des relevanten Marktes	74
Abb. 3.2	Portfolio-Markt-Matrix	76
Abb. 3.3	Beispiel einer Produkt-Markt-Matrix	77
Abb. 3.4	Beispiel einer BCG-Matrix	78
Abb. 3.5	McKinsey-Matrix	80
Abb. 3.6	SWOT-Analyse	81
Abb. 3.7	Interne und externe Komplexität	88
Abb. 3.8	Anstieg der Komplexität bei Produkten aufgrund wachsender Diversifikation	92
Abb. 3.9	Phasen des Komplexitätsmanagements	95
Abb. 4.1	Der Prozess des strategischen Marketings	114
Abb. 4.2	GAP-Analyse	122
Abb. 4.3	Wertschöpfungskette	124
Abb. 4.4	Benchmarking-Prozess	128
Abb. 4.5	Zielhierarchie	130
Abb. 4.6	Säulenmodell einer Portfoliostrategie	134
Abb. 4.7	Preisfindung	141
Abb. 4.8	Innovationsprozess	143
Abb. 4.9	Innovationsprozess: Einflussbereiche des Portfoliomanagers	144

Abb. 4.10	Definition des Marketingmix		146
Abb. 5.1	Produktmanager als Querschnittsfunktion		159
Abb. 5.2	Untergeordnetes Portfoliomanagement		167
Abb. 5.3	Portfoliomanagement als Matrix		169
Abb. 5.4	Portfoliomanagement mit Linienverantwor-tung		172
Abb. 5.5	Produkt- und Portfoliomanagement als Matrix		177
Abb. 5.6	Produkt- und Portfoliomanagement mit direkter Berichtslinie		177
Abb. 5.7	Komplexitätsverarbeitungskapazität einer Organisation		179
Abb. 5.8	Optimierung durch Erhöhung der Binnenkomplexität		179
Abb. 5.9	Beispiel Anlagenbau: Lernkurve bei neuem Portfolioelement		201
Abb. 6.1	Wichtige Einflussfaktoren bei Überlegungen rund um Portfolioelemente		214
Abb. 6.2	Erfolgskritische Meilensteine bei der Erstellung von Geschäftsplänen		218
Abb. 6.3	Beispiele für Abhängigkeiten zwischen Portfolioelementen		218
Abb. 6.4	Wirksamkeit in Abhängigkeit von der Größe des Zielmarktes		230
Abb. 6.5	Alternative Distributionsstrategien		234
Abb. 6.6	Direkte und indirekte Kosten für Portfolioelemente		258
Abb. 6.7	Liquiditätsplanung		261
Abb. 6.8	Beispiel Barwertberechnung		270
Abb. 7.1	Diversifizierbare Risiken		277
Abb. 7.2	MPT Effizienzgrenze		278
Abb. 7.3	Säulenheilige der ersten Generation von Asset-Allocation-Modellen		281
Abb. 7.4	Asset-Allocation-Generationen		282
Abb. 7.5	AuM Publikumsfonds-Industrie		283
Abb. 7.6	US Equity Fund Flow		285
Abb. 7.7	Asset-Allocation-Strategien je Generation		286
Abb. 7.8	Diversifikation des Yale-Portfolios Mitte der 1990er Jahre		290
Abb. 7.9	UOBAM Investment Clock		293
Abb. 7.10	Consensus Forecast		294
Abb. 7.11	Sektoraler Gleichklang		295
Abb. 7.12	Hedge-Funds-Korrelation		296
Abb. 7.13	Asset Class Allocation		296
Abb. 7.14	Risk Allocation		297
Abb. 7.15	Asset-Allocation-Modell-Historie		300
Abb. 7.16	IB Service-Tree		303
Abb. 7.17	FICC Service-Tree		305
Abb. 7.18	FICC		306
Abb. 7.19	Karriereverlauf Analyst		307
Abb. 7.20	Forecast Korrekturen		309
Abb. 7.21	Optimist Bias		310
Abb. 7.22	Optimist Bias		310

Tabellenverzeichnis

Tab. 3.1	Einstufung von Datenmaterial im Rahmen der Marktforschung	72
Tab. 3.2	Arten und Eigenschaften von USPs	100
Tab. 4.1	Beispiel eines Fragebogens zur unternehmensinternen Bewertung	118
Tab. 5.1	Zielkonflikte in der Unternehmensorganisation	188
Tab. 6.1	Branchenbetas	266
Tab. 6.2	Zinssätze nach Risikokategorien	269
Tab. 7.1	Asset Allocation bei steigender Illiquidität	291
Tab. 7.2	Asset Allocation von Asset Manager je Assetklasse	292
Tab. 7.3	Asset Allocation von Pensionsfonds je Assetklasse	292
Tab. 7.4	Comparables	315

Die Autoren

Dr. Reinhard Grimm MBA arbeitet als Geschäftsbereichsleiter in einem international erfolgreichen Hochtechnologie-Konzern in Wien und lehrt an universitären sowie außeruniversitären Einrichtungen. Die inhaltlichen Schwerpunkte seiner beruflichen Tätigkeit sind vor allem im Kontext der geschäftlichen Verantwortung für das Produktportfolio von Unternehmensbereichen und im Aufbau neuer Geschäftsfelder angesiedelt. In diesem Zusammenhang leitete er auch mehrere Programme zur Organisationsentwicklung und Reorganisation von Abteilungen in Großunternehmen.

Neben einem Technikstudium sind seine wissenschaftlichen Schwerpunkte vor allem Projektmanagement, soziale Kompetenz und Gruppendynamik. Zu diesem Themenkreis verfasste Reinhard Grimm bereits mehrere Bücher und Artikel.

Mag. Markus Schuller MBA, MScFE Markus Schuller ist Gründer von Panthera Solutions, einem Anbieter von Strategic Asset Allocation Intelligence mit Sitz im Fürstentum Monaco, sowie Adjunct Professor an der International University of Monaco.

Er blickt auf über 15 Jahre Erfahrung im Handeln, Strukturieren und Managen von traditionellen und alternativen Investmentprodukten zurück. Mit Panthera Solutions bietet er professionellen Investoren eine Überleitung in die dritte Generation von Asset-Allocation-Optimierungstechniken an. Markus Schuller spricht regelmäßig auf internationalen Investment-Konferenzen zum Thema Asset Allocation und kommentiert den Finanzmarkt für deutschsprachige Qualitätsmedien.

Raimund Wilhelmer unterstützt mittelständische IT-Unternehmen bei der geschäftlichen Entwicklung von Innovationen und deren Etablierung am Markt.

In seiner mehr als 20-jährigen beruflichen Tätigkeit hat er umfassende Erfahrung im Produktmanagement und Portfoliomanagement in Deutschland, Österreich sowie der Schweiz gesammelt und in operativer wie beratender Funktion mehreren Start-ups mit innovativen Geschäftsmodellen zum Erfolg verholfen. In seiner bisherigen Laufbahn konzentrierte er sich vor allem auf die operative Umsetzung des Prozesses von der Idee über die Entwicklung einer Go-to-Market-Strategie bis hin zur praktischen Realisierung des Geschäftsmodells.

Zudem ist er an zahlreichen nationalen und internationalen Initiativen, die den Aufbau und die wirtschaftliche Entfaltung von Unternehmen fördern, aktiv beteiligt.

1 Einleitung

Zweifellos handelt es sich beim Management von Produktportfolios um eine voraussetzungsvolle, aber auch erfolgsentscheidende Aufgabe in Unternehmen. Sie impliziert eine enge Zusammenarbeit mit einer Vielzahl unterschiedlichster Stellen der Organisation und ein breites Spektrum an Qualifikationen. So ist der Portfoliomanager Experte für den Markt und die Produkte in seinem Portfolio, Ansprechpartner für Controlling, Projektabteilungen, Vertrieb, verantwortlich für den Geschäftsplan und vielfach auch für dessen erfolgreiche Realisierung. Selbst wenn die Verantwortungen und Zuständigkeiten je nach Unternehmen variieren, so handelt es sich stets um eine sehr vielfältige Aufgabe, die in der Regel auch im Spannungsfeld widersprüchlicher Zielsetzungen der einzelnen Stakeholder innerhalb und außerhalb des Unternehmens angesiedelt ist. Es ist durchaus gerechtfertigt, wenn Produktmanager als „Unternehmer im Unternehmen" bezeichnet werden. Für professionell betriebenes Portfoliomanagement gilt dies mit Sicherheit und es stellt dahingehend einen sehr wirksamen, aber komplex zu bedienenden Hebel dar, der den Erfolg der jeweiligen Firma maßgeblich beeinflussen kann. Dementsprechend sind auch die Kapitel dieses Buches bewusst vielschichtig angelegt.

Inhalt und Struktur des Buches In den ersten Kapiteln (Kap. 2 bis Kap. 6) wird insbesondere auf die innerbetriebliche Sichtweise des Managements von *Produkt*portfolios Bezug genommen. Dabei stehen vor allem der unternehmerische Aspekt der Tätigkeit und die Wechselwirkung zwischen Portfolio und Unternehmen im Vordergrund.

Kapitel 2 geht auf Nutzen, Sinnhaftigkeit von Produkten und Produktportfolios ein, behandelt aber auch die damit verbundenen Herausforderungen.

In Kap. 3 erfolgt die Betrachtung des Marktes als den wesentlichen Einflussfaktor, der letztlich in Form der Kunden und Abnehmer über den monetären Erfolg eines Portfolios befindet. Es wird gezeigt, wie eine aussagekräftige Marktanalyse durchgeführt werden sollte und welche Schlüsse daraus gezogen werden können.

Kapitel 4 widmet sich vor allem den Unternehmensinterna und behandelt jene Implikationen, die Portfoliomanagement im Kontext der Unternehmensstrategie mit sich bringt.

Dies impliziert die Erläuterung möglicher Positionierungsstrategien, aber auch die Auswirkung auf interne Prozesse und die Außenwirkung des Unternehmens.

Auf den organisatorischen Aspekt von Portfoliomanagement konzentriert sich insbesondere Kap. 5. Es beschreibt die Rolle des Portfoliomanagers in deren Vielfältigkeit und setzt sie in Bezug zu verschiedenen organisatorischen Strukturvarianten. Ferner zeigt sie Widerspruchsfelder auf, die mit Portfoliomanagement untrennbar verbunden sind und deren permanentes Management einen wesentlichen Schlüssel zum Erfolg darstellt.

Die zuvor aus Unternehmenssicht behandelten Aspekte, erweitert um ein Geschäftsmodell und eine Finanzplanung, greift Kap. 6 auf und bringt sie in Form eines Geschäftsplanes in eine Struktur, die in der Praxis als Entscheidungsgrundlage für Portfolioinvestitionen erwartet wird.

Kapitel 7 stellt eine Gegendarstellung zu den vorangegangenen Ausführungen dar, indem es die Sichtweise der Entscheider und Investoren illustriert. Entsprechend weiter gefasst ist der Portfoliobegriff in diesem Kontext zu sehen. Nachdem selbst erfahrenen Managern und Unternehmern oftmals die Entscheidungsprämissen von Geldgebern und Investoren nicht transparent sind, sie mitunter aber über die Umsetzung eines Vorhabens befinden, startet dieses Kapitel mit einem historischen Abriss über die Entwicklungen am Kapitalmarkt im Kontext des Portfoliomanagements. Ferner wird die Rolle und Positionierung von Investmentbanken erläutert, bevor letztlich darauf eingegangen wird, wie Geldgeber Investitionsprojekte bewerten und was dies für den Ideenbringer bedeutet. Bewusst ist dieses Kapitel stark an die „Sprache der Investoren" angelehnt, um die Unterschiedlichkeit der Denkweise von Investoren im Vergleich zu Unternehmen zu verdeutlichen und den Blick in Hinsicht auf deren Terminologie zu schärfen.

Am Ende jedes Kapitels findet sich jeweils eine kurze Zusammenfassung, welche die wesentlichen Inhalte des vorangegangenen Abschnitts rekapituliert und speziell Stolperfallen, die in der Praxis immer wieder Herausforderungen mit sich bringen, explizit auflistet.

Obwohl die Kapitel des vorliegenden Buches grundsätzlich aufeinander aufbauen und einen Bogen von der prinzipiellen Überlegung, ob ein Produktportfolio sinnvoll ist, über die Implikationen auf das Unternehmen und das Management des Portfolios bis hin zur Entscheidungsgrundlage in Form eines Geschäftsplanes und deren Beurteilung durch den Investor spannen, sind sie bewusst so gestaltet, dass sie auch für sich alleine stehen können und einzelne Bereiche des Portfoliomanagements abschließend behandeln. Dies soll jenen, die sich für bestimmte Aspekte interessieren, die Möglichkeit geben, die für sie relevanten Kapitel zu lesen und andere zu überspringen, ohne dass für das Verständnis des jeweiligen Abschnitts wesentliche Elemente fehlen.

Zielpublikum Das vorliegende Buch richtet sich einerseits an Unternehmer und Portfoliomanager und soll diesen einen umfassenden Einblick in die Rahmenbedingungen und Erfolgsfaktoren professionellen Portfoliomanagements vermitteln. Dabei wird eine gewisse unternehmerische Erfahrung in Theorie und Praxis unterstellt, wobei die behandelten Aspekte immer wieder durch Beispiele verdeutlicht werden.

Andererseits soll dieses Werk auch Investoren einen Blick darauf eröffnen, wie Portfoliomanagement in Unternehmen umgesetzt wird und welche Implikationen damit verbunden sind. Zudem werden vor allem auch für potenzielle Geldgeber, die sich erstmals eingehender mit dem Thema beschäftigen möchten, die gängigen Bewertungsmethoden und Entscheidungskriterien für Portfolioinvestitionen erläutert.

Hervorzuheben ist, dass vor allem der unternehmerische Aspekt und weniger die inhaltlichen Tätigkeiten des Portfoliomanagers behandelt werden, weshalb auf Themen des „klassischen" Produktmanagements wie Preisgestaltung, Marketingkampagnen oder Produktdokumentation so weit eingegangen wird, wie es zum Verständnis des Gesamtzusammenhangs erforderlich ist. Damit richtet sich dieses Buch vor allem an Personen, die im Unternehmenskontext Portfolios verantworten, diesbezügliche Entscheidungen treffen oder allgemein einen prinzipiellen Einblick in die Arbeit eines Portfoliomanagers gewinnen möchten.

Vom Produkt zum Portfolio

2

Wohl eine der schwierigsten, aber entscheidenden Fragen, die große wie kleine Unternehmen zu beantworten haben, ist jene nach dem Geschäftsmodell. Damit verbunden sind zahlreiche Fragestellungen, welche die Unternehmensorganisation, die internen Abläufe und auch den Auftritt am Markt signifikant beeinflussen. Eine fundamentale Grundentscheidung, die es dahingehend zu treffen gilt, betrifft die Art und Weise, wie die zu verkaufenden Erzeugnisse erstellt werden. Soll es sich vorwiegend um kundenspezifische Einzellösungen oder um mehrfach verkaufbare Produkte handeln? Jeder der beiden Wege ist eine zulässige Überlegung, und die Frage nach richtig oder falsch hängt vor allem von der Natur des Erzeugnisses, der strategischen Positionierung und den Bedürfnissen der Abnehmer beziehungsweise des Marktes ab. Entsprechend implizieren beide Ansätze unterschiedliche interne und externe Herausforderungen, Chancen und Risiken und eine entsprechende Planung finanzieller Aspekte.

Leider ist es eher die Ausnahme als die Regel, dass tiefer greifende Überlegungen in diesem Kontext angestellt werden. Wenn überhaupt, dann handelt es sich meist nur um sehr oberflächliche Betrachtungen. Nur selten sind sich die Entscheider bewusst, welche Risiken und Investitionssummen am Ende des Tages damit verbunden sind.

Dieses Kapitel nimmt speziell die Fragen „Individuelle Einzellösung oder Produkt?" sowie „Einzelnes Produkt oder Produktportfolio?" unter die Lupe und vermittelt Anhaltspunkte für eine fundierte Entscheidungsgrundlage.

2.1 Produkt oder Einzellösung?

Erst kürzlich konnte ich (R.G.) in einem größeren Unternehmen folgende interessante Diskussion zur Freigabe eines Angebotes mitverfolgen: Anton, der zuständige Vertriebskollege, präsentierte gemeinsam mit dem technischen Verantwortlichen, Boris, ein Vorhaben in der Größenordnung von etwa 500.000 € Endkundenpreis. Ziel war die Freigabe zur Angebotslegung durch den zuständigen Geschäftsverantwortlichen, Clemens. Es ging um die Integration einer speziellen Kundenbetreuungssoftware in einem Telekommunikationsunternehmen. Anton hatte ein gutes Gefühl für den erzielbaren Verkaufspreis. Leider war dieser mit 500.000 € etwa auch in der Größenordnung, die seitens Boris alleine für die internen Aufwände und Kosten veranschlagt wurde. Eine genaue Schätzung war jedoch schwierig, da es sich um das erste Projekt mit dieser Software handelte. Richtung Clemens argumentierten die beiden folgendermaßen: „Gut, wir machen hier keinen Gewinn, weil dieses Projekt hart umkämpft ist, aber wir erkaufen uns damit den Eintritt in einen neuen Markt. Allein im nächsten Jahr können wir fünf solcher Projekte abwickeln und die sind alle profitabel, da das erste Projekt auch gleichzeitig genutzt wird, um unsere Leute auszubilden." Dies war Information genug, dass Clemens die Freigabe für das Angebot erteilte. Auf dem ersten Blick ist die Argumentation bestechend und ein Projekt, das seine Kosten trägt und profitables Folgegeschäft nach sich zieht, kann doch nur schwer abgelehnt werden. Sieht man genauer hin, wurden hier aber einige Aspekte außer Acht gelassen. Eine Software, mit der die Abwicklungsmannschaft keine Erfahrungen vorweisen kann, birgt enorme Risiken in der Integration. Wenn das Projekt gerade mal die geschätzten Kosten trägt, führt jede noch so kleine Schwierigkeit in der Realisierung zu einem negativen Ergebnis. Zudem spricht die Tatsache, dass das Projekt heiß umkämpft ist, dafür, dass auch andere Unternehmen in diesen Markt drängen. Ein Beleg dafür, dass die Folgeprojekte tatsächlich profitabel seien, konnte im Entscheidungsmeeting nicht erbracht werden. Was Clemens nicht in der vollen Tragweite bewusst war, ist der Umstand, dass er sich hier – sofern Antons Plan verwirklicht werden kann – nicht nur für ein einzelnes Projekt, sondern für ein Produkt entschieden hat, welches künftig das Portfolio des Unternehmens bereichern würde. Laut Argumentation der beiden Kollegen werde sich die Investition über vergleichbare Folgeprojekte rechnen, in denen das erworbene Wissen angewendet werden soll. Dazu ist aber erforderlich, dass jemand tatsächlich für den Wissensaufbau im Rahmen der Projekte Sorge trägt, der wiederum später kostengünstigere Realisierungen erlaubt. Diese Vorgehensweise bedingt eine entsprechende Dokumentation in abstrakter und damit wiederverwendbarer Form, die Aufbereitung von Erkenntnissen für künftige Projekte, eine über das Projekt hinausgehende Zusammenarbeit mit dem Hersteller der Software, da daran mit hoher Wahrscheinlichkeit auch Weiterentwicklungen vorgenommen werden würden, und so weiter. Die dadurch entstehenden Kosten muss aber jemand tragen. Im konkreten Fall wäre das eine Belastung des zur Diskussion stehenden Projektes oder ein Mehraufwand für die Abteilung, der über Folgeprojekte eingespielt werden muss. Ohne die real erzielbaren Folgeprofite zu kennen, ist es natürlich auch schwer einzuschätzen, ob die Initialaufwände jemals abgedeckt werden können. Keiner der drei Beteiligten hat sich damit auseinandergesetzt. Dabei ist aber genau diese Überlegung ausschlaggebend dafür, ob die Argumentation über künftige Projekte tatsächlich legitim und anwendbar ist. Da eine solche Vorgehensweise aber nicht unüblich ist, hatte Anton auch eine gute Chance, mit dem Verweis auf lukratives Folgegeschäft ein aller Voraussicht nach defizitäres Projekt anbieten zu dürfen. Dies ist ihm letztlich auch geglückt.

Was Anton hier so trefflich gelungen ist, findet täglich in unterschiedlichsten Unternehmen statt: Es wird einem konkreten Verlust in überschaubarer Höhe ein hochattraktiver potenzieller Gewinn in Folgeperioden gegenübergestellt. Ersterer ist mit Fakten belegt, Letzterer Spekulation. In einer Aussage verpackt, führt die Nachvollziehbarkeit der ersten Behauptung („Dieses Projekt können wir nur gewinnen, wenn wir unter Kosten anbieten.") rasch zu einer Akzeptanz der zweiten („Dafür verdienen wir an den Folgeprojekten richtig gut!"). Dieses Phänomen verstärkt sich durch die verheißungsvolle und erstrebenswerte Darstellung der Zukunft. Nun mal ehrlich: Wie viele Fälle können Sie, werter Leser, nennen, in denen die geplante Erstinvestition nicht überschritten wurde, und in wie vielen dieser Fälle stellten sich die ursprünglich skizzierten Erfolge tatsächlich ein? Es darf vermutet werden, dass es sich um eine überschaubare Anzahl handelt.

2.1.1 Produkt oder kein Produkt?

Die Frage, ob sich ein Einzelvorhaben rechnen muss oder ob durch Mehrfachverkauf – etwa in Form eines Produktes – anfängliche Investitionen eingespielt werden können, von einem einzelnen Anlassfall heraus zu betrachten, ist grundsätzlich die falsche, obgleich verbreitete Vorgehensweise.

Sofern es sich nicht um eine Non-Profit-Organisation (im eigentlichen Sinn) handelt, sollte sich jedes Vorhaben rechnen. Je nach Betrachtungshorizont sind für die Bewertung andere Faktoren heranzuziehen. Bei einem Einzelprojekt für einen genau definierten Kunden ist eine Gegenüberstellung des erzielbaren Erlöses mit den internen Kosten eine gute Basis. Handelt es sich um einen erwarteten Verkauf an mehrere, noch nicht individuell benennbare Kunden, ist also „der Markt" potenzieller Kunde, sind andere, marktbezogene Kriterien wie Marktpreis, Marktentwicklung oder Marktfragmentierung in Betracht zu ziehen. Ebenso gilt es, die internen Bewertungsgrundlagen anzupassen und etwa Generalisierungsaufwände, Amortisationszeiten, Lebenszykluskosten oder Umwegrentabilitäten zu berücksichtigen (s. Abb. 2.1).

Nachdem mittlerweile in nahezu allen Branchen die Innovationszyklen äußerst kurz sind, wird auch von Produktvorhaben eine vergleichsweise kurze Amortisationszeit gefordert. *„Der rasche Wandel bringt laufend Innovationen hervor, die bestehende Produkte ablösen. […] Die Zeit, die ein Produkt auf dem Markt bestehen kann, nimmt laufend ab. Demgegenüber stehen zunehmend steigende Anforderungen, um ein Produkt zur Marktreife zu bringen."* (Matys 2011, S. 22) Abhängig von der Branche kann der Lebenszyklus sechs Monate (Elektronische Konsumgüter), ein bis zwei Jahre (Software) oder drei bis fünf Jahre (Anlagenbau) betragen. Bei diesen Werten ist jedoch zu berücksichtigen, dass es sich auch um schrittweise Produkterweiterungen handeln kann. So wird etwa ein Computerbetriebssystem nicht jedes Jahr völlig neu entwickelt. In der Regel setzt die Nachfolgeversion auf der bereits bestehenden auf. Dennoch sollte sich die Investition in jede Version über den jeweiligen Zeitraum, in dem sie verkauft wird, rechnen – im Optimalfall in einem Drittel des avisierten Lebenszyklus. Darüber hinausgehende Betrachtungen, wie Rückführungen durch den Verkauf von Folgeversionen oder Verkäufe alter Releases parallel zu neuen, sollten nur in begründeten Ausnahmefällen zur Ermittlung der Rentabilität ein-

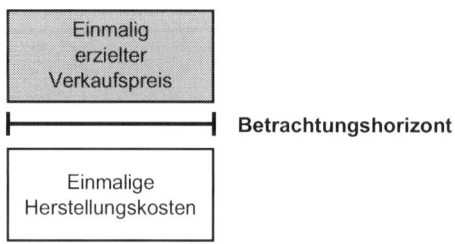

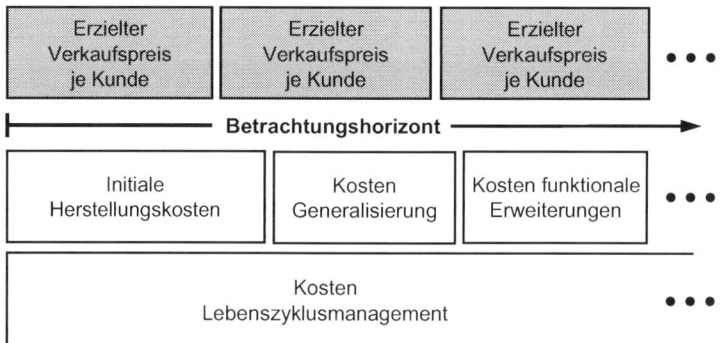

Abb. 2.1 Bewertungshorizont: Einzelvorhaben versus Produkt

zelner Versionen herangezogen werden. Meist handelt es sich hierbei schon um sehr vage und spekulative Ansätze, die oftmals dargebracht werden, wenn ein Vorhaben nur schwer rentabel dargestellt werden kann. Bei solchen Argumentationen ist Vorsicht angebracht.

▶ Jedes Produktvorhaben sollte sich etwa in einem Drittel des avisierten Produktlebenszyklus direkt rechnen – einzelne Versionen zumindest über den Zeitraum, in dem sie als Hauptversion angeboten werden. Bei indirekten Rückführungen ist Vorsicht geboten.

Nachdem die Realisierung eines Produktes offensichtlich mit nennenswerten direkten und indirekten Kosten verbunden ist, stellt sich natürlich die Frage, warum es sich überhaupt lohnen sollte, in Produkte oder in Produktportfolios zu investieren.

2.1 Produkt oder Einzellösung?

Die Gründe dafür können vielfältig sein und variieren in Abhängigkeit von der betrachteten Branche.Wesentliche Kriterien, sich für die Verfolgung einer Produktstrategie zu entscheiden, sind die folgenden:

- **Struktur und Strategie des eigenen Unternehmens,** dessen Kernkompetenz etwa in der kostengünstigen Replikation und weniger in der individuellen Projektabwicklung angelagert ist
- **Image und Bekanntheit** des Unternehmens am Markt durch entsprechende Positionierung des Produktes
- **Multiplikator** durch mehrfachen Verkauf einer erbrachten Leistung und damit erzielbarer Kostenvorteil gegenüber Mitbewerbern
- **Reduktion der Kosten je Kunde,** was sich speziell bei höheren Stückzahlen und in der Kundenbetreuung zeigt
- **Natur des Erzeugnisses,** die mitunter erzwingt, mehrfach zur Anwendung zu kommen; das ist beispielsweise bei Mobiltelefonen oder Computernetzwerkelementen der Fall
- **Natur des Entwicklungsprozesses,** der nur über einen Mehrfachabsatz desselben Erzeugnisses zu rechtfertigen ist; entsprechende Rahmenbedingungen sind hinlänglich aus der Pharmabranche bekannt
- **Erwartungshaltung seitens Kunden,** die keine individuellen Lösungen wünschen, um etwa sicherzustellen, dass sie längerfristig auf das Erzeugnis setzen können; dies ist insbesondere für kleinere Unternehmen ein wichtiger Faktor
- **Natur des Marktes,** die dazu führt, dass Kunden nicht einzeln adressiert werden können, wie es beispielsweise im Konsumgütergeschäft der Fall ist
- **Erhöhung der Markteintrittsbarriere** für Mitbewerber, die mitunter entsprechende Produktinvestitionen nicht auf sich nehmen können
- **Umwegrentabilitäten,** die dazu führen, andere Leistungen gewinnbringender zu positionieren oder interne Kosten zu senken

Abb. 2.2 zeigt diese Aspekte gegliedert nach Unternehmen, Erzeugnis (Produkt) beziehungsweise Markt.

Was auch immer die Gründe sein mögen – letztlich muss sich das Vorhaben in seiner Gesamtheit rechnen. Das bedeutet, dass die Summe der durch das Produkt entsprechend einer realistischen Einschätzung erzielbaren Einnahmen und Einsparungen zumindest höher als die dafür aufzuwendenden Kosten sein muss. Auf entsprechende Bewertungsmethoden wird später noch näher eingegangen (s. Abschn. 6.2.9). An dieser Stelle sei jedoch erwähnt, dass es sich hierbei nicht rein um Erlöse aus dem Verkauf des Erzeugnisses handeln muss. In die Überlegungen gilt es durchaus auch anders gelagerte Effekte aus obiger Aufzählung einfließen zu lassen.

Dies soll anhand eines Beispiels, das sich vor etwa fünf Jahren in dieser Form tatsächlich zugetragen hat, erläutert werden:

Das Unternehmen AlphaComp versuchte schon seit zwei Jahren verzweifelt, in den Markt der Call-Center-Lösungen einzusteigen. Dabei handelt es sich um komplexe Tele-

Abb. 2.2 Aspekte pro Produktstrategie

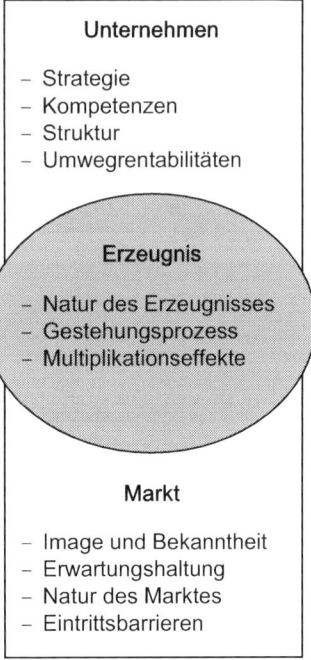

fonielösungen, welche die technische Basis etwa für Kundenservice- oder Bestell-Hotlines darstellen. Technologische Kompetenz war in ausreichendem Maß vorhanden. Mangels Bekanntheit am Markt und Referenzprojekten konnte kein Kunde davon überzeugt werden, AlphaComp ernsthaft als Lieferanten in Betracht zu ziehen. Das Unternehmen stand kurz davor, zu resignieren und die Sparte wieder einzustellen. Eines Tages hatte der Geschäftsführer, Müller, die Idee, ein Produkt zu entwickeln. Dieses sollte für sämtliche potenziellen Kunden aus der Call-Center-Branche interessant sein und aufgrund eines extrem geringen Verkaufspreises die Schwelle senken, AlphaComp als neuen Lieferanten zu beauftragen. Die Idee war es, Anrufern Musik oder Sprachansagen anstatt eines periodischen Tones vorzuspielen, wenn sie bei einem Call-Center anriefen. Für den Hotlinebetreiber wäre das eine einfache und kostengünstige Form der Werbung beziehungsweise Kundeninformation. Anrufer hingegen wüssten, noch bevor Gesprächsgebühren anfielen, dass sie die richtige Nummer gewählt haben, und die subjektiv empfundene Wartezeit, bis sich ein Mitarbeiter der Hotline persönlich meldet, würde sich verkürzen. Dieses Produkt wurde mit einem Preis von etwa 3 bis 5 % einer Call-Center-Lösung am Markt positioniert und nicht an ein Projekt gekoppelt. Die Nachfrage war enorm und schlagartig wurde das Unternehmen als Spezialanbieter für Telefonie-Hotlines bekannt, was ihm zwei Jahre später Aufträge bei renommierten Banken und einer europäischen Fluglinie verschaffte. Der Business Case für ein Produkt zum Abspielen von Sprachansagen hätte sich, isoliert betrachtet, mit Sicherheit nicht gerechnet. Sämtliche dahingehend erforderlichen Investitionen waren jedoch mit dem Gewinn des ersten Kunden, der eine komplette Kundenhotline-Lösung von AlphaComp kaufte, mit einem Schlag refinanziert.

Wie das Beispiel zeigt, wäre eine, für sich genommene, Betrachtung der Sprachansage-Lösung wie auch des Call-Center-Angebotes nicht erfolgversprechend. Erst die Kombination im Sinne eines synergetischen Produktportfolios und die damit verbundene Umwegrentabilität ermöglichen den Erfolg und das nachhaltige Bestehen der Geschäftseinheit des Unternehmens. Allerdings sind indirekte Effekte von Portfolios nicht zwingend positiver Natur. Ebenso können neue Produkte auch negative Einflüsse auf bestehende Portfolioelemente nach sich ziehen, wovon Autohersteller ein Lied singen können. Wichtig ist es daher bei langfristigen Entscheidungen – wie eben dem Einführen von Produkten –, nicht nur den Geradeausfall zu betrachten, sondern auch positive und negative indirekte Konsequenzen, die damit verbunden sein könnten.

2.1.2 Typische Muster halbherziger Produktentscheidungen

Die Gründe, eine Produktstrategie zu verfolgen, können vielfältiger Natur sein. Darauf wurde bereits eingegangen. Wichtig ist, dass die Entscheidung bewusst und unter Berücksichtigung sämtlicher damit verbundener Kosten und Verpflichtungen getroffen wird. Nachdem diese aber nicht immer eindeutig auf der Hand liegen oder auch der Prozess zu deren Erhebung zumeist einen beträchtlichen Aufwand impliziert, erfolgt dieser Schritt oftmals zu halbherzig.

Die nachfolgend genannten drei Muster halbherziger Produktentscheidungen konnte ich (R.G.) in der Praxis immer wieder vorfinden.

Muster 1: Ex-ante-Produktentscheidung, um einen defizitären Auftrag zu rechtfertigen Ein klassischer Fall unreflektierter Produktentwicklung, wie er häufig in innovativen Technologieunternehmen vorkommt, wurde schon erläutert: Ein Produkt wird definiert, da ein Einzelprojekt, das man anbieten möchte, nicht rentabel positioniert werden kann. Die entsprechende Rückführungsrechnung findet dabei nur oberflächlich statt. Würde sie korrekt erfolgen, wäre vielleicht auch Klarheit darüber geschaffen, ob diese Art von Geschäft grundsätzlich von diesem Unternehmen profitabel betrieben werden kann oder ob eine grundlegende Maßnahme nötig ist – wie etwa der Aufbau bestimmter Kompetenzen oder struktureller Änderungen.

Muster 2: Ex-post-Produktentscheidung, um ungeplante Kosten retrospektiv zu kompensieren Eine andere, aber ähnliche Form unreflektierter Produktentscheidungen ist die retrospektive Produktdefinition: Ein Projekt wird nach bestem Wissen und Gewissen profitabel angeboten und nach erteiltem Zuschlag abgewickelt. Im Laufe der Zeit stellt sich heraus, dass die Kosten deutlich unterschätzt wurden, aber dass es auch andere potenzielle Interessenten gibt. Sodann wird das Erzeugnis retrospektiv zum Produkt erklärt und weiteren Kunden offeriert, um die ungeplanten Aufwände wiederum abzudecken. Ähnlich wie im zuvor genannten Fall findet auch an dieser Stelle oftmals nur eine oberflächliche Betrachtung der Mehrkosten statt. Insbesondere bei einem Projekt, das Gefahr läuft, die geplanten Kosten zu überschreiten, ist der Projektleiter gezwungen, auf eine Erfüllung der projektspezifischen Ziele zu fokussieren. Die Wahrscheinlichkeit ist daher hoch, dass generische Aspekte wie einfache Anpassbarkeit, eine wiederverwendbare Dokumentation und so weiter auf der Strecke bleiben. Genau dies ist aber für ein Produkt erforderlich. Die Aufwände, um das Erzeugnis entsprechend zu generalisieren und auch die Unterlagen adäquat aufzubereiten, bewegen sich erfahrungsgemäß in einer relevanten Größenordnung, verglichen mit den ursprünglichen Projektaufwänden. Als Richtwert kann etwa in Softwarebranchen ein potenzieller Zusatzaufwand von bis zu 50 % angenommen werden, den es zu investieren gilt, um, ausgehend von einer kundenspezifischen Einzellösung, eine wiederverwertbare Produktbasis zu schaffen.

Die Gefahr bei dieser Vorgehensweise ist offenkundig. Nach außen (und oftmals auch nach innen) wird argumentiert, das als Projektlösung vorliegende Erzeugnis sei auch als Produkt vorhanden. Entsprechend proaktiv werden Kunden adressiert, die dahingehend natürlich eine Erwartungshaltung aufbauen und davon ausgehen, eine kurze Lieferzeit, ein günstiges Preisniveau und hohe Qualität annehmen zu dürfen. Beginnt das betroffene Unternehmen nun erst zu diesem Zeitpunkt, das Projektergebnis auf Produktniveau zu heben, und hat es die Aufwände dafür nicht hinreichend analysiert, ist das Risiko hoch, dass geplante Entstehungskosten und Lieferzeiten überzogen werden. Dies hat wiederum einen direkten Druck seitens des Auftraggebers und potenzielle negative Reputationseffekte am Markt zur Folge. Hinzu kommt, dass auch interne Abläufe und andere Vorhaben, die auf dieselben Ressourcen angewiesen sind, durch längere Bindung der Arbeitskräfte und -mittel in starke Bedrängnis kommen können.

Muster 3: Irrationale Weiterführung erfolgloser Produkte Der dritte Fall unreflektierter Produktentscheidung geht von einem bestehenden Produkt aus, in das schon beträchtliche Mittel geflossen sind. Besonders kleine Unternehmen neigen dazu, weiter zu investieren, selbst wenn sich die erwarteten Erfolge nicht einstellen. So entwickelte etwa ein mittelständisches Unternehmen eine neue Version eines Produktes und investierte ein Jahr später etwa eine Million € in die Folgeversion des Erzeugnisses, obwohl die erste Version von keinem einzigen Kunden gekauft wurde! Gründet die Überarbeitung in einer soliden Markterhebung und Kundenbefragung, die tatsächlich offenbart, dass es sich ohne diese Maßnahme um ein unverkäufliches Produkt handelt, ist das nachvollziehbar. In vielen Fällen ist es aber die Summe, die bereits ausgegeben wurde, welche dazu verleitet, stetig weiter zu investieren, um sich nicht eingestehen zu müssen, dass die Anfangskosten schlichtweg vergebens aufgewendet wurden.

Wie bei jeder Investition sollte daher auch bei Folgeinvestitionen in Produkte eine Berechnung angestellt werden, ob sich diese spezifische Investition rechnet – direkt oder indirekt. Eine indirekte Rentabilität könnte durchaus gegeben sein, wenn mit einer Investition von 100.000 € ein Produkt, für das bereits 2.000.000 € aufgewendet wurden, in eine verkaufbare Form gebracht wird. Der springende Punkt dabei ist, dass die 100.000 € nicht gezahlt werden sollten, weil bereits 2.000.000 € investiert wurden, sondern weil den zusätz-

2.1 Produkt oder Einzellösung?

lichen 100.000 € hoher erwarteter Rückfluss gegenübersteht, der diese Summe rechtfertigt und vielleicht auch – aber nicht zwingend – einen Beitrag zur Abdeckung der ursprünglichen Aufwände leistet. Es geht hier darum, dass „schlechtem Geld" kein „gutes Geld" nachgeworfen werden sollte.

Produktentscheidungen sind sorgsam zu treffen Generell betrachtet, sollte ein Produkt nie definiert werden, um ein singuläres Problemfeld der Gegenwart – etwa Kostenprobleme bei Einzelvorhaben – oder der Vergangenheit zu lösen. Meist führt das zu einer Verwässerung der realen Aufwände sowie zu einer Verschiebung und damit Vergrößerung des eigentlichen Problems. Ein Produkt sollte dann angedacht werden, wenn ein mehrfacher Verkauf eines Erzeugnisses wahrscheinlich ist und die damit verbundenen Mehraufwände direkt oder indirekt durch Einnahmen oder Kosteneinsparungen abgedeckt sind, und diese Rechnung gilt es vollumfänglich anzustellen. Egal, ob es sich um einen Turnschuh oder eine Windkraftwerksanlage handelt – dieser Grundsatz gilt für jede Form von Produkten.

> Ein Produkt sollte nie definiert werden, um singuläre Probleme der Vergangenheit oder Gegenwart zu lösen, sondern nur dann, wenn der Investition ein potenzieller rentabler Mehrfachverkauf in der Zukunft gegenübersteht.

Die Auflistung von Nutzen und Einnahmen aus dem Produkterlös fällt in der Regel nicht schwer, so genau oder ungenau die zugrunde liegenden Daten auch sein mögen. Anders verhält es sich bei den Kosten, die mit einer Produktstrategie verbunden sind und die häufig unterschätzt werden. Der wesentliche Treiber dafür ist mit der Natur eines Produktes verbunden. Die mehrfache Verwendbarkeit setzt auch voraus, dass das Erzeugnis für alle Einsatzfälle geprüft, beschrieben und tatsächlich nutzbar ist. Zur Verdeutlichung der damit verbundenen Aufwände seien an dieser Stelle die wichtigsten Aspekte aufgelistet, deren Vernachlässigung regelmäßig beobachtet werden kann:

- **Flexiblere Implementierung** des Erzeugnisses für unterschiedliche Einsatzzwecke und Kunden
- **Umfangreichere Testprozeduren,** um sämtliche potenziellen Anwendungsfälle abzudecken
- Allgemeinere und **umfassendere Dokumentation**
- **Lebenszyklusplanung,** die im Falle eines Produktes Aktualisierungen oder Abkündigungsimplikationen nach sich ziehen kann
- **Organisatorische Implikationen,** die insbesondere dann relevant sind, wenn das Produkt in Form von Projekten bei Kunden ausgerollt wird, was zu komplexeren Strukturen und potenziellen internen Konflikten führen kann
- **Komplexeres Controlling** über eine Mehrzahl von Kunden hinweg
- **Aufwand interner Entscheidungszyklen** zur Bewertung der Produktinvestition inklusive Aufbereitung der Grundlagen wie Markterhebung und Erstellung eines Geschäftsplanes

- **Mittel- bis langfristige Ressourcenplanung,** welche zu einer Bindung von Personal und Arbeitsmitteln führt und die Flexibilität eines Unternehmens einschränkt
- **Reduzierte Flexibilität,** auf Kundenwünsche oder Veränderungen am Markt einzugehen, und damit verbundenes Risiko, auf einzelne Verkäufe verzichten zu müssen
- **Finanzielles Risiko für das Unternehmen** und Einschränkung des eigenen Handlungsspielraums durch die Notwendigkeit einer Vorinvestition
- **Übergeordnete strategische Überlegungen** im Hinblick auf die Positionierung des Unternehmens und dessen Vertriebsstrategie, die sich bei Einzellösungen flexibler und kostengünstiger gestalten
- **Längere Durchlaufzeiten** und, damit verbunden, ein verzögerter Markteintritt, welchen Mitbewerber zu ihrem Vorteil nutzen können
- **Verpflichtungen gegenüber Kunden und Partnerfirmen,** die mit einer kostenoptimierten Reproduktion eines Erzeugnisses gekoppelt sind, wie etwa Abnahmeverpflichtungen oder Wartungsverpflichtungen
- **Anlaufschwierigkeiten,** die damit verbunden sind, dass in den ersten Versionen oder ersten Verwendungen des Produktes mit Anpassungsaufwand zu rechnen ist und die Prozesse noch nicht eingespielt sind

Die mit einer Produktstrategie verbundenen Aufwände unterscheiden sich natürlich nach Branche und Unternehmen. Sie sollten jedoch vor jeder Produktinvestition ausführlich betrachtet und den erwarteten positiven Effekten gegenübergestellt werden. Es liegt auf der Hand, dass sich diese Anstrengungen nur lohnen, wenn eine Wiederverwendung hochwahrscheinlich ist. Ansonsten ist man besser beraten, auf Basis von individuellen Einzellösungen zu agieren oder das Vorhaben nicht umzusetzen. Letzteres ist unter Rahmenbedingungen zu überlegen, die eine Mehrfachverwendung erzwingen. Etwa in der Pharmabranche würde sich eine Herstellung eines Medikamentes für eine einzelne Anwendung nie amortisieren. Investitionen in diesem Bereich gehen obligatorisch von einer Mehrfachverwendung aus. Um dennoch das Risiko einer Fehlinvestition zu reduzieren, werden mehrere verschiedene Produkte erarbeitet, wobei der Erfolg eines einzelnen die mitunter vergebens getätigte Investition in andere Linien trägt. Darauf soll später (Abschn. 2.3) im Zusammenhang mit Portfoliomanagement noch näher eingegangen werden.

2.1.3 Die Falle der „kleinen Anpassungen"

Viele Unternehmen stolpern auch in die „Falle der kleinen Anpassung" eines Produktes. Hierbei handelt es sich um eine Konstellation, in der sich die Organisation zu einer Produktstrategie bekennt und entsprechende, daraus resultierende Mehraufwände bewusst in Kauf nimmt. Allerdings ist sie nicht konsequent genug, die damit verbundenen Einschränkungen auch durchzuhalten. Konkret könnte etwa ein Kunde das Produkt – beispielsweise eine Fertiggarage – genau so wünschen, wie es im Katalog steht, jedoch mit einer „winzigen" Ausnahme – einem zweiten Fenster. Obwohl das Fenster im Vergleich zur

Fertiggarage vermutlich nicht viel kostet, führt dies dazu, dass es vielleicht statische Probleme verursacht oder eine Anpassung der Fertigungseinrichtungen erfordert, dass eine kundenspezifische Beschreibung zu erstellen ist, neue Genehmigungen benötigt werden und so weiter. Hielte man strikt am Produkt fest, wären diese Themen bereits im Zuge der Produkterstellung abgedeckt. Nun ist aber ein erheblicher Zusatzaufwand zu berücksichtigen. Selten ist dieser Umstand auch für den Abnehmer nachvollziehbar. Er geht von einem geringen Mehrpreis aus, denn: „Ein kleines, zusätzliches Fenster kann ja nicht so teuer sein!" An dieser Stelle gilt es, als Anbieter hart zu bleiben, wenn die Kosten einigermaßen unter Kontrolle bleiben sollen. Entweder das Produkt ist dahingehend flexibel konzipiert, der Kunde ist sich der Tragweite und des Umfangs der Änderung bewusst und zahlt dafür oder der Auftrag sollte nicht angenommen werden. Diese Konsequenz gilt nicht nur für den Vertrieb, sondern auch bei der Integration in die Kundenumgebung und für die Nachbetreuung. Jede Abweichung bringt mit sich, dass die Multiplikatoren des Produktansatzes nicht zum Tragen kommen. So hat etwa ein mittelständisches Unternehmen eine Software für die Koordination von Feuerwehr-Einsätzen entwickelt. Diese wurde zwar auf Produktbasis angeboten, aber später in der Umsetzung für jeden Kunden spezifisch angepasst, da das Produkt noch nicht flexibel genug gestaltet war, um alle möglichen Anwendungsfälle abzudecken. Die Folge war, dass das Unternehmen nach fünf Jahren mehrere Dutzend Versionen einer ähnlichen Software zu betreuen hatte, die für jeden Kunden einzeln dokumentiert, getestet und integriert werden mussten. Besonders teuer waren jedoch die Wartung und die Implementierung nachträglicher Kundenwünsche, denn für jede noch so kleine Erweiterung musste das Gesamtsystem im Labor reproduziert, angepasst und einem kompletten Testdurchlauf unterzogen werden. Anpassungen mit einem Entwicklungsaufwand von wenigen Tagen hatten damit Kosten in der Höhe mehrerer Personenmonate zur Konsequenz. Die Kunden wollten dies natürlich nicht akzeptieren und drohten mit Lieferantenwechsel. Nur mühsam, mit hohen Kosten sowie organisatorischen Schwierigkeiten verbunden und über eine Laufzeit von zwei Jahren, gelang es, die einzelnen Stränge in nur drei Produktlinien zu überführen. Das Unterfangen machte sich jedoch bezahlt, da die Kunden zunehmend zu schätzen wussten, dass sie von Erweiterungen, die durch Wünsche anderer Abnehmer in den Produktstamm einflossen, ebenfalls profitierten. Im Laufe der Zeit waren sie daher auch bereit, auf spezifische Anforderungen bis zur nächsten Version zu warten. Natürlich ist es schwieriger, ein Erzeugnis zu verkaufen, ohne zu hundert Prozent die Wünsche der Kunden zu erfüllen. Das gilt insbesondere dann, wenn man in einen neuen Markt einsteigt und noch nicht unbedingt die Erfahrung hat, die Bedürfnisse perfekt zu treffen. Wie sich oftmals zeigt, sind aber auch Abnehmer nicht zwangsläufig Experten und auf dem letzten Stand der Technik. In Zeiten knapper Budgets zeigt die Erfahrung, dass ein gut durchdachtes Produkt zu einem attraktiven Preis bessere Verkaufschancen hat als eine perfekt auf die Anforderungen zugeschnittene Lösung, die entsprechend hochpreisig offeriert wird. Wiederum hängt dies jedoch von Branche und Kundensegment ab, denn bei öffentlichen Ausschreibungen wirken sich etwa Abweichungen von den geforderten Kriterien stark kontraproduktiv auf die Bewertung aus. Dennoch hat auch in diesem Sektor in der jüngsten Zeit das Kostenbewusstsein eine stärkere Bedeutung gewonnen und ein Standardprodukt, das mehrfach verkauft werden kann, bietet den entsprechenden Hebel.

Grundsätzlich kann festgehalten werden, dass jede auch noch so kleine Anpassung eines Produktes als Projekt zu sehen ist, wenn sie über die im Produktumfang definierten Konfigurationsmöglichkeiten hinausgeht und damit eine individuelle Veränderung des eigentlichen Produktes zur Folge hat.

2.1.4 Zwei Geschäftsmodelle

Um dennoch flexibel zu bleiben und die unterschiedlichsten Kundenwünsche abdecken zu können, wählen einige Unternehmen aber auch noch einen anderen Weg: Sie spezialisieren sich auf die Erstellung des Produktes, implementieren dies aber in einer Form, dass Drittfirmen Erweiterungen selbst vornehmen können. Dies ist in der Softwarebranche häufig der Fall, wie etwa bei den Produkten des Unternehmens SAP. Der Hersteller konzentriert sich auf die Entwicklung des Kernproduktes mit Basisfunktionen und zahlreiche Integrationspartner fügen dann eigenentwickelte Komponenten hinzu, um es an die jeweiligen Kundenbedürfnisse anzupassen. SAP selbst wirbt auf seiner Homepage damit, dass Kunden durch ein Netzwerk an Communitys und zuverlässigen Partnern ihre Wertschöpfung steigern und von maßgeschneiderten Lösungen profitieren (SAP 2013). Durch eine Kombination zweier verschiedener Geschäftsmodelle (Produktvertrieb auf Lizenzbasis und Individualanpassung auf Projektbasis) gelingt es, eine umfangreiche und individuelle Softwarelösung zu einem akzeptablen Preis am Markt zu positionieren. In Form von Integrationsprojekten, die seitens Partnerfirmen durchgeführt werden, erfolgt dabei eine Anreicherung zur Abdeckung bestimmter konkreter Anforderungen, die im Standard nicht enthalten sind.

Sehr häufig kann man in der Praxis beobachten, dass Unternehmen einer Projektphilosophie folgen und aus Kostengründen parallel Produkte etablieren möchten. Dies hat oftmals genau den gegenteiligen Effekt zur Folge, denn eine ernst gemeinte Produktstrategie hat auch Einfluss auf das Unternehmen und damit auch auf die operative Abwicklung von Projekten: *„Eine Entscheidung für die Einführung von Produktmanagement ist eine Entscheidung für einen Veränderungsprozess, der das ganze Unternehmen betrifft. Weichenstellungen dieser Größenordnung können natürlich nur auf der Ebene der Geschäftsleitung stattfinden."* (Matys 2011, S. 36) Da beide Varianten unterschiedliche Geschäftsmodelle, Organisationsstrukturen, Vertriebsabläufe und so weiter implizieren, ist eine Doppelstrategie meist sehr kostenintensiv und wirkt einer Perfektionierung in die eine oder andere Richtung entgegen. Noch problematischer als eine bewusste Doppelstrategie ist eine unbewusste Vorgehensweise, bei der Produkte angeboten werden, man aber in der Umsetzung in eine Projektvorgehensweise verfällt und ungeplante Anpassungen vornimmt. Wie schon erläutert, führt dies zu erheblichen Mehrkosten im Projekt – es wurde ja als „Produkt" angeboten –, aber auch im Produkt, da es entweder erweitert werden muss oder mehrere Linien zu betreuen sind. Daher sollte als Grundregel für das Geschäft gelten: Produkt *oder* (nicht *und*) Projekt.

a. Produkt: „What you see is what you get!" Dies erhält der Kunde zu einem attraktiven Preis für den definierten Inhalt.
b. Projekt: „What you want is what you get!" Der Kunde erhält, was er möchte, muss aber mit einem entsprechend hohen Preis für sein Einzelstück rechnen.

Vor allem für junge Unternehmen, die gerade am Aufbau ihres Geschäftes arbeiten, ist dies eine große Herausforderung. Ungern lässt man eine der beiden potenziellen Umsatzchancen bewusst außer Acht, und das Profil solcher Firmen ist selten schon klar genug, um eine entsprechende Entscheidung eindeutig zu fällen. Erschwerend kommt hinzu, dass vor allem bei innovativen Produkten weder seitens der Kunden selbst noch durch Partnerfirmen und mitunter auch nicht durch andere Abteilungen im Unternehmen eine Anpassung an spezielle Bedürfnisse vorgenommen werden kann. Die Folge ist eine selbst auferlegte oder durch die Umfeldbedingungen erzwungene Doppelstrategie mit entsprechenden Mehrkosten. Ist dies der Fall, so sei jedoch dringend angeraten, das mittelfristige Ziel zu verfolgen, sich je Geschäftsabteilung auf ein Geschäftsmodell zu fokussieren.

▸ Konzentrieren Sie sich je Geschäftsabteilung möglichst auf ein Geschäftsmodell: Produkt-bezogen *oder* (nicht *und*) Projekt-bezogen.

Früher oder später finden sich Nachahmer am Markt und dann sollten bereits durch interne Optimierungen Kostenvorteile gehoben werden können. Je breiter sich eine Organisation dahingehend aufstellt, desto teurer wird es und desto schwieriger ist es, seine Arbeitsweise zu perfektionieren. Es ist evident, dass zum Zweck der Optimierung eine Spezialisierung auf einzelne Tätigkeitsbereiche und damit eine arbeitsteilige Vorgehensweise obligatorisch ist: *„Weil sie [Arbeitsteilung, R.G.] sowohl die Produktivität wie die Geschicklichkeit des Arbeiters erhöht, stellt sie die notwendige Bedingung der intellektuellen und materiellen Entwicklung der Gesellschaften dar. Sie ist die Quelle der Zivilisation"*, wie etwa Durkheim (1992, S. 96) erläutert, bevor er vor allem auf die mit Arbeitsteilung einhergehenden Abhängigkeiten der Beteiligten untereinander eingeht. Davon ausgehend, dass höhere Entwicklungsstufen auch ökonomisch verwertbare Eigenschaften mit sich bringen, schließt sich der Kreis der Notwendigkeit einer Spezialisierung auf ein Geschäftsmodell, wenn man die Absicht hat, dies zu optimieren. Natürlich besteht dabei das Risiko, auf das falsche Pferd zu setzen, wie Schreyögg (2003, S. 328) treffend formuliert, wonach Organisationen versagen, denen es *„[...] nachhaltig nicht gelingt, bestandskritische Ressourcen oder Informationen aus der Umwelt zu erhalten, mit der Folge, dass sich die Organisation (oder eine Kompetenz oder sogar eine ganze Population) in der Auseinandersetzung mit der Umwelt nicht (mehr) bewährt oder negativ selektiert wird."*

Mit einer Entscheidung für eine produktbezogene Vorgehensweise ist demnach der Erfolg jedoch noch keineswegs gesichert. Das gilt vor allem dann, wenn das Erzeugnis erst erstellt werden und sich am Markt behaupten beziehungsweise – in den Worten

Schreyöggs – *„Ressourcen aus der Umwelt erhalten"* muss. Ein Produkt zu entwickeln, bringt in der Regel durchaus nennenswerte Vorabinvestitionen und Ressourcenbindung mit sich, deren Refinanzierung vor allem von der Gunst der Abnehmer abhängt. Gerade wenn es sich um die erste Version seiner Art handelt und das Unternehmen den Markt und die Verbraucher noch nicht perfekt einschätzen kann, ist damit untrennbar ein Risiko verbunden, dass es am Markt vorbei entwickelt wird und die Investition nicht refinanziert werden kann. Für kleine oder wenig finanzkräftige Unternehmen kann eine derartige Situation existenzgefährdend werden. Schnell sind beträchtliche Summen investiert, denen keine oder nur geringe Einnahmen gegenüberstehen. Doch selbst wenn die Mittel vorhanden sind, könnten sie vielleicht durch Investition in andere Themen mitunter wirksamer eingesetzt werden.

2.1.5 Iterative/stufenweise Entwicklung

Ist der Erfolg eines Produktes schwer abzuschätzen, bietet sich eine stufenweise Entwicklung an, um die Risiken entsprechend zu reduzieren. Diese Methode kann jedoch nur angewendet werden, wenn das Erzeugnis schrittweise erweiterbar ist und die Initialinvestition nicht ein Vielfaches einer vergleichbaren Umsetzung als Projekt darstellt. So könnte etwa eine Softwarefirma die Zielarchitektur und den erwünschten Funktionsumfang eines Produktes definieren. Allerdings würden bei dieser Strategie nicht alle Dinge auf einmal entwickelt werden. Vielmehr legt man das Ziel möglichst genau im Vorfeld fest, überprüft es auf Machbarkeit und sofern diese gegeben ist, beginnt die Suche nach Pilotkunden. Für den ersten Abnehmer werden dann jene Funktionen in Projektform implementiert, die er für seinen Bedarf benötigt – allerdings entsprechend der Zielarchitektur –, sodass das Unternehmen dem Produkt mit jedem Auftrag einen Schritt näher kommt. Auf diese Weise entstehen natürlich Mehrkosten im Vergleich zur reinen Projektentwicklung, da eine allgemeine Dokumentation erforderlich ist, eine entsprechende Flexibilität in der Produktplanung und die Einhaltung der Vorgaben hinsichtlich Zielarchitektur, selbst wenn sich der einzelne Kundenauftrag auch in einfacherer Form implementieren ließe. Diese Aufwände muss das Unternehmen in der Regel selbst kompensieren, da sie über den reinen Projektpreis hinausgehen. Der entscheidende Vorteil liegt bei dieser Vorgehensweise jedoch darin, dass definitiv Aspekte implementiert werden, die jemand benötigt und auch bezahlt. Die Zusatzkosten sind bei der schrittweisen Implementierung überschaubar und, grundsätzlich betrachtet, reduziert sich das Risiko beträchtlich, auf den Investitionskosten „sitzen zu bleiben". Bei dieser Form der Realisierung gilt es aber zu beachten, dass nur Projekte akzeptiert werden sollten, die dazu führen, dass man dem Ziel jeweils einen Schritt näher kommt. Ist dies nicht der Fall oder wird die Zielerreichung verunmöglicht, sollte der jeweilige Auftrag nicht angenommen werden. Natürlich ist auch damit zu rechnen, dass einzelne Kunden Funktionen fordern, die im ersten Ansatz nicht geplant waren. Diese Flexibilität sollte zugelassen werden, sofern sie das Grundkonzept nicht verletzt. Damit ist auch sichergestellt, dass die Marktanforderungen möglichst gut erfüllt werden.

2.1 Produkt oder Einzellösung?

Abb. 2.3 Gesamtentwicklung versus schrittweises Vorgehen

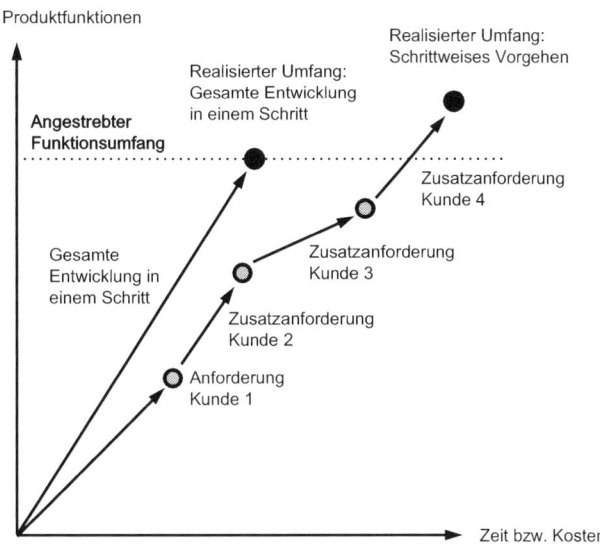

Dennoch ist auch hier angeraten, grundsätzliche Markterhebungen im Vorfeld anzustellen (s. Kap. 3), denn es könnte ja sein, dass ein einzelner Kunde exotische Vorstellungen hat, die kein anderer Abnehmer benötigt, und damit würde sich der im Produkt angestrebte Multiplikationsfaktor ad absurdum führen. Weitere Nachteile dieser Methode sind die verzögerte Verfügbarkeit des Endproduktes – erfahrungsgemäß sind drei bis fünf Iterationen erforderlich, bis von einem breittauglichen Produkt gesprochen werden kann – sowie die Lieferzeit der einzelnen Schritte. Insbesondere Kunden, die ein fertiges Erzeugnis mit Referenzen und unmittelbarer Verfügbarkeit fordern, können davon abgeschreckt werden. Die Durchlaufzeit zur ersten Version ist aufgrund der produktgegebenen Mehraufwände prinzipiell höher als jene eines Individualprojektes. So sind in der Softwarebranche Zusatzaufwände von 50 % für den „Produkt-Overhead" keine Seltenheit. Umgekehrt erhält der erste Kunde aber das Erzeugnis rascher, als wenn das komplette Produkt in einem Schritt realisiert werden würde, da ja nur jene Funktionen implementiert werden, die er benötigt. Durch die verschiedenen Kundenwünsche, die mitunter über den ursprünglich geplanten Umfang hinausgehen, sowie mehrere, im Vergleich zu Projektimplementierungen umfangreichere Testdurchläufe und Dokumentationsschritte sind auch die Kosten für den Hersteller höher als bei einer direkten Implementierung des Gesamtproduktes. Risikominimierung hat wie immer auch hier ihren Preis. So muss damit gerechnet werden, dass 20 bis 30 % an Funktionen zusätzlich realisiert werden und das Produkt um diesen Betrag auch in der Erstellung teurer wird, wie Abb. 2.3 zeigt. Hingegen reduziert sich die Gefahr einer Fehlinvestition, wenn Kunden zumindest einen Anteil in der Höhe vergleichbarer Projektkosten mittragen.

Ein kleines Rechenbeispiel zur Implementierung einer Buchhaltungssoftware soll dies verdeutlichen:

Annahmen:
Kosten für die Produkterstellung einer Buchhaltungssoftware in einem Schritt: 1 Mio €
　Mehraufwände durch ungeplante Zusatzfunktionen für einzelne Kunden im Zuge der schrittweisen Implementierung: 30 %
　Zusatzkosten für die produktreife Entwicklung im Vergleich zu einer reinen Projektentwicklung: 50 %

Kostenberechnung:
Kosten für das Produkt bei schrittweiser Implementierung: 1 Mio € × 130 % = 1,3 Mio €
　Durch Kunden getragener Anteil: 0,87 Mio € (zuzüglich 50 % ergibt die Produktkosten)
　Nicht durch Kunden bezahlter Produkt-Eigenanteil: 1,3 Mio € − 0,87 Mio € = 0,43 Mio €
　Die Investition, die der Softwarehersteller bis zur Fertigstellung der ersten Auslieferung selbst zu tragen hat, beläuft sich damit auf 0,43 Mio €. Diese sollten mit Folgeverkäufen des Produktes eingespielt werden. Hätte das Unternehmen das Produkt in einem Schritt realisiert, müsste es mit einer Investition von einer Million € rechnen. Das Risiko, dass sich der Geschäftsplan nicht amortisiert, ist im zweiten Fall eindeutig höher. Zudem ist im ersten Fall wahrscheinlicher, dass es sich um ein Erzeugnis handelt, welches der Markt benötigt. Allerdings hat die Reduktion des Risikos den Preis einer verzögerten Markteinführung und verursacht Mehrkosten von 0,3 Mio € zur Herstellung der ersten Produktversion.

　Bei Produkten mit besonders hohen Initialkosten ist diese Form der Risikominimierung nicht umsetzbar. So sind etwa in der Pharmabranche die Kosten für die Herstellung eines Präparats – berücksichtigt man auch die dafür erforderlichen Forschungsaufwände, Tests, Zulassungsprozeduren und so weiter – unverhältnismäßig höher als die Einnahmen aus der Therapie eines Patienten. Eine schrittweise Vorgehensweise ist damit insbesondere für die erste Version nicht anwendbar. In derartigen Branchen, aber auch in Branchen, die schrittweise Implementierungen verfolgen, findet man daher auch noch eine weitere Form der Risikominimierung vor: die Diversifikation.

　Dabei setzt das Unternehmen nicht nur auf ein einzelnes Produkt, sondern auf eine Reihe – ein Portfolio – von Produkten, die zumindest eine gewisse Unabhängigkeit voneinander haben, sodass bei Nichterfolg eines einzelnen Erzeugnisses noch andere Linien zum Erfolg des Unternehmens beitragen und mitunter die Verluste quersubventionieren können. Natürlich sind die Kosten bei einer Mehrproduktstrategie höher, als wenn man auf ein einzelnes, erfolgreiches Produkt setzt. Die Schwierigkeit liegt aber darin, dass im Vorfeld nicht oder nur schwer gesagt werden kann, welches Element entsprechend erfolgreich sein wird. Mit einem Produktportfolio erkauft man sich sozusagen über durchschnittlich höhere Kosten für verschiedene Linien eine Risikominimierung, die den Ausfall eines oder mehrerer Vorhaben kompensieren soll. Darauf wird später (s. Abschn. 2.3) noch näher eingegangen.

2.2 Mehrere Abstraktionsebenen von Produkten

Bei vielen Erzeugnissen ist eindeutig erkennbar, dass es sich um ein Produkt handelt. Das gilt für ein Mobiltelefon ebenso wie für einen Turnschuh. Diese werden tausendfach in identischer Form am Markt angeboten. Niemand wird daher annehmen, es handele sich dabei um Einzelerzeugnisse. Etwas anders gelagert ist es dagegen, wenn eine Beratungsfirma ein Konzept zur Organisationsrestrukturierung vorlegt, bei dem die individuelle Situation des betroffenen Unternehmens berücksichtigt werden muss. Ebenso findet man auch bei modernen Telefonen zunehmend Möglichkeiten zur Personalisierung oder zur Installation von Softwareprogrammen, wodurch, genau genommen, der Funktionsumfang desselben Erzeugnisses stark variieren kann. Damit stellt sich die Frage, ob es sich hierbei um ein Produkt handelt oder nicht. Darauf soll im Folgenden näher eingegangen werden.

Nachdem sich die Produktwahrnehmung seitens Kunden und auch die Geschäftsmodelle der Hersteller beziehungsweise Lieferanten je nach Dienstleistungsanteil, der zwecks Einsatzes des Produktes beim Kunden erforderlich ist, stark unterscheiden, wurde eine Unterteilung nach Abstraktionsebene, auf der die Replikation und damit der Produktgedanke ansetzt, vorgenommen.

2.2.1 Ebene 1: Direkte Replikation des primären Erzeugnisses

Der einfachste Fall eines Produktes ist die Replikation eines (ursprünglich) entwickelten Erzeugnisses zum mehrfachen Verkauf. Auf der Seite des Käufers gibt es hierbei wenige Wahlmöglichkeiten. Entweder er akzeptiert das Produkt in der angebotenen Form, greift zu einem Alternativprodukt oder sieht vom Erwerb ab. Das Motto hier ist: „What you see is what you get – take it or leave it." Dieses Modell findet man klassisch in Konsumgüterbranchen vor. Seit der Zeit der Industrialisierung weiß der Konsument den geringeren Preis von Produkten zu schätzen, deren Herstellungskosten durch Replikation desselben Erzeugnisses entsprechend gesunken sind, und akzeptiert dabei, dass er keine Anforderungen stellen darf, die in der angebotenen Form nicht enthalten sind. Hierbei handelt es sich um die „Urform" des Produktes, die den sekundären Wirtschaftssektor prägt.

Diese Form eines Produktes soll hier als „Ebene 1" bezeichnet werden, da das Erzeugnis in unveränderter Form beim Abnehmer zum Einsatz kommt – genau so, wie es die Produktionsstätte verlassen hat (s. Abb. 2.4). Beispiele für Ebene-1-Produkte sind neben klassischen Konsumgütern wie Zahnpasta, Elektrogeräten oder Büchern auch Softwareprodukte, die etwa durch den Anwender selbst installiert und, wie ausgeliefert, verwendet werden.

Diese Form von Produkt ist erfahrungsgemäß dann sinnvoll, wenn

- die Natur des **Erzeugnisses das Produkt eindeutig definiert,** wie es etwa bei Butter der Fall ist.
- **markante Vorteile des Produktes** die Unannehmlichkeiten suboptimaler Passung für den Abnehmer überwiegen. Entsprechende Vorteile können monetärer Natur (etwa

Abb. 2.4 Ebene 1: Direkte Replikation

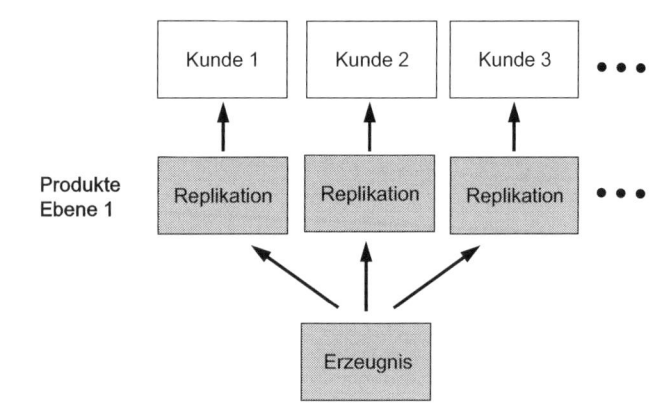

beim Ford-T-Modell), aber auch nicht monetärer Natur wie Image (hochpreisige Markenhandtaschen) oder einfache Handhabung (bestimmte Mobiltelefontypen) sein.
- der **Kunde agnostisch in Bezug auf die konkrete Ausprägung** ist. Darunter fallen Verbrauchsgüter wie kostengünstige Büroartikel.
- die kundenspezifischen Wünsche durch eine **breite Vielfalt an Einzelprodukten** abgedeckt werden, die man heute beispielsweise bei Sportbekleidung vorfindet.
- der **Kunde gezwungen ist, ein bestimmtes Produkt** zu erwerben. Diesen Umstand machen sich gern Anbieter von Ersatzteilen zunutze und gestalten Ersatzteil-Pakete oft so, dass bestimmte benötigte Teile einzeln nicht erhältlich sind.

In jedem Fall nimmt ein Produkt der Ebene 1 keine Rücksicht auf die individuellen Anforderungen eines einzelnen Kunden, sondern richtet sich an „den Markt". Hierbei soll eines der oben genannten Kriterien die Unzulänglichkeiten einer suboptimalen Passung ausgleichen. Der häufigste in der Praxis vorkommende Fall ist in diesem Zusammenhang, dass die für die Mehrzahl potenzieller Abnehmer wichtigsten Aspekte abgedeckt sind und im Gegenzug das Erzeugnis entsprechend kostengünstig angeboten werden kann. Nachdem direkte Replikation die Investition in ein Grunderzeugnis, aber auch in Replikationsmöglichkeiten wie etwa Fertigungsstraßen impliziert, ist damit auch ein gewisses Risiko verbunden. Überwiegt nämlich der mit dem Produkt verbundene Erwerbsanreiz wie etwa Image oder Preis nicht dessen Unzulänglichkeiten im individuellen Anwendungsfall, kann es leicht vorkommen, dass daraus ein Flop wird. Beispielsweise könnte ein Unternehmen aus einer Studie schließen, der Markt fordere eine Betriebssystem-Software für Computer mit Tastatureingabe, aber auch für Computer mit Touch-Bedienung. Der Versuch, beides in einem kostengünstigen Produkt zu vereinen, könnte aber für beide Bedienkonzepte verschiedene Unzulänglichkeiten mit sich bringen, die dazu führen, dass Endkunden trotz eines geringen Preises die Software nicht erwerben. Obwohl die Anforderungen des „statistischen Marktes" zu einem hohen Grad erfüllt sind, handelt es sich hier um zwei verschiedene Benutzergruppen mit völlig unterschiedlichen Ausprägungen. Das Risiko, dass weder die eine noch die andere Klientel die jeweiligen Bedürfnisse so weit erfüllt sieht, um zu dem Produkt zu greifen, kann aber wiederum durch Kombination mit einem weiteren der oben genannten Faktoren reduziert werden. Ein Unternehmen mit Monopolstellung würde mitunter zumindest kurzfristig kein Problem damit haben, dass Kunden in ihren Wünschen nicht vollends zufriedengestellt sind, wenn am Markt nur dieses eine Produkt erhältlich und zum Betrieb von deren Computern erforderlich ist.

Produkte der Ebene 1 sind demnach dann sinnvoll, wenn die mit dem Erwerb oder der Verwendung verbundenen Faktoren die Unzulänglichkeit im Hinblick auf die Erfüllung individueller Kundenbedürfnisse überwiegen. Ist dies nicht der Fall oder unwahrscheinlich, so sollte der jeweilige Hersteller prüfen, ob eine Ebene-2-Strategie möglich und zielführend ist.

2.2.2 Ebene 2: Metaprodukt

In Branchen, in denen sich Kunden nicht mit Standardlösungen zufriedengeben beziehungsweise nicht zufriedengeben können, besteht die Gefahr, dass eine kompromisslose „Take it or leave it!"-Strategie erhebliche Nachteile für den Hersteller mit sich bringt, selbst wenn die Anforderungen verschiedener potenzieller Abnehmer im Kern durchaus ähnlich sind. Nicht auf deren Wünsche einzugehen, könnte zur Unverkäuflichkeit der Erzeugnisse führen. Als Beispiel kann hier eine Planungssoftware für Unternehmen angeführt werden. Prinzipiell arbeiten moderne Firmen auf den ersten Blick nach vergleichbaren Mustern, die durch Normen und Standards vorgegeben sind. Im Detail hat aber jede Organisation ihre spezifischen Ausprägungen und all diese abzubilden, würde die Komplexität des Produktes ins Unermessliche treiben. Hier empfiehlt sich, über eine Abstraktion der Produktstrategie nachzudenken. Bei der Ebene 2 handelt es sich um Produkte, die nicht in der unmittelbaren Form repliziert werden. Vielmehr wird die Basis identisch gehalten, jedoch bietet sie Raum für Erweiterungen und Anpassungen an den jeweiligen Anwendungsfall. Erweiterungsmodule können dabei direkt vom Hersteller, aber auch von Partnerunternehmen erbracht werden. Das zugrunde liegende Geschäftsmodell ist eine Produktstrategie, kombiniert mit einer Dienstleistung, welche in der Regel von anderen Firmen erbracht wird, die sich darauf spezialisiert haben (s. Abb. 2.5). Matys bezeichnet diese Form als „Metaprodukt", das am Markt wie ein klassisches Produkt positioniert wird, eigentlich jedoch aus mehreren Einzelelementen und Dienstleistungen besteht: *„Die Metaprodukte erfüllen eine bestimmte Grundfunktion, sind aber in hohem Maß variierbar"* (Matys 2011, S. 226). Das Konzept wird von ihm anhand der Firma Bacher Systems beschrieben, die als Systemintegrator am Markt auftritt, durch Metaprodukte ein klares Profil der Positionierung erarbeitet hat und dennoch flexibel genug ist, um auf individuelle Kundenbedürfnisse einzugehen, und dabei auf bestehende fertige Komponenten von Zulieferfirmen setzt.

Die Idee vom Ford-T-Modell, so bestechend sie einst auch gewesen sein mag, trifft nicht mehr die Erwartungen moderner Kunden. Je nach persönlicher Vorliebe und Budget gilt es, ein möglichst passendes Fahrzeug aus einer Vielzahl von Optionen zusammenzustellen. Die Beratung hierfür übernehmen wiederum die Vertriebspartner, wobei in diesem Fall

Abb. 2.5 Ebene 2: Metaprodukt

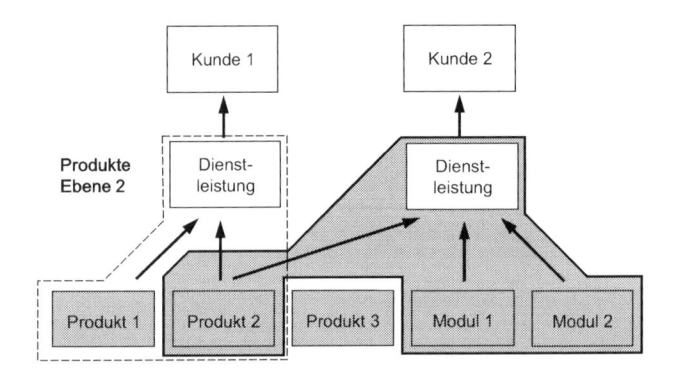

die Varianten seitens des Herstellers vorgegeben sind. Einen Schritt weiter gehen Hersteller, die in ihr Produkt sogenannte „Hooks" einbauen, die es Partnern ermöglichen, eigene Erweiterungen zu implementieren. In der Softwarebranche ist dies mittlerweile durchaus üblich und viele große Hersteller erfreuen sich eines Ökosystems an Drittunternehmen, die Erweiterungsapplikationen für ihre Produkte erstellen. Allerdings ist die Flexibilität nicht uneingeschränkt, denn sie wird durch das Grundkonzept des Produktes geprägt. Jeder, der schon einmal eine Küche für sein Heim kaufen wollte, ist damit konfrontiert. Die Möbelhäuser und Tischlereien verstehen sich als Dienstleister, die Einzelelemente kundenspezifisch kombinieren. Sie sind aber auf die prinzipiell verfügbaren Komponenten angewiesen. Wenn davon abgewichen wird, ist mit erheblichen Mehrkosten zu rechnen.

Produkte der Ebene 2 sind zielführend, wenn

- Kunden prinzipiell **ähnliche Anforderungen** haben, jedoch **individuelle Ausprägungen** wünschen. Das gilt beispielsweise für das private Auto.
- das Erzeugnis aufgrund seiner Natur in einer **höheren Preisklasse** angesiedelt ist und **keine anderweitigen Vorteile** damit verbunden sind, welche Unannehmlichkeiten suboptimaler Passung kompensieren, wie es etwa bei einer Einbauküche der Fall ist.
- die **Anpassung an sich** Teil des Produktes beziehungsweise des Erwerbserlebnisses darstellt und so einen **Wert für den Kunden** schafft. Manchen Personen macht es durchaus Spaß, mit einem Fachberater ein individuelles Computersystem zusammenzustellen oder wie beim Privatauto aus der Vielfalt der Optionen zu wählen.
- die **Erweiterung** beziehungsweise Kombination eine **Grundlage für zusätzliche Geschäftsmodelle** darstellt. So können Drittfirmen in Partnermodelle eingebunden werden, von denen beide Seiten profitieren, oder weitere Produktlinien des Herstellers forciert werden. In diesem Zusammenhang können Tuning-Kits für Fahrzeuge aller Art genannt werden.
- für die Erfüllung der Kundenanforderungen **Qualifikationen** oder Fähigkeiten erforderlich sind, die der **Produkthersteller nicht im eigenen Haus** hat. Ein Hersteller von Badezimmerfliesen kann noch so wunderschöne Exemplare fertigen – für die Erfüllung der Kundenwünsche müssen diese aber kombiniert und mit dem Raumkonzept abgestimmt werden und dafür gibt es in der Regel Experten, die keine Fliesen produzieren.

Die Schwierigkeit bei der Ebene 2 ist es, die richtige Granularität zu finden. Ist sie zu fein – etwa wenn zu viele Module nötig sind, um das Produkt einzusetzen –, verliert das Metaprodukt an Identität und die Komplexität in Anpassung, aber auch Produktmanagement kann sehr kostenintensiv werden. So gilt es, die Einzelkomponenten stets aufeinander abgestimmt zu halten und die Partnerfirmen auf einem entsprechenden Ausbildungsstand zu halten. Das kann diese – mitunter aber auch Endabnehmer – abschrecken. Viele Kunden möchten ein Gefühl für die erworbene Lösung haben, um deren Preis einschätzen und bewerten zu können. Dies ist nur möglich, wenn die Komplexität noch einigermaßen greifbar ist. Ist die Granularität zu grob, reduziert sich damit die Anpassbarkeit und Flexibilität, was letztlich dazu führt, dass der Kunde wiederum mit Einschränkungen in der Erfüllung seiner Wünsche rechnen muss. Oftmals beginnen Unternehmen mit einem Basisprodukt, für das nur einige wenige optionale Module erhältlich sind, und sie entwickeln (projektgetrieben) eine Erweiterung nach der anderen dazu – mitunter ohne diese in den Produktstamm selbst zurückzuführen. Die Folge ist eine unkontrollierbare Vielfalt an Funktionen mit Abhängigkeiten untereinander, deren Management über den Lebenszyklus Unsummen verschlingt. Dann stellt sich die Frage, ob die Komplexität durch Integration in das Kernprodukt oder durch Elimination der Option verringert werden soll. Nun stehen Hersteller nicht selten vor dem Problem, dass eine retrospektive Zurückführung von Funktionen ungeplante Mehrkosten mit sich bringt, da diese oftmals nicht in die Produktqualität implementiert oder auch nicht mit der Basisarchitektur vereinbar sind. Darüber hinaus stellen sie ja auch Werte dar, in die bereits investiert wurde. Sich davon zu trennen, fällt vielen Managern schwer, bis die Komplexität ausufert und eine groß angelegte Maßnahme erforderlich wird. Die Folge ist ein Pendeln zwischen zu hoher und zu geringer Granularität mit entsprechenden Unzulänglichkeiten. Dabei sind enorme Kosten für das Management der Komplexität oder unzureichende Erfüllung der Kundenwünsche aufgrund trivialisierter Module die beiden Endpunkte der Skala.

Ich (R.G.) konnte dieses Spiel in der Praxis mehrfach miterleben. In einem spezifischen Fall wurde ein Produkt für die Annahme und Abwicklung von Polizeinotrufen aufgrund zahlreicher Erweiterungen und Optionen immer komplexer, sodass die Abhängigkeiten zwischen den Funktionalitäten selbst von erfahrenen Softwarearchitekten nicht mehr durchblickt werden konnten. Das führte zu massiven Kosten selbst bei kleinen Zusatzwünschen, wie sie nach wie vor von Kunden gefordert wurden. Das Produkt lief Gefahr, nicht mehr zum Marktpreis verkauft werden zu können. Darüber hinaus waren auch die Vertriebspartner nicht mehr in der Lage, das Erzeugnis qualifiziert zu erklären. Letztlich beschloss das Unternehmen, in einer groß angelegten Refactoring-Aktion, welche etwa die Kosten eines neuen Produkt-Release in Anspruch nahm, die Komplexität zu reduzieren. Wie sich später zeigen sollte, war dieser Schritt zwingend nötig und eine wichtige Basis für den erfolgreichen internationalen Ausbau des Geschäftes.

Immer wieder ist zu beobachten, dass von Entwicklerteams größere Investitionen gefordert werden, um bestehende Produkte zu überarbeiten oder gar neu zu entwickeln, da die bestehende Architektur mit den laufend eintreffenden Kundenwünschen nicht mehr vereinbar ist. Meist ist dies auch durchaus gut begründbar – ist man doch im Nachhinein immer schlauer als zum Zeitpunkt der Erstentwicklung. In der Praxis zeigt sich aber auch vielfach, dass die Neuentwicklung ein ähnliches Schicksal erleidet wie der erste Versuch. Es reicht nämlich nicht, nur an der technologischen Basis eines Produktes anzusetzen und dieses neu zu bauen. Vielmehr hat es einen Grund, warum die Komplexität anwuchs. Dies kann im Markt, in den internen Prozessen oder an inkonsequenten Entscheidungen liegen. Mitunter ist die richtige Antwort daher nicht eine Neuentwicklung, sondern eine andere Granularität der zugrunde liegenden Module. Wird nicht nach der wirklichen Ursache gesucht und diese grundsätzlich behoben, ist zu erwarten, dass nach drei bis fünf Kundenprojekten auf Basis der überarbeiteten Version dieselben guten Gründe für eine Neuentwicklung vorliegen wie zuvor.

Nur wenigen Herstellern gelingt es, die richtige Balance zu finden und trotz Veränderungen des Marktes zu halten. Dennoch ist dieses Modell eines, das immer häufiger angewendet wird, da es einen Kompromiss aus Multiplikation von Kernprodukt und Modulen bei gleichzeitiger Anpassbarkeit an Kundenwünsche zulässt.

2.2.3 Ebene 3: Vorgehensweise als Produkt

Je höher entwickelt ein Bereich beziehungsweise eine Branche ist, desto häufiger ist es der Fall, dass sich Kunden nicht mit einer reduzierten Anpassung an ihre Bedürfnisse zufriedengeben wollen oder können. Der Grund dafür liegt darin, dass eine höhere Entwicklungsstufe in der Regel mit einem hohen Spezialisierungsgrad und Fokussierung auf einzelne Aufgabenbereiche einhergeht. So folgerte Durkheim (1992, S. 190) in Bezug auf die soziale Entwicklungsstufe von Berufstypen: *„[Es, R.G.] ist die Arbeitsteilung um so entwickelter, je mehr man sich den höheren sozialen Typen nähert."* Für Hersteller und Kunden gilt gleichermaßen: Jegliche Perfektionierung eigener Tätigkeitsbereiche bedeutet stets Einbeziehung der spezifischen eigenen Rahmenbedingungen und damit Unterscheidung von anderen.

Um hier eine entsprechende Optimierung der Vorgehensweise zu erzielen, sind passgenaue Lösungen unumgänglich. Ein Standardprodukt, das für mehrere Abnehmer dieselben Rahmenbedingungen und Einschränkungen mit sich bringt, steht dem zwangsläufig entgegen. Ein Unternehmen, das beispielsweise eine revolutionäre Form von Computermonitoren fertigt, muss eine spezifische und individuelle Verfahrensweise anwenden, um sich von den Mitbewerbern abzuheben. Es ist naheliegend, dass die dafür erforderlichen Fertigungsmittel nicht als „Produkt von der Stange" bezogen werden können. Würde ein Lieferant für eine derartige Infrastruktur jedes Mal aufs Neue überlegen, wie er einen solchen Auftrag abwickelt, ohne auf seine Erfahrungen zurückzugreifen, ist es vorprogrammiert, dass an gewisse Anforderungen nicht gedacht wird oder Dinge übersehen werden. Daher ist es üblich, dass solche Firmen nach Checklisten arbeiten, um den Auftrag zu erfassen, diesen in Projektform abwickeln und das Erzeugnis in einer strukturierten Form beim Kunden aufbauen und in Betrieb nehmen. Damit sind wir bei der dritten Ebene von Produkten angelangt.

2.2 Mehrere Abstraktionsebenen von Produkten

Abb. 2.6 Vorgehensweise als Produkt

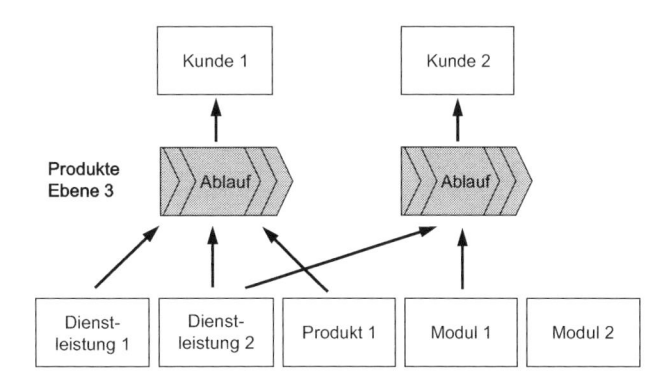

Es handelt sich hier nicht primär um die Replikation eines Erzeugnisses, sondern um die Replikation der Vorgehensweise, wie Abb. 2.6 zeigt. Diese findet man besonders in stark dienstleistungsorientierten Bereichen vor. Insbesondere der tertiäre Sektor lebt davon, dass individuelle Wünsche von Kunden optimal erfüllt werden. Nun ist es selbst im Dienstleistungsbereich nicht zwingend der Fall, dass jede erbrachte Stunde auch bezahlt wird und umgekehrt. Der Abnehmer wünscht eine individuelle Serviceleistung und ist bereit, dafür einen gewissen Preis zu zahlen. Um als Anbieter hier zu optimieren, ist es daher erforderlich, wiederkehrende Muster in den Aufträgen zu identifizieren und diese Abläufe zu standardisieren. In der Beraterbranche ist dies mittlerweile üblich. Sie wirbt sogar häufig mit erprobten Methoden, die hochwertige Ergebnisse versprechen. Der entscheidende Punkt dabei ist der Umstand, dass selbst bei standardisierten Abläufen der Kunde eine individuelle Lösung erwarten kann. Natürlich schränkt die Methode auch das Ergebnis ein und mancherorts ist es unumgänglich, auch den Prozess für die Abwicklung des Vorhabens kundenspezifisch zu entwickeln. Dies ist aber ein Sonderfall. Meistens können auch sehr individuelle Lösungen nach gut definierten Verfahren abgewickelt werden. Ein Beispiel dafür ist der moderne Hausbau. Der Architekt erfasst die Wünsche und das Budget der Auftraggeber. Darauf aufbauend, fertigt er mehrere Entwürfe an, die in einer gemeinsamen Besprechung aussortiert und konkretisiert werden, bis er den finalen Plan erstellt. Weiter geht es mit der Einreichung bei der Baubehörde, Ausschreibungsverfahren für die einzelnen Gewerke bis hin zur Abwicklung des Bauvorhabens. Obwohl der Kunde letztlich ein individuelles Haus erhält, ist der Weg dorthin weitgehend standardisiert. Was passiert, wenn dies nicht der Fall ist, erlebt jeder private Häuslebauer, der so ein Vorhaben zum ersten Mal in Eigenregie durchführt.

Viele dienstleistungsorientierte Unternehmen sind sich gar nicht bewusst, dass sie nach gewissen Mustern und etablierten Vorgehensweisen arbeiten. Erfahrungswerte des Senior-Chefs oder der Rat alteingesessener Mitarbeiter sind häufig die Grundlage für einzigartige Vorgehensweisen in Kleinunternehmen. Ist diese Person jedoch nicht verfügbar, wird es schwierig, den Standard und die Kosten zu halten. In diesem Bewusstsein werden „best practices" oder Checklisten erstellt, die Wissen und Erfahrung replizierbar machen sollen. In entsprechender Form regeln seit Jahrzehnten größere und zunehmend auch kleinere Unternehmen ihre Abläufe in Prozessen. Dies führte in den 90er Jahren zu einer regelrechten Prozessmanie, die der Standardisierung der Abläufe alles unterordnete. Hammer und Champy (1993, S. 47 ff.) lieferten mit ihren Werken zu Business Reengineering neue Ansätze zur Betrachtung der Abläufe in Unternehmen, die bis dato bestenfalls geringgeschätzt wurden, und brachten damit eine Welle der Prozessdefinitionen und des Reengineerings ins Rollen. Zu dieser Zeit wurde jedoch gern übersehen, dass auch die Vorgehensweise das Ergebnis einschränkt. Im Willen, den optimalen Prozess zu definieren, wurden meist auch die falschen Prioritäten gesetzt – das angestrebte Ziel war der perfekte Prozess und dabei verlor man die Manifestation der Unternehmensstärken zur optimalen Erfüllung individueller Kundenwünsche aus den Augen. Glücklicherweise hat sich die Einstellung mittlerweile wieder verändert und Prozesse dienen der Sicherung von Qualität und einer weitgehend optimierten Vorgehensweise, lassen aber auch Spielraum für spezifische Erfordernisse zu. Die Firma BetaComp, ein auf Softwarelösungen spezialisiertes Unternehmen mit etwa 2.000 Mitarbeitern, etablierte um die Jahrtausendwende eine ausgeklügelte Prozesslandschaft, die jeden Arbeitsschritt bis ins kleinste Detail regelte. Berater und Management waren außerordentlich stolz darauf. Es wurde jedoch zunehmend deutlich, dass bereits kleine Abweichungen, wie sie im Projektgeschäft an der Tagesordnung sind, das System bis zur völligen Handlungsunfähigkeit lahmlegen konnten. Massive Verzögerungen und Kundenbeschwerden waren die Folge – ganz abgesehen von der Motivation der Mitarbeiter, die sich als entmündigte Handlanger fühlten und entsprechend engagierten. So wurde fünf Jahre nach ihrer Einführung die Prozess-Struktur drastisch vereinfacht. Es erfolgte lediglich eine Überprüfung vordefinierter Qualitätskriterien und Fertigstellungsgrade zu bestimmten Meilensteinen in den Projekten, bevor die nächste Projektphase gestartet werden durfte. Wie die Phasen ausgestaltet waren, blieb den Mitarbeitern überlassen. Anfangs fühlten sich diese verloren, da die direkte Handlungsanweisung fehlte. Allerdings füllten sie diese Lücke rasch mit eigener Kompetenz aus und nach wenigen Wochen sank die durchschnittliche Durchlaufzeit der Projekte um 30 %. Was in diesem Unternehmen allerdings verabsäumt wurde, war die Inkorporation der Unternehmensstärken in den Abläufen. Diese sollte trotz Freiraum in der Umsetzung als replizierbares Gut etabliert werden.

Bei einem Produkt der Ebene 3 gilt es, die Besonderheiten der Vorgehensweise einer Firma, die einen spezifischen Kundennutzen erwirken, in den Abläufen so zu verankern, dass sie bei Folgeaufträgen repliziert werden können. Die Schwierigkeit dabei ist es, dies explizit zu machen, denn oftmals sind entsprechende Erfahrungen als unbewusstes Wissen vorhanden, aber nicht dokumentiert. Die Konsequenz sind über- oder unterreglementierte Prozesse, die in beiden Fällen Unmengen an Zusatzkosten verursachen. Wie die Granularität der Module auf Ebene 2 entscheidend für den Erfolg der Vorgehensweise ist, so ist in diesem Fall die Gratwanderung zwischen Flexibilität und Reglementierung der Schlüssel zum Erfolg. Neben den durch Qualitätsnormen auferlegten standardisierten Vorgehensweisen sollte daher ein Dienstleistungsunternehmen nach Mustern suchen, die im Vergleich zu anderen Firmen einzigartig sind und die Grundlage für den Unternehmenserfolg darstellen. Diese bilden das Produkt der Ebene 3 und diese gilt es sich bewusst zu machen, zu dokumentieren, in Abläufen zu regeln und durch Templates, Checklisten, Tools zu unterstützen. Darüber hinaus ist es natürlich sinnvoll, Routinetätigkeiten zu standardisieren. Wichtig ist aber, die Alleinstellungsmerkmale in Abläufen als Wert zu begreifen und diesen zu replizieren.

Eine Produktstrategie der Ebene 3 macht Sinn, wenn

- die Kunden eines Unternehmens eine **individuelle Leistung** benötigen und eine **suboptimale Passung nicht akzeptieren.** Als Beispiele dafür können Beratungsleistungen zur Erarbeitung einer Unternehmensvision oder zur Optimierung der Unternehmensorganisation angeführt werden.
- die **Natur des Erzeugnisses eine Unterschiedlichkeit** mit sich bringt. Besonders deutlich wird diese Anforderung bei der Erstellung eines Firmenlogos, wobei zwar meist eine ähnliche Vorgehensweise angewendet wird, die Ergebnisse aber zwingend unterschiedlich sein müssen.
- es sich um einen **hohen Dienstleistungsanteil** handelt wie etwa im Fall kundenspezifischer Softwareentwicklung oder bei Wartungsverträgen.
- unterschiedliche Kundenaufträge durch eine **ähnliche oder identische Vorgehensweise** abgewickelt werden können und diese **replizierbar** ist.
- die **Vorgehensweise** eine Stärke beziehungsweise das **Alleinstellungsmerkmal des Unternehmens** darstellt. Viele Beratungsunternehmen haben dies erkannt und beanspruchen für sich die „optimale Methode" für eine gewisse Art von Aufgabenstellung wie etwa Investmentberatung.
- ein Unternehmen in einen **neuen Markt eindringen** möchte oder es sich um einen jungen Markt handelt, in dem die konkrete Ausgestaltung des Erzeugnisses noch nicht definierbar ist.
- es sich um **rasch veränderliche Märkte** handelt, in denen eine Investition in ein replizierbares Endergebnis sinnlos wäre, da sich die Anforderungen von Abnehmern zu rasch ändern und ein Erzeugnis kurz nach Fertigstellung bereits obsolet wird. Aktuell ist dies im Bereich der mobilen Bezahlsysteme der Fall.

In jedem Fall liegt bei Produkten der Ebene 3 der Multiplikator für den Auftragnehmer nicht im gelieferten Gegenstand, sondern in der Methode. Dabei muss es sich nicht zwingend um externe Kunden handeln. Selbst innerhalb von Unternehmen wird immer wieder von „internen Kunden" gesprochen. Handelt es sich hierbei um Dienstleistungen, sind dieselben Überlegungen zulässig. Entsprechend üblich ist es, dass eine Personalabteilung Formulare für Mitarbeitergespräche erarbeitet oder eine Rechtsabteilung Standardvertragsbestandteile zur Verfügung stellt.

Der eindeutige Nutzen dieser Vorgehensweise ist es, Stärken zu reproduzieren. Selbst – oder insbesondere – bei Dienstleistungen kann dies ein wichtiges Kriterium für Kunden darstellen, denn wenn das Endergebnis im Vorfeld nicht als Entscheidungsgrundlage für den Auftrag herangezogen werden kann, so gibt zumindest die definierte Vorgehensweise Sicherheit, zu wissen, worauf man sich einlässt. Für den Lieferanten schafft sie die Grundlage, die Lernkurve rascher zu durchlaufen und die Aufwände bei Sicherstellung eines gewissen Qualitätsniveaus zu optimieren. Allerdings sollte man sich auch der zuvor beschriebenen Einschränkungen bewusst sein. Jede Festlegung hat eine Reduktion des Handlungsspielraums zur Folge und schränkt damit in der Flexibilität ein. Wie bei einem Produkt der Ebene 1, so gilt auch hier, dass es ständig hinterfragt, an Marktanforderungen angepasst und weiterentwickelt werden muss. Dies ist aber nur dann möglich, wenn man sich der Wichtigkeit und Besonderheit bestimmter Handlungsweisen bewusst ist, diese als Produkt begreift und entsprechend pflegt, aber auch darin investiert.

Zusammenfassend lässt sich sagen, dass mit der Entwicklungsstufe der Abnehmerbranche der Bedarf an individuellen Lösungen und daher auch an Produkten höherer Ebenen tendenziell steigt. Für den Anbieter wird damit die Produktdefinition abstrakter und komplexer. Umgekehrt handelt es sich jedoch auch meist um hochwertigere Leistungen, bei denen sich eine Replikation entsprechend bezahlt macht.

2.3 Ein einzelnes Produkt birgt Risiken – mehrere Produkte bringen Kosten

Viele der Leser können sich vermutlich noch an die goldene Zeit der Analogfotografie erinnern und manche nennen vielleicht noch einen entsprechenden Apparat ihr Eigen. Gute Kameras waren eine nennenswerte Investition und dasselbe galt für Zubehör wie hochwertige Filme, Ausarbeitungslabors und so weiter. Entsprechend etablierten sich Unternehmen, die Produkte rund um Analogfotografie am Markt positionierten. Bestechend ist hier etwa die Firma Kodak, die sich Ende des 19. Jahrhunderts als Pionier des Fotofilms manifestierte. Die weitere Geschichte ist gut bekannt. Wenige der Verfechter analoger Fotografie wollten den raschen Aufstieg der digitalen Pendants anerkennen und hielten an ihrer Produktstrategie, die in der Vergangenheit gute Gewinne brachte, fest. Dies erwies sich als schwerwiegender Fehler, denn innerhalb weniger Jahre avancierte die Digitalfotografie zum eindeutigen Gewinner dieses Rennens. Firmen, die rein auf analoge Technik setzten, mussten dies bitter zur Kenntnis nehmen und zahlreiche unter ihnen überlebten diese Wende nicht. So musste auch der einstige Pionier, Kodak, Anfang 2012 Insolvenz anmelden (vgl. Berger und Berg 2012). Die Fokussierung auf ein Produkt brachte signifikante Gewinne, aber auch das Risiko, dass das Überleben des Unternehmens unabdingbar mit dessen Erfolg verbunden war.

Derartige Phänomene beschränken sich natürlich nicht rein auf eine Industrie. Von verschiedensten Märkten erzählt man sich Geschichten über den Niedergang einstiger Marktführer, die Veränderungen nicht antizipierten oder auch unerwarteten Umweltereignissen zum Opfer fielen. Das reicht bis hin zur Landwirtschaft, in der ganze Jahresproduktionen einzelner Betriebe durch Schädlinge oder von Unwettern schlichtweg vernichtet wurden, da das Unternehmen auf eine bestimmte Pflanze setzte. Dies bekamen die europäischen Kartoffelbauern in voller Härte zu spüren, als etwa um 1900 die Verbreitung des Kartoffelkäfers zu massiven Ausfällen der Produktion führte. Doch auch in der jüngeren Vergangenheit sind derartige Phänomene keine Seltenheit. In den USA wurde 2012 in 29 Bundesstaaten der Notstand ausgerufen, da aufgrund einer schweren Dürreperiode massive Einbußen der Ernten wichtiger Getreidesorten wie Mais oder Soja hingenommen werden mussten (vgl. DPA 2012). Durch Konzentration auf eine Sorte kann mit geringerem Aufwand und weniger Maschinen bei guten Bedingungen ein deutlich höherer Ertrag erwirtschaftet werden als bei Mischkulturen. Ein Ausfall dieser Sorte hat jedoch auch für das Unternehmen fatale Konsequenzen.

Eine Folge der Arbeitsteilung und Spezialisierung unserer Zeit sind die verstärkte Abhängigkeit von externen, aber auch internen Faktoren und das damit steigende Bedrohungspotenzial kommerzieller Krisen (vgl. Durkheim 1992, 421 ff.).

Beispiele für externe und interne Abhängigkeiten:

- Zulieferer
- Vertriebspartner
- Marktentwicklung/Kundenverhalten
- Technologische Entwicklungen/Innovationszyklen
- Umwelteinflüsse
- Ressourcenverfügbarkeit
- Verfügbares Kapital
- Know-how der eigenen Mitarbeiter
- Interne Organisation
- Interne Entscheidungen

Diese Abhängigkeiten haben direkte Risiken für die jeweiligen Erzeugnisse beziehungsweise die betroffenen Unternehmen zur Folge. Um etwa nicht von der Verfügbarkeit von einzelnen elektronischen Bauelementen am Markt abhängig zu sein, legt sich das auf Kommunikationslösungen für sicherheitsrelevante Anwendungen spezialisierte Unternehmen GammaCom den Allzeitbedarf wichtiger Komponenten auf Lager. Auf diese Weise wird sichergestellt, dass die Lieferfähigkeit auch bei Abkündigung der jeweiligen Bauteile gegeben ist.

Schwieriger ist die Situation bei Investitionsentscheidungen für Produktvorhaben oder der Gründung von Startup-Unternehmen, die sich einem bestimmten Produkt verschrieben haben. Neben der Bedrohung, dass sich die grundlegenden Bedingungen verändern, müssen sie mit dem Risiko leben, dass das Vorhaben auf einer Fehleinschätzung basiert und nie die geplanten Profite erwirtschaftet. Streng genommen, ist eine Produktinvestition eine Wette auf eine erwartete, erfolgreiche Zukunft des Vorhabens. Wie bei jeder Wette kann diese gewonnen oder verloren werden. Setzt man sein gesamtes Vermögen auf ein Pferd, so kann es im Falle des Gewinns vervielfacht werden oder bei einer Niederlage verloren sein. Im Gegensatz zu Wirtschaftsunternehmen ist bei Pferderennen jedoch davon auszugehen, dass zumindest ein Pferd gewinnt – dafür aber auch nicht mehr als eines, was im Wirtschaftsleben vereinzelt dann doch der Fall ist.

Ein Unternehmen ist daher gut beraten, vor jeder Investition in ein Produkt oder ein Produktportfolio dessen Chancen auf Basis einer soliden Analyse (s. Kap. 3) zu bewerten, um damit die Erfolgswahrscheinlichkeit besser einschätzen zu können. Naturgemäß handelt es sich dabei zwar keineswegs um eine verlässliche Aussage, denn die Datenbasis ist vielfach hochspekulativ. Oftmals stützen sich Portfoliomanager und Entscheider auf externe Studien und Markterhebungen, die aber nur selten die konkrete Marktnische behandeln und von ihrer Natur her ebenso „Wetten auf eine erwartete Zukunft" sind. Eine Erhärtung der zugrunde liegenden Daten kann jedoch durch eine Betrachtung des Sachverhaltes aus mehreren Blickwinkeln wie beispielsweise Top-down und Bottom-up erfolgen, indem etwa einerseits auf Basis einer Studie auf das Geschäftspotenzial geschlossen wird und andererseits aus Erfahrungen mit bestimmten Testkunden oder Projekten eine Hochrechnung erfolgt (vgl. Abschn. 3.1.4). Ebenso können anhand von Analogien mit vergleichbaren Produkten oder Branchen im Sinne einer horizontalen Iteration Prognosen zum potenziellen Erfolg angestellt werden. Stimmen die Daten aus unterschiedlichen Ansätzen gut überein – und wurden sie nicht oberflächlich erhoben oder zum Zwecke der rascheren Entscheidungsfindung „uminterpretiert" –, dann ist dies ein Indiz für eine verwertbare Datenbasis. Bei größeren Abweichungen von mehr als 25 % sollte jedoch der Ursache nachgegangen und im Zweifelsfall die pessimistischere Einschätzung in die nachfolgenden Überlegungen einfließen. In jedem Fall ist eine Bewertung der Annahmen anhand von Studien und Praxiserfahrungen dringend angeraten, da der Vorgang eine Reflexion der Entscheidungsprämissen impliziert und diese zumindest in groben Zügen beurteilt. Dies steigert die Qualität der Entscheidung beziehungsweise es wird damit die Wahrscheinlichkeit einer Fehleinschätzung reduziert.

Zur weiteren Reduktion des Risikos lassen sich nun Versicherungen gegen einzelne Einflussfaktoren abschließen oder das Unternehmen könnte in weitere Produktlinien investieren, die von anderen Kriterien abhängig sind, und damit sicherstellen, nicht auf Gedeih und Verderb einem Faktor ausgeliefert zu sein. Das ist auch der Grund, warum viele landwirtschaftliche Betriebe auf Mischkulturen schwören. Indem man auf mehrere unterschiedliche Produkte setzt, soll sich die Wahrscheinlichkeit erhöhen, dass sich zumindest eines davon gut entwickelt.

Die vielfach angewendete Argumentation, dass bei vier Produkten mit einer Erfolgswahrscheinlichkeit von 25 % zumindest eines erfolgreich sein muss, ist dabei jedoch keine Garantie für den Erfolg, da es sich nach wie vor um eine Wahrscheinlichkeit und kein sicheres Eintreten des Ereignisses handelt, und darüber hinaus ist sie auch aus einem rein mathematischen Blickwinkel schlichtweg falsch. Dies soll durch einen kleinen Exkurs in die Wahrscheinlichkeitstheorie verdeutlicht werden.

Wahrscheinlichkeit des Erfolges mehrerer Produkte im Portfolio Handelt es sich um unabhängige Ereignisse, dann multiplizieren sich die Eintrittswahrscheinlichkeiten.

$$P_{(A \cap B)} = P_{(A)} \times P_{(B)} \tag{2.1}$$

Ist etwa die Wahrscheinlichkeit des Erfolges zweier voneinander unabhängiger Produkte A und B jeweils 50 %, so ist die Verbundwahrscheinlichkeit, dass *beide erfolgreich* sind, 25 %.

$$P_{(A \cap B)} = 50\% \times 50\% = 25\% \tag{2.2}$$

2.3 Ein einzelnes Produkt birgt Risiken – mehrere Produkte bringen Kosten

Die Wahrscheinlichkeit, dass *zumindest eines* der beiden Produkte erfolgreich ist, errechnet sich aus den Einzelwahrscheinlichkeiten abzüglich der Verbundwahrscheinlichkeit.

$$P_{(A \cup B)} = P_{(A)} + P_{(B)} - P_{(A \cap B)} = P_{(A)} + P_{(B)} - P_{(A)} \times P_{(B)} \quad (2.3)$$

Damit wäre die Chance, dass eines der beiden voneinander unabhängigen Produkte A oder B mit einer Einzelwahrscheinlichkeit von je 50 % erfolgreich ist, 75 %.

$$P_{(A \cup B)} = 50\% + 50\% - 25\% = 75\% \quad (2.4)$$

Allerdings ist es in der Praxis so gut wie nie der Fall, dass Produkte voneinander völlig unabhängig sind. Gerade im Portfoliomanagement setzt man auf Synergieeffekte und diese sollten ebenso Berücksichtigung finden. Dazu wendet man die Formel nicht notwendig disjunkter Ereignisse an. Neben der Einschätzung, wie hoch die Erfolgswahrscheinlichkeit eines einzelnen Produktes ist, ist hierfür aber auch eine Qualifizierung der Wahrscheinlichkeit nötig, dass eines der beiden Produkte Erfolg hat, wenn das jeweils andere Produkt bereits erfolgreich ist.

$$P_{(A \cap B)} = P_{(A|B)} \times P_{(B)} \quad (2.5)$$

oder:

$$P_{(A \cap B)} = P_{(B|A)} \times P_{(A)} \quad (2.6)$$

In der allgemeinen Form ausgedrückt, ist die Verbundwahrscheinlichkeit abhängiger Produkte:

$$P_{(A_1 \cap A_2 \cap \ldots \cap A_n)} = P_{(A_1)} \times P_{(A_2|A_1)} \times P_{(A_3|A_1 \cap A_2)} \times \ldots \times P_{(A_n|A_1 \cap \ldots \cap A_{n-1})} \quad (2.7)$$

Wiederum soll die Erfolgswahrscheinlichkeit für unsere beiden Produkte A und B bewertet werden, mit dem Zusatz, dass die Erfolgswahrscheinlichkeit von Produkt A auf 70 % steigt, wenn Produkt B erfolgreich ist.

$$P_{(A \cap B)} = 70\% \times 50\% = 35\% \quad (2.8)$$

Entsprechend ist auch die Chance, dass eines der beiden Produkte erfolgreich ist, durch eine Abhängigkeit der beiden Einzelereignisse geprägt:

$$P_{(A \cup B)} = P_{(A)} + P_{(B)} - P_{(A \cap B)} = P_{(A)} + P_{(B)} - P_{(A|B)} \times P_{(B)} \quad (2.9)$$

$$P_{(A \cup B)} = 50\% + 50\% - 35\% = 65\% \quad (2.10)$$

Dabei wird deutlich, dass die Erfolgswahrscheinlichkeit beider Produkte zwar steigt, wenn der Erfolg von Produkt B jenen von Produkt A begünstigt. Umgekehrt sinkt jedoch die Wahrscheinlichkeit, dass eines der beiden Produkte erfolgreich ist, da der Erfolg des Produktes A vom Erfolg des Produktes B abhängt.

Was bedeutet dies nun für das Portfoliomanagement? In erster Linie kann für ein Produktportfolio festgehalten werden, dass sich die Chance, ein erfolgreiches Produkt zu haben, zwar erwartungsgemäß erhöht, je größer die Anzahl der Produkte ist. Allerdings handelt es sich hierbei nicht um eine reine Addition der Einzelwahrscheinlichkeiten. Dies wäre nur bei unvereinbaren Ereignissen der Fall. Handelt es sich etwa um zwei Produkte, die einander nicht ausschließen, kommt für die Wahrscheinlichkeit, dass zumindest eines der beiden erfolgreich ist, die Wahrscheinlichkeit, dass beide gleichzeitig Erfolg haben, zum Abzug. Die Erfolgschance für ein Portfolio aus mehreren Produkten ist damit geringer als die bloße Addition der Wahrscheinlichkeiten für jedes Einzelprodukt. Bei voneinander abhängigen Produkten gilt es zumindest laut Theorie zu beachten, dass durch die Abhängigkeit die Chance steigt, dass beide erfolgreich sind. Allerdings geschieht dies zum Preis der Abhängigkeit vom „Leitprodukt", denn die Wahrscheinlichkeit, dass irgendeines der Produkte im Portfolio Erfolg hat, sinkt in diesem Fall.

Dies lässt sich auch in der Praxis gut nachvollziehen. Stellt ein Unternehmen Gummistiefel und Mobiltelefone her, so ist anzunehmen, dass deren Erfolg zumindest weitgehend unabhängig vom jeweils anderen Produkt ist. Die Wahrscheinlichkeit zumindest einer gelungenen Positionierung ist damit entsprechend hoch. Handelt es sich jedoch um Mobiltelefone und zugehörige Schutzhüllen, so ist der Erfolg für Schutzhüllen stark vom Verkauf der Mobiltelefone abhängig und die Chance, eines der beiden erfolgreich zu platzieren, insbesondere durch die Mobiltelefone geprägt.

Aus der Verbundwahrscheinlichkeit wird ferner deutlich, dass für ein Produkt, dessen Gelingen von mehreren Einflussgrößen abhängig ist, in jedem Fall diese für sich bewertet werden müssen, um eine Indikation für die zugehörige Erfolgswahrscheinlichkeit zu ermitteln. Mit jeder zusätzlichen Abhängigkeit sinkt die Chance auf eine profitable Positionierung.

Rechnerisch wie praktisch macht es daher Sinn, ein Portfolio zu haben, das mehrere Produkte umfasst, die nur wenig voneinander abhängig sind und deren Erfolg von wenigen Einflussgrößen bestimmt ist. Voneinander abhängige Produkte sollten dann etabliert werden, wenn die Chance, dass das Leitprodukt einen Treffer landet, hoch ist. Umgekehrt ist es aber meist so, dass unabhängige Produkte in der Regel zusätzliche Kosten verursachen, da Synergien nur bedingt gehoben werden können. Risikominimierung hat demnach auch hier ihren Preis. Allerdings kann etwa durch Positionierung eines Produktes in unterschiedlichen Märkten die Erfolgswahrscheinlichkeit gesteigert werden, ohne dass die Kosten gleichermaßen ansteigen.

2.3 Ein einzelnes Produkt birgt Risiken – mehrere Produkte bringen Kosten

Prinzipiell sind bei Mehrproduktstrategien aber Zusatzkosten zu berücksichtigen:

Direkte Mehrkosten:

- Mehrfache Markterhebung (für jedes Produkt)
- Mehrfache Kosten über den Produktlebenszyklus (Entwicklung, Dokumentation, Vertrieb, Wartung)
- Mehrfache Kosten für Reporting und Administration
- Mehrfaches Wissen, das im Unternehmen vorgehalten werden muss, und damit Kosten für Ressourcenbindung

Indirekte Mehrkosten:

- Verwässern des Unternehmensprofils (Wofür steht das Unternehmen?)
- Interne Konkurrenz, Ressourcenkonflikte, Zielkonflikte
- Falsches Sicherheitsdenken („Wenn eines der Produkte nichts wird, dann klappt wohl das andere!")
- Unterschreiten eines kritischen Minimums, da die Energie und Ressourcen auf mehrere Produkte aufgeteilt werden und mitunter zu wenig für den Erfolg einzelner Elemente verbleibt
- Strukturelle Komplexität (Organisation, Vertrieb, Unternehmensstrategie)

Die Auflistung zeigt, dass eine Mehrproduktstrategie auch ihre Schattenseiten hat. Nicht selten verzetteln sich Firmen in einer Vielzahl von Portfolioelementen und die dadurch bedingten Mehrkosten werden zu einer ernst zu nehmenden Bedrohung. So hatte etwa ein Ausrüster für Telekommunikationsnetzwerke mit einem Jahresumsatz von mehr als zehn Milliarden € und einer breiten Produktpalette ein massives Kostenproblem. Erst als das Unternehmen die Strategie radikal änderte und eine rigorose Fokussierung auf wenige Kernprodukte durchführte, konnten mehrere Quartale in Folge mit Gewinnen verzeichnet werden. Die Kunst im Portfoliomanagement besteht für Firmen daher darin, einerseits zwecks Risikominimierung verschiedene Produkte zu halten, andererseits nicht zu viele, um die damit verbundenen Zusatzkosten im Griff zu halten.

▶ Im Kontext Diversifikation versus Konzentration gilt folgende Handlungsprämisse: Das Portfolio so konzentriert wie möglich und so diversifiziert wie nötig zu halten.

Zudem hängt auch viel von der intelligenten Gestaltung der Abhängigkeiten einzelner Elemente untereinander ab. Sie darf weder zu stark sein, damit das Gesamtportfolio nicht völlig dem Erfolg eines Leitproduktes ausgeliefert ist, noch zu gering, da dies Mehrkosten verursacht und die Chance, dass mehrere Portfolioelemente gleichermaßen erfolgreich sind, reduziert.

Abb. 2.7 Produktlebenszyklus nach Kotler und Bliemel (2001, S. 574)

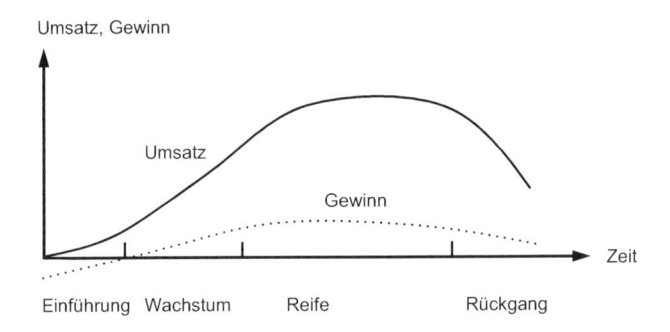

Zusammenfassend macht eine Ausweitung des Portfolios auf mehrere Produkte unter folgenden Voraussetzungen Sinn:

- Die Wahrscheinlichkeit der erfolgreichen Positionierung mehrerer Produkte ist höher als jene eines Einzelproduktes.
- Der erfolgreiche Fortbestand aktueller Produkte ist stark gefährdet.
- Die Zusatzkosten für die Positionierung mehrerer Produkte steigen geringer als der erwartete Profit.
- Abhängigkeiten bestehen nur zu Produkten mit hoher Erfolgswahrscheinlichkeit.
- Die Einflussfaktoren für den Erfolg der einzelnen Portfolioelemente sind voneinander weitgehend unabhängig.
- Das Unternehmen behält sein klares Profil nach außen.
- Es sind ausreichend Ressourcen und Know-how verfügbar, um mehrere Produkte professionell zu unterstützen.
- Die Komplexität der Strukturen und Abläufe ist für die Mitarbeiter im Unternehmen überschaubar (d. h. kognitiv verarbeitbar).

Auf den zweiten Punkt der Auflistung wurde zuvor noch nicht explizit eingegangen, da bisher vor allem von der Investition in neue Produkte die Rede war. Eine Erfolgswahrscheinlichkeitsbetrachtung macht aber auch für das Bestandsportfolio absolut Sinn. Bekanntermaßen unterliegt jedes Produkt einem Lebenszyklus. Demnach folgt jedes Produkt einem Lauf bestimmter Phasen (vgl. Kotler und Bliemel 2001, S. 573 ff.), wie Abb. 2.7 zeigt:

1. Einführungsphase (geringe Umsätze, Entwicklung noch unklar)
2. Wachstumsphase (merklich ansteigende Umsätze, positiver Trend)
3. Reifephase (Rückgang des Anstiegs, Sättigung)
4. Rückgangsphase (Rückgang der Umsätze, Auslaufen des Produktes)

Vielfach wird zwischen Reifephase und Rückgangsphase auch noch eine Sättigungsphase angegeben beziehungsweise nach der Rückgangsphase eine Nachlaufphase. Gerade in Bezug auf Innovationen findet man in der Literatur noch ein erweitertes Modell, bei dem Geoffrey A. Moore (2002, S. 17) eine weitere Phase einfügt, die er als „Chasm" (engl. Spalt) bezeichnet. Nach Moore folgt der Phase der „Early Adopters" (Erstanwender) eine Kluft,

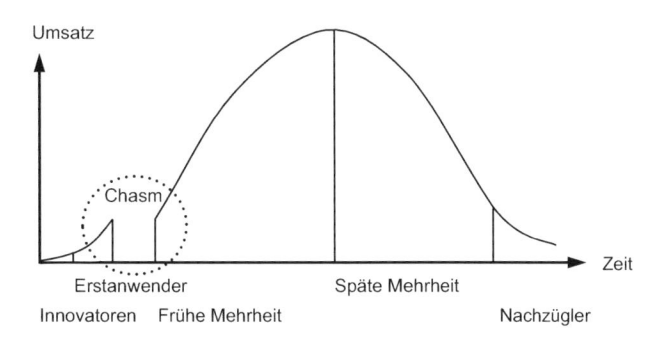

2.3 Ein einzelnes Produkt birgt Risiken – mehrere Produkte bringen Kosten

Abb. 2.8 Revidierter Produktlebenszyklus nach Moore (2006, S. 17)

[Abbildung: Glockenkurve Umsatz über Zeit mit Phasen: Innovatoren, Erstanwender, Frühe Mehrheit, Späte Mehrheit, Nachzügler; „Chasm" zwischen Erstanwendern und Früher Mehrheit]

die es zu überwinden gilt, ehe ein breiter Markt mit einem Produkt erfolgreich adressiert werden kann (s. Abb. 2.8).

Diese stellt eine der größten Herausforderungen für Unternehmen dar, da meist rasch ein paar Pilotkunden gefunden werden können, aber die Schwierigkeit darin liegt, Breitenwirkung zu erzeugen. Erst wenn der Markt ein Erzeugnis tatsächlich aufnimmt, ist mit wirksamen Synergien und sich selbst ankurbelnden Verkäufen etwa durch Bekanntheit am Markt, Empfehlungen und so weiter zu rechnen. Malcom Gladwell beschreibt dies auch sehr plastisch und weist darauf hin, dass ab einem bestimmten Punkt („Tipping Point") die Dinge von selbst laufen (vgl. Gladwell 2001, S. 15 ff.). Um diesen Punkt zu erreichen, ist jedoch eine entsprechende Durststrecke zu überwinden. Oftmals kommt es gar nicht so weit, da mangels Bekanntheit und Referenzen auch wenige oder keine Erstanwender zum Produkt greifen, wie häufig bei hochpreisigen Gütern zu beobachten ist. Viele Unternehmen helfen sich über solche Phasen mittels Investition in Pilotprojekte hinweg, die zu sehr attraktiven Preisen feilgeboten werden, um – darauf aufbauend – sukzessive eine breitere Kundenbasis zu adressieren. Diese Kosten und den dafür nötigen Atem sollte man durchaus bei der Positionierung neuer Produktlinien am Markt vorsehen, denn sie können über Erfolg oder Misserfolg entscheiden, selbst wenn das Produkt an sich einen klaren Mehrwert im Vergleich zu seinem Marktpreis bringt.

Unabhängig davon, in welcher Phase sich ein Produkt befindet, sei angeraten, periodisch eine Portfoliobewertung potenzieller neuer und bestehender Elemente vorzunehmen. Laufend ändern sich Rahmenbedingungen und der Erfolg bestehender Produkte kann nach einem Jahr deutlich unwahrscheinlicher sein als in der Periode zuvor. Neue Spieler am Markt, unerwartete Mehrkosten, Rückmeldungen von Pilotkunden und zahlreiche andere Einflussfaktoren geben Aufschluss darüber, ob es zielführend ist, an einzelnen Portfolioelementen festzuhalten. Um nicht aus Liebhaberei Investitionen weiterzuführen, selbst wenn deren Erfolgschance gering ist, sei daher empfohlen, abhängig vom erwarteten Lebenszyklus quartalsweise oder zumindest einmal im Geschäftsjahr eine Reflexion des Gesamtportfolios durchzuführen, wie etwa Klaus J. Aumayr (vgl. 2009, S. 69) im Zuge einer rollierenden Planung vorschlägt.

Das ist vor allem dahingehend wichtig, dass die Lebenszykluskurve von Produkten ebenso wie die Erfolgswahrscheinlichkeit lediglich ein Rechenmodell darstellt. Nur wenige Produkte folgen dieser Kurve tatsächlich so wie in der Theorie beschrieben. Oftmals verhelfen Modeerscheinungen neuen Produkten unmittelbar nach Markteinführung zu unerwarteten Höhenflügen, wie es etwa beim Tamagotchi, einem virtuellen Spielzeug-Haustier der Firma Bandai, Mitte der 90er Jahre der Fall war. Umgekehrt können aber auch neue Hersteller oder emotionale Reaktionen größerer Kundengruppen ein Produkt, das gerade beginnt, sich am Markt zu etablieren, binnen kurzer Zeit zum Absturz bringen. So wurden die digitale Audiokassette, DAT („Digital Audio Tape"), oder deren Konkurrenz, die MD („Mini Disk"), kurz nach ersten kleineren Markterfolgen Mitte der 90er Jahre binnen kurzer Zeit von der Audio CD („Compact Disc") verdrängt. Diese durchlief zwar einen verhältnismäßig langen Lebenszyklus, dessen Ende wurde aber durch die Verbreitung des MP3-Standards für digital über neue Medien verbreitete Audioinhalte viel rascher eingeläutet, als die Musikindustrie zu hoffen wagte. In all den genannten Beispielen handelte es sich jeweils um neue Technologien, die vom Markt in unterschiedlicher Weise aufgenommen wurden und Lebenszykluskurven massiv beeinflussten. Eine Neubewertung zu Zeiten der Hochblüte der Audio CD hätte vermutlich eine gewisse Bedrohung durch das MP3-Format erahnen lassen. Die Einnahmen aus dem Verkauf der herkömmlichen Tonträger hätten in jedem Fall eine Grundlage dafür geboten, die Entwicklung alternativer Produkte zu forcieren.

Wie die Lebenszykluskurve ein theoretisches Modell für die Entwicklung der Produkteinnahmen darstellt, so ist auch die Erfolgswahrscheinlichkeit eine Hilfsgröße. Zweifellos unterstützt sie bei der Einschätzung von Produkten. Allerdings ist ein Erzeugnis nur selten zu 30 %, 50 % oder 80 % erfolgreich. Viel häufiger kommt es vor, dass entweder die Kosten voll eingespielt werden – oder eben nicht, dass der Tipping Point erreicht wird – oder eben nicht. Rechnerisch wie in der Praxis hilft zwar eine Mehrproduktstrategie, Risiken einzelner Erzeugnisse abzufedern. Allerdings ist, selbst wenn die Mathematik der Wahrscheinlichkeitsrechnung eine Chance auf Erfolg von über 80 % angibt, noch lange nicht sichergestellt, dass dieser auch tatsächlich eintritt – er ist eben, wie schon ausgeführt, nur sehr wahrscheinlich und nicht garantiert. Zudem kann es sich auch beim Ergebnis nur um eine Schätzung handeln, da die meisten Einflussgrößen wie Marktentwicklung, Verhalten von Partnerfirmen, Reaktionen von Mitbewerbern und so weiter nur verhältnismäßig grob quantifiziert und keinesfalls einer genauen Wahrscheinlichkeit zugeordnet werden können. Erst im Laufe der Zeit sammelt man Erfahrung beziehungsweise Marktfeedback und gewisse Annahmen erhärten oder relativieren sich.

Aus diesem Grund sollte eher eine periodische Neubewertung stattfinden anstatt eine auf fünf Kommastellen genaue initiale Bewertung eines Portfolios, die aufgrund ihres Aufwandes nicht wiederholt wird. So nützlich die Rechenmodelle sein mögen, so sehr verführen sie auch zu Scheingenauigkeiten. Nicht selten werden diese genutzt, um die Verantwortung für heikle Entscheidungen – um die es sich bei der Investition oder Abkündigung von Produkten in der Regel handelt – nicht selbst tragen zu müssen. Genau für diese Lücke zwischen Theorie und Praxis erfordert es unternehmerische Kompetenz, Erfahrung und eine gute Einschätzung der Rahmenbedingungen. Dies lässt sich nicht gänzlich in Zahlen fassen und darf daher auch nicht vollends auf ein Rechenmodell abgeschoben werden.

▶ Hüten Sie sich bei der Bewertung eines Produktportfolios davor, Scheingenauigkeiten mathematischer Wahrscheinlichkeitsberechnungen als primäre Entscheidungsgrundlage anzusetzen.

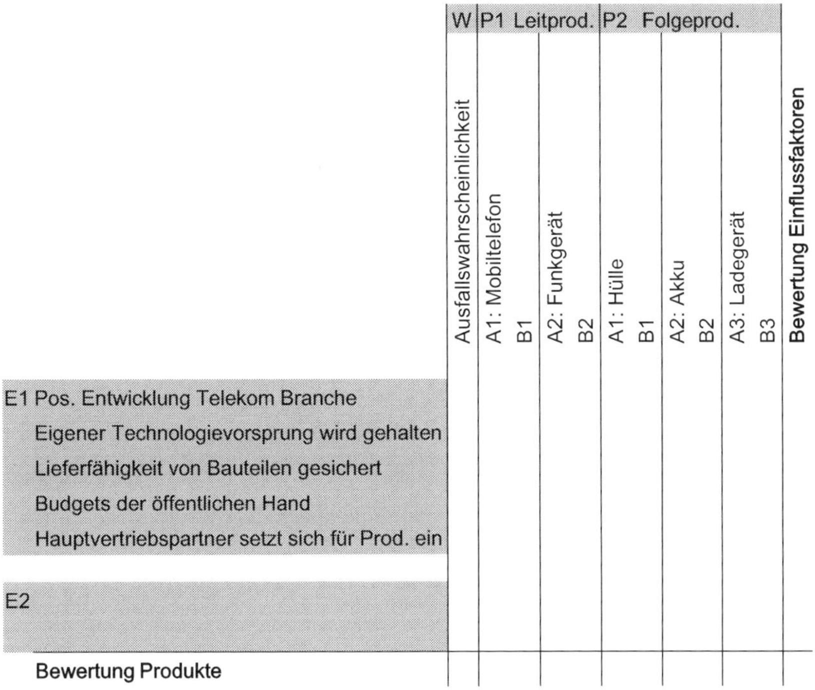

2.4 Portfolio-Sensitivitätsanalyse

	W	P1 Leitprod.			P2 Folgeprod.			Bewertung Einflussfaktoren
	Ausfallswahrscheinlichkeit	A1: Mobiltelefon / B1	A2: Funkgerät / B2	A1: Hülle / B1	A2: Akku / B2	A3: Ladegerät / B3		
E1 Pos. Entwicklung Telekom Branche								
Eigener Technologievorsprung wird gehalten								
Lieferfähigkeit von Bauteilen gesichert								
Budgets der öffentlichen Hand								
Hauptvertriebspartner setzt sich für Prod. ein								
E2								
Bewertung Produkte								

Abb. 2.9 Portfolio-Sensitivitätsanalyse Schritte 1–3

Im nächsten Kapitel soll daher ein Verfahren vorgestellt werden, das dabei unterstützt, die zyklische Portfoliobetrachtung rasch und mit Augenmaß durchzuführen, um Lücken und Risiken im Angebot zeitnah zu erkennen beziehungsweise gegenzusteuern.

2.4 Portfolio-Sensitivitätsanalyse

Die im Folgenden beschriebene Methode bietet eine einfach zu handhabende Stütze, um mit wenig Aufwand die Risiken eines Produktportfolios strukturiert einzuschätzen. Sie nimmt auf Abhängigkeiten einzelner Elemente von Leitprodukten Rücksicht und gibt eine Indikation darüber, wie gefährdet ein Portfolioelement gegenüber internen und externen Einflussfaktoren ist. Ferner stellt sie ein Hilfsmittel dar, um rasch ein Gefühl für die Risikostreuung des Portfolios zu erhalten.

Zur Durchführung der Portfolio-Sensitivitätsanalyse empfiehlt es sich, das Formular aus Abb. 2.9 zu verwenden und in ein Tabellenkalkulationsprogramm zu übertragen. Um dieses auszufüllen, sind folgende Schritte notwendig:

	W	A1: Mobiltelefon	B1	A2: Funkgerät	B2	A1: Hülle	B1	A2: Akku	B2	A3: Ladegerät	B3	Bewertung Einflussfaktoren
	Ausfallswahrscheinlichkeit	P1 Leitprod.				P2 Folgeprod.						
E1 Pos. Entwicklung Telekom Branche	3	2	6	0	0	0	0	0	0	0	0	1
Eigener Technologievorsprung wird gehalten	3	2	6	1	3	0	0	1	3	0	0	2
Lieferfähigkeit von Bauteilen gesichert	1	2	2	2	2	0	0	1	1	1	1	1
Budgets der öffentlichen Hand	5	0	0	2	10	0	0	1	5	1	5	4
Hauptvertriebspartner setzt sich für Prod. ein	1	2	2	2	2	1	1	1	1	1	1	1
E2 Mobiltelefon	3											
Funkgerät	5											
Bewertung Produkte			6		10							

Abb. 2.10 Portfolio-Sensitivitätsanalyse Schritte 4–9

1. **Festlegung der Leitprodukte**
   Anfangs werden jene Produkte festgelegt, die nicht vom Erfolg eines anderen Portfolioelementes abhängen, und in die Spalten A1, A2, A3 usw. der Sektion P1 eingetragen.
2. **Festlegung der Folgeprodukte**
   Auflistung jener Produkte, die von anderen Produkten abhängig sind, und deren Erfassung in den Spalten A1, A2, A3 der Sektion P2.
3. **Erarbeitung von Einflussfaktoren**
   Im dritten Schritt gilt es, jene Faktoren zu erheben, die Voraussetzungen für einen Erfolg der Produkte in der nächsten Geschäftsperiode darstellen. Dabei sollten möglichst *Positiv-Formulierungen* erwarteter beziehungsweise notwendiger Entwicklungen verwendet werden. Die Erhebung kann auf Basis von Marktstudien in Kombination mit Experten-Brainstorming entstehen. Die Ergebnisse werden der Reihe nach in der Sektion E1 angegeben.
4. **Bewertung der Ausfallswahrscheinlichkeit**
   Für jeden Einflussfaktor wird eine Einschätzung vorgenommen, wie hoch die Wahrscheinlichkeit eines *Nicht-Eintretens* ist. Dafür werden die Zahlenwerte 1 (gering), 3 (mittel), 5 (hoch) angegeben, ohne die Auswirkung auf die jeweiligen Produkte zu berücksichtigen (s. Abb. 2.10).

2.4 Portfolio-Sensitivitätsanalyse

5. **Bewertung der Kritikalität**
   Für jedes Produkt wird je Einflussfaktor definiert, wie problematisch es wäre, wenn sich dieser nicht wie erwartet entwickelt (Annahme: Worst-Case-Entwicklung). Die Bewertung erfolgt anhand der Zahlenwerte 0 (keine Auswirkung), 1 (merkbare Auswirkung, Produktweiterführung möglich), 2 (fatale Folgen, Produktweiterführung nicht möglich beziehungsweise nicht sinnvoll) und wird in die jeweiligen A-Spalten unter den Produktnamen eingetragen.

6. **Multiplikation Ausfallswahrscheinlichkeit mit Kritikalität**
   In die B-Spalten werden anschließend je Produkt und Einflussfaktor die Ergebnisse der Multiplikation aus Eintrittswahrscheinlichkeit und Kritikalität eingetragen.

7. **Bewertung der Leitprodukte**
   Für jedes Leitprodukt werden Maximalwerte der B-Spalten ermittelt und in der untersten Zeile festgehalten.

8. **Leitprodukte als Einflussfaktor**
   Um den Einfluss der Leitprodukte zu erfassen, werden diese unter den produktunabhängigen Einflussfaktoren im Formular als weitere Einflussfaktoren in Sektion E2 gelistet.

9. **Eintrittswahrscheinlichkeit für die Leitprodukte**
   Als Ausfallswahrscheinlichkeit wird für jedes Leitprodukt der Maximalwert aus der B-Spalte, dividiert durch einen Faktor 2, eingetragen.

10. **Bewertung der Folgeprodukte**
    Nur für die Folgeprodukte erfolgt nun die Bewertung der Abhängigkeit von den Leitprodukten analog den Einflussfaktoren in Schritt 5, eine Multiplikation mit der Ausfallswahrscheinlichkeit analog Schritt 6 und anschließende Ermittlung der Maximalwerte je B-Spalte, wie in Schritt 7 beschrieben (s. Abb. 2.11).

11. **Bewertung der Einflussfaktoren**
    Abschließend werden die den jeweiligen Einflussfaktoren zugehörigen Werte der B-Spalten aufsummiert, durch die Anzahl der Produkte dividiert und in der rechten Spalte erfasst.

Auf diese Weise entstehen eine Bewertungsmatrix sowie zwei Zahlenkolonnen, von denen eine Produkt- und die andere Einflussfaktor-bezogen ist. Ab einem Zahlenwert von 5 ist Vorsicht geboten (hohes Risiko, aber überschaubarer Einfluss). Darüber hinaus handelt es sich um potenziell bedrohliche Auswirkungen mit mittlerer und hoher Eintrittswahrscheinlichkeit zumindest eines Faktors.

Interpretation:

a. **Risiken für das Gesamtportfolio**
   Die rechte Spalte wird nach Werten >5 durchsucht. Hierbei handelt es sich um Einflussfaktoren, die es besonders zu beachten gilt, da sie einen signifikanten Einfluss auf das Gesamtportfolio haben. Bei diesen Faktoren empfiehlt es sich, risikominimierende

	W	P1 Leitprod.				P2 Folgeprod.						Bewertung Einflussfaktoren
	Ausfallswahrscheinlichkeit	A1: Mobiltelefon		A2: Funkgerät		A1: Hülle		A2: Akku		A3: Ladegerät		
			B1		B2		B1		B2		B3	
E1 Pos. Entwicklung Telekom Branche	3	2	6	0	0	0	0	0	0	0	0	1
Eigener Technologievorsprung wird gehalten	3	2	6	1	3	0	0	1	3	0	0	2
Lieferfähigkeit von Bauteilen gesichert	1	2	2	2	2	0	0	1	1	1	1	1
Budgets der öffentlichen Hand	5	0	0	2	10	0	0	1	5	1	5	4
Hauptvertriebspartner setzt sich für Prod. ein	1	2	2	2	2	1	1	1	1	1	1	1
E2 Mobiltelefon	3					2	6	2	6	2	6	6
Funkgerät	5					0	0	2	10	2	10	7
Bewertung Produkte			6		10		6		10		10	

Abb. 2.11 Portfolio-Sensitivitätsanalyse Schritte 10 und 11

Maßnahmen umzusetzen oder das Portfolio um Elemente zu erweitern, die davon nicht abhängig sind. Von Versicherungen gegen Umwelteinflüsse bis hin zu Alternativlieferanten sind hier je nach Einflussfaktor verschiedene Ansätze denkbar.

b. **Risikoprodukte**
Durch Auswertung der untersten Zeile (Werte > 5) kann ermittelt werden, welche Produkte einer starken Abhängigkeit unterworfen und daher anfällig für Veränderungen sind. Für solche Produkte sollte überlegt werden, ob sich durch spezifische Anpassungen die Abhängigkeit und damit das Risiko reduzieren lassen. Dies könnten bei starker Abhängigkeit von einzelnen Leistungsträgern etwa organisatorische Anpassungen sein oder im Falle der Investitionsbereitschaft in einer Branche vielleicht ein zusätzlich adressiertes Marktsegment.

c. **Hot Spots**
Abschließend werden die B-Spalten nach Werten > 5 durchsucht. Dies sind die Hot Spots, die individuell bewertet werden sollten. Für diese gilt es zu prüfen, ob es sich hierbei um Schlüsselprodukte oder Rahmenbedingungen mit hoher Ausfallswahrscheinlichkeit handelt, die so ein punktuelles Risiko mit großer Auswirkung auf das Unternehmen darstellen können. Je nach Produkt und Einflussfaktor sind wiederum entsprechende risikominimierende Maßnahmen auszuarbeiten.

Nachdem es sich hier um eine vereinfachte Methodik zur Bewertung der Abhängigkeit von mehr oder weniger beeinflussbaren Rahmenbedingungen handelt, muss festgehalten werden, dass sie keinen Anspruch auf objektive mathematische Präzision erhebt. Dies ist auch nicht Sinn und Zweck der Übung. Vielmehr geht es darum, mit vertretbarem Aufwand Risikofaktoren und -produkte zu identifizieren, die Risiken bewusst zu tragen oder Gegenmaßnahmen zu ergreifen. Eine Erweiterung der Auswertung kann durch Multiplikation der Produktbewertung mit geplantem Investment in der Folgeperiode vorgenommen werden. Damit lässt sich auch rasch eine Indikation ableiten, wie hoch der risikobehaftete Anteil der geplanten Investitionen ist. Ferner können durch Nutzung eines Tabellenkalkulationsprogramms auch einfach „Was wäre wenn?"-Szenarien durchgespielt werden. Setzt man dabei etwa einen Einflussfaktor, der eigentlich ein geringes Risiko darstellt, auf einen Wert von fünf, lässt sich unmittelbar ermitteln, welche Produkte betroffen wären, würde er sich dennoch negativ entwickeln. Zudem ist auch aus der Bewertungsmatrix leicht erkennbar, welche Portfolioelemente von denselben Einflussfaktoren abhängig sind. Sofern es sich um einzelne Produktgruppen handelt, die in diversen, stark unterschiedlichen Märkten positioniert werden, kann es zwecks Übersichtlichkeit auch hilfreich sein, je Portfoliogruppe oder Zielmarkt eine eigene Tabelle auszufüllen.

Umgekehrt kann dieses Instrument auch zur Bewertung von Chancen herangezogen werden, indem anstelle von Ausfallswahrscheinlichkeit und Kritikalität die Faktoren Eintrittswahrscheinlichkeit und Potenzial bewertet werden. Die Auswertung der vielversprechendsten Produkte und der wichtigsten Rahmenbedingungen erfolgt wiederum analog dem oben beschriebenen Muster.

2.5 Fokussierung versus Diversifikation

Eine der wohl emotional schwierigsten Entscheidungen im Portfoliomanagement ist jene, über Fokussierung versus Diversifikation zu befinden. Zwangsläufig starten kleine Firmen oder neu gegründete Abteilungen in Unternehmen in der Regel mit einigen wenigen Produkten. Sie haben einen entsprechenden Schwerpunkt und müssen sich ressourcenbedingt auf bestimmte Märkte und Portfolioelemente konzentrieren. Nicht selten entwickelt sich das Geschäft suboptimal oder Kunden haben Wünsche, die durch das gegenwärtige Portfolio nicht abgedeckt werden können. Dies verleitet unmittelbar zur Ausweitung der Angebotspalette. Oftmals erfolgt das punktuell anlassbezogen und unreflektiert, was dazu führt, dass über kurz oder lang eine Vielzahl an Portfolioelementen offeriert wird. Die dadurch bezweckte Risikominimierung hat umgekehrt aber auch eine Verwässerung der Positionierung, interne Komplexität und damit verbunden höhere Kosten zur Folge. Auf diese Weise steigt der Preis der Produkte und es wird wieder schwieriger, Abnehmer zu finden. Genau an dieser Stelle haben Unternehmen aber oft nicht den Mut zur Entscheidung, einzelne Produkte wieder einzustellen und erneut zu fokussieren. Hier sind es vor allem emotionale und mitunter irrationale Aspekte, die gegen eine Vereinfachung der Produktlinien sprechen. Gerade wenn Produkte in die Jahre gekommen sind, die einst zum

Erfolg des Unternehmens beigetragen haben, ist die Hürde, diese aufzulassen, sehr hoch. Die Erfahrung vergangener Umsätze schwingt noch nach und zu akzeptieren, dass diese Zeiten der Vergangenheit angehören, ist nicht immer leicht. Doch auch nicht erfolgreiche Produkte werden oftmals mitgeschleppt. Insbesondere wenn viel Geld investiert wurde und einstige Geschäftspläne hohe Einkünfte versprachen, ist es schwierig anzuerkennen, dass diese nicht eingespielt werden können und die aufgewendeten Kosten schlichtweg abzuschreiben sind. Dahingehend sind junge wie auch ältere Unternehmen stark gefährdet. Junge Unternehmen tragen ein hohes Risiko, dass die Kernprodukte nicht den gewünschten Erfolg bringen, von denen aber das Überleben der gesamten Firma abhängt. Ältere Unternehmen laufen Gefahr, durch zu starke Diversifikation alles und nichts zu offerieren – sich also am Markt nicht klar zu positionieren – und dabei auch noch hohe interne Kosten zu produzieren, was zu einer Unverkäuflichkeit der Produkte führen kann.

Der Technologie-Hersteller Cisco wurde zu einem der erfolgreichsten Unternehmen auf Basis eines einzigen Produktes, das in verschiedenen Ausprägungen angeboten wurde: dem Router für Internet-Verbindungen. Im Laufe der Zeit kam eine Vielzahl von Portfolioelementen dazu. Die Palette reichte von Telefonielösungen über Videosysteme bis hin zu verschiedensten Softwareanwendungen im Bereich öffentlicher Sicherheit. Ja, es wurden sogar Videokameras für den Konsumgütermarkt offeriert. Nach enormen anfänglichen Steigerungen im Routergeschäft gingen die Zuwachsraten um das Jahr 2010 etwas zurück. Umgekehrt stiegen die internen Kosten erheblich durch das mittlerweile zu breite Portfolio, sodass das Unternehmen seine Strategie ändern musste, um nicht in Schwierigkeiten zu geraten. Die Konsequenz war eine radikale Fokussierung auf das Kerngeschäft mit entsprechenden Restrukturierungen. Der Prozess war zwar für das Unternehmen schmerzhaft, führte aber wieder zu gesunden und profitableren Strukturen, wie ein führender europäischer Manager des Unternehmens, Michael Ganser, Anfang 2013 im Interview mit Jürgen Hill von der Computerwoche erläuterte: „*[Es, R.G.] greifen die Kurskorrekturen, die wir vor rund 18 Monaten gemacht haben. Es war richtig, uns wieder auf das Kerngeschäft zu konzentrieren und andere Dinge sein zu lassen*" (Hill 2013).

Dies ist nur ein Beispiel von Großunternehmen, die massive Anstrengungen zur Fokussierung unternehmen, um Kosten zu senken und am Markt wieder klarer wahrgenommen zu werden. Weitere namhafte Konzerne trennten sich aus denselben Gründen ebenso von wesentlichen Portfolioelementen. Der Computerhersteller Apple verfolgt bereits seit vielen Jahren eine strikte Strategie der Fokussierung. In seinem Fall hat sich dieser Weg bezahlt gemacht: „*Diese Fähigkeit [Steve Jobs', R.G.], sich auf das Wesentliche zu konzentrieren, rettete Apple. [...] Nach zwei Jahren, in denen Apple gigantische Verluste eingefahren hatte, hatte die Firma jetzt ein einträgliches Quartal mit einem Gewinn von 45 Mio $ hinter sich*" (Isaacson 2011, Kap. 24). Die Produkte, auf die das Unternehmen setzte, waren aus verschiedensten Gründen erfolgreich und aufgrund der Fokussierung wuchs Apple entsprechend rasch. Die Strategie war jedoch nicht risikolos. Hätten die Tablets und Smartphones nicht diesen Durchbruch am Markt erzielt, würde die Situation ganz anders aussehen, da die Anzahl alternativer Produkte, die stattdessen den Erfolg hätten prägen können, überschaubar war.

2.5 Fokussierung versus Diversifikation

Wie in vielen Fällen ist es auch bei Fokussierung versus Diversifikation kein Entweder-oder. Jedes Unternehmen muss auch hier für sich den richtigen Mittelweg finden. Fokussierung bringt Risiken mit sich und Diversifikation Kosten. Beides ist für nachhaltigen Erfolg hinderlich.

Vorteile einer Fokussierung Selbst wenn eine Fokussierung nicht ungefährlich ist, so hat sie doch auch zahlreiche Vorteile zu bieten:

- **Klares Profil,** sodass Kunden eindeutig erkennen können, wofür das Unternehmen steht.
- **Interne Klarheit,** die Mitarbeitern einen Anhaltspunkt gibt, welche Ziele es zu verfolgen gilt, sodass Zuständigkeiten und Verantwortungen leichter geregelt werden können; zudem sind die Zahl von Entscheidungen und die Wahrscheinlichkeit undefinierter Zustände deutlich geringer als bei einer Vielzahl an Produkten.
- **Emotionales Commitment;** fokussierte Unternehmen ziehen meist auch Mitarbeiter an, die sich mit dem Erzeugnis gut identifizieren können, beziehungsweise erleichtern es aufgrund geringerer Komplexität den eigenen Mitarbeitern, die Werte des Produktes zu verinnerlichen und entsprechend dahinterzustehen.
- Fokussierung führt zu **einfacheren Strukturen und Abläufen,** da weniger verschiedene Stellen auf dieselben Ressourcen zugreifen.
- **Kostensynergien** erwachsen aus einer entsprechend einfachen und konzentrierten Vorgehensweise über die gesamte Wertschöpfungskette hinweg – von Produktdefinition über Vertrieb bis hin zur Wartung.
- **Keine falsche Sicherheit;** da es nur wenige Produkte gibt, deren Erfolg die Existenz der Firma sichert, läuft das Unternehmen auch nicht Gefahr, dass man in schwierigen Zeiten jeweils auf die zahlreichen anderen Produkte hofft und letztlich in gegenseitiger Erwartung zugrunde geht.
- Bei derselben Mannschaftsgröße erreichen fokussierte Unternehmen auch **rascher eine kritische Masse,** um in ihrer Sparte führend zu sein. Das betrifft interne Kompetenz, aber auch die Lernkurve, die durch konzentrierte Erfahrung rascher durchlaufen werden kann.
- **Bessere Marktkenntnis und höhere Planungsqualität;** infolge der Schwerpunktsetzung ist eine scharfe Abgrenzung des Zielmarktes nötig, der intensiv bearbeitet wird. Neben dem konzentrierten Wissensaufbau fällt es entsprechend ausgerichteten Unternehmen auch leichter, Veränderungen einzuschätzen, und die Qualität der Prognosen steigt.

Insbesondere der hohe Bedarf an stetiger Verbesserung und Optimierung von Erzeugnissen forciert das Entstehen spezialisierter Unternehmen, die sich entsprechend fokussieren. Dies bringt die Arbeitsteilung und Professionalisierung unserer Zeit mit sich. Wäre eine derartige Strategie nicht riskant, so würden sich wohl auch viele Unternehmen darauf beschränken, denn die genannten Vorteile sind durchaus evident und erstrebenswert.

Dabei impliziert Fokussierung nicht ausschließlich eine geringe Anzahl verschiedener Portfolioelemente. Diese sind oftmals das Symptom einer Konzentration und seltener der Grund dafür. Vielmehr bedeutet es eine Konzentration auf eine geringe Anzahl an Kundensegmenten, Regionen, Geschäftsmodellen, Anwendungsfällen und so weiter, um eine möglichst homogene Nische zu definieren, die aufgrund ihrer Größe genug Potenzial für die erforderlichen Einnahmen bringt und dennoch in ihrer Ausprägung ohne Varianten bedient werden kann. Dass diese mit wenigen Portfolioelementen adressiert werden kann, ist dann eine Konsequenz daraus. Allerdings gehen Unternehmen auch den umgekehrten Weg und suchen sich eine Marktnische, auf die ein vorhandenes Produkt optimal passt.

Das Interessante an der Fokussierung auf Marktnischen ist der Umstand, dass bereits kleine und mittlere Unternehmen eine durchaus ernst zu nehmende Wirkung auf ein bestimmtes Segment ausüben können (s. Abb. 6.4). Bei einem breiteren Spektrum beziehungsweise wenn unterschiedliche Marktsegmente adressiert werden, verteilt sich die Energie und die Bedeutsamkeit in einzelnen Subsegmenten reduziert sich entsprechend. Schüttet man einen Kübel Wasser in ein Glas, so hat das wirksame Konsequenzen. Leert man ihn jedoch in einen Swimmingpool, wird davon vermutlich so gut wie nichts zu merken sein. Oft reicht diese geringe Kraft auch nicht aus, um am Markt wahrgenommen und ernsthaft als Lieferant in Betracht gezogen zu werden. Im Falle einer Fokussierung kann diese Schwelle deutlich leichter überwunden werden.

Wie wir schon von Charles Darwin (2006, S. 51 ff.) wissen, sind Mutationen und Varianten einer Art nützlich, wenn es gilt, als Spezies trotz Veränderungen der Umgebungsbedingungen zu überleben. Selbst wenn die Existenz einzelner Linien nicht weiter sichergestellt werden kann, so ist die Wahrscheinlichkeit, dass die geänderten Rahmenbedingungen für einige andere nicht letal sind, bei einer größeren Vielfalt einer Art höher. Die Natur regelt dies eben einerseits durch Mutationen und andererseits durch Flexibilisierung zum Preis einer suboptimalen Anpassung an spezifische Umgebungsbedingungen, wie es auch beim Menschen der Fall ist: *„Wenn der Mensch sich also aus einer nicht stark spezialisierten Primatenart entwickelt hat, so muss es ihm gelungen sein, die Nachteile dieser Nichtspezialisierung zu kompensieren. Ihr Vorteil liegt offensichtlich darin, dass die Verhaltenssteuerung nicht von vornherein durch spezifische, vererbte Organe oder die dazugehörigen Verhaltensmuster geregelt ist"* (Schwarz 2000, S. 20). Wir laufen eben nicht so schnell wie Geparden, schwimmen langsamer als Haifische und klettern nicht so flink wie Schimpansen. Allerdings können wir laufen, schwimmen und klettern und sind dahingehend bei geringerer Optimierung flexibler, auf einen Wandel der Rahmenbedingungen zu reagieren, ohne über Generationen zu mutieren. *„Je geringer […] die Festlegungen des Verhaltens seitens der biologischen Steuerung sind, desto leichter lassen sich situationsadäquate Entscheidungen treffen, also solche, die nicht »von der Natur vorgesehen« sind"* (ebd., S. 23).

Ähnliches gilt auch für Produkte. Die perfekte Anpassung an bestimmte Rahmenbedingungen birgt die Gefahr, bei Veränderungen in Schwierigkeiten zu geraten. Um dem entgegenzuwirken, sind beide Strategien denkbar: entweder ein größerer Variantenreichtum mit einer guten Anpassung im jeweils spezifischen Bereich oder ein flexibles Erzeugnis, das auch unter veränderten Bedingungen noch sinnvoll eingesetzt werden kann. Auf diese Weise ist das Portfolio potenziell in verschiedenen Märkten positionierbar und damit diversifiziert. In jedem Fall ist die Angelegenheit teurer als ein angepasstes Einzelprodukt.

Diversifikation hat jedoch auch einige Vorteile, die durchaus einen erheblichen Nutzen für das jeweilige Unternehmen erwirken können. Auf Risikominimierung wurde schon hinlänglich eingegangen. Eine Ausrichtung eines Portfolioelementes auf verschiedene Märkte oder kombinierbarer Produkte für einen Markt kann aber auch Kostensynergien mit sich bringen. So kommt es oft vor, dass große Baufirmen, die sich auf kommunale Projekte spezialisieren, auch für private Abnehmer Projekte realisieren. Wenn etwa ein Unternehmen hauptsächlich Straßen und Pflasterungen für Großbaustellen umsetzt, können kleinere Projekte für Häuslebauer im näheren Umkreis durchaus ein interessantes Zubrot sein. Der logistische Aufwand ist überschaubar, wenn ein mit Sand beladener Lkw kurz an einer Kleinbaustelle anhält, etwas Material ablädt und dann zur Großbaustelle weiterfährt. Ein paar derartige Projekte bringen wenig Mehraufwand mit sich und erwirken in Summe ein Volumen eines Großauftrages. Durch die Kostensynergien in Kombination mit anderen Projekten lassen sich diese attraktiv und dennoch profitabel anbieten. Zahlreiche Lebensmittelhersteller vermarkten ihre Produkte unter zwei verschiedenen Marken über unterschiedliche Absatzkanäle, beispielsweise entsprechend hochwertig positioniert in Lebensmittelfachgeschäften und zu geringeren Preisen in Regalen von Discountern. Eine Produktionslinie kann damit mehrfach ausgelastet werden und die Kosten sind in jedem Fall geringer, als wenn zwei unabhängige Produkte hergestellt und vertrieben werden.

Besonders interessant ist eine Vorgehensweise, durch Diversifikation Markteintrittsbarrieren zu schaffen. Viele Kunden finden es umständlich, zahlreiche Einzelkomponenten verschiedener Hersteller zusammenzustellen, um ein Erzeugnis nutzen zu können. Ein Unternehmen, das hier aufeinander abgestimmte Produkte im Sortiment hält, hat dahingehend einen entscheidenden Vorteil gegenüber Mitbewerbern. Zum Beispiel kann man sichergehen, dass ein Monitor eines Computerherstellers in Kombination mit dessen Notebooks oder Computern wohl gut funktionieren wird. Insbesondere im Personal-Computer-Bereich ändern sich laufend die angebotenen Geräte und für durchschnittlich informierte Abnehmer ist es schwierig, sich einen Überblick zu verschaffen. Die Kombination einzelner abgestimmter Komponenten zu einem Gesamtsystem gibt dem Verbraucher zumindest ein gutes Gefühl, dass die Dinge auch zusammen funktionieren. So setzt der Computerhersteller Apple etwa auf die Verbindung aus wenigen, aufeinander abgestimmten Hardwareelementen mit einer maßgeschneiderten Software und hat damit einen Vorteil gegenüber reinen Hardwareherstellern, bei denen die Kunden ein Risiko eingehen, dass die erworbenen Geräte und Programme nicht so optimal zusammenspielen wie erwartet. Natürlich kann der tragbare Mediaplayer des Herstellers, iPod, auch über einen Computer eines anderen Herstellers konfiguriert werden. Da das Unternehmen prinzipiell eine stark fokussierte Strategie verfolgt, ist das übrigens nicht selbstverständlich: *„Jobs und seine Leute mussten zunächst entscheiden, ob der iPod unter Windows funktionieren sollte. Anfänglich war Jobs dagegen"* (Isaacson 2011, Kap. 30). Allerdings wollte man sich der Breite der Personal-Computer-Nutzer nicht gänzlich verschließen und positionierte auch eine Konfigurationssoftware und ein Programm zum Kauf und zur Verwaltung der Inhalte der iPods für alternative Hardware. „*Letztlich leitete er [Steve Jobs, R.G.] […] seine Kapitulation ein. Denn wenn man Gefühle und Grundsätze einmal beiseiteließ, lag es auf der Hand, dass es geschäftlich sinnvoll war, Windows-Nutzern den Kauf eines iPod zu ermöglichen*" (ebd.). Ein durchgängiges Erlebnis konsistenter Bedienung und reibungsloser Funktion erhält der Kunde allerdings durch konsequente Verwendung der Apple-Hardware.

Manche Hersteller verfolgen in diesem Kontext eine ähnliche, aber nicht so offensichtliche Strategie. Sie positionieren am Markt ein Produkt, das prinzipiell zwar funktionstüchtig und sogar mit Erzeugnissen anderer Hersteller kombinierbar ist. Durch spezifisches Produktwissen und Know-how aus anderen Bereichen bieten sie jedoch selbst ein optimales Komplementärprodukt an und gelangen damit zu einer unschlagbaren Kombination, die es für andere Hersteller schwierig gestaltet, in diesen Markt einzutreten. Ein Beispiel dafür sind etwa Telefonanlagen, die Schnittstellen zur Anbindung von Fremdsystemen bereitstellen. Diese Systeme funktionieren zwar ohne Zusatzkomponenten, und einfache Werkzeuge zu deren Einrichtung gehören in der Regel zum Lieferumfang. Allerdings bieten Anlagenhersteller mit Wissen um Wartung und Überwachung von Kommunikationsprodukten oftmals selbst als Option eine umfassende, maßgeschneiderte Lösung zum komfortablen Betrieb ihrer Telefonanlagen als weiteres, komplementäres Produkt an. Ohne genaues Wissen um die technischen Protokolle fällt es Herstellern generischer Überwachungslösungen schwer, in den Markt der Telefonanlagen einzusteigen. Somit wurden künstlich Eintrittsbarrieren geschaffen, um die Mitbewerber fernzuhalten – in diesem Fall sind das Hersteller von Telefonanlagen ohne optionales Überwachungsprogramm sowie Unternehmen, die sich auf generische Überwachungssoftware spezialisieren. Diese Strategie war in den 90er Jahren durchaus erfolgversprechend. Mittlerweile wurden die generischen Managementsysteme flexibler und bieten Adaptoren zur Anbindung verschiedenster Anlagen. Umgekehrt stellten viele Telefonanlagenhersteller fest, dass ihre Profite im Kerngeschäft höher sind als im Geschäft mit der Überwachungssoftware. Ein paar Jahre lang hat diese Strategie aber bestens funktioniert.

Vorteile einer Diversifikation Zusammengefasst, kann Diversifikation also durchaus relevante Vorteile mit sich bringen:

- **Geringeres Risiko** infolge besserer Möglichkeiten, auf **unerwartete Veränderungen** zu reagieren; durch mehrere verschiedene Portfolioelemente ist die Wahrscheinlichkeit geringer, dass eine Änderung von Rahmenbedingungen die gesamten Einnahmen gefährdet. Dies wirkt allerdings nur, wenn der Erfolg der einzelnen Produkte von verschiedenen Faktoren abhängig ist (s. Abschn. 2.4.).
- **Kompensation des Rückgangs** des geschäftlichen **Erfolges einzelner Produkte;** jedes Produkt hat eine gewisse Lebenszeit. Wenn sich abzeichnet, dass die Einnahmen in absehbarer Zukunft zurückgehen, empfiehlt es sich, alternative Erzeugnisse parallel aufzubauen, um etwaige Umsatzeinbrüche abzufedern.
- Nutzung von **Synergien in Vertrieb und Marketing,** wenn etwa mehrere Produkte über einen Vertriebskanal im Markt positioniert werden; so kann ein regionaler Vertriebsmitarbeiter bei einem ersten Kundenbesuch das gesamte Portfolio vorstellen, das

2.5 Fokussierung versus Diversifikation

potenziell in Frage kommt. Dahingehend sind auch attraktive Paketlösungen für den Erwerb mehrerer Produkte gestaltbar.
- In der **Herstellung** können ebenso **Kostensynergien** wirksam werden, sofern das gleiche Erzeugnis in unterschiedlichen Märkten angeboten wird. Der Hersteller führt demnach zwei oder mehrere Produkte, die jedoch von einer gemeinsamen Produktionslinie stammen.
- Diversifikation bietet auch eine **höhere Flexibilität,** da unterschiedliches Wissen, Vorgehensweisen und Marktzugänge kultiviert werden. Dies wirkt sich wiederum risikominimierend aus, indem sie dabei unterstützt, auf Veränderungen aktiv zu reagieren.
- Sofern das Portfolio entsprechend angelegt ist, können auch **Cross-Selling-Möglichkeiten** genutzt werden. Dabei werden Abnehmern eines Produktes zusätzliche Portfolioelemente verkauft, die aus anderen Bereichen stammen. So bieten Banken, die viele Jugendliche zu ihren Kunden zählen, auch gern Konzerttickets an, die über ihr Filialnetz vertrieben werden.
- Insbesondere wenn einzelne Produkte eines Unternehmens am Markt sehr erfolgreich sind, kann es sinnvoll sein, **Werte und Image** dieser Komponenten auf andere Portfolioelemente zu **übertragen** und damit wiederum Kosten in Vermarktung und Kundengewinnung zu sparen. Der österreichische Spezialausrüster für Feuerwehrautos, Rosenbauer, bietet neben den Fahrzeugen auch Helme und Kleingeräte an (Rosenbauer 2013). Das Image der hochwertigen Fahrzeuge überträgt er geschickt auf weitere Portfolioelemente und erwirkt damit auch nachhaltige Kundenbindung und Cross-Selling-Erfolge.
- **Schaffung von Eintrittsbarrieren für Mitbewerber** durch geschickte Kombination von Portfolioelementen, die für Kunden attraktiv, für andere Firmen aber schwer nachzuahmen sind. Der Vorsprung von Apples Tablet war sicherlich auch dadurch begründet, dass das Unternehmen als erstes ein durchgängiges Konzept präsentierte. So fiel es anderen Firmen, die entweder Hardware oder Software herstellten, schwer, in denselben Markt einzusteigen. Sie mussten sich zuerst mit Partnern der jeweils anderen Fraktion arrangieren, um eine entsprechende Alternative offerieren zu können.
- **Erhöhung der Absatzchancen** durch Abdeckung eines **breiten Spektrums vergleichbarer Produkte;** gut bekannt aus dem Bereich der Reinigungsmittel ist die Vorgehensweise, dass ein Hersteller mehrere Produkte mit ähnlichen Eigenschaften anbietet, um die Wahrscheinlichkeit zu erhöhen, dass ein annähernd agnostisch agierender Kunde zu seinem Erzeugnis greift. Wenn drei von acht Produkten, die denselben Zweck erfüllen, von einem Hersteller stammen, ist die Chance, dass er zumindest eines verkauft, höher als wenn er nur eine einzige Variante im Regal feilbietet, selbst wenn die Produkte untereinander in Konkurrenz stehen.

Aus den oben genannten Aspekten wird deutlich, dass ein diversifiziertes Portfolio nicht zwingend aus voneinander unabhängigen Elementen besteht. Dies ist eine der möglichen Spielarten. Eine bewusst angelegte Mehrproduktstrategie kann aus vielerlei Gründen sinnvoll sein.

In jedem Fall sollte bei einem diversifizierten Portfolio eine Rechnung angestellt werden, wie hoch die mit diesem Vorgehen verbundenen Mehrkosten sind und welchen Zusatzmarkt beziehungsweise welches geringere Risiko man sich damit erwartet. Dies ist eine schlichte Geschäftsplanrechnung, auf die später noch genauer eingegangen wird (s. Kap. 6). Je nach Portfoliostrategie kann es aber eine komplexe Aufgabe sein, die erforderlichen Daten zusammenzustellen. Die Vermarktung eines Erzeugnisses in mehreren Märkten ist dabei noch verhältnismäßig einfach zu kalkulieren. Aufwände für Vertrieb und Marketing sind weitgehend einschätzbar und die Herstellungskosten ebenso. Heikler wird es, wenn durch geschickte Kombination auf das Konsumentenverhalten eingewirkt werden soll, denn dieses ist im Vorhinein nicht so einfach zu antizipieren. Ob der treue Firmenkunde nicht doch für private Zwecke ein Notebook eines Discounters kauft oder das Parfum eines anderen Herstellers attraktiver duftet und demnach auch der Absatz der Mode der verbindenden Marke nicht wie gewünscht angekurbelt wird, ist schwer zu erahnen. Hier können Marktanalysen oder Vergleiche mit anderen Unternehmen helfen. Falls keine Daten verfügbar sind, ist auch eine Feldstudie ein adäquates Mittel, um die Reaktion potenzieller Kunden einschätzen zu können.

Nun wurde deutlich, dass Fokussierung und Diversifikation beiderseits Vorteile mit sich bringen und die Entscheidung, auf das eine oder das andere zu setzen, nicht leicht ist. Daher soll zusammenfassend kurz aufgelistet werden, wann eine Diversifikation und wann eine Fokussierung Sinn macht:

Wann diversifizieren?
- Unsicherheit bezüglich der Marktentwicklung
- Stagnierende oder gesättigte Märkte
- Ende des Lebenszyklus des Kernproduktes
- Das Unternehmen hat Know-how in verschiedenen Bereichen, die für einen bestimmten Kundenkreis auch in Kombination Nutzen stiften (etwa Software und Hardware)
- Um ein Feld zu besetzen und den Eintritt für Mitbewerber zu erschweren
- Hohe Synergien, um mit geringen Zusatzkosten die Zahl potenzieller Abnehmer signifikant zu steigern
- Für eine nachhaltige Absicherung des Geschäftsergebnisses

Wann fokussieren?
- Um bei begrenzten Ressourcen und Kapital in einem Bereich sichtbare Wirkung zu erzeugen
- In stabilen, langfristigen Märkten
- In Branchen mit hoher Spezialisierung
- Wenn in einzelnen Bereichen ein signifikanter Vorsprung gegenüber Mitbewerbern besteht
- Angesichts hohen Kostendrucks in einer Branche zur besseren Nutzung von Skaleneffekten
- Zur kurzfristigen Optimierung des Geschäftsergebnisses

Wie schon erläutert, ist die Angelegenheit nicht schwarz-weiß. Nur für wenige Firmen macht es Sinn, sich völlig einem einzelnen Produkt zu verschreiben. Dazu müsste der Vorteil gegenüber anderen Anbietern enorm, das Produkt von den Abnehmern geschätzt und die Branche langlebig sein. Im Spezialfahrzeugbau wäre dies mitunter eine geeignete Strategie. Eine sehr breite Diversifikation ist ebenso nur in seltenen Fällen zielführend, da das Management und die erforderlichen Strukturen entsprechend komplex werden. Daher findet man diese Strategie vorwiegend bei einfach zu verkaufenden Erzeugnissen wie etwa Konsumgütern vor.

Eine gewisse Restunsicherheit, das richtige Maß an Diversifikation gefunden zu haben, lässt sich leider nicht ausschließen. Die bereits erwähnte Handlungsprämisse „So konzentriert wie möglich, so diversifiziert wie nötig" leistet aber in der Praxis gute Dienste. Demnach sollte nach einer Balance gestrebt und im Zweifelsfall zugunsten einer Fokussierung entschieden werden, denn tendenziell neigen Produktportfolios eher zur unkontrollierten Ausbreitung und damit dazu, eine Kostenfalle zu werden, als zu übermäßiger Reduktion.

Problematisch wird es vor allem dann, wenn Diversifikation ungeplant erfolgt und nicht hinterfragt wird. Diesen Fehler machen zahlreiche Unternehmen, die über das Stadium des Start-ups hinausgewachsen sind und nicht den Mut zur Entscheidung aufbringen. Daher sei an dieser Stelle dringend empfohlen, im Sinne eines übergeordneten Portfoliomanagements zyklisch je nach Geschwindigkeit der Branche – in den meisten Fällen wohl quartalsweise – jedes einzelne Portfolioelement auf potenzielle Profitabilität in der nächsten Geschäftsperiode und die mittelfristige Zukunft zu hinterfragen. Darüber hinaus sollte bei dieser Gelegenheit auch die Zusammenstellung des Portfolios überprüft werden. Es kann durchaus sein, dass einstige Synergien nicht mehr wirksam sind und neue, potenzielle Querverbindungen einen Nutzen stiften könnten, der bislang noch nicht gehoben wird.

Dabei handelt es sich zugegebenermaßen um eine komplexe und schwierige Aufgabe, die Marktkenntnis, unternehmerisches Geschick und interne Durchsetzungskraft erfordert. Sie zu lösen, ist aber letztlich entscheidend für den nachhaltigen Erfolg eines Unternehmens. Es liegt darin ein wesentlicher Schlüssel zur Risikominimierung und Maximierung der Gruppe potenzieller Abnehmer bei einer möglichst geringen Kostenbasis.

2.6 Produkt-/Portfolioentwicklung

Bevor ein Produkt oder ein Portfolio definiert wird, muss die Strategie des Unternehmens geklärt sein. (vgl. Hofbauer und Sangl 2011, S. 208 ff. sowie S. 323 ff.). Viele Unternehmen verfolgen hier eine zu stark opportunistische Vorgehensweise und verzetteln sich in einer Vielfalt von Produktideen, die mitunter nicht zur Firma passen und entsprechend kostenintensiv sind.

Falls nicht bereits definiert, sind daher zu Beginn folgende Fragen zu beantworten:

- Worin liegen die Stärken des Unternehmens? (Alleinstellungsmerkmale, spezielle Fähigkeiten)

- Wofür steht das Unternehmen? (Mission Statement – beispielsweise grüne Mobilität zu fördern)
- Wie soll das Unternehmen am Markt wahrgenommen werden?
- Welche Ziele verfolgt das Unternehmen? (Vision Statement – Wie soll das Unternehmen in einigen Jahren aussehen? Hochprofitabel, besondere Lebensqualität für die Mitarbeiter, attraktiv, um verkauft zu werden etc.)
- Wie sollen diese Ziele erreicht werden? (Strategie, Konzentration auf bestimmte Märkte, Geschäftsmodelle, mittels bestimmter Vorgehensweisen, mit Partnern oder alleine und so weiter)

Dieser Prozess ist aufwendig und wird daher allzu oft abgekürzt. Ist die Identität aber nicht definiert, wird die Produkt-beziehungsweise Portfoliostrategie schwammig und mitunter suboptimal. Eine Ausrichtung des Portfolios und etwaige nachträgliche Kurskorrekturen können nur dann effektiv sein, wenn eindeutig geklärt ist, wohin die Reise gehen soll. Dabei sei eines hervorgehoben: Unternehmens- und Portfoliostrategie greifen Hand in Hand. (Darauf wird auch in Kap. 4 noch genauer eingegangen.) Gewisse Strategien lassen sich nur mit bestimmten Portfoliokonstellationen realisieren und umgekehrt erfordern spezifische Produkte auch entsprechende Strategien, um erfolgreich umgesetzt zu werden. Aus diesem Grund empfiehlt sich ein Workshop mit Vertretern der strategischen Schlüsselfunktionen innerhalb der Organisation – etwa die Verantwortlichen für das Geschäft im Allgemeinen (CEO), die Produkte (Portfoliomanagement) und die Abwicklung (COO). Anhand bisheriger Erfahrungen, aktueller Planungen und Markterhebungen wird dabei ein Zukunftsbild definiert, das mit den Kompetenzen beziehungsweise der Strategie des eigenen Hauses und etwaigen vorhandenen Portfolioelementen abgeglichen wird. Dabei ist darauf zu achten, dass die Produkte nicht zum Selbstzweck werden und die Strategie rundherum definiert wird. Dieser Fehler der Liebhaberei widerfährt auch – oder vor allem – erfahrenen Managern. Letztlich sollte die Strategie aus einem iterativen Prozess aus der Betrachtung von Qualifikationen, Alleinstellungsmerkmalen, Marktpotenzial und vorhandenen Ressourcen entstehen. Vorhandene Produkte sind dabei definitiv zu berücksichtigen, da sie Evidenz über bestimmte Fähigkeiten und Feedback zum Markt geben können beziehungsweise als Ressourcen zu sehen sind, auf die aufgebaut werden kann.

Passt ein Portfolioelement nicht zu den eigenen Fähigkeiten oder ist es mit dem Selbstverständnis (Mission beziehungsweise Vision) der Firma nicht vereinbar, so sollte es in diesem Prozess schlichtweg unberücksichtigt bleiben und potenziell eingestellt werden. Dies gilt entsprechend für Produkte, für die seitens des Marktes kein hinreichender Bedarf besteht.

Nach Klärung der Ausgangslage und des angestrebten Selbstbildes kann eine Definition des dafür erforderlichen Produktportfolios erfolgen. Für eine erste Bestandsaufnahme bietet die Portfolio-Sensitivitätsanalyse (s. Abschn. 2.4) eine gute Grundlage. Unabhängig von der Strategie bietet sie eine Indikation, wie ausgewogen das Setup ist. In einem weiteren Schritt gilt es für jedes Portfolioelement zu ermitteln, inwiefern es der Strategie Rechnung trägt. Eine sinnvolle Erstabgrenzung kann in den Kategorien „nicht", „indirekt", „direkt"

2.6 Produkt-/Portfolioentwicklung

erfolgen. Produkte, welche die Strategie direkt unterstützen, sollen als Kernprodukte genauer analysiert werden.

Anzuwendende Kriterien sind hierbei:

- Klärung, ob es sich wirklich um ein Produkt handelt (replizierbar nach Abschn. 2.2)
- Profitabilität des Produktes
- Anteil am Umsatz des Unternehmens, um die Wichtigkeit für das Geschäft einzuschätzen
- Status im Hinblick auf den Produktlebenszyklus (vor Markteinführung oder bereits in Auslaufphase) als Indikation für einen potenziellen Rückgang der Verkaufszahlen
- Positionierung am Markt (unter den Top 5 oder einer von vielen), um die Ausgangsposition, das Potenzial und die Wahrnehmung des Produktes durch Kunden einzuschätzen
- Status und potenzielle Entwicklung des Marktes (stark fragmentiert, konsolidiert, Verschiebungen) für eine Einschätzung der Marktsättigung und -reife
- Interne, mit dem Produkt verbundene Rahmenbedingungen (Bedarf an spezifischen Ressourcen, bestimmtes Wissen, Kapital)

Mit dieser Bewertung sollte deutlich werden, ob das jeweilige Produkt eine ernsthafte Chance hat oder ob eine Kurskorrektur erforderlich ist. Wenn dies für die Kernprodukte durchgeführt wurde, gilt es jene Produkte zu beleuchten, die indirekt die Strategie unterstützen, indem sie andere Produkte fördern oder aus sonstigen Gründen die erfolgreiche Verfolgung der Strategie wahrscheinlicher machen. Portfolioelemente, die nicht in Einklang mit den Unternehmenszielen stehen, sollten als potenzielle Phase-out-Kandidaten betrachtet und, wenn es nicht wirklich zwingende Gründe für deren Fortbestand gibt, strukturiert eingestellt werden. Es versteht sich von selbst, dass man dazu Bestandskunden betrachtet und auf eine entsprechende Kommunikation sowie auf ein auf die Kundenbedürfnisse abgestimmtes Vorgehen achtet.

In weiterer Folge gilt es, aus den Produkten, die zum Unternehmen passen, ein Portfolio zusammenzustellen und deren Positionierung auszuarbeiten. Je nach Markt und produktinhärenten Eigenschaften kann jedes Portfolioelement für sich alleine positioniert werden oder in einer speziellen Kombination, um bestimmte Effekte zu forcieren. Dazu zählen, wie bereits erwähnt, Verknüpfungen, die den Markteintritt für Mitbewerber erschweren, sowie die Möglichkeit, Synergieeffekte zu nutzen oder vielleicht durch entsprechende Positionierung den Absatz anderer Portfolioelemente zu fördern.

Bei diesem Vorgehen ist es sehr wahrscheinlich, dass zur Umsetzung der Unternehmensstrategie bestimmte Elemente fehlen und ergänzt werden müssen. Neben den Erfahrungen mit bestehenden Produkten kommen hier neue Risikofaktoren wie Entwicklungskosten oder Unsicherheit im Hinblick auf die Marktentwicklung zum Tragen. Bevor daher in den Aufbau fehlender Elemente investiert wird, sollte analysiert werden, ob die Lücke nicht kostengünstiger und effektiver durch eine Lösung von einem Partnerunternehmen geschlossen werden kann. Falls dies nicht der Fall oder wider die Strategie ist, gilt es wiederum, eine fokussierte, produktbezogene Analyse durchzuführen und entsprechend eines Geschäftsplanes (s. Kap. 6) Kosten und Potenzial zu erheben.

Aufgrund der Gefahr einer Fehleinschätzung, die in der Praxis aus übertriebener Euphorie, eine Lücke schließen zu wollen, häufig vorkommt, sollte sich selbst bei positiver Bewertung des Geschäftsplanes ein iteratives Vorgehen anschließen, um den intendierten Weg in der Praxis zu verifizieren beziehungsweise falsifizieren und entsprechend rasch korrigierende Schritte einzuleiten. Dies ist jedoch nicht in jedem Fall möglich beziehungsweise sinnvoll, wenn etwa zwingend durchzuführende Initialaufwände für bestimmte Produkte – wie etwa Pharmazeutika – derart hoch sind, dass die erste Iteration bereits 80 % des Weges darstellt. Allerdings ist umgekehrt ein schrittweises Vorgehen viel öfter möglich, als man vermuten möchte. Das gilt vor allem, wenn der Anteil an eigenen Serviceleistungen sehr hoch und die Abhängigkeit von externen Stellen gering ist, wie etwa häufig bei Softwareprogrammen. In diesem Fall sollte nach der erwähnten, erfolgreichen Marktanalyse eine erste Machbarkeitsstudie durchgeführt werden. Dabei ist zu klären, ob das Vorhaben prinzipiell umsetzbar ist. Prototypen, technische Analysen, Vergleiche mit anderen Erzeugnissen aus dem eigenen Haus oder auch von fremden Unternehmen können hier eine gute Grundlage liefern. Ebenso sollten weitere Schlüsselerfolgskriterien wie tatsächlicher Kundenbedarf oder verfügbare Kompetenzen abgeklärt werden. Danach ist die Zielarchitektur zu definieren, die aus gegenwärtiger Sicht dem fertigen Produkt zugrunde liegen soll. Mit dem Wissen um Machbarkeit und einer Architekturvision gilt es im darauffolgenden Schritt, Pilotkunden zu identifizieren und zu gewinnen. Für diese erfolgt eine Erstimplementierung, die in jedem Fall eine Entwicklung in Richtung Zielarchitektur sein soll oder auf Basis der in der Praxis gewonnenen Erkenntnisse eine Anpassung der Zielarchitektur zur Folge haben kann (vgl. Abb. 2.3).

In der unternehmerischen Realität ist sehr häufig zu beobachten, dass Firmen den Bedarf eines Großkunden zur „neuen Referenz" einer Zielarchitektur erheben und so von einem zum nächsten größeren Projekt völlig abweichende Architekturkonzepte verfolgen. Dass dies teuer wird, liegt auf der Hand – egal, wie auch immer die konkreten Anforderungen aussehen. Jedes (Pilot-)Projekt sollte ein Schritt in Richtung Zielarchitektur sein und, falls nicht, abgelehnt oder außerhalb der Produktlinie umgesetzt werden. Jeder weitere Kunde ist ein zusätzlicher Puzzlestein zum Erreichen der Vision. Dahingehend sind die Iterationen bei der Festlegung dieser Vorgehensweise im Vorfeld als fixer Bestandteil einzuplanen. So lässt sich frühzeitig erkennen, ob die Kostenplanung gehalten werden kann oder größere technische Hürden ungeplanterweise zu überwinden sind, aber auch, ob der Bedarf von Seiten der Kunden tatsächlich der ursprünglichen Einschätzung entspricht. Zudem können auf diese Weise rasch Referenzen aufgebaut und konkrete Praxiserfahrungen gesammelt werden. Es wurde bereits darauf hingewiesen (s. Abschn. 2.1), dass diese Vorgehensweise etwas kostenintensiver ist. Allerdings reduziert sich das Risiko einer Fehlinvestition erheblich.

Vorgehensweise bei iterativer Produktentwicklung:

1. Strategiedefinition (und Identifikation einer Portfoliolücke)
2. Geschäftsplan inklusive Marktanalyse und Bedarfserhebung
3. Machbarkeitsstudie (Prototypen, Vergleiche, technische Studien)

4. Definition der Zielarchitektur
5. Identifizieren und Gewinnen von (Pilot-)Kunden
6. Umsetzung eines (Pilot-)Projektes entsprechend der Zielarchitektur
7. Erweiterung der Produktunterlagen um die implementierten Funktionen
8. Verifikation der ursprünglichen Planung durch Erfahrungen aus dem (Pilot-)Projekt
9. Nächste Iteration (Punkt 5), bis der Funktionsumfang für eine größere potenzielle Zielgruppe ausreicht, sodass das Produkt in dieser Form repliziert werden kann

Ist ein derartiges Vorgehen nicht anwendbar, so sollten in jedem Fall die ersten vier Punkte durchlaufen werden, bevor die eigentliche Produktentwicklung mit höheren Aufwänden gestartet wird. Vor allem die Verifikation der im Geschäftsplan durchgeführten Kostenschätzung durch eine Analyse der Machbarkeit von erfolgskritischen Teilaspekten bis hin zur Herstellung von einzelnen Prototypen gilt es in einer Frühphase der Produktentwicklung durchzuführen, um Überraschungen auf halber Strecke zu vermeiden.

2.7 Zusammenfassung

Angesichts steigenden Kostendrucks stehen Unternehmen zusehends vor der Frage, eine Produkt-beziehungsweise Portfoliostrategie zu etablieren, um durch Multiplikationseffekte die Kosten je Erzeugnis zu senken. Allerdings gilt es hierbei zu hinterfragen, ob dieser Weg zum eigenen Kompetenzprofil und Geschäftsmodell passt. In jedem Fall sollte eine Portfoliostrategie bewusst und konsequent umgesetzt werden und mit der Unternehmensstrategie in Einklang stehen.

Im Hinblick auf die Definition von Produkten sind unterschiedliche Abstraktionsebenen zu unterscheiden (direkte Replikation, Metaprodukt, Vorgehensweise als Produkt), deren Eignung stark von Anwendungsfeld, Kundensegment und wiederum vom eigenen Geschäftsmodell abhängt.

Portfoliostrategien bringen neben potenziellen Skaleneffekten stets auch Einschränkungen, Abhängigkeiten und Risiken mit sich und es ist die Frage nach Fokussierung versus Diversifikation zu beantworten. Zu starke Diversifikation kann zu einem massiven Kostentreiber werden und das Unternehmensprofil verwässern, umgekehrt aber zu einem gewissen Grad erforderlich sein, um Synergieeffekte zu heben oder die Erfolgschancen in Summe zu erhöhen. Als generelle Leitlinie in diesem Zusammenhang gilt: „So konzentriert wie möglich, so diversifiziert wie nötig." Ferner können Risiken einzelner Produktentwicklungen durch ein schrittweises Vorgehen reduziert werden.

Selbst bei einem etablierten Portfolio ist eine zyklische Bewertung der einzelnen Elemente unumgänglich und es sollte auch der Mut zur Eliminierung einzelner Elemente aufgebracht werden, sofern diese entweder nicht profitabel sind oder nicht zur Unternehmensstrategie passen.

Typische Fehler und Stolperfallen in diesem Kontext

1. Unreflektierte Definition oder Erweiterung von Produkten, um singuläre Probleme zu lösen wie etwa eine Quersubventionierung defizitärer Projekte
2. Leichtfertiges Vertrauen in Marktstudien und Überbewertung von Scheingenauigkeiten in Geschäftsplänen
3. Bewertung von Produktinvestitionen auf Basis der Herstellungskosten und Vernachlässigung der mit Produkten obligatorisch verbundenen Zusatz- und Folgekosten
4. Fehlender Mut zur Einstellung von defizitären oder nicht zur Firmenstrategie passenden Produktlinien beziehungsweise deren unreflektierte Weiterführung
5. Falsche Granularität modularer Produkte (zu starr oder zu komplex)
6. Überschätzung der Produktreife zum Freigabezeitpunkt
7. Neuentwicklung von überkomplexen Produkten ohne Änderung von Zielen und Rahmenbedingungen, die zu einem veränderten Ergebnis führen würden
8. Falsche Sicherheit durch Vertrauen auf breites Portfolio
9. Sprunghafte Portfoliostrategie und damit verbundene Mehrkosten sowie Verwässerung des Firmenprofils
10. Halbherzige Umsetzung des Portfoliomanagements ohne klare Regelung der Verantwortung sowie zugehöriger Kompetenz und organisatorischer Verankerung
11. Festlegung einer Portfoliostrategie ohne Strategieklärung auf Unternehmensebene

Weiterführende Literatur

Bücher und Zeitschriften

Aumayr KJ (2009) Erfolgreiches Produktmanagement: Tool-Box für das professionelle Produktmanagement und Produktmarketing. 2. Aufl. Gabler, Wiesbaden

Darwin C (2006) On the origin of species: by means of natural selection or the preservation of favoured races in the struggle for life. (Dover Thrift ed) Dover Publications, New York

Durkheim E (1992) Über soziale Arbeitsteilung: Studie über die Organisation höherer Gesellschaften. Suhrkamp, Frankfurt a. M.

Gladwell M (2001) The tipping point: how little things can make a big difference. Little, Brown and Company, London

Hammer M und Champy J (1993) Business Reengineering: Die Radikalkur für das Unternehmen. 7. Aufl. Campus, Frankfurt a. M.

Hofbauer G und Sangl A (2011) Professionelles Produktmanagement: Der prozessorientierte Ansatz, Rahmenbedingungen und Strategien. 2. Aufl. Publicis, Erlangen

Kotler P und Bliemel F (2001) Marketing-Management: Analyse, Planung und Verwirklichung. 10. Aufl. Schäffer-Poeschel, Stuttgart

Matys E (2011) Praxishandbuch Produktmanagement: Grundlagen und Instrumente. 5. Aufl. Campus, Frankfurt a. M.

Moore GA (2006) Crossing the chasm: marketing and selling high-tech products to mainstream customers. 2. Aufl. HarperBusiness, New York

Schreyögg G (2003) Organisation: Grundlagen moderner Organisationsgestaltung. 4. Aufl. Gabler, Wiesbaden

Schwarz G (2000) Die „Heilige Ordnung" der Männer: Patriarchalische Hierarchie und Gruppendynamik. 3. Aufl. Westdeutscher Verlag, Wiesbaden

eBooks

Isaacson W (2011) Steve Jobs: Die autorisierte Biografie des Apple-Gründers. C. Bertelsmann, München

Online-Quellen

Berger A, Berg L (2012) Vom Pionier zum Pennystock: Aufstieg und Niedergang von Kodak. FAZ. http://www.ftd.de/unternehmen/industrie/:vom-pionier-zum-pennystock-aufstieg-und-niedergang-von-kodak/60150126.html. Zugegriffen: 31. Aug 2013

DPA (2012) Trockenheit: USA erleben schwerste Dürre seit 25 Jahren. In: Spiegelonline, http://www.spiegel.de/wissenschaft/natur/trockenheit-usa-erleben-schwerste-duerre-seit-25-jahren-a-845238.html. Zugegriffen: 31. Aug 2013

Hill J (2013) Unsere strategischen Kernfelder liegen rund um das Netz. Computerwoche. http://www.computerwoche.de/a/unsere-strategischen-kernfelder-liegen-rund-um-das-netz,2530720. Zugegriffen: 03. Mai 2013

Rosenbauer (2013) Homepage: Produkte. http://www.rosenbauer.com. Zugegriffen: 31. Aug 2013

SAP (2013) Partner im SAP Eco-System. http://www.sap.com/germany/our-partners/index.epx. Zugegriffen: 01. Mai 2013

Marktanalyse   3

Im Gegensatz zu Einzelaufträgen oder -projekten ist die Intention bei Produkten, diese an möglichst viele Kunden zu verkaufen, die, abstrakt ausgedrückt, durch den Markt repräsentiert werden. Diesen perfekt zu kennen, ist damit eine der wichtigsten Anforderungen an einen Portfoliomanager und die wesentliche Grundlage seiner Arbeit. Eine Marktanalyse dient vor allem dazu, die Eigenschaften des Unternehmensumfelds in Form von (potenziellen) Kunden, Mitbewerbern, möglichen Partnern, aber auch Einflussfaktoren wie technologische Trends zu bewerten und die richtigen Schlüsse daraus zu ziehen. Eine fundierte Marktanalyse ist daher auch eine wichtige Voraussetzung für den Portfoliomanager, um seine Produktstrategien zu definieren und deren Erfolgschance richtig einzuschätzen. Die Existenz eines Marktes, der zum Geschäftsmodell des Unternehmens passt, ist für den Erfolg des Produktportfolios und somit für die Existenz des Unternehmens Grundvoraussetzung. Das bedeutet aber auch, dass eine falsche Einschätzung des Unternehmensumfeldes und infolgedessen eine suboptimale Strategie und ein inadäquates Geschäftsmodell aller Voraussicht nach nicht zum erwarteten Erfolg führen und mitunter existenzbedrohend sein können, so elaboriert und ausgefeilt diese auch sein mögen.

Genau diese Fehleinschätzung ist einer der häufigsten Gründe, aufgrund derer sich (technisch) herausragende Innovationen und Geschäftsmodelle nicht durchsetzen oder erst ein Nachahmer die entsprechenden Erfolge erzielen kann. Viele historische Beispiele belegen dies. So entwickelte etwa Konrad Zuse bereits im Jahr 1941 mit dem Z3 den ersten binären und frei programmierbaren Computer der Welt und versuchte, ihn mit der Zuse KG zu vermarkten. Die weltweite Verbreitung wurde aber erst von IBM umgesetzt. Dasselbe Schicksal wiederum unterlief SCP mit der Entwicklung eines Betriebssystems namens QDOS (Quick & Dirty Operating System). SCP ließ die Verhandlungen mit IBM scheitern und verkaufte sämtliche Rechte am System dann für 50.000 USD an eine Firma mit dem Namen Microsoft. Der Rest ist Geschichte und beispielsweise bei Allen (2001, S. 12) nachzulesen.

Eine andere Fehleinschätzung, die dem früheren IBM-Chef Tom Watson unterlief, führte vielleicht dazu, dass der Computer erst etwa zehn Jahre nach seiner Erfindung eine relevante Verbreitung erreichte. Der Grund dafür lag in einer Annahme aus dem Jahr 1943, die den weltweiten Bedarf an Computern mit etwa fünf Stück beziffert haben soll. Es sei hier angemerkt, dass dieses Zitat zwar nie belegt, aber mehrfach publiziert wurde – beispielsweise in Maney (2003, S. 355).

Natürlich ist jede Prognose mit Unsicherheit behaftet (s. Kap. 7) und vor allem in hochdynamischen Technologiebranchen lässt sich schwer einschätzen, wie sich der Markt tatsächlich entwickelt. So wurde auch der Bedarf an Smart-TVs mit Internetzugang deutlich überschätzt, denn nur etwas mehr als die Hälfte der deutschen Haushalte hat ihren smarten Fernseher auch tatsächlich mit dem Internet verbunden (APA 2013) und es ist bei weitem nicht gesagt, dass selbst diese Nutzer den Internetzugang des Fernsehers auch tatsächlich verwenden. Dies mag sich künftig mitunter ändern, aber die Erwartungshaltung der Branche war es, dass diese Funktion unmittelbar intensiv genutzt werden würde. Es hat den Anschein, als würden Unternehmen oft ihre Geschäftsmodelle an den Bedingungen des Unternehmensumfelds vorbei definieren. Ein Grund dafür kann sein, dass die an einer Innovation Beteiligten bei der Erhebung des Potenzials aufgrund ihrer eigenen Euphorie und mitunter auch, um ihren Job zu rechtfertigen, in ihrer Wahrnehmung eingeschränkt sind. Umso notwendiger ist eine gewissenhafte Marktanalyse.

Selbst diese kann die Zukunft nicht im Detail vorhersagen. Wie in Kap. 7 gezeigt wird, sind auch bei umfangreichen Datenbeständen, wie es im Finanzmarkt der Fall ist, Vorhersagen mit großer Unsicherheit behaftet. So kommt es leicht vor, dass man angesichts einer Fülle an Daten „den Wald vor lauter Bäumen nicht mehr sieht" oder im Vertrauen auf Analyseinstitute und „Insider" einem Herdentrieb unterliegt, der nur bedingt mit der realen Entwicklung korreliert. Aus diesem Grund sei angeraten, selbst eine sorgfältige Analyse des Potenzials anhand qualifizierter Quellen und eigener Erhebungen, die sich mit den für das individuelle Unternehmen relevanten Fragestellungen beschäftigen, durchzuführen und eine entsprechende Filterung beziehungsweise Bewertung der Daten vorzunehmen. Je spezifischer diese angelegt ist und je fundierter die zugrunde liegenden Informationen sind, desto treffsicherer ist auch die Marktanalyse. Obwohl jede Prognose mit einem gewissen unvermeidbaren Risiko behaftet ist, lässt sich dieses durch eine solide Datengrundlage und stichhaltige Erfahrungswerte zumindest reduzieren. Vor allem aber beugt eine solche Analye einer subjektiv gefärbten Meinungsbildung vor. Darüber hinaus ist auch der Lerneffekt ein anderer, wenn spätere Marktentwicklungen dokumentierten Annahmen gegenübergestellt und daraus Erkenntnisse über Fehleinschätzungen gewonnen werden können.

In der Marktanalyse werden die einzelnen Einflussfaktoren des Unternehmensumfeldes auf das Unternehmen als Ganzes und das Produktportfolio – als zentrales Angebot des Unternehmens – genau untersucht sowie die Stellung des Unternehmens im Markt hinterfragt. So kann die Positionierung des Unternehmens in Bezug auf Alleinstellungsmerkmale, Konkurrenzfähigkeit, die wirtschaftliche Erfolgswahrscheinlichkeit des eigenen Angebotes sowie Erfolgs- und Risikofaktoren, aber auch die zukünftige Weiterentwicklung des Marktes eingeschätzt werden.

Eine fundierte Darstellung der Marktpositionierung ist aber nicht nur für das Unternehmen selbst, sondern auch für Externe, mit dem Unternehmen verbundene Dritte (Banken, Investoren, Geschäftspartner etc.), ein wichtiger Gradmesser beispielsweise für Kooperationsentscheidungen oder finanzielle Investitionen.

Grundsätzliche Begriffsbestimmung Häufig wird der Begriff Marktanalyse mit dem damit verbundenen Ziel verknüpft. Aus diesem Grund findet man in der Praxis unterschiedlichste Definitionen vor. So verwendet man den Begriff auch gerne als Synonym für Marktforschung oder Marktstudien, weshalb zunächst die folgende, diesem Buch zugrunde liegende Begriffsbestimmung angeführt werden soll:

Im Kontext dieser Ausführungen soll der Begriff „Marktanalyse" gemäß dem Gabler Wirtschaftslexikon (Wübbenhorst 2013) verstanden werden:

> Systematisch methodische Untersuchung der Stellung einzelner Unternehmungen im Marktgeschehen, die neben der Marktbeobachtung zur Schaffung der Markttransparenz beiträgt und die Geschäftspolitik des Unternehmens fundiert.

Damit eine adäquate Marktanalyse durchgeführt werden kann, muss der eigene Markt sinnvoll definiert und damit abgegrenzt werden. In diesem Zusammenhang sind etwa Fragen nach relevanten Produkten, Kundensegmenten, Kundenbedürfnissen, Regionen, Branchen und Mitbewerbern zu beantworten. Die Festlegung sollte so weit eingeschränkt werden, dass klar ist, welches die relevanten Kundenschichten, Konkurrenten und Absatzmittler sind, sodass das Marktsystem verstanden werden kann. Man spricht dabei vom „relevanten Markt". Ohne diese Fokussierung besteht die Gefahr, sich einerseits in der Fülle an Informationen zu verzetteln und andererseits aufgrund eines zu hohen Abstraktionsgrades Erhebungen anzustellen, die für das eigene Unternehmen nicht zutreffen.

> ▶ Bevor eine Marktanalyse durchgeführt wird, muss der Portfoliomanager den „relevanten Markt" bestimmen. Dies erfolgt im Rahmen einer Marktsegmentierung.

Diese Abgrenzung wird durch die Marktsegmentierung erreicht. (Eine Beschreibung dieser Methode findet sich in Abschn. 3.1.)

Bausteine einer Marktanalyse Eine Marktanalyse setzt sich aus mehreren Elementen zusammen, wobei es sich bei den wesentlichen Bausteinen um die folgenden handelt:

- **Quantitative Marktforschung** (Diese beschränkt sich auf Zahlen, Daten und Fakten zum relevanten Markt.)
- **Qualitative Marktforschung**
- Qualitative Aussagen zu den Trends des jeweiligen Absatzmarktes, Wünsche und Bedürfnisse der Zielkunden sowie Angaben zum Wettbewerb. Dementsprechend sollte ein Portfoliomanager neben der quantitativen auch eine qualitative Marktforschung durchführen.

- **Interpretation und Bewertung** der Ergebnisse
- **Schlussfolgerungen** für das Produktportfolio

Um belastbare Aussagen ableiten zu können, sind sämtliche der genannten Teile einer Marktanalyse zu behandeln. Vor allem eine solide qualitative Forschung beugt subjektiven „Bauchgefühlen" und Vermutungen vor, die nichts mit einer begründeten und nachhaltigen Gestaltung des Produktportfolios zu tun haben, solange sie nicht verifiziert sind.

Nehmen wir zum Beispiel die Forderung des Key Account Managers von DeltaComp, der aufgrund von zwei Anfragen seiner Kunden vom Portfoliomanager verlangt, neue Kompetenzen und Lösungen im Bereich eines neuen Betriebssystems für Smartphones anzubieten. Er argumentierte damit, dass die neue Plattform im Businessbereich zukünftig eine führende Bedeutung bekommen werde und die Nachfrage seitens der Kunden schon jetzt „überaus groß" sei. Diese Forderung ist – wie man unschwer erraten kann – nicht wirklich aussagekräftig.

Bei dem Anliegen des Key Account Managers handelt es sich mit Sicherheit nicht um eine solide Basis, um darauf aufbauend strategische Unternehmensentscheidungen zu treffen, wenngleich er aber sehr wohl ein Indiz liefert, dem der Portfoliomanager genauer nachgehen sollte. Wenn sich beispielsweise am Markt technologische Trends abzeichnen – Vertriebsmitarbeiter sind in der Regel nahe genug beim Kunden, um dies wahrzunehmen –, sollten diese durchaus seitens des Portfoliomanagements geprüft werden. Der Portfoliomanager sollte sich aber auch die an den Key Account Manager gesetzten Erwartungen und Ziele vor Augen führen. Diese beziehen sich (meist) ausschließlich auf die Zufriedenstellung der Anforderungen seiner eigenen Kunden mit dem Ziel, dort Umsatz zu generieren. Um welche Produkte es sich dabei handelt oder welche strategischen Ziele das Unternehmen mit der Portfolioentwicklung verfolgt, interessiert ihn oft nur peripher. Im konkreten Beispiel wäre daher eine fundierte Analyse, ob etwa durch Aufbau von Kompetenz und Anwendungen rund um dieses neue Betriebssystem ein neuer Angebotszweig eröffnet werden könnte, der von einer ausreichenden Anzahl an Kunden nachgefragt wird, ratsam.

Aus einer fundierten Marktanalyse können seitens des Portfoliomanagers prinzipiell folgende Informationen abgeleitet werden:

Quantitativ

- Vorhandenes oder zu erwartendes Marktpotenzial
- Marktdynamik
- Soziale und technologische Trends, Erwartungshaltungen potenzieller Abnehmer
- Vorhandene oder zu erwartende Marktanteile/ Marktverschiebung
- Potenzielle Kundensegmente und deren Bedeutung für das Produktportfolio
- Vollständigkeit des Produktportfolios und eventuell noch fehlende Produkte, Leistungen oder Angebote
- Marktreife

Qualitativ

- Kundenbedürfnisse
- Konkurrenzsituation
- Alleinstellungsmerkmale (Unique Selling Propositions, USPs) des eigenen Produktportfolios
- Zielführende Vermarktungsstrategien
- Regionale Besonderheiten
- Potenzielle Risiken

Hierbei sei darauf hingewiesen, dass eine ausführliche qualitative Befragung auch dazu dienen kann, quantitative Erhebungen zu verifizieren und zu ergänzen, denn jede quantitative Erhebung filtert die möglichen Ergebnisse durch die Art der Fragestellung. So kann eine Befragung einer größeren Anzahl an Kunden zu deren Bedürfnissen durchaus Aussagen zur Markdynamik oder Vollständigkeit des Portfolios liefern, die mitunter im Schema einer quantitativen Analyse nicht berücksichtigt worden wären.

Nicht nur für den Portfoliomanager selbst, sondern auch für Dritte, die das Unternehmen oder intendierte Vorhaben bewerten, ist die Marktanalyse ein wichtiges Kriterium einer gut durchdachten Unternehmensstrategie. Dabei sei angemerkt, dass vor allem bei Investoren vorausgesetzt werden kann, dass sie sich mit dem Markt eingehend beschäftigt haben. Allerdings zeugt eine solide Marktanalyse davon, dass der Portfoliomanager seine „Hausaufgaben" erledigt hat (vgl. Abschn. 6.2.2). Zudem liefert sie insbesondere auch bei Investitionsentscheidungen Aussagen darüber, ob die vorgebrachte Euphorie seitens des Unternehmers oder des Managements auch durch entsprechende Marktinformationen belegbar und begründet ist.

Ein Beispiel hierzu ist etwa die Feststellung eines Unternehmens, dass es keinen Mitbewerb gibt und das Geschäftsmodell alleine schon ein Alleinstellungsmerkmal darstellt. Diese zeugt in der Regel davon, dass sich das Management einfach nicht ausreichend mit dem Markt beschäftigt hat, es sei denn, diese Feststellung wurde ausreichend belegt.

Für unternehmensinterne Entscheider können folgende Aspekte jedoch durchaus von Interesse sein:

Quantitativ

- Vorhandenes oder zu erwartendes Marktpotenzial/ Marktdynamik
- Marktstabilität/ Marktschwankungen
- Vorhandene oder zu erwartende Marktanteile/ Marktverschiebung
- Marktreife

Qualitativ

- Aussagen über die Marktkenntnis des Portfoliomanagers, des Unternehmensmanagements
- Aussagen über die Nachvollziehbarkeit von Entscheidungen und Strategie der Unternehmensführung

- Aussagen über mögliche Entwicklungspotenziale des Unternehmens
- Einschätzung der Plausibilität des Businessplans im Hinblick auf zu erwartende Ergebnisse
- Aussagen zur Risikobewertung/ -management von Entscheidungsstrategien
- Aussagen über Synergiepotenziale mit anderen Geschäftsbereichen und Investitionsstrategien

▶ Je fundierter und je genauer die Erhebung der Daten für eine Marktanalyse ist, desto nachhaltiger und risikoärmer sind die darauf aufbauenden Folgerungen.

Nutzen der Marktanalyse für den Portfoliomanager Wie bereits dargestellt, ist die Marktanalyse insbesondere erforderlich, um Grundlagen für strategische Weichenstellungen und Entscheidungen zu liefern. Damit ist sie meist als anlass- und stichtagsbezogene Betrachtung zu sehen, die bisherige Marktentwicklungen berücksichtigt und künftige Entwicklungen antizipiert. Daraus können Aussagen darüber abgeleitet werden, welche Konsequenzen bei Veränderungen der Unternehmensstrategie zu erwarten sind und welche Auswirkungen diese auf die Marktpräsenz und den eigenen Erfolg haben werden.

Eine Marktanalyse ist daher erforderlich, um

- Aussagen über die Beschaffenheit des Marktes in Bezug auf das eigene Portfolio zu treffen.
- Einschätzungen über potenzielle Möglichkeiten neuer Innovationen im Markt vorzunehmen.
- Auswirkungen von Veränderungen der Unternehmensstrategie auf den Markt festzustellen.
- die Komplexität und die Komplexitätstreiber des Unternehmens zu identifizieren.
- Begründungen für unerwartetes Marktverhalten zu finden.
- die Dynamik und Beschaffenheit von adressierten Märkten zu ermitteln.
- Kundenbedürfnisse zu erkennen.
- die Ertragskraft von Innovationen und Portfolioveränderungen einzuschätzen.
- Erfolgsfaktoren für potenzielle Chancen des Unternehmens zu detektieren.
- den Erfolg oder Misserfolg von strategischen Entscheidungen und Veränderungen im Unternehmen zu ermitteln.
- Risikofaktoren in der Unternehmensführung zu erkennen.

Deshalb ist die Marktanalyse auch eines der wichtigsten Werkzeuge eines gewissenhaften Portfoliomanagers. Auf welcher anderen Grundlage sollte er Aussagen über den Markt und Entscheidungen über das eigene Portfolio treffen können?

Entscheidend bei Marktanalysen ist, dass die Durchführung als zyklisch wiederkehrender – im Idealfall als ständig begleitender – Prozess verstanden wird, der obligatorisch als Input zur Erarbeitung einer adäquaten Unternehmensstrategie erforderlich ist. Zudem ist ohne fundierte und regelmäßige Marktanalyse die Aufgabe des Portfoliomanagers nicht zu bewältigen!

Grundsätzlich gilt: Je genauer der Portfoliomanager die Beschaffenheit des adressierten Marktes und die Position des eigenen Unternehmens in diesem Markt kennt, umso zielgerichteter und effektiver kann er sein Produktportfolio gestalten und weiterentwickeln. Ferner erhöht dies die Wahrscheinlichkeit einer funktionierenden und nachhaltigen Strategie und dahingehend richtiger Entscheidungen.

3.1 Methoden von Marktanalysen

Die Erstellung einer Marktanalyse kann mitunter ein komplexer Prozess sein. Da aber der damit verbundene Aufwand nicht in allen Stufen der Entscheidungsfindung zu rechtfertigen ist, muss der Portfoliomanager häufig auch Einschränkungen in Kauf nehmen. Allerdings ist es für strategische Unternehmensentscheidungen (wie etwa die Festlegung einer Wachstumsstrategie oder eine Investitionsplanung) sehr wohl notwendig, ein umfassendes Maß an Informationen und Diagnosen zur Verfügung zu haben, die eine nachhaltige Entscheidung erst ermöglichen. Hier ist eine gute Planung dahingehend gefragt, welche Erkenntnisse diese erbringen sollen, um sich auf die relevanten Fakten zu beschränken und den Aufwand einzugrenzen. Damit es sich dabei aber nicht um eine unzulässige Verkürzung handelt, sei empfohlen, in einem vorgelagerten Brainstorming-Prozess die volle Breite an Fragestellungen zu reflektieren und jene zu selektieren, die im konkreten Kontext aussagekräftige Ergebnisse versprechen.

Man unterscheidet bei Marktanalysen zwischen einer Situationsanalyse (oder Marktforschung) – also einer, bezogen auf eine konkrete Fragestellung, einmalig durchgeführten Erhebung mit abschließender Bewertung – und einer fortlaufend begleitenden Marktanalyse (oder Marktbeobachtung).

Die Situationsanalyse betrachtet dabei die Ist-Situation innerhalb eines definierten Zeitintervalls und erstellt, davon abgeleitet, Diagnosen über das prognostizierte Marktverhalten.

Im Gegensatz dazu ist die Marktbeobachtung, wie der Name schon sagt, ein fortlaufendes Monitoring der Marktentwicklung im Kontext des Produktportfolios sowie eine konjunkturelle Abschätzung seiner Entwicklungsmöglichkeiten durch die Auswertung von Betriebs-, Branchen- und allgemeinen Wirtschaftsstatistiken.

Jede noch so gute Situationsanalyse kann ohne die Beobachtung der bisherigen Marktentwicklung zu Diagnosefehlern führen, die dem Unternehmen schaden. Umgekehrt kann aber auch eine ausführlich durchgeführte Marktbeobachtung ohne eine konkrete Situationsanalyse Fehleinschätzungen nach sich ziehen. Beide ergänzen einander und ergeben erst in Summe ein vollständiges Bild!

Nehmen wir als Beispiel das Unternehmen EpsilonComp, das eine Marktanalyse zu den wichtigsten neuen Entwicklungen im Bereich Straßenbau durchgeführt hat. Das Ergebnis ist eindeutig: In den nächsten fünf Jahren ist die Sanierung von Straßenbelägen in Mitteleuropa eine wesentliche Herausforderung. Nun gibt es Bestrebungen im Management, sich in diesem Bereich zu engagieren. Allerdings fehlt im Unternehmen die gesamte Infrastruktur und auch die entsprechende Erfahrung anhand von Referenzprojekten, um in diesem Umfeld konkurrenzfähige Angebote legen zu können. Zudem wurden seitens des Mitbewerbs bereits in den vergangenen Jahren Vorkehrungen getroffen, um auf sich abzeichnende Marktentwicklungen reagieren zu können. Bisher hatte sich EpsilonComp in Projekten für Brückenbau, Kanalisierung oder den Bau von Betonleitschienen engagiert. Die Investitionen in den Bereich Straßenbelagssanierung, aber auch die Kosten für die Anschaffung entsprechender Baumaschinen und die Administration, um entsprechend konkurrenzfähige Angebote legen zu können, würden dazu führen, dass sich das Unternehmen nachhaltig schadet, da innerhalb der nächsten fünf Jahre nicht von einer Amortisation der Ausgaben ausgegangen werden kann und danach keine weiteren Potenziale in diesem Bereich mehr zu erwarten sind. Das heißt, auch wenn die Prognosen eindeutig sind, würde sich EpsilonComp selbst in Schwierigkeiten manövrieren, indem es in Infrastruktur investiert, die – selbst wenn damit kurzfristig eine gute Auftragslage zu erwarten ist – in weiterer Folge ganz klar als Fehlinvestition zu bewerten ist. Eine Beobachtung der Aktivitäten des Mitbewerbs hätte bereits zu einem wesentlich früheren Zeitpunkt entsprechende Erkenntnisse geliefert. Mittlerweile ist es aber schlichtweg zu spät, um auf die Marktentwicklung zu reagieren.

Ein anderes Beispiel zeigt aber auch, dass die Situationsanalyse die richtigen Kriterien enthalten muss, um aussagekräftig zu sein:

ZetaComp, ein Schuh-Hersteller, hat anhand einer Marktanalyse erkannt, dass die Trends der 80er Jahre wieder en vogue sind. In diesen Jahren hatte – wie sich auch der Firmenchef noch gut erinnert – das Unternehmen eine besonders lukrative Einnahmequelle, die Espandrillos. Alle Produktionsmaschinen, die dazu benötigt werden, waren noch intakt und das Know-how, wie diese Freizeitpantoffeln zu erzeugen sind, war auch noch ausreichend vorhanden. Also entschloss man sich, ein Revival der Espandrillos einzuläuten, und produzierte im Voraus, um gegenüber der Konkurrenz einen Marktvorsprung zu erhalten.

Leider hatte man nicht bedacht, dass vor kurzem Freizeitpantoffeln aus Kunststoff mit besonders gutem Tragekomfort auf den Markt gekommen waren. Im Vergleich zu diesen waren die Espandrillos in allen Facetten (beispielsweise Tragekomfort, Robustheit, Wasserbeständigkeit) im Nachteil und lagen zudem auch preislich deutlich über dieser Alternative. Die Espandrillos wurden daher zum Ladenhüter und ZetaComp musste nahezu die gesamte Produktion abschreiben. Was das Unternehmen nämlich nicht ermittelt hatte, waren die Kundenbedürfnisse: Mittlerweile waren die Ansprüche an Qualität und Komfort so stark angestiegen, dass Espandrillos nicht mehr die erforderlichen Kriterien erfüllen konnten.

Wie geht man also richtig vor, um die entsprechenden Kriterien zu ermitteln, die über Erfolg oder Misserfolg einer Portfolioerweiterung entscheiden?

Definition der Fragestellung Damit die Informationen und Daten, die im Rahmen einer Marktanalyse ermittelt und analysiert werden, eine entsprechende Aussagekraft bekommen, ist zunächst die Fragestellung, die damit beantwortet werden soll, entscheidend. Dabei ist anfangs eine möglichst genaue Formulierung der Problemstellung erforderlich. Häufig ergeben sich daraus unmittelbar mehrere Fragen, die dann im Rahmen der Analyse getrennt zu behandeln sind.

Um ein möglichst relevantes Ergebnis zu erhalten, ist es wichtig, dass die Fragestellung sowie die entsprechende Antwort wenig Interpretationsspielraum zulassen. Selbst kleine Unterschiede in der Fragestellung können völlig unterschiedliche Aussagen und Entscheidungen zur Folge haben. Daher ist es ratsam, – wenn möglich – die Entscheidungen, die auf Basis der Marktanalyse getroffen werden sollen, als Grundlage zur Formulierung der Fragestellung heranzuziehen. Die Beantwortung der Frage, inwieweit eine Funktion eines einzelnen Produkts Auswirkungen auf das gesamte Portfolio hat, könnte etwa vermutlich eine geringere Bedeutung für ein gesamtes Unternehmen haben als die Fragestellung, ob ein neuer Produktbereich in das Portfolio aufgenommen werden sollte.

Bevor eine Marktanalyse gestartet wird, sollte der Portfoliomanager also (etwa im Rahmen von Interviews) überprüfen, inwiefern die Fragestellung zu Fehlinterpretationen führen kann.

Folgende Fragestellungen können beispielsweise im Rahmen einer Marktanalyse gestellt und beantwortet werden:

- Welche Märkte sind für mein Portfolio attraktiv und rentabel?
- Wie ist ein Markt bezüglich meines Produktportfolios einzugrenzen und in Marktsegmente aufzuteilen?
- Welche Marktstrukturen herrschen in einem Marktsegment vor?
- Welche Erfolgsfaktoren spielen bei der Positionierung des Portfolios eine Rolle?

3.1.1 Abgrenzung der Analysevariablen

Um eine Marktanalyse effizient und aussagekräftig zu gestalten, sind eine Abgrenzung des Umfangs der Analyse und der damit verbundenen Erhebung von Informationen und Daten sowie eine Einschränkung der damit verbundenen Analysevariablen und Kennziffern vorzunehmen. Da die einzelnen Faktoren miteinander direkt oder indirekt in Beziehung stehen, entsteht bei einer zu breiten Erhebung ein überkomplexes System, das im Rahmen der Analyse nur mehr begrenzt diagnostizierbar ist.

Das Marktsystem besteht dabei aus Komponenten, die sich gegenseitig beeinflussen.

Dazu gehören:

- Kunde/Zielgruppen
- Mitbewerb

- Position des eigenen Unternehmens (etwa Unternehmensimage oder Marktstellung im Zielmarkt)
- Externe Beeinflusser (zum Beispiel Verbände, Legislative, soziale Netzwerke, Rezensenten)
- Allgemeine Umweltfaktoren (beispielsweise Konjunktur, gesellschaftliche Entwicklungen, technischer Fortschritt, Politik und Gesetzgebung, Ökologie)
- Externe Wettbewerbsfaktoren (etwa Substitution durch neuartige Produkte, Gefahr des Auftretens neuer Konkurrenten, die Konzentration der Einkaufsmacht)

Im Zuge der Erhebung können dann etwa folgende Marktkennziffern betrachtet werden:

- Kundenbedürfnisse
- Marktpotenzial
- Marktanteile
- Marktdynamik
- Absatzmittler und Veränderungen im Distributionssystem
- Mitbewerb (Stärken, regional, …)
- Verbrauchervertrauen
- Kaufkraft
- Investitionsbereitschaft
- Regionale Wirtschaftsentwicklung

Diese Auflistung ist aber nur als Beispiel zu sehen, da – wie in Abschn. 4.2.1 noch dargestellt werden wird – die Auswahl der verwendeten Kennzahlen individuell vom Portfoliomanager aufgrund der Unternehmensstrategie und deren Messmethoden auszuwählen ist.

3.1.2 Ermittlung der Erfolgsfaktoren

Eine besonders nützliche Aussage – insbesondere zur Einschätzung der zukünftigen Portfoliostrategie – ist die Ermittlung von Erfolgsfaktoren. Diese zu erkennen, ist auch von besonderer Bedeutung für die Bewertung von Marktanalysen. Wichtig dabei ist es, zu verstehen, dass sich Erfolgsfaktoren individuell auf das Unternehmen beziehen und nicht nur durch allgemein definierbare Kriterien zu ermitteln sind (vgl. Woywood 2004, S. 15). In den 80er Jahren wurden im Rahmen des PIMS-Projektes („Profit Impact of Marketing Strategies") branchenübergreifende Erfolgsfaktoren ermittelt, die bis heute anerkannt sind (vgl. Annacker 2001, S. 14 ff.). Allerdings konnte auch vielfach gezeigt werden (beispielsweise Capon et al. 1990, S. 1148), dass hier bezugnehmend auf unterschiedliche Strukturen durchaus signifikante Unterschiede bei der Bewertung dieser Erfolgsfaktoren bestehen.

Das ist auch ein wesentlicher Grund, warum die Durchführung von eigenen Marktanalysen für den Unternehmenserfolg wichtig ist. Die schlichte Verwendung von Analysen

3.1 Methoden von Marktanalysen

Dritter kann also nur bedingt auch im Kontext des eigenen Unternehmens die relevanten Aussagen liefern.

Erfolgsfaktoren können verschiedenste Ausprägungen haben und werden gern nach direkt und indirekt beeinflussbaren Faktoren unterschieden.

Direkt beeinflussbare Erfolgsfaktoren sind jene, die ein Portfoliomanager direkt durch eigene Maßnahmen beeinflussen kann.

Dazu gehören unter anderem:

- Bekanntheit der Produkte beziehungsweise des eigenen Portfolios in den adressierten Märkten (diese kann etwa durch Maßnahmen des operativen Marketings verändert werden)
- Alleinstellungsmerkmale
- Unternehmensphilosophie und -strategie
- Portfolio-Zusammenstellung

Indirekt beeinflussbare Erfolgsfaktoren sind als Rahmenbedingungen zwar gegeben, können aber nur indirekt durch den Portfoliomanager gesteuert werden.

Zu den indirekt beeinflussbaren Erfolgsfaktoren zählen unter anderem:

- Kundenbedarf und -nutzen
- Erfolg des Mitbewerbs (zum Beispiel der Erfolg des Marktführers)
- Volkswirtschaftliche Faktoren (etwa Kaufkraft, Verbrauchervertrauen, Investitionsbereitschaft)
- Marktanforderungen (beispielsweise im Hinblick auf Technologie oder Funktionalität)
- Rechtliche Rahmenbedingungen

Woywoode und Struck (2004, S. 92) schlagen eine andere Variante der Unterscheidung der Erfolgsfaktoren nach folgendem Schema vor:

Faktoren, die auf Branchenebene wirken

- Nachfrageentwicklung
- Technologieintensität
- Markteintrittsbarrieren

Faktoren, die auf Unternehmensebene wirken

- Unternehmensgröße
- Unternehmensalter
- Strategie

Faktoren, die auf Ebene der Unternehmenspersonen wirken

- Humankapital
- Alter
- Motivation

3.1.3 Auswahl der Datenquellen

Je nach Ursprung und Erhebungsverfahren verwendeter Daten variiert deren Qualität in der Praxis erheblich. Daher ist bei der Auswahl der Datenquelle entsprechende Sorgfalt angebracht.

Grundsätzlich unterscheidet man bei der Auswahl verwendeter Datenquellen zwischen

- **Primärdatenquellen** (Daten, die speziell für die Beantwortung einer Fragestellung erhoben wurden) und
- **Sekundärdatenquellen** (Daten, die zu irgendeinem Zweck bereits gesammelt wurden und für die Beantwortung der eigenen Fragestellung verwendet werden können).

In den meisten Fällen stützen sich Unternehmen aufgrund des hohen Kostenfaktors von Primärdaten meist auf Daten, die bereits vorhanden sind (Sekundärdaten). Aufgrund der Tatsache, dass diese Daten jedoch meist zu einem anderen Zweck oder in einem breiteren Kontext erhoben wurden, ist die Beurteilung von deren Plausibilität, Qualität und Anwendbarkeit unbedingt angeraten.

> Bei der Verwendung von Sekundärdaten sollte der Portfoliomanager stets deren Plausibilität, Qualität und Anwendbarkeit auf den für sein Portfolio relevanten Kontext hinterfragen.

Eine Marktstudie, die als Sekundärdatenquelle herangezogen wird, mag sie auch noch so umfangreich sein, kann, wenn sie nicht die ausgewählten und zu untersuchenden Bereiche der eigenen Fragestellung beinhaltet, wertlos sein!

Im Rahmen jedes iterativen Prozesses zur Erstellung einer Marktanalyse steht am Anfang die Recherche verfügbaren Datenmaterials. Dafür stehen verschiedene Datenquellen zur Verfügung, die grob in externe und interne Datenquellen gegliedert werden können.

Externe Quellen liefern Daten und Informationen, die außerhalb des Unternehmens (meist ohne Berücksichtigung des eigenen Unternehmens) ermittelt wurden, wie etwa:

- Internet
- Statistische Quellen
- Fachmagazine
- Handelsregister

- Zeitungen und Zeitschriften branchenübergreifender Natur
- Konsumentenjournale
- Wirtschaftsforschungsinstitute
- Öffentliche Stellen (Ministerien, Behörden etc.)
- Statistisches Bundesamt oder etwa Statistik Austria im österreichischen Kontext
- Statistikportale
- Branchenbriefe der Banken
- Informationen vom Mitbewerb
- Kongresse und Konferenzen
- Messen und Marketingveranstaltungen

Interne Quellen stellen Informationen bereit, die innerhalb des Unternehmens verfügbar sind oder im Auftrag spezifisch für das Unternehmen erhoben werden. Dazu zählen beispielsweise:

- Eigene Marktrecherchen wie Einholung von Wettbewerbsangeboten, eigene statistische Erfassung potenzieller Kunden
- Informationen aus der Mitarbeit in regionalen oder überregionalen Verbänden, Vereinen und Interessengruppen
- Marktstudien beauftragter Marketingunternehmen
- Unternehmensinterne Informationen
- Mitarbeiterbefragungen
- Daten zu den eigenen Kunden (etwa aus der eigenen Kundendatenbank)
- Daten aus der vertrieblichen Tätigkeit des Unternehmens (Sales Funnel, Umsatzstatistiken)

Die Erhebung von Daten ist meist der größte Kostenfaktor einer Marktanalyse, denn die Anschaffung von aussagekräftigen Studien oder die Durchführung von eigenen Recherchen können sehr aufwendig und damit teuer werden. Welche Art von Informationen dabei herangezogen wird und welche Daten für die Marktanalyse verwendet werden, hängt immer auch von den zur Verfügung stehenden Mitteln ab. Dabei ist auch eine Kosten-Nutzen-Rechnung unumgänglich. So ist es wohl wenig zielführend, zwei Drittel des Budgets der Marktstudie für die Erstellung eines ersten Überblicks zu investieren.

> Eine fortlaufende und strukturiert durchgeführte Marktbeobachtung kann sehr große Einsparungen bringen und Informationen liefern, die auf das Unternehmen zugeschnitten sind.

Je nach Art der Fragestellung und der verfügbaren Informationen sowie des zur Verfügung stehenden Budgets ist die Abwägung wichtig, welche Art von Datenerhebung man vornimmt. Hier macht sich die Erfahrung des Portfoliomanagers bezahlt, denn die Bewertung, welche Daten wirklich relevant sind und von welchen Quellen kostengünstig aussa-

Tab. 3.1 Einstufung von Datenmaterial im Rahmen der Marktforschung

		Vorteile	Nachteile
Existierendes Datenmaterial		Schnell verfügbar	Divergenz mit der eigenen Fragestellung
		Umfassendes Datenmaterial	Mangelnde Aktualität
		Parallele Beantwortung mehrerer Fragestellungen möglich	Spezifisches Marktsegment nur teilweise berücksichtigt
			Motivation der Erstellung meist nur schwer feststellbar
			Analysefaktoren mitunter nur teilweise berücksichtigt
Neuerhebung von Daten		Keine Abweichung von der eigenen Fragestellung	Dauer der Erhebung
		Möglichkeit, spezifische Märkte zu adressieren	Häufig sehr zeit- und daher kostenintensiv
		Aktualität	Verfügbarkeit der gewünschten Daten mitunter nicht gegeben
		Individuelle Gestaltbarkeit der Datenbasis	Subjektive Einflüsse

gekräftige Informationen zu erhalten sind, ist keineswegs eine einfache Übung. Vor allem Neulingen im Portfoliomanagement sei empfohlen, diesbezüglich Rat bei erfahrenen Kollegen oder über externe Berater einzuholen. Tabelle 3.1 gibt eine Übersicht zur Einstufung des Datenmaterials

Vor allem bei der Generierung von Primärdaten sollte hinterfragt werden, ob die Investition nicht noch weitere positive Nebeneffekte und Synergiepotenziale mit sich bringen könnte. So kann eine Kundenumfrage nicht nur für die Marktforschung an sich verwendet werden, sondern stellt mitunter eine interessante Möglichkeit zur Intensivierung des Kundenkontakts oder zur Verbesserung der Kundenbindung dar. Ein Kunde, der als Zielkunde ausgewählt wurde und das Gefühl vermittelt bekommt, bei der (Neu-)Gestaltung des Produktportfolios mitwirken zu können, fühlt sich oftmals gut behandelt und bekommt damit sogar die Chance, seine individuellen Wünsche zu positionieren. In der Praxis zeigt sich daher, dass Kunden durchaus wohlwollend und unterstützend sind, wenn sie direkt darauf angesprochen werden, dass Erhebungen zur Anpassung des Portfolios durchgeführt werden.

Eine weitere Möglichkeit der Erhebung ist es, die entsprechende Marktforschung mit Partnern zusammen durchzuführen – etwa gemeinsam mit Lieferanten, die in der Wertschöpfungskette direkt mit eingebunden sind. Dabei muss zwar meist der Kompromiss eingegangen werden, die Fragestellung so anzupassen, dass sie beiden Interessen Rechnung trägt. Diese Vorgehensweise kann aber durchaus zu qualitativ hochwertigen Analysen bei vertretbaren Kosten führen.

3.1.4 Verwendete Methoden der Marktanalyse

Die verwendete Methode der Marktanalyse wird auf Basis der zugrunde liegenden Fragestellung, aber auch auf Basis des zur Verfügung stehenden Datenmaterials ausgewählt.

Dabei unterscheidet man folgende Analysebereiche:

Angebotsanalyse (Betrachtung des eigenen Angebotes in Bezug auf das Angebot des Mitbewerbs):

- Im Falle eines bestehenden Angebotes wird der bisherige Portfolio-Mix beschrieben, gleichzeitig wird dessen Erfolg kritisch beurteilt. Wenn möglich, sollte diese Beurteilung anhand von Kennziffern (beispielsweise Marktanteile oder Distributionskennziffern) belegt werden.
- Im Falle eines neuen Angebotes sollte beschrieben werden, welche Kundengruppen und welche Kundenbedürfnisse adressiert werden, und es ist zu begründen, warum das neue Angebot ausreichendes Absatzpotenzial hat.
- Marktpotenzial und Marktvolumen können abgeschätzt werden durch:
  - **Bottom-up-Schätzungen**
    Anhand eines Kunden wird auf die Gesamtzahl aller möglichen Kunden hochgerechnet.
  - **Top-down-Schätzungen**
    Der Gesamtmarkt ist bekannt oder wird geschätzt und daraus der Anteil für einen Teilbereich geschätzt.

Die beiden Ermittlungsmethoden können aber auch in Kombination verwendet werden. Dies ist insbesondere dann hilfreich, wenn die Datenqualität nicht ausreichend gegeben ist. So kann man validieren, ob die Ergebnisse ausreichende Aussagekraft aufweisen.

Marktsegmentierung Mit der Marktsegmentierung wird erhoben, welche Marktsegmente mit welcher Priorität zu bearbeiten sind oder ob einige Marktsegmente eventuell gar nicht (aktiv) bearbeitet werden. Kriterien zur Wahl der Marktsegmente können etwa die Größe, das Wachstum, die Profitabilität eines Segmentes oder auch die eigene Stärke im Vergleich zur Konkurrenz in diesem Segment sein. Es ist viel einfacher, im Markt bestehende Stärken auszubauen, als Schwächen zu korrigieren!

Der relevante Markt ist dabei jener Markt, in dem das Unternehmen aktiv ist. Dieser wird zur Abgrenzung der Analyse verwendet. Er kann auf Basis verschiedener Faktoren definiert werden, die den adressierten Markt des Unternehmens beschreiben. Einerseits kann er sich am Kunden und andererseits am Portfolio orientieren. In jedem Fall sollten die dabei angewendeten Abgrenzungskriterien messbar sein.

Abb. 3.1 Abgrenzung des relevanten Marktes

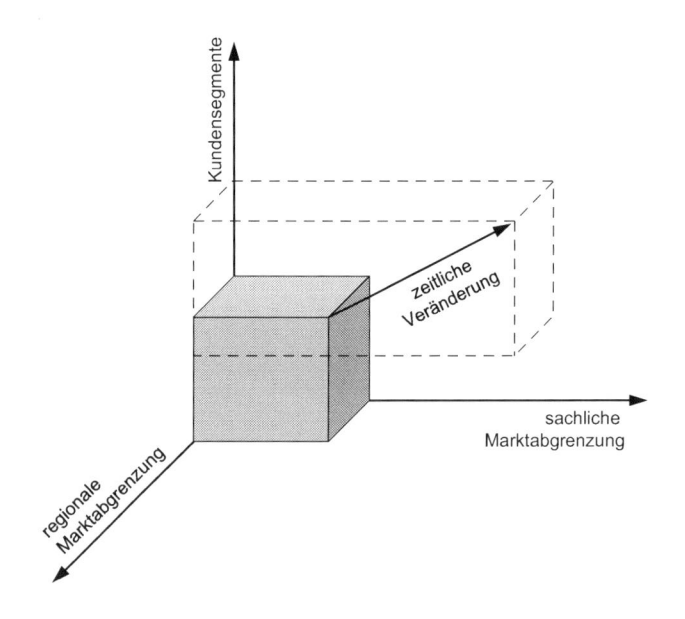

Folgende Kriterien können dabei beispielsweise verwendet werden:

- **Regionale Abgrenzung**
  Die Abgrenzung findet dabei anhand der regionalen Ausdehnung des Marktes statt (beispielsweise regional/ national/ international, oder 10 km/100 km/1.000 km).
- **Sachliche Abgrenzung**
  Die Abgrenzung findet anhand der sachlichen Eingrenzung des angebotenen Fachbereiches statt (beispielsweise Festnetz/ Mobilfunk/ Internet oder Hemden/ Herrenmode/ Bekleidung).
- **Abgrenzung anhand der Kundensegmente**
  Die Abgrenzung findet anhand der Käuferschichten statt (beispielsweise Alter: unter 20/ bis 40/ bis 60).
- **Zeitliche Abgrenzung**
  Diese Abgrenzung gibt Aufschluss darüber, in welchem Zeitraum das Portfolio angeboten wird.

Welche Abgrenzungsfaktoren zur Marktsegmentierung herangezogen werden, hängt dabei stark von den individuellen Eigenschaften des angebotenen Portfolios ab. So wird zum Beispiel für einen Friseursalon die zeitliche Abgrenzung wenig Aufschluss geben – die regionale Abgrenzung aber sehr wohl. Eine Darstellung des relevanten Marktes mit den oben angegebenen vier Dimensionen (regional/sachlich/Kundensegmente/Zeit) ist beispielsweise in Abb. 3.1 zu finden.

Mit Hilfe dieser Marktsegmentierung kann der Portfoliomanager neue, vielversprechende Teilsegmente ermitteln, aber auch vernachlässigbare Segmente identifizieren und ausklammern. Zudem wird dadurch eine höhere Treffsicherheit von Maßnahmen zur Marktbearbeitung erreicht.

Mitbewerbsanalyse Im Rahmen der Mitbewerbsanalyse werden Informationen über Unternehmen, die im eigenen, relevanten Markt tätig sind und Produkte anbieten, die zum eigenen Portfolio in Konkurrenz stehen, ermittelt. Eine Konkurrenz kann dabei bei gleichartigen Angeboten, aber auch bei Alternativangeboten (sogenannten Substitutionsprodukten) und bei Ersatzprodukten auftreten.

Es werden Informationen gesammelt, welche die Positionierung des Wettbewerbers im eigenen Markt betreffen und beispielsweise eine Einschätzung der Organisation und Struktur, der Finanzkraft oder der Prozese und verwendeten Technologien ermöglichen. Kurz: Mit Hilfe der Konkurrenzanalyse werden die Stärken und Schwächen des Wettbewerbers festgestellt.

Diese Informationen liefern wichtige Rückschlüsse zur eigenen Positionierung und zur Definition der eigenen Strategien (siehe Abschn. 4.5), da vergleichende Analyse ein wesentliches Instrument in der Strategiefindung darstellt. Nur so können eigene Stärken eingeschätzt und Schwächen in Bezug auf andere Unternehmen erkannt werden.

3.2 Analysemethoden und -instrumente

Jede Analysemethode schränkt Inhalt und Art der Ergebnisse ein, die damit generiert werden können. Daher sollte bei ihrer Auswahl besonderes Augenmerk darauf gelegt werden, ob die Methode überhaupt geeignet ist, die jeweilige Fragestellung zu beantworten und aussagekräftige Erkenntnisse abzuleiten. Umgekehrt haben auch die Verfügbarkeit von Datenmaterial und Zugänge zu den entsprechenden Informationen einen Einfluss darauf, welche Vorgehensweise angewendet werden kann.

Nachfolgend werden einige bewährte Analysemethoden beschrieben. Es finden sich in der Praxis zahlreiche Abwandlungen und weitere Modelle. In diesem Kontext soll jedoch eine Auswahl an bekannten und gängigen Verfahren vermittelt werden, deren Anwendung über Jahre hinweg erprobt ist und auf die immer wieder gern verwiesen wird. Zumindest diese sollten jedem Portfoliomanager bekannt sein.

3.2.1 Portfolio-Markt-Matrix (Ansoff-Matrix oder Z-Matrix)

Die von Ansoff (1965, S. 98 ff.) in den 60er Jahren des letzten Jahrhunderts entwickelte Methode wird hauptsächlich zur Bestimmung der Wachstumsstrategie eines Unternehmens verwendet. Da sie den Zusammenhang zwischen Produkt und Markt herstellt, wird sie auch als Produkt-Markt-Matrix beziehungsweise Portfolio-Markt-Matrix bezeichnet. Das Grundprinzip dieser Matrix wird in Abb. 3.2 skizziert. Mit ihrer Hilfe können die Potenziale und Risiken von vier möglichen Wachstumsstrategien bewertet werden. Ansoff beschreibt anhand seiner Darstellung vier Entwicklungsstrategien in Abhängigkeit von der Reife des Marktes und des Portfolios, die ineinander übergehen können. Aufgrund der Übergänge der Entwicklungsstrategien entsprechend einer „Z-Kurve" wird diese Methode auch Z-Matrix genannt.

Abb. 3.2 Portfolio-Markt-Matrix. (Nach Ansoff 1965, S. 99)

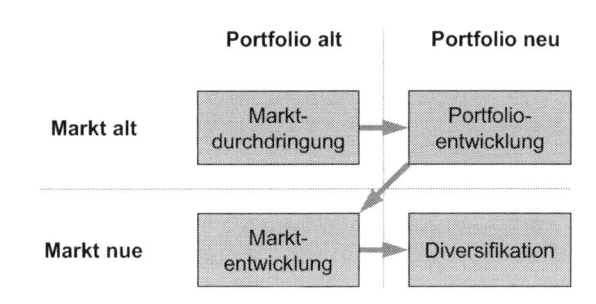

	Portfolio alt	Portfolio neu
Markt alt	Marktdurchdringung	Portfolioentwicklung
Markt nue	Marktentwicklung	Diversifikation

Strategien nach Ansoff

- **Marktdurchdringung**
  Wachstum durch neue Kunden im bestehenden Markt (etwa Zugewinn von Marktanteilen des Mitbewerbs); geringes Risiko, aber bei Marktsättigung geringes Wachstum.
- **Marktentwicklung**
  Mit bestehenden Produkten werden neue Märkte erschlossen (beispielsweise regionale Ausbreitung, neue Segmente etc.). Die Marktentwicklung ist mit Investitionen verbunden und daher deutlich riskanter als die Marktdurchdringung.
- **Diversifikation**
  Neue Märkte werden mit gänzlich neuen Produkten erschlossen. Das ist mit sehr hohen Investitionen und einem sehr hohen Risiko verbunden, kann aber auch besonders hohe Wachstumspotenziale ermöglichen. Betrachtet man die Geschichte mancher bekannter Unternehmen, so zeigt sich, dass die Diversifikation auch zu einer völligen Neuorientierung des Unternehmens führen kann. (Nokia war ursprünglich ein Papiererzeuger, dann wurden Gummistiefel und Gummireifen erzeugt, ehe 1967 der Grundstein für den heutigen Technologiekonzern gelegt wurde (s. „The Nokia Story", Nokia 2013).
- **Portfolioentwicklung**
  Bestehende Märkte werden mit Produktweiterentwicklungen angesprochen. Überschaubares Risiko und kalkulierbare Investitionen bei moderatem Wachstum.

Da die Skalierbarkeit des Modells auf konkrete Gegebenheiten in Unternehmen nur sehr eingeschränkt gegeben ist, nachdem das Verfahren davon ausgeht, dass die Situation des Unternehmens lediglich durch den Absatzmarkt und seine Produkte bestimmt wird – was üblicherweise zu kurz gegriffen ist –, wurden hierzu von Kotler und Amstrong (2009, S. 32 ff.) Erweiterungen vorgeschlagen, die eine größere Flexibilität ermöglichen. Generell klammert Ansoffs Modell einige Punkte moderner Unternehmensplanung aus. So wird etwa vorausgesetzt, dass Marktwachstum immer vorhanden ist, wettbewerbsbezogene Aspekte werden nicht berücksichtigt und unternehmensinterne Faktoren sowie die interne Unternehmensplanung kommen nicht vor. Aus diesem Grund ist das Modell nur sehr eingeschränkt für eine moderne Marktanalyse und eine darauf aufbauende Planung zu verwenden.

Allerdings ist das Verfahren für den Portfoliomanager und in weiterer Folge auch für das Unternehmensmanagement eine gute Möglichkeit, Produkt und Markt zueinander in

3.2 Analysemethoden und -instrumente

Abb. 3.3 Beispiel einer Produkt-Markt-Matrix

Markt/ Produkte	Markt alt	Markt neu
Produkt alt	– Direktvertrieb – Erweiterung des Vertriebsteams – Preisanpassungen – Maßnahmen mit Marketingmix – Kunden der Konkurrenz abwerben	– Regionale und überregionale Erweiterung – Neue Länder adressieren – Neue Standorte
Produkt neu	– Cross-Selling – Neue Dienstleistungen zu bestehenden Produkten – Add-ons	– Neue Methoden der Kundengewinnung (z.B. soziale Netzwerke) – Zukauf von Unternehmen

Beziehung zu setzen, und damit ein grober Wegweiser für die nachfolgende Strategiefindung. Abb. 3.3 zeigt dazu ein Beispiel einer Ansoff-Matrix, aus der auch hervorgeht, wie darauf aufbauend eine Strategie zum Marktwachstum entwickelt werden kann. Wichtig ist in diesem Kontext, dass die entsprechenden Feststellungen anhand der Daten- und Informationssammlung im Rahmen der Marktanalyse ermittelt werden müssen. Erst wenn die Matrix auf fundierten Daten der Marktanalyse aufbaut, können daraus qualitativ nutzbare Ergebnisse ermittelt werden! Es ist allerdings auch zu beachten, wie in diesem Kapitel bereits beschrieben wurde, dass bei weitem nicht alle Faktoren des Marktwachstums mit dieser Methode berücksichtigt werden können, wie beispielsweise der Einflussfaktor von Eintrittsbarrieren.

3.2.2 Marktwachstums-Marktanteils-Portfolio (BCG-Matrix oder Boston I Portfolio)

Die BCG-Matrix wurde von der Boston Consulting Group (BCG) formuliert und 1973 von Bruce Henderson, dem Gründer von BCG (1973, Kap. IV), erstmals veröffentlicht. Die Matrix betrachtet den relativen Marktanteil in Abhängigkeit zum gesamten Marktwachstum. Sie stellt damit unterschiedliche Einflussbereiche für das Unternehmenswachstum dar. Es werden dabei sowohl der Produktlebenszyklus als auch marktbezogene Risikofaktoren berücksichtigt. Entsprechend diesem Ansatz ist ein absatzstarkes Produkt risikoärmer. Die einzelnen Produktumsätze werden in einem Quadranten aus relativem Marktanteil und Marktwachstum mittels Durchmessern von Kreisen dargestellt, die das Produkt in der Matrix verkörpern.

Der relative Marktanteil errechnet sich wie folgt:

Relativer Marktanteil = eigener Marktanteil : Marktanteil des stärksten Konkurrenten

oder in einer Abwandlung des Modells:

Abb. 3.4 Beispiel einer BCG-Matrix. (Nach Paul und Wollny (2011, S. 209))

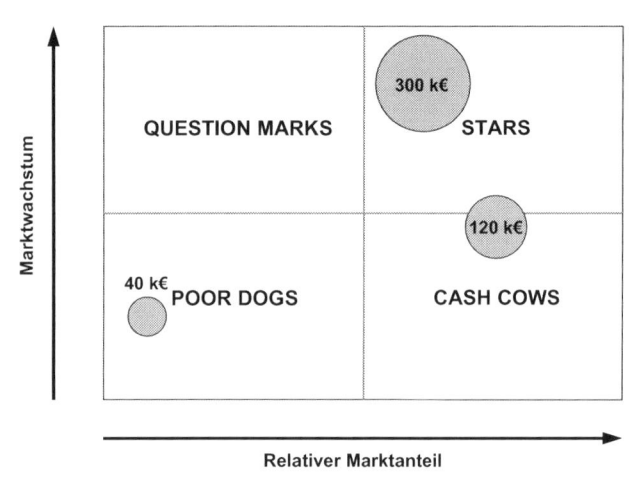

Relativer Marktanteil = eigener Umsatz : Umsatz des stärksten Konkurrenten

Die Skalierung der Quadranten ist durch das durchschnittliche Marktwachstum sowie durch den relativen Marktanteil definiert. Das Prinzip der BCG-Matrix zeigt das Beispiel von Abb. 3.4.

Die vier Quadranten stellen sogenannte „Normierungsstrategien" dar, die mit **Poor Dog** (Auslaufprodukte), **Cash Cow** (umsatzstark bei geringem Marktwachstum), **Question Mark** (neue Produkte mit Potenzial, aber noch keinem breiten Erfolg) und **Star** (hoher Umsatz in Wachstumsmarkt) definiert sind.

▶ Ein ausgewogenes Portfolio zeichnet sich dadurch aus, dass Produkte zumindest in den Bereichen Cash Cow, Question Mark und Star gleichermaßen vertreten sind.

Liegt etwa der Schwerpunkt der Produkte auf den Quadranten Cash Cow und Star, sind aber kaum Question Marks vorhanden, so hat das Unternehmen überschaubare Chancen im Hinblick auf zukünftige Marktentwicklungen. Sind aber die Question Marks in der Überzahl, so kann die Marktentwicklung mangels Finanzierbarkeit durch „verkaufbare" Produkte nicht gewährleistet werden. Lediglich der Quadrant Poor Dog ist einer, in dem sich möglichst keine Portfolioelemente wiederfinden sollten.

Bei der Verwendung der BCG-Matrix als Instrument für die strategische Portfolioplanung ist zu berücksichtigen, dass es sich hierbei nur um eine Momentaufnahme handelt und keine Trends oder Marktentwicklungen zu erkennen sind. Man kann diese Matrix lediglich als eine ergänzende Grundlage für die weitere Betrachtung einsetzen. So sind etwa Aspekte wie Marktdynamik oder -stabilität sowie zukünftige Marktentwicklungen nicht berücksichtigt. Daher spielt stets der Zeitpunkt der Erstellung der Matrix eine wesentliche Rolle bei der weiteren Interpretation. Würde ein Sportartikelhersteller eine Matrix, die zum Zeitpunkt eines Großereignisses (beispielsweise eine Olympiade) erstellt wurde, für die weitere Portfolioplanung verwenden, könnte dies fatale Folgen haben!

3.2.3 Marktattraktivitäts-Wettbewerbsstärken-Portfolio (Neun-Felder-Portfolio oder McKinsey-Portfolio)

Dieses Modell ist ein besonders aussagekräftiges, variables und vielseitiges Instrument zur Visualisierung statistischer Marktanalysen. Es ist eine Weiterentwicklung des BCG-Modells durch das Beratungsunternehmen McKinsey und wurde ursprünglich für General Electrics (GE) in den frühen 70er Jahren entwickelt, nachdem GE mit seinen Investitionserfolgen unzufrieden war und eine entsprechende Entscheidungsmatrix suchte (s. Campbell et al. 1999, S. 205 ff.). Sie berücksichtigt sowohl quantitative als auch qualitative Markteinflüsse. Das System umfasst neun Felder, wodurch die Normierungsstrategien detaillierter darstellbar werden.

Als Koordinaten werden die Marktattraktivität sowie die relative Wettbewerbsfähigkeit verwendet. Die beiden Koeffizienten können dabei individuell, entsprechend den zu untersuchenden Kriterien, gewählt werden.

Die **Marktattraktivität** wird dabei beispielsweise wie folgt definiert:

- Marktwachstum und Marktgröße
- Marktstruktur (Rentabilität, Anzahl und Stärke der Wettbewerber)
- Stabilität und Risiko
- Umweltsituation (Konjunktur, Gesetzgebung, Öffentlichkeit)
- Markteintrittsbarrieren

Die **Wettbewerbsfähigkeit** beinhaltet beispielsweise folgende Komponenten:

- Relative Marktposition/Marktanteil/relative Finanzkraft
- Relatives Produktionspotenzial
- Relatives Forschungs- und Entwicklungspotenzial
- Relative Qualifikation der Führungskräfte und Mitarbeiter
- Finanzielle Situation

Die **Normierungsstrategien** gliedern sich dabei in:

- Abschöpfen (erstes Drittel)
- Abwägen (mittleres Drittel)
- Expandieren (oberes Drittel)

Allerdings ist diese Darstellung nicht sehr transparent, sodass aufgrund der individuellen Auswahl der Parameter und infolge der subjektiven Gestaltung und Zusammensetzung der Koeffizienten die Gefahr einer Missinterpretation gegeben ist. Zudem ist die Ver-

Abb. 3.5 McKinsey-Matrix. (Nach Paul und Wollny 2011, S. 220, in Anlehnung an Müller-Stewens und Lechner 2005 S. 303)

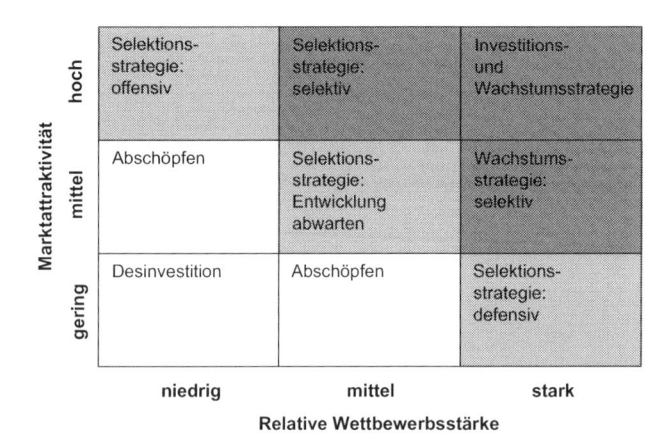

	niedrig	mittel	stark
hoch	Selektionsstrategie: offensiv	Selektionsstrategie: selektiv	Investitions- und Wachstumsstrategie
mittel	Abschöpfen	Selektionsstrategie: Entwicklung abwarten	Wachstumsstrategie: selektiv
gering	Desinvestition	Abschöpfen	Selektionsstrategie: defensiv

Marktattraktivität (y-Achse) / Relative Wettbewerbsstärke (x-Achse)

gleichbarkeit derartiger Matrizen nur bedingt gegeben, sofern nicht dieselben Faktoren zur Bewertung herangezogen wurden.

Ein Beispiel einer McKinsey-Matrix findet sich in Paul und Wollny (2011, S. 220) und wurde an die Darstellung von Müller-Stewens und Lechner (2005, S. 303) angelehnt (siehe Abb. 3.5).

3.2.4 SWOT-Analyse

Eine weitere Methode, das Potenzial eigener Portfolioelemente zu identifizieren und mögliche Bedrohungen aufzudecken, ist die einer SWOT-Analyse. Dabei sind S (Strengths = Stärken) und W (Weaknesses = Schwächen) des eigenen Portfolios im Vergleich zur Konkurrenz tabellarisch gegenüberzustellen. Ferner werden O (Opportunities = Chancen) und T (Threats = Bedrohungen), die sich im Markt und für das eigenen Unternehmen ergeben, erfasst. Als Gedankenstütze für eine vollständige SWOT-Analyse kann man neben den Markt-Trends alle Aspekte des Portfolios (Produkt, Preis, Vertrieb und Kommunikation) kurz gedanklich durchgehen und entsprechend den Quadranten der SWOT-Analyse bewerten.

▶ Um die Übersichtlichkeit der SWOT-Analyse für weitere Auswertungen zu gewährleisten, sollten insgesamt nicht mehr als fünf bis zehn Bewertungen je Feld verwendet werden. Dabei werden die einzelnen Faktoren zunächst formuliert und anschließend die wichtigsten ausgewählt.

Stärken und Schwächen liegen im Unternehmen selbst und sind durch interne Maßnahmen beeinflussbar. Hier gilt es, eine klare Innensicht zu entwickeln, um optimale Entscheidungen zu treffen und sich im Vergleich zur Konkurrenz positiv abzuheben.

Chancen und Bedrohungen sind vom Unternehmen kaum beeinflussbar, da sie auf externen Faktoren beruhen. Dahingehend sind strategische Möglichkeiten und Handlungs-

3.2 Analysemethoden und -instrumente

Abb. 3.6 SWOT-Analyse. (In Anlehnung an Meffert 1998, S. 63 ff.)

		Marktsicht	
		Chancen	Risiken
Unternehmenssicht	Stärken	Stärken des Unternehmens treffen auf Chancen am Markt	Stärken des Unternehmens kompensieren Marktrisiken
	Schwächen	Schwächen des Unternehmens werden durch Marktchancen kompensiert	Marktrisiken werden kompensiert, indem Schwächen identifiziert und reduziert werden

alternativen einzuschätzen und es sei angeraten, sich entsprechend darauf vorzubereiten, um gegebenenfalls schnell und effektiv reagieren zu können.

Vorgehensweise bei der Erstellung einer SWOT-Analyse:
- Im ersten Schritt ist das **Thema der Analyse** genau zu formulieren. SWOT-Analysen beziehen sich immer auf ein konkretes Ziel. Ansonsten sind die Fragen zum Unternehmen und zu seinem Umfeld kaum eindeutig zu beantworten.
- Als Nächstes folgt die **Unternehmensanalyse,** in der folgende Aspekte behandelt werden: Welche Stärken und Schwächen prägen das Unternehmen (beziehungsweise dessen Portfolio)?
- Anschließend folgt die **Umweltanalyse,** die behandelt, mit welchen strategisch relevanten Chancen und Gefahren das Unternehmen zu rechnen hat.
- Letztlich wird gezielt nach möglichen **Kombinationen** der einzelnen Bausteine der SWOT-Analyse gesucht, um daraus Strategien und Maßnahmen abzuleiten, die sich anbieten, um potenzielle Chancen zu heben und Risiken abzuwehren (Abb. 3.6).

Es sei an dieser Stelle darauf hingewiesen, dass es bei der SWOT-Analyse darum geht, die *wirklich relevanten* Stärken / Schwächen und reale Chancen / Risiken zu identifizieren. Relevant heißt in diesem Kontext, dass Stärken und Schwächen nur dann berücksichtigt werden, wenn sie tatsächlich einen Einfluss auf die Wettbewerbsposition des Unternehmens haben. Chancen müssen für das Unternehmen real nutzbar sein, Risiken sind nur dann zu erfassen, wenn das Unternehmen zu deren Entkräftung suboptimal aufgestellt ist.

3.2.5 Aussagekraft von Marktanalysen

Eine Marktanalyse ist, wie nun schon mehrfach festgestellt, unumgänglich, um die Fragestellungen, denen ein Unternehmen im Kontext einer Portfoliostrategie begegnet, zu beantworten und richtige Entscheidungen zu treffen. Fehlerhafte Einschätzungen in der Marktanalyse können demnach schwerwiegende Folgen für das Unternehmen nach sich ziehen. Umgekehrt kann eine gute Erhebung auch vor Schaden bewahren oder ermöglichen, dass vorhandene Chancen zunächst erkannt und dann auch genutzt werden können.

Allerdings ist eine Marktanalyse nur eine Situationsanalyse und kann lediglich Prognosen der zukünftigen Entwicklung liefern. Diese sind mit Wahrscheinlichkeiten versehen, was bedeutet, dass die Analyse keine deterministische Aussage über die zukünftige Entwicklung liefert. Aus diesem Grund darf die Entscheidungsfindung nicht ausschließlich auf der Marktanalyse aufbauen und muss weitere Kriterien einbeziehen.

Die Informationen der Marktanalyse bieten jedoch auch eine wichtige Basis für die weiteren Analysen, die Zieldefinition des Unternehmens sowie zur Entscheidungsfindung. Dies folgt insbesondere aus der Tatsache, dass viele Analysemethoden des strategischen Marketings (beispielsweise das Benchmarking) auf Vergleichen aufbauen.

Dies soll durch ein kurzes Beispiel illustriert werden:

Ein Entrepreneur, der zugleich auch anerkannter Experte für strategisches Marketing ist, offerierte mehreren Lebensmittelherstellern die Möglichkeit der Produktion seines – wie er sagte – bahnbrechenden Produkts. Einer dieser Produzenten (bislang Marktführer im angedachten Vertriebssegment) traf die Einschätzung, dass die Nachfrage und das Marktpotenzial für das Produkt nicht gegeben waren, und entschied daher, die Produktion, die auch eine beträchtliche Eigeninvestition bedeutet hätte, nicht zu übernehmen. Ein anderes Unternehmen antizipierte sehr wohl ein hohes Marktpotenzial und übernahm schließlich die Produktion. Letztendlich setzte sich das Produkt am Markt durch und wurde zum Verkaufsschlager, ja, es erreichte sogar die Marktführerschaft und hat den Markt vollständig revolutioniert.

Was war geschehen? Während der Marktführer zur Bewertung des Potenzials nur eine einfache Analyse herangezogen hatte (indem er einfach das Marktpotenzial seiner bestehenden Kunden erhoben hatte), ohne Einflussfaktoren wie beispielsweise Markttrends, gesellschaftliche Entwicklungen oder die Wettbewerbssituation zu berücksichtigen, hatte sich der andere Produzent vor der Abschätzung des Marktpotenzials intensiv über genau diese Faktoren Gedanken gemacht und erkannt, dass sich eine Veränderung im Kundeninteresse abzeichnet, und daher genau jene Aspekte, die das neue Produkt adressierte, künftig gefordert werden würden.

Ein anderes Beispiel zeigt, dass eine sorgfältig durchgeführte Marktanalyse notwendig ist, um die Unternehmensstrategie optimal auszurichten und die Chancen, die sich für ein Unternehmen ergeben, tatsächlich zu nutzen beziehungsweise „Nieten" zu identifizieren, selbst wenn sie anfangs sehr vielversprechend erscheinen:

Vor etwa 15 Jahren hatte das Bauunternehmen EtaComp erkannt, dass Investitionen in den Schienenbau nachhaltig zum weiteren Unternehmenserfolg beitragen werden. So wurde jede Möglichkeit genutzt, diesen Bereich aufzubauen und zu entwickeln, während andere Unternehmen in Segmente wie Wohnbau oder industrielle Großbauten investierten. Der zuständige, überaus engagierte Portfoliomanager hatte – wie auch andere Kollegen seines Mitbewerbs – eine Marktanalyse in diesem Bereich durchgeführt. Anhand einer sorgfältigen Auswahl der Analysefaktoren (Kundenbedürfnisse, Kaufkraft, Marktanteile,

Kundenzufriedenheit, politisches Umfeld) hatte er ermittelt, dass die Umsatzzahlen und damit die Kaufkraft seiner potenziellen Kunden zwar rückläufig war und das Bahnfahren immer unattraktiver wurde. Er erkannte aber im Gegensatz zu seinen Kollegen auch, dass es die einzige Möglichkeit für diese Branche war, intensiv zu investieren und damit ihr Angebot wieder attraktiver zu machen.

Seine Einschätzung wurde bestätigt und führte dazu, dass der Bahnbau nach wenigen Jahren ein Viertel des Unternehmensumsatzes darstellte und EtaComp zum Branchenführer mit einem Marktanteil von etwa 40 % avancierte.

3.3 Wie ermittelt man Marktpotenzial und in weiterer Folge potenzielles Absatzvolumen?

Marktpotenzial und Absatzvolumen Während das Marktpotenzial den Gesamtumsatz des adressierten Marktes beziehungsweise der gesamten Branche beschreibt, beinhaltet das Absatzpotenzial das für das Unternehmen relevante Segment und das Absatzvolumen die tatsächliche Absatzmenge.

Um eine grobe Abschätzung des Marktpotenzials vornehmen zu können, gibt es einfache Kalkulationsmodelle:

Marktpotenzial eines Produkts = potenzielle Kundenanzahl × Kaufrate × Preis

Das Marktpotenzial des gesamten Portfolios errechnet sich aus der Summe der einzelnen Marktpotenziale.

Da jedoch diese Abschätzung nur einen sehr vagen Wert für das Marktpotenzial ergibt, sind in der Regel Methoden der Marktforschung anzuwenden, um eine solide Einschätzung zu erhalten. Dazu dienen unter anderem die bereits beschriebenen Informationsquellen. Allerdings ist dabei darauf zu achten, dass für eine belastbare Einschätzung des Absatzvolumens qualifizierte Daten erhoben werden und keine unverhältnismäßigen oder nicht einschätzbaren Verallgemeinerungen vorgenommen werden.

Folgendes Beispiel soll dies illustrieren: Der Portfoliomanager des Baukonzerns EtaComp will den polnischen Markt einschätzen und verwendet dazu eine hochaktuelle Studie zum Bauboom in Polen. Daraus ist zu entnehmen, dass das Marktpotenzial in Polen für Investitionen in der Baubranche im nächsten Jahr bei etwa 100 Mrd. € liegt. Der Studie ist jedoch keine weitere Konkretisierung zu entnehmen. Da er darüber hinaus keine Anhaltspunkte findet, orientiert sich der Portfoliomanager an Vergleichswerten aus Österreich. Daraus schließt er, dass das Absatzpotenzial für sein Portfolio in Polen etwa bei 45 Mrd. € liegen müsste. Allerdings hat Polen in den vergangenen Jahren bereits mehrere hundert Milliarden € in Bereiche investiert, in denen das Unternehmen EtaComp aktiv ist. Daher ist nun eine Sättigung eingetreten, die dazu führt, dass das tatsächliche Potenzial bei zehn Milliarden € liegt und daher die weiteren Entscheidungen auf sehr wackeligen Beinen stehen.

Es sind daher zunächst Beeinflussungsfaktoren zu identifizieren, die sich auf das Absatzpotenzial auswirken, bevor eine detaillierte Berechnung durchgeführt werden kann. Diese können auch Faktoren wie Sättigung (⇨ Einschränkung der Kaufrate), Dynamikfaktoren (etwa stetiges Wachstum in den letzten fünf Jahren) oder Inflation (⇨ Reduktion des Profits) sein.

Kaufrate und Kundenanzahl können beispielsweise auch durch eine Einschätzung von bereits bestehenden Marktwerten im Unternehmen oder eine Top-down-Betrachtung (Einschränkung der Gesamtkundenzahl durch Berücksichtigung von Bewertungspotenzialen) sowie eine Bottom-up-Betrachtung (Aufstellung der genauen Kundenzahl) bestimmt werden. Welche Methode verwendet wird, hängt dabei von der erwarteten Anzahl an Kunden und dem verfügbaren Datenmaterial ab.

Dabei gilt:
Überschaubare Menge an Kunden ⇨ **Bottom-up** (wesentlich genauer)
Nicht überschaubare Menge an Kunden ⇨ **Top-down** (tendenziell eher grobe Einschätzung)

▶ Wenn die Anzahl an Kunden überschaubar ist (potenzielle Kunden explizit genannt werden können), empfiehlt sich zur Ermittlung des Absatzpotenzials die wesentlich genauere Bottom-up-Betrachtung.

Die Berechnung basiert dann aber wieder auf der oben definierten Methode. Das Marktpotenzial kann im Wesentlichen recht einfach ermittelt werden – vorausgesetzt, man kann den Markt einigermaßen bewerten und es liegen entsprechende Daten vor. Daher wird diese Verfahrensweise auch oft bei ersten Überblicksentscheidungen verwendet, wie etwa bei der Frage „Gibt es für unsere Idee überhaupt einen Markt?", oder auch bei Entscheidungen nach Strategien zu regionalen Markterweiterungen.

Anders als das Marktpotenzial beschreibt das Absatzpotenzial (potenzielles Absatzvolumen) das direkt für das Unternehmen und den Portfoliomanager im Zuge seiner weiteren Berechnungen relevante Umsatzpotenzial. Das potenzielle Absatzvolumen ist also die Größe, mit der der Portfoliomanager Ertragseinschätzungen im Kontext seiner Portfoliostrategie treffen kann.

Konkretes Kundeninteresse und konkrete Kaufabsichten sind dabei wohl die beste Methode, um ein Absatzpotenzial abzuschätzen. Dabei kann man das (gewichtete) seitens des Vertriebs prognostizierte Umsatzpotenzial auf Basis namentlich bekannter, potenzieller Kunden unter Berücksichtigung der Bewertungskriterien, die anhand der vorab definierten Fragestellung definiert wurden (siehe Abschn. 3.1.1), extrapolieren. Diese Methode ist mit dem zuvor genannten Bottom-up-Ansatz vergleichbar.

Eine andere Möglichkeit ist es, auf Basis des ermittelten Marktpotenzials, der Kennzahlen und Einflussfaktoren aus Unternehmenssicht sowie der eingesetzten Mittel (etwa Vertriebs- und Marketinginvestitionen) die zu erwartenden Umsatzpotenziale abzuschätzen.

Grundsätzlich gilt dabei, dass das Marktpotenzial und insbesondere das Absatzpotenzial wesentliche Indikatoren für weitere Entscheidungen sind und daher grundsätzlich konservativ bewertet werden sollten.

▶ Bewerten Sie Markt- und Absatzpotenzial tendenziell konservativ, denn in der Realität treten mit verlässlicher Sicherheit absatzmindernde Effekte ein, mit denen nicht gerechnet wurde.

Marktdynamik Die Marktdynamik beschreibt die bisherigen und zukünftigen Marktveränderungen innerhalb eines definierten Zeitraums.

Das betrifft beispielsweise:

- Kosten- und Preissteigerungen
- Absatzmengen
- Entwicklung der Konkurrenz
- Produktentwicklung
- Änderungen von Kundenanforderungen
- Entwicklung des Arbeitsmarktes
- Kaufkraftentwicklung
- Infrastruktur

Welche Kriterien im Rahmen der Marktdynamik beobachtet und analysiert werden, hängt im Wesentlichen von der Unternehmensstrategie ab. In der Regel werden Faktoren wie Stabilität, etwaige Abhängigkeit von anderen Märkten (zum Beispiel Leitindustrien wie der Automobilindustrie) oder Risikopotenziale (wie etwa das politische Umfeld oder technologische Trends) analysiert und die Auswirkungen auf das eigene Portfolio ermittelt. So entsteht eine gute Abschätzung, wie stabil die Aussagen der Marktforschung – die nur den Status quo beschreibt – sind, aber auch die Möglichkeit, zukünftige Entwicklungen besser einzuschätzen.

3.4 Regelmäßige Marktbeobachtung

Parallel zu Markt- und Wettbewerbsanalysen ist die kontinuierliche Marktbeobachtung ein wichtiges Instrument, um die Analyseergebnisse zu bewerten beziehungsweise um weitere Daten und Informationen zu generieren. Vor allem hilft sie, Marktentwicklungen frühzeitig zu erkennen, auf Aktivitäten des Wettbewerbs rechtzeitig zu reagieren und Kundenbedürfnisse und -verhalten effektiv adressieren zu können. Zudem ist eine regelmäßige Marktbeobachtung dienlich, um den aufwendigen Prozess der Marktanalyse sinnvoll zu begrenzen, indem man die Aussagen von bereits durchgeführten Analysen betrachtet und Veränderungen im Vergleich dazu rasch erkennt.

Nicht zuletzt nützt ein laufend aktualisiertes Wissen um den Zielmarkt auch im Vertriebsprozess, denn wenn der Anbieter weiß, welche Trends sich abzeichnen, welche Technologien „state of the art" sind und welche Lösungen die Mitbewerber anbieten, kann er auch gegenüber potenziellen Kunden kompetent und sicher auftreten.

Eine regelmäßige Marktbeobachtung ist aber auch ein probates Mittel, um die Aktualität und zielführende Ausrichtung von Unternehmensstrategien zu bewerten und gegebenenfalls die Notwendigkeit von Anpassungen zu erkennen. Diese also ohnehin für den Portfoliomanager unerlässliche Methode führt zur Sicherstellung der Aktualität und Nachhaltigkeit der Unternehmensstrategie und ist ein gutes und zudem verhältnismäßig kostengünstiges Mittel, um bedarfsweise eine gute Datenbasis für weiterführende Marktanalysen und Entscheidungen zur Verfügung zu haben.

Die Marktbeobachtung besteht in der Sammlung von Daten und Informationen des Unternehmensumfelds. Sie kann dabei folgende Bereiche umfassen:

Beobachtung des Mitbewerbs

- Märkte, Marktpotenziale und -anteile des Mitbewerbs
- Konkurrenzprodukte
- Technologieentwicklung
- Unternehmensstrategie des Mitbewerbs
- Wirtschaftsentwicklung
- Kundenbasis des Mitbewerbs

Makroökonomische Entwicklungen

- Arbeitsmarkt
- Kaufkraft
- Wirtschaftswachstum
- Technologie und Forschung
- Politische Entwicklung
- Trends wie etwa demografische Entwicklungen

Interne Marktbeobachtung

- Kundenanforderungen
- Vertriebspotenziale
- Umsätze
- Kompetenzen
- Prozesse

Entscheidend sind im Rahmen der Marktbeobachtung die Regelmäßigkeit der Erhebungen sowie die ständige Erneuerung des Datenmaterials und dessen Strukturierung. In diesen Prozess sollten alle Mitarbeiter des Unternehmens einbezogen werden, die Zugang zu

Marktinformationen haben. Das sind nicht nur Vertriebs- und Marketingkräfte, sondern durchaus auch Kollegen aus der Wartung, Produktion, Logistik und so weiter, die Kontakt zu Kunden, Partnern oder Lieferanten haben. Da es sich bei diesen Mitarbeitern in der Regel nicht um hartgesottene Marketingexperten handelt, sind hierzu einfach auszufüllende Vorlagen, welche die wesentlichen Themenschwerpunkte abfragen, sowie eine Hilfestellung zur Marktbeobachtung in Form von kurzen Einführungen und Anleitungen nützlich. Dahingehend ist der Portfoliomanager auch als Meinungsbildner gefragt, die betreffenden Kollegen von der Wichtigkeit aktueller Marktinformationen als Grundlage für den Unternehmenserfolg zu überzeugen. Das Ausfüllen von Templates und Erhebungsbogen wird in der Praxis oftmals als „notwendiges Übel" gesehen und im Druck des Tagesgeschäftes vernachlässigt. Ist jedoch die Relevanz dieser Tätigkeit verinnerlicht und ist sie in den Arbeitsalltag als Selbstverständlichkeit integriert, kann mit wenigen Minuten Aufwand pro Tag ein hochaktueller und aussagekräftiger Informationsstand zum Zielmarkt erwirkt werden.

Eine besondere Herausforderung der Marktbeobachtung ist das richtige Informationsmanagement – also der Umgang mit einer Vielzahl von Informationen und die Ableitung der relevanten Informationen daraus. Damit der Portfoliomanager diese Aufgabe erfüllen kann, ist es notwendig, dass er sich auf den für das Unternehmen relevanten Markt konzentriert. Ferner sollte er die zu beobachtenden Bereiche definieren, in denen er den Informations- und Datenstand aktuell hält. Eine unstrukturierte Marktbeobachtung führt mittelfristig dazu, dass die gewonnenen Erkenntnisse unüberschaubar sind und die relevanten Informationen nicht mehr als solche erkannt werden.

Zudem sollte der Portfoliomanager als Wissensmanager im Unternehmen die strategische Ausrichtung und Koordination von Wissen – insbesondere in Bezug auf den Markt und das eigene Unternehmen – gestalten sowie als Botschafter für das Portfolio auftreten. Der Einsatz und die Zurverfügungstellung der Ressource Wissen ist besonders im Rahmen der Marktbeobachtung essenziell (siehe auch Eschenbach und Geyer 2004, S. 41 ff.).

▶ Um eine verwertbare Informationsbasis anhand regelmäßiger Marktbeobachtung aufzubauen, ist eine strukturierte Datenhaltung unumgänglich. Es empfiehlt sich, dass sich der Portfoliomanager die Zeit nimmt, ein entsprechendes Konzept auszuarbeiten und regelmäßig zu pflegen.

3.5 Marktanalyse im Kontext interner und externer Unternehmenskomplexität

3.5.1 Interne und externe Komplexität

Im Rahmen der Marktanalyse stellt auch die durch das Unternehmen wahrgenommene Markt- und Unternehmenskomplexität eine Herausforderung für den Portfoliomanager dar. Diese setzt sich einerseits aus der „externen Komplexität", die etwa durch Produkt-

Abb. 3.7 Interne und externe Komplexität

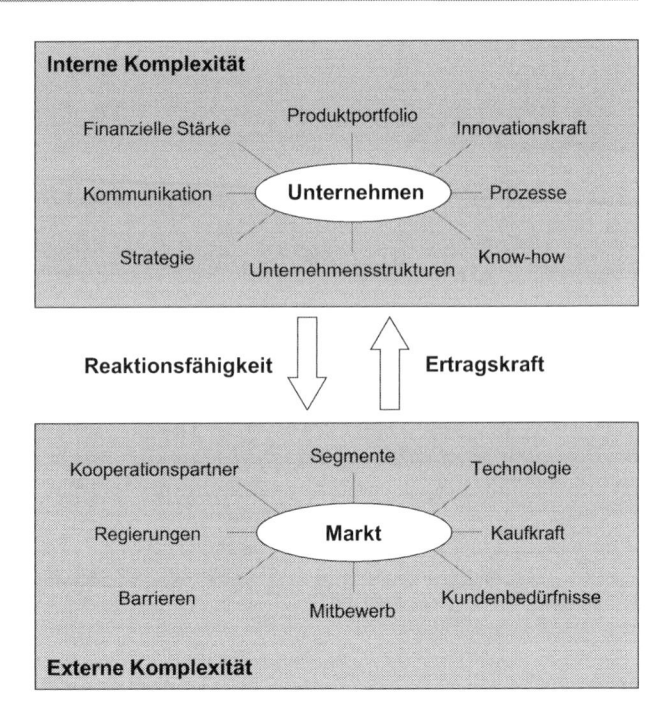

Interne Komplexität
- Finanzielle Stärke
- Produktportfolio
- Innovationskraft
- Kommunikation — Unternehmen — Prozesse
- Strategie
- Unternehmensstrukturen
- Know-how

Reaktionsfähigkeit ⇩   ⇧ Ertragskraft

- Kooperationspartner
- Segmente
- Technologie
- Regierungen — Markt — Kaufkraft
- Barrieren
- Mitbewerb
- Kundenbedürfnisse

Externe Komplexität

und Portfoliokomplexität sowie Marktkomplexität (beispielsweise Vielfalt, Varianz, Technologie, Attraktivität, Marktsegmente, Kundengruppen) geprägt ist, und andererseits aus der sogenannten „internen Unternehmenskomplexität" (Vielfalt an Prozessen, Know-how, Organisationskomplexität) zusammen. Sie wird durch das Unternehmen selbst im interaktiven Zusammenspiel von externen und internen Faktoren erzeugt.

Komplexität erwächst dabei vor allem durch die Menge an Beziehungen außerhalb und innerhalb des Unternehmens beziehungsweise der damit verbundenen Abhängigkeiten. Hinzu kommt eine Dynamik durch die stetige Veränderung dieser Faktoren (Abb. 3.7).

Je größer die Komplexität ist, desto höher sind die Kosten, diese im Rahmen einer Analyse einzelner Fragen und bei der Definition der daraus abgeleiteten Unternehmensstrategie zu berücksichtigen.

Entsprechend führt jede mögliche Verringerung der Unternehmenskomplexität zu schlankeren Strukturen, einfacheren Strategien und damit Wettbewerbsvorteilen. Umgekehrt wirkt sich eine überkomplexe Struktur, die über das vom Markt geforderte Maß hinausgeht, nachteilig im Hinblick auf die eigene Produktivität aus.

In der Regel bezeichnet Komplexität eine Konstellation, in der so viele Beziehungen und Wechselwirkungen vorherrschen, dass die Auswirkung von einzelnen Ereignissen nicht mehr durchschaut werden kann, selbst wenn sämtliche Einflussfaktoren bekannt sind. Erschwerend wirkt sich dahingehend ein veränderliches, dynamisches Umfeld aus.

Daher ist es eine zentrale Managementaufgabe – nicht zuletzt des Portfoliomanagers –, die Komplexität möglichst umfassend zu identifizieren, zu bewerten und kostenoptimal zu regulieren. Das bedeutet implizit, dass die Faktoren für strategische Unternehmensentscheidungen möglichst kompakt gehalten werden sollten, wenngleich dabei die wesentlichen Kriterien enthalten sein müssen. Dies ist keine leichte Aufgabe, denn um Komplexität „richtig" zu reduzieren, muss sie in ihrer Wirkung durchschaut werden (vgl. Grimm 2009, S. 43 f.). Oftmals sind dazu auch mehrere Vertreter unterschiedlicher Disziplinen gefragt, wenn etwa die zu bearbeitende Komplexität die Verarbeitungskapazität eines einzelnen Menschen übersteigt. Ansonsten besteht die Gefahr unzulässiger Trivialisierung und dies kann in komplexen Konstellationen aufgrund von deren Unüberschaubarkeit zu massiven, unerwarteten Folgewirkungen führen. (Auf organisatorische Implikationen von Komplexität wird in Abschn. 5.2.5 noch näher eingegangen.)

Der Portfoliomanager muss die Portfoliokomplexität so weit als möglich entsprechend der Unternehmensstrategie und den Marktanforderungen reduzieren. Das heißt aber nicht automatisch, dass eine Fokussierung auf einzelne Elemente auch erforderlich beziehungsweise möglich ist. Dies ist stets auch von der Unternehmensstrategie und dem Unternehmensgegenstand abhängig. So ist es nicht unbedingt ein Wettbewerbsvorteil für ein Handelsunternehmen, von einem spezifischen Artikel nur ein Produkt im Sortiment zu führen, oder es kann im Unternehmenskontext strategisch sinnvoll sein, Eigenmarken gegenüber Fremdmarken zu bevorzugen. Hierbei geht es um die Frage, welches Sortiment am Markt angeboten wird und welche Kunden und Kundengruppen beliefert werden, aber auch darum, wie das Unternehmen sich am Markt positioniert und wie es vom Käufer wahrgenommen wird.

Die folgenden beiden Beispiele zeigen, wie zwei Unternehmen angesichts komplexer interner und externer Konstellationen maßgebliche Strategieentscheidungen getroffen haben – mit mehr oder weniger Erfolg.

Beispiel Strategische Entscheidungen zum Portfolio eines Handelsunternehmens

Eine Supermarktkette führte mehr als 10.000 Einzelartikel. Über 70 % davon wurden als Eigenmarken geführt, die teils selbst erzeugt wurden und teils in Auftragsfertigung. Der Vorteil dieser Vorgehensweise war, dass einerseits das Unternehmen nur die Eigenmarke selbst, nicht aber die einzelnen Produkte bewerben musste, und darüber hinaus, dass die gesamten Kosten und auch die Preisstruktur durch den höheren erzielbaren Deckungsbeitrag sehr attraktiv gestaltet werden konnten. Da das Unternehmen Gefahr lief, Marktanteile zu verlieren, und eine Marktanalyse zeigte, dass die adressierten Käuferschichten zusehends Markenartikel der Marktführer forderten, hat sich das Unternehmen entschieden, den Anteil an Eigenmarken zugunsten von Markenartikeln auf 50 % zu senken. Die Konsequenz war, dass nun neben der Bewerbung der Eigenmarken wesentlich mehr Marketingaktivitäten zur Promotion der Markenartikel notwendig wurden.
Zwar konnte dadurch der Marktanteil gehalten werden. Die Kosten für den Strategiewechsel, die gesteigerten Marketingaufwände und der Rückgang verkaufter Eigenartikel (und damit des einstigen Deckungsbeitrags) führten aber dazu, dass der Gesamtgewinn des Unternehmens massiv einbrach. Es zeigte sich ferner, dass keine nachhaltige Entwicklung der Marktposition zu erwarten war, da durch den Strategiewechsel die Positionierung des

Unternehmens als kostengünstige Alternative zu den Marktbegleitern verloren ging und so die Wettbewerbssituation nachhaltig und wesentlich verändert wurde.

Beispiel Vom Universalanbieter zum Nischenanbieter

Ein Mobilfunkanbieter hatte sein Portfolio in der Form etabliert, dass alle relevanten Käuferpotenziale – vom Einzelkunden bis hin zum anspruchsvollen Geschäftskunden – bedient werden konnten. Das Angebot umfasste demnach auch Produkte, die einen enormen Betreuungsaufwand durch hochkompetente Mitarbeiter verlangten. Allerdings stagnierten die Marktanteile des Unternehmens, da die Marktentwicklung weg von stetig neuen und innovationsgetriebenen Produkten hin zu einem preisgetriebenen Verdrängungswettbewerb in den einzelnen Kundengruppen führte. Dies wurde nicht zuletzt durch die Forderungen und Regelungen der Regulierungsbehörden forciert, welche die Vergleichbarkeit von Angeboten einzelner Mitbewerber forderten. Nach Durchführung einer Marktanalyse wurde erkannt, dass die tatsächliche Kompetenz des Unternehmens bei Angeboten für besonders anspruchsvolle und komplexe Anforderungen von Businesskunden lag. Daher wurde beschlossen, weniger attraktive Bereiche – wie etwa das Geschäft mit Einzelkunden – aufzugeben und sich auf das strategische Segment dieser Businesskunden zu konzentrieren. Zwar war das Marktvolumen in diesen Segmenten wesentlich niedriger als das bisher adressierte, aber der aktuelle Marktanteil im Vergleich zur Konkurrenzfähigkeit und Attraktivität des Angebots war noch sehr stark unterrepräsentiert. Das Produktportfolio wurde massiv gekürzt und die gesamte Unternehmensorganisation auf die neuen strategischen Kundensegmente ausgerichtet. Während bis zu diesem Zeitpunkt viele Einzelhandelsgeschäfte geführt wurden, stellte man nun die Vertriebsstruktur auf klassisches Key Accounting um. Entsprechend wurden auch die technischen Strukturen auf das zu erwartende Lösungsgeschäft ausgerichtet.

Diese Entscheidung führte dazu, dass das Unternehmen zwar einen starken Umsatzeinbruch hinnehmen musste, sich aber der Gewinn nahezu verdreifachte und der Marktanteil in diesem Segment verdoppelt werden konnte. Ein nachhaltiges Wachstum war damit sichergestellt.

Diese Beispiele führen deutlich vor Augen, dass ein System aus komplexen internen wie externen Einflussfaktoren eine wesentliche Rolle bei der Analyse und den daraus gefolgerten strategischen Beschlüssen spielt. Schnell wird deutlich, dass ohne fundierte Marktanalysen solche Entscheidungen schwer zu treffen sind und die tatsächlichen Chancen nicht erkannt werden können. Allerdings ist es dabei auch wichtig, die Komplexität des eigenen Unternehmens, aber auch des Marktes richtig einzuschätzen und die Analysen auf diesen Faktoren aufzubauen. Vor allem im Beispiel des Mobilfunkanbieters zeigt sich, dass eine Reduktion von Komplexität zu höheren Gewinnen führen kann. Allerdings hat dieser seine Hausaufgaben gemacht und die Komplexität richtig reduziert, indem er die Abläufe kultivierte, die zu seiner Unternehmensstruktur passen, und sich von anderen – ehemals lukrativen – Bereichen trennte. Damit wurde das Unternehmensprofil geschärft und die internen Prozesse und Kompetenzen konnten entsprechend ausgerichtet werden.

3.5.2 Erkennen und Verarbeitung von Komplexität

Im Kontext des Komplexitätsmanagements sind zwei Aspekte von besonderer Bedeutung:

- Aufbau von Binnenkomplexität zur Erreichung der erforderlichen Verarbeitungskapazität
- Adäquate Reduktion von Komplexität

Das Komplexitätsmanagement – der Umgang mit Komplexität in einem Unternehmen – ist eine zentrale Aufgabe und mittlerweile auch eigene Disziplin der Unternehmensführung und damit auch des Portfoliomanagers geworden. Es ist wichtig, zu verstehen, dass diese nicht automatisch mit Vereinfachung oder Trivialisierung einhergeht, sondern durchaus auch den Ausbau oder die Verbreiterung des Angebots beziehungsweise der Unternehmensstrategie bedeuten kann. Beide Herangehensweisen bergen jedoch bedrohliche Fehlerpotenziale bei strategischen Unternehmensentscheidungen. Daher ist der Begriff der „adäquaten Verarbeitung" – einer Optimierung der Abläufe und Strukturen zur richtigen Verarbeitung – von Komplexität zielführend, da meist nicht die radikale Entscheidung, sondern die auf das Unternehmen abgestimmte Mischform aus Reduktion und Ausbau die tatsächliche Unternehmenssituation widerspiegelt, wie dies etwa Reiss und Müller (1993, S. 142 ff.) feststellen.

Die Aufgabe des Komplexitätsmanagements ist dabei vergleichbar mit der Aufgabe eines Chirurgen, der zwar schadhafte und störende Bereiche entfernen muss, dabei aber nicht die lebenserhaltenden Organe verletzen darf. Er muss das gesamte System (in diesem Fall den menschlichen Körper, der zweifellos ebenso einen hohen Komplexitätsgrad aufweist) verstehen, denn ein minimaler Fehlgriff kann auch hier entscheidende Folgen nach sich ziehen. Umgang mit Komplexität kann durchaus auch erfordern, dass Systeme ergänzt werden müssen, um ein bestimmtes Ziel zu erlangen (etwa durch einen Schrittmacher), falls bestimmte Zusammenhänge oder Funktionen im System nicht gegeben sind.

Dabei ist zu beachten, dass dieser Prozess nicht ausschließlich auf externe Komplexitätsfaktoren (Marktkomplexität) bezogen werden darf, sondern auch die interne, daraus korrelierende Unternehmenskomplexität abbilden muss (vgl. Abschn. 5.2.5).

Das Komplexitätsmanagement betrifft dabei nicht nur das Produktportfolio, sondern hat auch direkte Auswirkungen auf die Unternehmensstrategie bis hin zu Leitbildern des Unternehmens.

Ziel ist es dabei stets, die Ertragskraft des Unternehmens zu verbessern und zu steigern. Dabei können auch Wettbewerbseffekte erzielt werden, die das Unternehmen nachhaltig stärken. Diese können zum Beispiel sein:

- Schaffung von Markteintrittsbarrieren für den Wettbewerb
- Kosteneffizienz durch Senkung der Komplexitätskosten
- Erhöhung der Produktivität
- Ertragskraft durch Nutzung von Skaleneffekten

Abb. 3.8 Anstieg der Komplexität bei Produkten aufgrund wachsender Diversifikation. (Berger 2012)

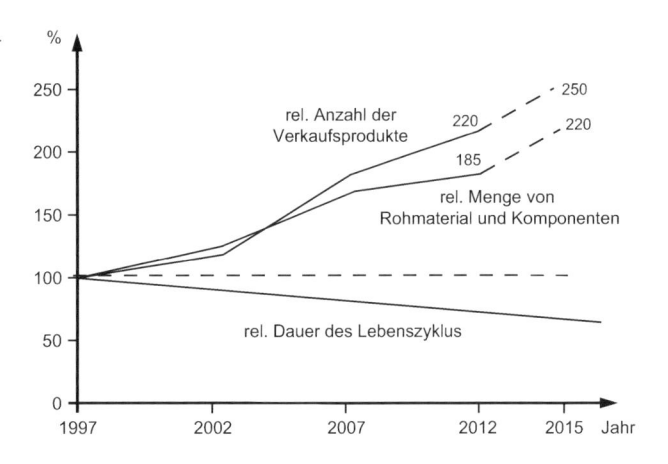

- Steigerung der Reaktionsfähigkeit
- Verkürzung der Reaktionszeit

Diese Faktoren sind auch für den Portfoliomanager wesentliche Kenngrößen. Dies zeigt auch eine Studie von Roland Berger aus dem Jahr 2012 zum Thema „Meistern der Produktkomplexität", in der festgestellt wurde, dass sich seit 1997 die Zahl der angebotenen Produkte (über alle Branchen hinweg) aufgrund der wachsenden Diversifizierung mehr als verdoppelt hat (s. Abb. 3.8). Zudem wurde auch festgestellt, dass die Personalstrukturen der Unternehmen darauf nicht vorbereitet sind. Betrachtet man etwa den Produktlebenszyklus, so wird durch die Verlängerung der Reaktionszeit durch die steigende Komplexität und damit die Einschränkung der Reaktionsfähigkeit, aber auch durch hohe Komplexitätskosten oder suboptimale Produktivität die Ertragskraft neuer Produkte vermindert. Dies führt dazu, dass bei hoher Komplexität zunächst die internen Kosten höher sind, die Zeit bis zum Markteintritt verzögert wird und damit die Ertragskraft eines Produktes geringer ist als im Umfeld geringerer Komplexität. Damit geht auch die Schere des Notwendigen und des Leistbaren zusehends auseinander.

Die Komplexität zu beherrschen und adäquat zu verarbeiten, ist also ein Effektivfaktor zur Steigerung des Unternehmensertrags. Diesem Thema widmet sich beispielsweise die Komplexitätskostenrechnung (s. dazu etwa Wildemann 2008, S. 369 ff.).

Um aber effizientes und durchgängiges Komplexitätsmanagement betreiben zu können, ist zunächst eine Verinnerlichung der Struktur und in weiterer Folge die Erhebung der Komplexitätstreiber erforderlich. Diese sind für jedes Unternehmen individuell und daher eine wesentliche Kernfrage der Unternehmensführung. Die externen Komplexitätsfaktoren ergeben sich beispielsweise aus einer entsprechenden Marktanalyse. Umgekehrt beeinflussen bekannte Komplexitätstreiber direkt und mittelbar die Analysefaktoren der Marktanalyse.

3.5 Marktanalyse im Kontext interner und externer Unternehmenskomplexität

Externe Komplexitätstreiber können beispielsweise sein:

- Marktkomplexität
  (Nachfrage-, Wettbewerbs-, Beschaffungs-, Preis- oder Kundenbedarfskomplexität)
- Gesellschaftskomplexität
  (Politik, Recht, Kultur, Bildung)
- Makroökonomische Komplexität
  (Kaufkraft, Arbeitsmarkt, Käufervertrauen)

Diesen gegenüber stehen die **internen Komplexitätstreiber** wie:

- Korrelierte Unternehmenskomplexität
  (Kundenstruktur, Produktion, technologische Komplexität, Kommunikation)
- Autonome Unternehmenskomplexität
  (Organisation, Prozesse, Wettbewerb, Kontrollsysteme)

Demnach sind zur Feststellung der Komplexitätstreiber Fragen nach folgenden Aspekten zu stellen:

- Unternehmensgröße und -struktur
- Variantenvielfalt von Prozessen und des Produktportfolios
- Unsicherheit und Dynamik
- Unternehmensinterne Schnittstellendichte
- Kommunikations- und Informationsverhalten
- Wirkung der Wettbewerber auf den Markt und das eigene Unternehmen
- Marktangebot (etwa Rohstoffe, neue Materialien)
- Nachfrageverhalten, Kundenstruktur

Dabei gilt es zu berücksichtigen, dass jedes Unternehmen und jeder Markt unterschiedliche Komplexitätstreiber bedingt, weshalb eine individuelle Marktanalyse auch hier eine wesentliche Grundlage für die Feststellung der Unternehmenskomplexität, der darin enthaltenen Komplexitätstreiber und der entsprechenden Maßnahmen im Komplexitätsmanagement darstellt.

Komplexität an sich kann nicht direkt mit einer Messgröße beziffert werden. Allerdings lassen sich Wirkungsgrade und Komplexitätsklassen ermitteln, die entsprechende Eigenschaften beschreiben.

Es wurde schon erläutert, dass mit Komplexität auch Kosten verbunden sind. Demnach sind im Rahmen des Komplexitätsmanagements je nach Situation des Unternehmens folgende Vorgehensweisen zielführend:

- **Komplexitätsvermeidung:** um vermeidbare Komplexitätskosten erst gar nicht entstehen zu lassen

- **Komplexitätsreduktion:** um vermeidbare Komplexitätskosten zu eliminieren
- **Komplexitätsbeherrschung:** um angesichts komplexer Konstellationen übergebührliche Kosten zu vermeiden

In diesem Zusammenhang ist allerdings davon auszugehen, dass jedes Unternehmen eine Basiskomplexität besitzt beziehungsweise besitzen muss, um adäquat auf eine komplexe Umwelt reagieren zu können, und daher letztlich nach Vermeidung und Reduktion unnötiger Komplexität vor allem die Beherrschung der Komplexität das anzustrebende Ziel sein muss.

Wesentliche Methoden zur Beherrschung der Unternehmenskomplexität sind:

- Strukturierung (Unternehmensorganisation, Einführung von Prozessen als „Standardantwort" auf „Standardfragen")
- Formalisierung (Definition von Standarddokumenten, Verhaltensregeln)
- Standardisierung (etwa zum Erzielen von Skaleneffekten)
- Konzentration auf wesentliche und ertragversprechende Unternehmenssegmente
- Schnittstellenminimierung (Prozessvereinfachungen, strukturierte Kommunikation)
- Modularisierung von Produktportfolio oder Unternehmensstrukturen
- Transparenz (vor allem im Hinblick auf Information und Kommunikation)

Die genannten Maßnahmen zielen vor allem in Richtung Trivialisierung durch Eliminierung und „Kapselung" von Komplexität. Wiederum ist eine Verinnerlichung (Komplexitätsverarbeitungskapazität) unumgänglich, um die richtigen Vereinfachungen vorzunehmen. Ferner sollte für eine reaktionsfähige Struktur, die auch in der Lage sein muss, auf unerwartete Ereignisse zu reagieren, die Möglichkeit geschaffen werden, bedarfsweise neue Beziehungen, Kommunikationswege und Strukturen auszubilden. Dies ist etwa bei Projektteams oder Arbeitsgruppen der Fall, die sich mit spezifischen Aufgabenstellungen beschäftigen, welche in den „Standardstrukturen" nicht zielführend bearbeitet werden könnten.

Ein Weg, mit der Komplexität im Unternehmen umzugehen, ist folgende schrittweise Vorgehensweise:

- Vermeidung von Unternehmenskomplexität durch ständige Vereinfachung;
- das gilt insbesondere bei Entwicklungs- und Entstehungsprozessen, die in einem frühen Stadium prägend für den Komplexitätsgrad eines Unternehmens sind
- Reduzierung der zeitlichen Veränderung der einzelnen Elemente und Beziehungen durch Strukturierung, Formalisierung und Sanktionierung
- Reduzierung der Anzahl verschiedenartiger Elemente und Beziehungen durch Standardisierung, Konzentrierung und Schnittstellenminimierung
- Vereinfachung der Systemkomplexität

Abb. 3.9 Phasen des Komplexitätsmanagements

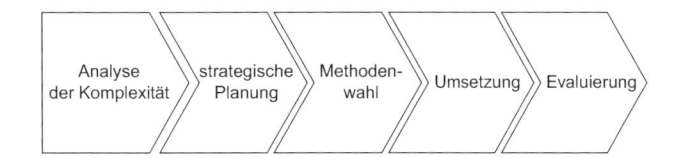

Analyse der Komplexität → strategische Planung → Methodenwahl → Umsetzung → Evaluierung

Das Komplexitätsmanagement durchläuft dabei fünf wesentliche Phasen, die iterierend und ständig wiederholt fortgeführt werden (siehe Abb. 3.9).

Analyse der Komplexität Zur Erfassung der externen Komplexität wird zunächst eine umfassende Marktanalyse durchgeführt. Dabei ist initial eine erste, grobe Erhebung der relevanten Einflussfaktoren notwendig. Anders als bei einer Reduktion dieser Faktoren durch eine möglichst spezifische Fragestellung wird hier die Frage nach den Einflussfaktoren des Marktes auf das Unternehmen möglichst breit gestellt.

Parallel dazu werden die internen Komplexitätsfaktoren erhoben, indem sämtliche Unternehmenskomponenten als einzelne Elemente betrachtet werden (also Produktportfolio, Personalwesen, Finanzwesen, Information, Infrastruktur, Kommunikation etc.).

Darauf aufbauend gilt es festzustellen, in welchen Beziehungen diese Elemente zueinander stehen und wie stark sie sich gegenseitig beeinflussen.

Aus dieser Informationsbasis interner und externer Komplexitätsinformationen und den Beziehungen zueinander werden nun die wesentlichen Komplexitätstreiber und der damit verbundene Grad an Komplexität ermittelt.

Durch diese umfassende Erhebung wird der Status quo der Unternehmenskomplexität sichtbar und die wesentlichen Komplexitätstreiber identifiziert. Damit werden aber auch die wesentlichen Kostenfaktoren und Reduktionspotenziale deutlicher sowie Vereinfachungspotenziale erkannt.

Strategische Planung Aufbauend auf den Analyseergebnissen sind nun die wesentlichen Verbesserungspotenziale zu ermitteln und die wichtigsten Risiko- und damit auch Maßnahmenbereiche zu bestimmen und zu priorisieren. Dabei ist darauf zu achten, dass die Unternehmenskomplexität ganzheitlich betrachtet wird. Punktuelle Aktivitäten und Maßnahmen führen meist nur zur Verschiebung der Unternehmenskomplexität oder zu unzulässigen Vereinfachungen und damit nicht zur Komplexitätsbeherrschung.

Im Rahmen der strategischen Planung wird, ausgehend vom Status quo, ein akzeptabler Komplexitätsgrad festgelegt, der vom Unternehmen beherrscht werden kann und als adäquat angesehen wird, um die Komplexität der Unternehmensumwelt bearbeiten zu können.

Wesentliches Element der strategischen Planung sind auch die Unternehmensziele, wobei darauf zu achten ist, dass diese wiederum wesentliche Komplexitätstreiber darstellen können – insbesondere dann, wenn sie nicht optimal auf die Beziehung Unternehmen versus Markt ausgerichtet sind – und eine strategische Planung auch deren Abänderung beinhalten kann.

Festlegung der Methoden Anhand der Ergebnisse der strategischen Planung werden die zu verwendenden Methoden gewählt, die entweder Komplexität reduzieren oder den Umgang damit erleichtern. Dabei ist darauf zu achten, dass es zu einer tatsächlichen Verringerung oder Regulierung der Komplexität und nicht zu einer unbeabsichtigten Verschiebung oder gar Steigerung kommt. Zudem ist es in diesem Schritt wichtig, mögliche Auswirkungen und Folgeeffekte im Gesamtsystem zu antizipieren. So empfiehlt es sich, die intendierten Maßnahmen in Szenarienanalysen durchzuspielen und sehr breit die möglichen Konsequenzen zu erarbeiten und zu bewerten.

Die Vorgehensweisen können dabei sehr individuell gestaltet werden, beinhalten aber meist Komponenten der bereits vorgestellten Methoden.

Umsetzung Anschließend folgt die Umsetzung der definierten Maßnahmen. An dieser Stelle sei besonders darauf hingewiesen, dass in komplexen Systemen minimale Eingriffe erhebliche Auswirkungen nach sich ziehen können. Daher ist es vor allem bei der Umsetzung von Maßnahmen wesentlich, ständig zu überprüfen, ob nicht unerwartete Nebeneffekte damit verbunden sind, die sich nachteilig auf den Unternehmenserfolg auswirken. Deshalb muss die Durchführung von Schritten zur Verringerung von Komplexität durch verstärkte Controlling-Maßnahmen begleitet werden, da ansonsten mitunter essenzielle Komplexitätsbereiche „reduziert" werden, die einen wesentlichen Beitrag zum Unternehmenserfolg darstellen.

Evaluierung Im Rahmen der Evaluierung werden die Effekte der vorgenommenen Maßnahmen analysiert und es wird untersucht, ob die Reduktion von Komplexität keine nachteiligen Folgen gebracht hat beziehungsweise ob sich der Umgang mit der gegebenen, erforderlichen Komplexität verbessert hat.

Zudem wird nun die Unternehmenskomplexität weiter beobachtet und es wird erhoben, inwieweit neue Komplexitätsfaktoren und -treiber erwachsen, die deren Beherrschbarkeit beeinflussen.

Wichtig ist nun, dass dieser Prozess in regelmäßigen Abständen wiederholt wird und die Komplexität des Unternehmens nach und nach verringert beziehungsweise die Effizienz des Unternehmens damit gesteigert wird.

▶ In komplexen Systemen können kleine Eingriffe erhebliche Wirkungen nach sich ziehen.
Wenn komplexitätsreduzierende Maßnahmen umgesetzt werden, sollten daher begleitend verstärkte Controlling-Maßnahmen etabliert sein, die unerwünschte Nebeneffekte rasch identifizieren und ein Gegensteuern ermöglichen.

Bei aller Reduktion von Komplexität ist jedoch darauf zu achten, dass das Unternehmen flexibel genug bleibt, um sich an veränderte Umgebungsbedingungen anzupassen. Dies wird einerseits durch eine zyklische Betrachtung, wie oben beschrieben, ermöglicht. Andererseits ist, wie ebenso bereits ausgeführt, sicherzustellen, dass ein gewisses Maß an

Selbststeuerfähigkeit der Organisation besteht. Vor allem die Kompetenz und die internen Beziehungen der Mitarbeiter sind wesentliche Pfeiler in der Komplexitätsverarbeitungskapazität. Sie sind die Grundlage dafür, auf kurzem Wege schwierige Situationen zu erkennen und verarbeiten zu können, für die noch keine Prozesse definiert sind. Die Management-Methoden des Empowerments, bei denen Verantwortung auf die operative Ebene verlagert wird, tragen diesem Umstand Rechnung. Umgekehrt gilt es jedoch, durch komplexitätsreduzierende Vorgaben und Rahmenbedingungen Sorge dafür zu tragen, dass die auf diese Weise entstehende interne Komplexität nicht ausufert und Mehrkosten verursacht.

So hatte etwa das Unternehmen ThetaComp einen strukturellen Wandel von fünf auf 30 Mitarbeiter binnen weniger Jahre vollzogen. Dennoch wurden keine Berichts- und Organisationsstrukturen geschaffen und der einstige Vorteil, dass jeder mit jedem über alles redete, lähmte die Firma bis zur Handlungsunfähigkeit. Das war auch der Grund, warum der Geschäftsführer eine formale Struktur etablierte und die Unternehmensstrategie auf bestimmte Kundensegmente – in diesem Fall Softwareprogramme für Smartphones – ausrichtete. Allerdings achtete er vor allem darauf, etablierte Kooperationen und erfolgsentscheidende Beziehungen beizubehalten und innerhalb der Prozesse noch Handlungsspielraum für die Mitarbeiter zu gewährleisten. Dies war, im Nachhinein betrachtet, ein Schlüssel zum Erfolg, denn ThetaComp gelang es, die „unproduktiven Diskussionsclubs" – wie sie intern bezeichnet wurden – zu beenden und dennoch ein produktives und angenehmes Betriebsklima beizubehalten – vor allem aber die einstige hohe Profitabilität wiederzuerlangen. Die klare Unternehmensstrategie und Fokussierung war dabei aber ein wesentlicher Faktor, denn auf diese Weise hatten die Mitarbeiter eine Leitlinie, anhand derer sie sich bei Entscheidungen angesichts kontingenter Situationen orientieren konnten.

3.6 Alleinstellungsmerkmale, USPs

Die USP-Strategie ist eine Management-Methode, der die Entwicklung von Alleinstellungsmerkmalen zugrunde liegt, um dadurch die Wertschöpfung und den Ertrag des Portfolios zu steigern. Sie ist durch ein ständiges Wettrennen mit dem Mitbewerb geprägt, um sich von diesem abzuheben und Barrieren zur Verhinderung von Nachahmung zu erzeugen. Diese Strategie ist dabei vor allem im Rahmen der Markteintrittsphase und in der Wachstumsphase neuer Produkte, aber auch im Rahmen der Planung der Nachhaltigkeit des Produktportfolios besonders interessant.

Wesentliches und wichtiges Merkmal eines Produktportfolios sind dabei die sogenannten USPs (Unique Selling Propositions) als Eigenschaften des eigenen Produktportfolios, die eine Einzigartigkeit gegenüber dem Mitbewerb aufweisen und Alleinstellungsmerkmale im Markt bieten.

Dadurch kann sich das Unternehmen Vorteile verschaffen, die zu Wachstum und Nachhaltigkeit führen.

3.6.1 Merkmale von USPs

USPs sind notwendige Eigenschaften, mit Hilfe derer man:

- Eine Abgrenzung gegenüber dem Mitbewerb erwirkt
- Markteintrittsbarrieren schaffen kann
- Effekte der Marktkommunikation optimiert
- Das Kundeninteresse und Kundenbedürfnisse bedient
- Eine Schärfung des Firmenprofils erwirken kann
- Die Ertragskraft des Unternehmens steigert

USPs zu erkennen, richtig einzuschätzen und auszubauen, stellt also den Kern und einen der wichtigsten Erfolgsfaktoren für den Portfoliomanager dar. Damit aber ein Alleinstellungsmerkmal im Rahmen der Portfolio- und Unternehmensstrategie auch einsetzbar ist, müssen spezifische Eigenschaften vorhanden sein. Auf die wichtigsten wird im Folgenden kurz eingegangen:

Veritabler Kundennutzen und -vorteil Ein USP muss natürlich die Kundenbedürfnisse adressieren, aber auch gegenüber anderen Angeboten einen bewertbaren Vorteil bieten. So ist etwa die Tatsache, dass ein Produkt eine spezifische Eigenschaft hat – etwa eine bestimmte Farbe oder Größe – noch lange kein USP, wenn nicht ein konkretes Kundenbedürfnis diese Eigenschaft fordert und damit ein besonderer und bewertbarer Vorteil gegenüber anderen Lösungen vorhanden ist.

Deutliches Differenzierungsmerkmal gegenüber dem Mitbewerb Eine wichtige Eigenschaft eines USPs ist auch die Differenzierung – also die Abgrenzung gegenüber dem Mitbewerb. Diese kann sich sowohl in der Produktbeschaffenheit als auch in damit zusammenhängenden Unternehmenseigenschaften widerspiegeln. So kann die ökologische Bauweise oder die Herangehensweise im Rahmen der Produktion (zum Beispiel „fair trade") durchaus ein wesentliches Differenzierungsmerkmal sein. Dieses muss jedoch auch für den Kunden erkennbar und entsprechend positiv belegt sein und es muss vor allem auch eine Marktanforderung dafür existieren. Dass beispielsweise das Bauunternehmen Eta-Comp – anders als der Mitbewerb – ein eigenes Baustofflager betreibt, ist für den Kunden noch kein besonderes Differenzierungsmerkmal zum Mitbewerb. Geht es allerdings um die Realisierungsgeschwindigkeit von Bauvorhaben oder werden andere Anbieter von Lieferengpässen geplagt, kann daraus ein besonderer Vorteil entwickelt werden, der von Mitbewerbern nicht ohne Weiteres aufgewogen werden kann.

Wirtschaftlichkeit Natürlich spielt in vielen Marktsegmenten der Preis eine besondere Rolle bei der Wettbewerbsfähigkeit von Produkten und Portfolios. Deshalb ist auch die Wirtschaftlichkeit eines USPs ein notwendiges Kriterium, um am Markt Bestand zu haben.

Dies gilt für die Kosten-Nutzen-Betrachtung sowohl des Kunden als auch des Unternehmens. Hoher Kundennutzen oder hohe Einstiegsbarrieren führen dabei automatisch zu einer Steigerung der Ertragsfähigkeit. Hohe Entstehungskosten können – auch wenn ein hoher Kundennutzen zu erwarten ist – das Alleinstellungsmerkmal für das Unternehmen relativieren. Dies ist besonders gut im Bereich medizinischer Produkte oder in der Pharmaindustrie zu beobachten. Produkte, die als USP eine besonders hohe Heilungswahrscheinlichkeit nachweisen können, weisen in der Regel auch entsprechende Ertragswahrscheinlichkeiten auf. Allerdings ist die Entwicklung dieser Produkte meist mit sehr hohen Entstehungskosten verbunden. Daher wird sehr genau auf die Ertragskraft geachtet und viele dringend benötigte Pharmazeutika werden aufgrund der zu erwartenden hohen Kosten nicht entwickelt.

Einfachheit und Transparenz Ein USP muss einfach verständlich und leicht zu transportieren sein. Dies impliziert auch die notwendige Transparenz und Klarheit für den Kunden, die es ermöglicht, Alleinstellung schnell und hinreichend zu erkennen. Komplexe Argumentationsketten eignen sich kaum bis gar nicht als USPs, weil diese mit herkömmlichen Kommunikationsmitteln nur schwer verständlich gemacht werden können. Diese Eigenschaft kann mit Hilfe des sogenannten „Elevator-Tests" verifiziert werden, gemäß dem die verständliche Erläuterung des USPs innerhalb einer Minute möglich sein muss.

Verteidigung gegenüber Dritten Um als USP am Markt bestand zu haben, muss das jeweilige Alleinstellungsmerkmal kritischen Argumentationsketten Dritter standhalten. Entsprechend problematisch ist die Situation, wenn sich ein gepriesenes Alleinstellungsmerkmal bei genauerer Prüfung als falsch erweist oder erhebliche Nachteile für den Kunden an anderer Stelle mit sich bringt. Das führt automatisch zum Verlust von Kundenvertrauen und damit auch von Kaufwillen. Nicht zuletzt deshalb ist eine genaue Analyse von USPs dringend notwendig, um nachhaltigen und beständigen Unternehmenserfolg damit zu erzielen.

Aktuelle Gültigkeit Häufig ist ein USP aber auch nur zeitlich begrenzt gültig und wird in weiterer Folge durch den Mitbewerb kopiert oder durch Alternativen relativiert. Insbesondere in Märkten, in denen bereits eine entsprechende Marktsättigung vorherrscht, sind USPs schwer erkennbar. Deshalb sind eine fortlaufende und ständige Marktbeobachtung sowie eine zyklische Prüfung der Gültigkeit von USPs unabdingbar.

3.6.2 Individuelle Einschätzung versus analytisches Erkennen

Häufig basieren postulierte USPs auf bloßen Annahmen, die einer Verteidigung nicht standhalten können. Insbesondere im Bereich von Innovationen im eigenen Unternehmen ist dabei die Begeisterung der Mitarbeiter, eine Neuheit entdeckt oder erfunden zu haben, ein wesentlicher Treiber, diese in die Tat umzusetzen und zu realisieren. Um diesbezüglich

Tab. 3.2 Arten und Eigenschaften von USPs

Produkt	Produktportfolio	Unternehmen
Innovation	Zusammensetzung des Portfolios	Unternehmensstrategie
Produkteigenschaft	Preispolitik	Know-how
Patent	Abgestimmtheit des Portfolios	Unternehmenspolitik
Markenschutz	Interoperabilität	Unternehmensprozesse
Kundennutzen	Produktvielfalt	Support
Zusatznutzen		Bekanntheit
Preis		Stabilität
Technologie		

aber strategische Entscheidungen treffen zu können, ist eine analytische Vorgehensweise notwendig, bei der zunächst die erwarteten Ergebnisse durch eine fundierte Analyse mit den Bedürfnissen und Anforderungen des Marktes, aber auch mit der Unternehmensstrategie in Relation gesetzt werden. Erst wenn diese Erhebung durchgeführt wurde, kann aufgrund von belastbaren Informationen und Aussagen eine risikoarme und erfolgversprechende Entscheidung getroffen werden.

Daher muss der im Unternehmen etablierte Innovationsprozess, welcher USPs hervorbringen soll, stets vor der Realisierung eines Vorhabens eine aussagekräftige Analyse durch den Portfoliomanager beinhalten. Diese stützt sich auf die bewährten Methoden der Marktanalyse und trägt so entscheidend zur Nachhaltigkeit und Erfolgsfähigkeit von Innovationen bei. Dasselbe gilt für die Bewertung von bestehenden Produktqualitäten, die als USPs am Markt kommuniziert werden sollen.

Eigenschaften, die als USPs identifiziert und durch Marktanalysen validiert werden können, beziehen sich dabei auf das Produkt selbst, das Portfolio im Gesamten oder auch auf das Unternehmen. Dabei können auch mehrere Bereiche korrelieren und in der Gesamtheit einen USP darstellen (Tab. 3.2).

Ob sich eine Produkteigenschaft, Portfoliozusammensetzung, Unternehmenseigenschaft oder auch die Verknüpfung mehrerer Eigenschaften (beispielsweise Produkt und Know-how) zur Verwertung als USP eignet, ist nach erfolgter Bewertung durch den Portfoliomanager zu beantworten.

3.7 Innovationskraft: „Early Bird" versus „Adabei"

3.7.1 Innovationen und deren Potenzial

Neben der Ermittlung eines potenziellen Absatzvolumens und der Abgrenzung zum Mitbewerb ist die Marktanalyse nicht zuletzt auch im Kontext des Innovationsmanagements ein wesentliches Werkzeug. Dabei handelt es sich einerseits um die Gestaltung des Innovationsprozesses selbst, in weiterer Folge aber auch um die Abschätzung der Erfolgsfaktoren beim Markteintritt und die Ermittlung von Wachstumspotenzialen für neue Innovationen.

Die Aussagen, die dabei getroffen werden, spielen aber auch eine wichtige Rolle für die Marktstrategie und die Realisierungsplanung der Produktentwicklung sowie die Dynamik des Portfolios. Dabei sind mehrere Faktoren von besonderer Bedeutung:

- **Interne und externe Komplexität beziehungsweise Komplexitätstreiber**
  Während für die Ermittlung der USPs die einfache Beziehung von Produkt oder Portfolio zu adressiertem Markt wesentlich ist, sind im Rahmen der Planung der Produkt- und Portfoliostrategie – vor allem im Rahmen des Innovationsprozesses – auch die internen, damit verbundenen Komplexitätsfaktoren von besonderer Bedeutung. Diese liefern einerseits wesentliche Kalkulationsgrößen für die Bewertung der Ertragskraft von Innovationen, spielen aber, da die Komplexität auch wesentlichen Einfluss auf Reaktionsfähigkeit und Reaktionszeit des Unternehmens hat, ebenso eine sehr wichtige Rolle bei der Planung von Produktlebenszyklen und Portfoliostrategien.
- **Marktumfeld**
  Die Marktanalyse liefert wichtige Hinweise zu der Frage, welche Markteintrittsbarrieren zu erwarten sind. Diese können einerseits durch externe Faktoren geprägt sein, aber andererseits auch durch die Beschaffenheit des Marktes, die Kundenbedürfnisse und die Mitbewerbssituation beeinflusst werden. Hierbei sind insbesondere der Innovationsgehalt und die Neuartigkeit zu berücksichtigen.
- **Kundenbedürfnisse und Kundenakzeptanz**
  Vor allem bei Innovationen und Portfolioanpassungen mit hohem Neuheitsgehalt ist zu berücksichtigen, dass die Ertragskurve nicht alleine durch den Produktlebenszyklus geprägt ist. Insbesondere können Aspekte wie fehlende Bekanntheit, mangelnde Akzeptanz, aber auch eine vorhandene Marktsättigung zu einem Ertrag führen, der deutlich hinter den ursprünglichen Einschätzungen zurückliegt.

Dementsprechend reicht die reine Innovationskraft alleine nicht aus, um einen nachhaltigen Ertrag aus der Umsetzung einer guten Idee zu erzielen, wie zahlreiche hochinnovative Unternehmen schmerzlich feststellen mussten. An dieser Stelle sei aber auch angemerkt, dass gerade die vielfach mit Innovationskraft verbundene Begeisterung der Mitarbeiter zugleich auch ein wesentliches Erfolgskriterium für das Unternehmen bietet, wenn es gilt, Herausforderungen zu meistern und besondere Leistungen zu erbringen. Deshalb ist es wichtig, dass der Portfoliomanager zwar die analytische Betrachtungsweise auf die Innovationstätigkeit im Unternehmen anwendet, diese aber gleichzeitig nicht durch zu starke Ablehnung oder Kritik behindert oder sogar unterbindet.

Nachdem Innovationskraft wesentlich von der Markt- und Branchenkenntnis abhängt, ist sie – falls vorhanden – im eigenen Unternehmen eine wesentliche Stärke, die es effektiv einzusetzen und auszubauen gilt. In diesem Kontext wird vielfach argumentiert, dass Innovation freies Denken, Kreativität und Unbefangenheit fordere und demnach Prozesse und Strukturen hinderlich seien. Allerdings ist ein strukturiertes Vorgehen gerade deshalb erforderlich, *weil* es sich um einen flexiblen und kreativen Akt handelt. Die Ideenfindung sollte durchaus – aufbauend auf entsprechendem Marktwissen – frei und unbefangen erfolgen. Die Bewertung beziehungsweise Reflexion der Erfolgschance erfordert jedoch eine solide Analyse, deren Ablauf ebenso strukturiert und formalisiert sein sollte wie die Dokumentation der Ideen.

> ▸ Vielfach wird im Kontext von Innovation völlige Flexibilität und Unbefangenheit gefordert, um den kreativen Prozess nicht zu beeinträchtigen.
> Es ist jedoch gerade deshalb eine strukturierte Erfassung und Nachbearbeitung notwendig, welche die Ergebnisse dieses Prozesses dokumentiert und validiert.

Verbunden mit der richtigen analytischen und strukturierten Vorgehensweise, ist das ein wichtiges Erfolgsmerkmal eines Unternehmens und daher durch das Management zu unterstützen und zu fördern.

Besonders wichtig ist die analytische Betrachtung ferner, wenn das Unternehmen von außen „zur Innovation genötigt" wird. So werden gern Produktideen an Unternehmen herangetragen und diese als potenzielle, „erstrebenswerte" USPs für das Unternehmen skizziert. Dies geschieht einerseits direkt durch Kunden selbst oder auch indirekt durch den eigenen Vertrieb als Mittler. Dabei ist besondere Sorgfalt geboten, da solche Interventionen von außen mehrere Daten liefern, die wesentliche Informationen für den Portfoliomanager darstellen können oder mitunter irreführend sind. Daher ist einerseits das Kundenbedürfnis zu betrachten, woraus aber auch abgeleitet werden kann, dass ein entsprechendes Kaufinteresse bei Realisierung dieser Anforderung vorhanden ist – was individuell zu prüfen und zu vereinbaren ist. Andererseits kann sich hinter einer solchen Anfrage tatsächlich eine valide Marktanforderung verbergen, die aktuell noch nicht hinreichend befriedigt wird. Die Aussage kann aber auch durch eine subjektive Wahrnehmung des Kunden begründet sein, der sich auf diese Weise eine kostengünstige Realisierung einer gewünschten Funktionalität erhofft.

Sofern es sich tatsächlich um eine Marktanforderung handelt, wird durch deren Realisierung nicht nur die individuelle Kundenbeziehung gestärkt, sondern mitunter auch eine Basis für ein neues Alleinstellungsmerkmal gelegt, das vielleicht sogar durch den interessierten Kunden im Markt propagiert wird („der Kunde als Verkäufer"). Oftmals haben Abnehmer sogar das Interesse, aktiv in Form einer partnerschaftlichen Kooperation an Innovationen mitzuwirken. Dies impliziert Abhängigkeiten, bietet aber den Vorteil eines rascheren Markteintritts und einer unmittelbar bestehenden Referenz sowie einer zielgerichteten Entwicklung aufgrund der Marktkenntnis des Kunden. Umgekehrt kann aber eine solche Vorgehensweise auch hinderlich sein, wenn der Kunde beispielsweise eine nur für seine Anforderungen konzipierte Lösung fordert, die nicht mit den allgemeinen Marktanforderungen einhergeht.

Selbst wenn ein Bedarf am Markt besteht, könnte jedoch immer noch die Situation eintreten, dass dessen Befriedigung nicht zur Unternehmensstrategie passt und aus diesem Grund eine Realisierung nicht zielführend ist.

Es wird aus den Ausführungen offenkundig, dass eine simple Kundenanfrage verschiedenste Ausprägungen nach sich ziehen kann, die im ersten Anschein nicht direkt erkennbar sind. Dies unterstreicht wiederum die Notwendigkeit einer aussagekräftigen Marktanalyse als Entscheidungsgrundlage für den Portfoliomanager.

3.7.2 Der richtige Zeitpunkt

Nicht selten kommt es vor, dass Innovationen „ihrer Zeit voraus" sind – sogenannte „Early Birds" – und das Unternehmen nicht die nötige Kraft aufbringt, diese am Markt in geeigneter Form bekannt zu machen beziehungsweise den Bedarf durch eigene Anstrengungen zu entwickeln. Oft wird daher auch der Löwenanteil innovativer Ideen nicht durch den tatsächlichen Innovator gewinnbringend umgesetzt, sondern erst durch entsprechende Nachahmer, die geringere Entwicklungskosten investieren und bereits auf einen vorbereiteten Markt stoßen. Ein gutes Beispiel dafür ist etwa die Smartphone-Industrie. Die einstigen Pioniere der Sparte wie etwa Nokia, Motorola und Blackberry bereiteten mit innovativen Konzepten in einer frühen Phase den Markt auf. Allerdings avancierten Smartphones erst in der jüngsten Vergangenheit zum Commodity. In dieser profitablen Phase dominieren die Firmen Apple und Samsung mit annähernd 60 % Marktanteil etwa in Deutschland (vgl. Focus 2013) das Feld, wohingegen Nokia von über 35 % Marktanteil im Jahr 2011 auf 11,4 % im Juli 2013 zurückfiel, bevor im September desselben Jahres ein Verkauf des Mobiltelefongeschäftes an Microsoft verlautbart wurde (vgl. Microsoft 2013).

Umgekehrt kann aber auch eine Innovation auf einen bereits gesättigten Markt stoßen und die USP-Strategie dadurch nur mangelhaft realisiert werden. Das Produkt wird zu einem späten Mitläufer („Adabei") und die erwarteten Erträge können wiederum nicht realisiert werden.

Beide Situationen können zu nachhaltigem Schaden für das Unternehmen infolge entsprechender Fehlinvestitionen führen. Allerdings bieten beide Fälle auch Chancen, die nur durch eine genaue Marktanalyse seitens des Portfoliomanagers ermittelt werden können. Beispielsweise sind „Adabei"-Produkte durchaus nützlich, wenn dadurch die Portfoliozusammensetzung so ergänzt wird, dass auf diese Weise eine Vervollständigung des Angebots entsteht oder sogenannte „Door Opener" für weitere Produkte geschaffen werden. Ähnlich hat auch ein „Early Bird" seine Berechtigung, wenn der Portfoliomanager auf eine nachhaltige Strategie setzt und langfristig neben bereits vorhandenen „Earn-out"-Produkten und Stars neue Themengebiete oder Marktbereiche erschließen will. Durch diese Erfahrungen lassen sich wesentliche konkrete Informationen zur Marktsituation generieren. Bei entsprechendem Durchhaltevermögen des Unternehmens und kosteneffizientem Betreiben einer bewussten „Early Bird"-Strategie kann es durchaus auf lange Sicht gelingen, das Produkt selbst zum Erfolg zu führen. Alleine der Umstand, mit einer Innovation der

Erste zu sein, kann später zu einem USP gewandelt werden. Wichtig dabei ist allerdings, dass der Portfoliomanager die entsprechenden Risiken erkennt und, darauf aufbauend, realistische Einschätzungen zu Ertrag und Auswirkungen auf die Portfoliostrategie anstellt.

3.8 Kosten versus Nutzen von Marktanalysen

Aus den bisherigen Ausführungen wurde deutlich, dass es sich beim Instrument der Marktanalyse um eines der Kernwerkzeuge eines gewissenhaften Portfoliomanagers handelt. Zweifellos ist die Kenntnis des Marktes eine seiner wichtigsten Fähigkeiten und eine unentbehrliche Grundlage, um die Portfoliostrategie des Unternehmens gestalten zu können.

Allerdings kann eine Marktanalyse sehr rasch zu einem aufwendigen Unterfangen anwachsen. Die damit verbundenen Kosten sollten natürlich durch die erwirkten Erkenntnisse und Entscheidungsprämissen gerechtfertigt werden können. Dem Aufwand der Marktanalyse und den daraus abgeleiteten Aussagen steht der Markterfolg des Unternehmens beziehungsweise eine höhere Wahrscheinlichkeit nachhaltigen Bestehens infolge qualifizierter Entscheidungen gegenüber.

Die Kosten einer Marktanalyse sind hauptsächlich durch folgende Faktoren geprägt:

- Festlegung und Erstellen der Fragestellung
- Daten- und Informationssammlung
- Datenanalyse

Die Sammlung von Daten- und Informationsmaterial stellt in diesem Zusammenhang bei weitem den größten Aufwand dar. Allerdings kann „Sparen am falschen Platz" auch im Kontext der Analyse fatale Folgen haben. Wenn etwa die verwendete Datenmenge zu gering ist, ist die Schwankungsbreite der Ergebnisse zu groß und die Aussagekraft der Studie stark relativiert. Das kann zu Fehlinterpretationen führen, sodass sich vermeintlich vielversprechende Strategien als Flop erweisen und potenzielle Risiken nicht erkannt werden.

Daher muss der Portfoliomanager eine Entscheidung im Hinblick auf deren Ausprägung treffen, die einerseits den Anforderungen gerecht wird und andererseits den damit verbundenen Aufwand eingrenzt. Das impliziert auch eine Festlegung, ob externe Studien herangezogen oder eigene Erhebungen durchgeführt werden, denn beide weisen unterschiedliche Eigenschaften im Hinblick auf Aussagekraft, Aufwand und Kostenstruktur auf.

Externe Studien Studien können ein hilfreiches Mittel zur Einschätzung eines Marktes sein. Das gilt aber nur dann, wenn dabei die Ableitung von Erkenntnissen noch die erforderliche Aussagekraft hinsichtlich der eigenen Fragestellung impliziert – die Studie also auf die eigene Situation anwendbar ist. Ob dies der Fall ist, lässt sich verifizieren, indem man sich beispielsweise folgende Kontrollfragen stellt:

- Kann aus der behandelten Fragestellung einer Marktanalyse eine Aussage im Hinblick auf die eigene Fragestellung abgeleitet werden?
- Entspricht der behandelte Markt dem eigenen?
- Welche Analysemethoden werden verwendet und sind diese mit den eigenen Methoden vergleichbar beziehungsweise kombinierbar? (oder: Können eigene Methoden daraus abgeleitet werden?)
- Welche Analysefaktoren und Randbedingungen werden zugrunde gelegt?
- Welche Motivation liegt der Marktanalyse zugrunde?
- Welches Datenmaterial liegt der Marktstudie zugrunde?

▶ Um eine erste Einschätzung treffen zu können, ob eine Studie für die eigene Analyse geeignet ist oder nicht, reicht oft schon die (meist kostenlose) Kurzzusammenfassung aus.
Sind die jeweiligen Fragestellungen nicht bereits in der Zusammenfassung angesprochen, werden diese in der Regel auch nicht im Volltext beantwortet.

Sehr häufig werden Studien dazu verwendet, um eine Ersteinschätzung durchführen zu können. Selbst für eine erste Indikation ist jedoch auf die Aktualität, den Bezug zur eigenen Fragestellung und auch auf die Methoden zur Datenerhebung (insbesondere die Menge der zugrunde liegenden Datensätze, befragte Kunden oder Marktteilnehmer) zu achten und sicherzustellen, dass sie eine entsprechende Bewertung erlauben. Für eine detaillierte Analyse und die Ableitung spezifischer, individueller Unternehmensstrategien reichen externe Marktstudien in der Regel nicht aus. (So viel sie auch kosten und versprechen mögen.) Zudem muss auch der eigene Aufwand für die Lektüre der Studie und die Ableitung von Erkenntnissen in Bezug auf die eigene Fragestellung berücksichtigt werden.

▶ Ist der Gesamtaufwand zur Erhebung und Analyse eigener Daten gleich oder nur geringfügig höher als der Erwerb einer Studie, so ist die eigene Erhebung in jedem Fall vorzuziehen!

Eigene Daten- und Informationssammlung durch regelmäßige Marktbeobachtung Die Marktbeobachtung ist ein wichtiges Instrument, welches durch das fortlaufende Sammeln von Daten und Informationen potenziell eine gute Basis für Marktanalysen liefert. Sie generiert, wie in Abschn. 3.4 beschrieben, Informationen zum Unternehmensumfeld und zur Wettbewerbssituation, aber auch Informationen aus dem eigenen Unternehmen und zu dessen Positionierung am Markt (beispielsweise Umsatz oder Qualität des eigenen Portfolios). Dadurch ist dieses Instrument auch im Rahmen von Analysen sehr umfassend einsetzbar.

Allerdings ist darauf zu achten, dass im Rahmen von Marktbeobachtungen meist vorrangig der bereits adressierte Markt betrachtet wird. Daher ist die Marktbeobachtung insbesondere im Kontext der Erweiterung des relevanten Marktes auf neue oder weitere Zielmärkte nur begrenzt einsetzbar.

▶ Durch das Durchführen einer kontinuierlichen Marktbeobachtung kann eine erhebliche Einsparung beim Sammeln von Daten und Informationen im Rahmen von Marktanalysen erzielt werden. Sie sollte daher unbedingt als Instrument verwendet werden!

Outsourcing von Marktanalysen Zudem kann der Portfoliomanager auch Marktanalysen von unternehmensexternen Dienstleistern durchführen lassen. Dies ist aber in der Regel eine sehr kostenintensive Variante, es sei denn, es besteht beispielsweise schon eine verwertbare Datenbasis oder der Dienstleister hat bereits gute Branchen- und Marktkenntnisse, auf denen aufgebaut werden kann.

Die Entscheidung, eine Marktanalyse durch externe Partner umzusetzen, hängt auch ganz wesentlich mit dem Verwendungszweck der in Erfahrung zu bringenden Erkenntnisse zusammen. So wird häufig einer Analyse externer Experten mehr Augenmerk geschenkt als den internen – obwohl das oft rational nicht begründbar ist. Entsprechend werden Marktanalysen durch externe Experten gerne zur Bekräftigung des eigenen Standpunktes verwendet. Selbst zur Untermauerung von Vorhaben bei der Argumentation im Zusammenspiel mit externen Entscheidungsträgern (beispielsweise Investoren oder anderen Geschäftspartnern) wird Analysen und Einschätzungen durch Externe oft mehr Glauben geschenkt als den internen Erhebungen. Dies mag wohl damit begründet sein, dass darin ein größeres Maß an Objektivität und Unbefangenheit vermutet wird.

▶ Werden die Erkenntnisse der Marktanalyse für die Argumentation gegenüber Dritten verwendet, so ist es oft von Vorteil, externe Expertisen einzubeziehen. Dadurch werden ein höheres Maß an Objektivität und Unbefangenheit sowie eine professionelle Vorgehensweise seitens des Portfoliomanagers unterstellt. (Selbst wenn dies nicht unbedingt immer rational zu begründen ist.)

Werden externe Dienstleister bei der Marktanalyse eingebunden, so muss der Portfoliomanager dennoch eigene Ressourcen einplanen, da der Prozess der Erstellung von Marktanalysen (insbesondere das Definieren der Fragestellung, das Eingrenzen des relevanten Bereichs der Analyse, das Definieren der Analysefaktoren) nur in enger Abstimmung mit dem externen Partner erfolgreich umgesetzt werden kann. Findet diese Abstimmung nicht statt, so gehen die Analyseergebnisse und -erkenntnisse meist an der für das Unternehmen relevanten Fragestellung vorbei.

3.9 Zusammenfassung

Die Marktanalyse ist eines der wichtigsten Instrumente des Portfoliomanagers, um den Markt richtig einzuschätzen und die Grundlage für strategische Unternehmensentscheidungen adäquat aufzubereiten. Dazu ist neben einer singulären stichtagsbezogenen Erhebung auch eine fortlaufende Marktbeobachtung notwendig. Für belastbare Analysen sind Qualität, Aktualität und Relevanz der erhobenen Daten zu hinterfragen.

Die Durchführung einer Marktanalyse ist ein komplexer Prozess, der bei einer (möglichst eindeutigen) Definition der Fragestellung beginnt. Darauf aufbauend werden wesentliche Abgrenzungen und Analysefaktoren ermittelt, die für deren Beantwortung erforderlich sind. Dabei ist darauf zu achten, dass trotz Komplexität und Abhängigkeiten der betrachteten Faktoren die Aussagekraft der Analyse bestehen bleibt. Mit Hilfe einer Marktsegmentierung lässt sich der Umfang gezielt eingrenzen und damit der Aufwand beziehungsweise die Kosten der Erhebungen senken. Ist die Fragestellung definiert und sind die entsprechenden Analysefaktoren festgelegt, so ist eine passende Methode auszuwählen und umzusetzen, die von ihrer Natur her diesen Anforderungen gerecht werden kann.

In Literatur und Praxis findet man vielerlei Methoden vor. Eine bereits in die Jahre gekommene, aber für überblickshafte Betrachtungen durchaus verwendbare Methode ist die Ansoff-Matrix. Sie stellt einen Bezug zwischen der Reife des Marktes und der Reife des Portfolios her und liefert so eine Indikation zu möglichen Chancen und Risiken. Eine sehr häufig verwendete Methode ist die BCG-Matrix, die in einer zweidimensionalen Darstellung von Marktanteil und Marktwachstum das eigene Portfolio verortet. Damit lassen sich vier Klassen von Produkten (Poor Dog, Question Mark, Star und Cash Cow) benennen und entsprechende Strategien ableiten.

Wohl bekanntestes, aber auch wichtigstes Hilfsmittel der Betrachtung eigener Stärken und Potenziale ist die SWOT-Analyse. Sie stellt die Stärken und Schwächen des Unternehmens in Zusammenhang mit Potenzialen und Risiken dar. Die SWOT-Matrix dient dabei einerseits zur Identifikation beziehungsweise Einschätzung potenzieller Probleme und ist andererseits auch als Grundlage für weitere Strategieentscheidungen nützlich.

Die Marktbeobachtung ist ein nützliches Hilfsmittel, um den initial begonnenen Analyseprozess zu überschaubaren Kosten ständig fortzuführen und Informationen zu generieren, die durch externe Quellen nicht zur Verfügung gestellt werden. Dazu sind eine entsprechende Meinungsbildung innerhalb des Unternehmens und eine strukturierte Erfassung des gesammelten Materials erforderlich und durch den Portfoliomanager sicherzustellen.

Typische Fehler und Stolperfallen in diesem Kontext
1. Durchführung einer Marktanalyse ohne vorherige Festlegung einer Fragestellung
2. Fehleinschätzungen aufgrund oberflächlicher Analysen oder inadäquater Fragestellungen
3. Singuläre Erhebung ohne weitere permanente Marktbeobachtung
4. Mangelnde Abgrenzung der Marktanalyse durch Selektion von Analysefaktoren
5. Datenbasis ist veraltet, für den eigenen Anwendungsfall nicht zutreffend oder von minderer Qualität
6. Fehlendes Informations- und Wissensmanagement (insbesondere im Kontext der permanenten Marktbeobachtung)
7. Keine Ableitung von Zielen und Strategien anhand der Analyseergebnisse

8. Fehleinschätzungen aufgrund von unzureichender Datenbasis
9. Fehlendes Komplexitätsmanagement im Rahmen der Marktanalyse
10. Identifizierte Alleinstellungsmerkmale halten einer genaueren Prüfung nicht stand
11. Alleinstellungsmerkmale können nicht verständlich dargestellt werden

Weiterführende Literatur

Bücher und Zeitschriften

Allen AR (2001) A History of the personal computer. Allen Publishing, London
Annacker D (2001) Unbeinflussbare Einflussgrößen in der strategischen Erfolgsfaktorenforschung. Gabler, Wiesbaden
Ansoff HI (1965) Checklist for competitive and competence profiles: corporate strategy. McGraw-Hill, New York
Berger R (2012) Mastering product complexity. Roland Berger Strategy Consultants, Düsseldorf
Campbell A, Goold M, Alexander M (1999) Corporate strategy: the quest for parenting advantage. Harvard business review on corporate strategy, Harvard Business School Press, Boston
Capon N, Farley J, Hoenig W (1990) Determinants of financial performance: a meta analysis. Manag Sci 36(10):1143–1159, (Informs, Catonsville)
Eschenbach S, Geyer B (2004) Wissen & Management: 12 Konzepte für den Umgang mit Wissen im Management. Linde International, Wien
Grimm R (2009) Einfach komplex: neue Herausforderungen im Projektmanagement. VS Verlag für Sozialwissenschaften, Wiesbaden
Hendersen B (1973) BCG Perspective. Boston Consulting Group, Boston
Kotler P, Amstrong G (2009) Priciples of Marketing. 13. Aufl. Pearson, New Jersey
Maney K (2003) The maverick and his machine. Wiley, New Jersey
Müller-Stewens G, Lechner C (2005) Strategisches Management: Wie strategische Initiativen zum Wandel führen. 3. Aufl. Schäffer Poeschl, Stuttgart
Meffert H (1998) Marketing. 8. Aufl. Gabler Verlag, Wiesbaden
Paul H, Wollny V (2011) Instrumente des strategischen Managements. Oldenburg Wissenschaftsverlag, München
Reiss M, Müller R (Hrsg) (1993) Lean Management in der Praxis. Industrielle Organisation, Zürich
Wildemann H (2008) Komplexitätsmanagement: Leitfaden Komplexitätsmanagement in Vertrieb, Beschaffung, Produkt, Entwicklung und Produktion. TCM, München
Woywoode M (2004) Wege aus der Erfolglosigkeit der Erfolgsfaktorenforschung. In: Bankengruppe KfW (Hrsg) Was erfolgreiche Unternehmen ausmacht. Physica, Heidelberg
Woywoode M, Struck J (2004) Zu den Ursachen staatlich geförderter Unternehmen. In Bankengruppe KfW (Hrsg) Was erfolgreiche Unternehmen ausmacht. Physica, Heidelberg

Online-Quellen

APA (2013) Smart-TVs auf der IFA: Trend geht von Hightech zu „Shytech". In: Der Standard.at, http://derstandard.at/1376534625349/Smart-TVs-auf-der-IFA-Trend-geht-von-Hightech-zu-Shytech. Zugegriffen: 31. Aug 2013

Focus (2013) Deutsche lieben Apple und Samsung besonders. http://www.focus.de/finanzen/news/unternehmen/tid-33422/smartphone-giganten-im-vergleich-umsatz-gewinn-marktanteil-samsung-setzt-apple-gehoerig-unter-druck-apple-und-samsung-dominieren-den-smartphone-markt_aid_1096651.html. Zugegriffen: 24. Sept 2013

Microsoft (2013) Microsoft to acquire Nokia's devices & services business, license Nokia's patents and mapping services. http://www.microsoft.com/en-us/news/press/2013/sep13/09-02announcementpr.aspx. Zugegriffen: 24. Sept 2013

Nokia (2013) The Nokia story. http://www.nokia.com/global/about-nokia/about-us/the-nokia-story/. Zugegriffen: 14. Sept 2013

Wübbenhorst K (2013) Marktanalyse: Ausführliche Erklärung. In: Gabler Wirtschaftslexikon, http://wirtschaftslexikon.gabler.de/Archiv/378/marktanalyse-v8.html. Zugegriffen: 29. Okt 2013

4 Das Produktportfolio im Kontext der Unternehmensstrategie

Die Instrumente des strategischen Marketings als Werkzeugkasten für den Portfoliomanager Die wesentliche Aufgabe des Portfoliomanagers ist natürlich die ausgewogene und den Unternehmenszielen sowie dem Geschäftsmodell entsprechende Zusammenstellung und Gestaltung des Produktportfolios. Damit dies gelingt, muss dieses auf die Unternehmensziele abgestimmt werden. Zudem ist auch die Anpassung der Marktstrategie mit den damit verbundenen internen Einflussfaktoren, aber auch das Adressieren der Marktbedürfnisse und -entwicklungen notwendig.

Der Portfoliomanager liefert dazu wichtige Entscheidungsgrundlagen oder trifft die damit verbundenen Entscheidungen selbst – je nach Positionierung des Portfoliomanagers im Unternehmen. In kleinen und mittleren Unternehmen, aber durchaus auch in größeren Firmen ist die Aufgabe des Portfoliomanagements trotz der Bedeutung für den Unternehmenserfolg häufig eine Teilaufgabe, die mitunter der einen oder anderen Funktion der Linienorganisation untergeordnet ist (vgl. Abschn. 5.2.4). Der Einfluss des Portfoliomanagers auf Entscheidungsfindungen in Bezug auf die Unternehmensstrategie, das Geschäftsmodell und die Marktstrategie ist daher oft nicht transparent.

Gerade weil aber die Aufgabe des Portfoliomanagers oft implizit durch Führungskräfte mit abweichenden Kernkompetenzen wahrgenommen wird, ist es umso wichtiger, dass die damit in Zusammenhang stehenden Entscheidungen klar formulierten beziehungsweise kommunizierten Strategien folgen und daraus die notwendigen Maßnahmen zur Erreichung der gesetzten Ziele abgeleitet werden können. Nur wenn dies der Fall ist, kann ein aktives Portfoliomanagement überhaupt erst erreicht und können die vorhandenen Mittel zum erfolgreichen Umsetzen von Geschäftsmodellen richtig eingesetzt werden. Nicht klar formulierte Unternehmensziele und damit meistens einhergehende unklare Strategien zur Erreichung dieser Ziele führen oft dazu, dass Maßnahmen eingeleitet und Entscheidungen getroffen werden, die entweder ihr Ziel verfehlen oder gar kein messbares Ziel verfolgen, weshalb sie für das Unternehmen wertlos und daher Fehlinvestitionen sind.

Beispiele dafür sind etwa Marketingmaßnahmen – insbesondere Public-Relations-Aktivitäten wie Sponsoring oder Medienpräsenz –, welche völlig an den eigenen, relevanten

Zielgruppen vorbeigehen, oder Produktentwicklungen, die nicht die Kundenbedürfnisse des vom Unternehmen adressierten Marktes berücksichtigen.

Damit die Portfoliogestaltung und -weiterentwicklung also erfolgreich sein kann und die notwendige Akzeptanz findet, ist eine Vorgehensweise notwendig, die zu klar definierten Strategien und in weiterer Folge zur Ableitung von entsprechenden Maßnahmen führt. Um die marktrelevanten Einflüsse in diesen Entscheidungsprozessen gebührend zu berücksichtigen, bedient sich der Portfoliomanager der Instrumente des strategischen Marketings. Mit diesen definiert er aber nicht nur die Vermarktungsstrategien, sondern nimmt auch direkten (beispielsweise Personal, Organisation oder Finanzierung) und indirekten Einfluss auf die unternehmensinterne Situation wie etwa die Innovationsstrategie, die Entwicklung von Kompetenzen oder die Definition von Produktionsstrategien. Neben der Entwicklung und Formulierung von Zielen und Strategien ist aber auch die Messbarkeit des Erfolges von gesetzten Maßnahmen ein wichtiges Kriterium, da ohne diese keine Bewertung, Steuerung oder Anpassung von Strategien und Maßnahmen möglich ist und so die Notwendigkeit zur Veränderung nicht erkannt wird.

Das strategische Marketing beschreibt in diesem Zusammenhang den Prozess zur Vermarktung der angebotenen Produkte und Leistungen und ist damit zugleich ein Konzept für die marktorientierte Unternehmensführung. Es liefert Werkzeuge und Strategien sowie einen Mix aus konkreten Maßnahmen, mit denen die Vermarktung der eigenen Produkte und Leistungen gestaltet werden kann. So ermöglicht es auch die Messbarkeit der dabei erzielten Erfolge und das Erkennen von damit verbundenen Risiken.

Da die Mehrheit aller Führungskräfte einen branchenfachlichen Hintergrund hat (s. beispielsweise im IAQ Report von Franz und Voss-Dahm 2011, S. 6 ff.), sind die fachlichen Kenntnisse im Bereich des strategischen Marketings oft begrenzt. Anders gesagt, sind Führungskräfte – insbesondere auch jene, welche die Aufgaben des Portfoliomanagements zu bewältigen haben – meist keine Experten des strategischen Marketings. Das mag auch ein Grund dafür sein, dass mangels Kenntnis dieser Konzepte und Instrumente eine strukturierte Planung des Portfoliomanagements eher eine Mangelerscheinung darstellt. Jedenfalls ist der Versuch, Entscheidungen zum Produktportfolio zu treffen – ob vom Portfoliomanager selbst oder von anderen Entscheidern im Unternehmen, denen der Portfoliomanager zuarbeitet –, ohne dass dafür genügend Informationen und klar definierte Ziele und Strategien vorhanden sind, wohl einer der häufigsten Fehler im Portfoliomanagement.

Die verschiedenen Konzepte und Instrumente des strategischen Marketings sind äußerst umfangreich und können in der Praxis kaum umfassend berücksichtigt werden. Das ist aber auch gar nicht zielführend, weil viele Instrumente für spezifische Fragestellungen, Branchen oder Geschäftsmodelle entwickelt wurden und daher keine oder gar eine irreführende Aussage liefern würden. Oft genügt es aber schon, die wesentlichen und im jeweiligen Anwendungsfall zutreffenden Instrumente zu kennen und anwenden zu können, um erfolgreiche Vermarktungsstrategien zu erarbeiten. Diese sollten dann aber vom Portfoliomanager beherrscht werden!

Daher werden nachfolgend die wichtigsten Methoden und die grundsätzlichen Vorgehensweisen des strategischen Marketings beschrieben. Für weiterführende Instrumente verweisen wir aber auf die in diesem Bereich zahlreich verfügbare Fachliteratur.

▸ Der Portfoliomanager muss nicht alle möglichen Konzepte und Instrumente des strategischen Marketings umfassend kennen. Es genügt, wenn er die grundlegenden beherrscht, die auf seine Situation anwendbar sind.
Zahlreiche der in der Literatur beschriebenen Konzepte und Instrumente sind für spezielle Anwendungsbereiche gedacht und können im Bedarfsfall zusätzlich erarbeitet werden.

4.1 Instrumente des strategischen Marketings – der Marketingprozess

Das Herzstück des strategischen Marketings ist die Marketingstrategie. Sie beschreibt die langfristige Vorgehensweise zum Erreichen der Unternehmensziele. Aus ihr können also konkrete Entscheidungen zur Unternehmensentwicklung und im Speziellen auch zur Portfoliogestaltung abgeleitet und Maßnahmen formuliert werden, die zum Erreichen der zugrunde liegenden Unternehmensziele führen. Zur Bedeutung der Marketingstrategie gibt es grundsätzlich zwei unterschiedliche Sichtweisen. Während die eine Betrachtungsweise die Marketingstrategie als die übergeordnete Unternehmensstrategie betrachtet, aus der verschiedene Teilstrategien abgeleitet werden können, versteht sie die andere als eine von mehreren, gleichberechtigten Teilstrategien neben der Finanzstrategie oder der Innovationsstrategie, die sich gemeinsam zur einer übergeordneten Unternehmensstrategie ergänzen. Unabhängig davon, welche Sichtweise vertreten wird, ist das strategische Marketing aber ein wesentlicher Bestandteil eines ausgereiften Portfoliomanagements und die Verwendung der entsprechenden Instrumente eine notwendige Voraussetzung für eine strukturierte Portfoliogestaltung.

Es ist wichtig, zu erkennen, dass das strategische Marketing ein fortlaufender Prozess ist. Wenngleich seine Ergebnisse durchaus auf mittel- und langfristige Ziele und Fragestellungen ausgerichtet sind, führt er – abhängig von Fragestellungen, Branchen und Märkten – zu laufenden Veränderungen oder zumindest Anpassungen und Adaptionen der abgeleiteten Strategie beziehungsweise den daraus folgenden Maßnahmen.

Abbildung 4.1 zeigt den typischen Ablauf der Aktivitäten des strategischen Marketings, die in den nächsten Abschnitten beschrieben werden.

Diese Darstellung zeigt klar, dass die marktorientierte Betrachtung einem strukturierten Prozess folgt und nicht, wie es bei vielen – insbesondere kleinen und mittleren – Unternehmen vorkommt, einer Vielzahl punktueller Einzelmaßnahmen und Ad-hoc-Entscheidungen. Insbesondere für den Portfoliomanager ist eine strukturierte Vorgehensweise notwendig, um das Erreichen gesetzter Ziele messbar zu machen, Chancen und Risiken

Abb. 4.1 Der Prozess des strategischen Marketings

Kontrolle
- Managementprozess
- Information (soft/hard)
- Planung & Umsetzung

Analyse
- Fragestellung
- Analysemethoden

Schaffung der internen Voraussetzungen
- **Organisation**
- **Finanzierbarkeit**
- **Messbarkeit**
- **Bewertbarkeit**

Maßnahmen
- Planungsmethode
- Umsetzung
- Kommunikation und Information

Zieldefinition
- Unternehmenszweck
- Unternehmensziele
- Bereichsziele
- Instrumentalziele

Strategiefindung
- kundenorientiert
- wettbewerbsorientiert
- absatzmittlerorientiert
- stakeholderorientiert

zu erkennen und Veränderungen so vorzunehmen, dass sie dem intendierten Geschäftsmodell Rechnung tragen.

▸ Für den Portfoliomanager ist die strikte Einhaltung des Prozesses des strategischen Marketings Voraussetzung für die strukturierte Planung und Steuerung des Portfolios. Deshalb ist es eine seiner Hauptaufgaben, diesen Prozess, falls er noch nicht vorhanden ist, für die Portfoliogestaltung zu etablieren. Nur so können begründete und fundierte Entscheidungen zum Portfolio getroffen werden.

Ablauf des Marketingprozesses Der Marketingprozess beginnt zunächst mit einer umfassenden Analyse von festgelegten Fragestellungen. Diese werden vom Portfoliomanager bestimmt und betreffen die Auswirkungen von Veränderungen innerhalb des Unternehmens sowie im Unternehmensumfeld auf das Portfolio sowie Auswirkungen von möglichen Veränderungen des Produktportfolios auf das Unternehmen oder das Unternehmensumfeld. Um eine möglichst aussagekräftige Analyse zu erstellen, ist dabei aber eine gute Eingrenzung der Fragestellung notwendig, die kaum oder wenig Interpretationsspielraum der Ergebnisse zulässt.

Im Rahmen der Analyse ist sowohl das Unternehmen selbst (interne Analyse) sowie das Unternehmensumfeld (Marktanalyse) zu betrachten.

Die Marktanalyse wurde bereits in Kap. 3 umfassend behandelt. Im Rahmen des strategischen Marketings ist vor allem die Frage relevant, in welchem Markt das Unternehmen tätig ist – also die Definition des „relevanten Marktes" – und wie dieser adressiert werden soll. Auf dieser Basis können dann weitere Fragen der Marktentwicklung beantwortet werden. Hierbei spielt aber nicht nur die eigene (technokratische) Sicht des Unternehmens eine Rolle, sondern auch die Kundenorientierung und, damit verbunden, was der Markt beziehungsweise die Kunden vom Unternehmen erwarten oder sogar fordern.

Der relevante Markt ist ferner stark von der Angebotspalette des Unternehmens abhängig. Daher kann dessen allgemeine Betrachtung für ein Gesamtunternehmen zu Fehlinterpretationen führen. Dies trifft insbesondere dann zu, wenn das Unternehmen unterschiedliche Produktgruppen anbietet, die verschiedene, unabhängige Kundengruppen adressieren oder zueinander komplementär sind. So kann eine Firma, die verschiedene Branchen adressiert, durchaus eine diversifizierte Marketingstrategie für die einzelnen Branchen benötigen oder ein Unternehmen (beispielsweise ein Handelsunternehmen), das verschiedene Produktgruppen in seinem Portfolio hält, eine diversifizierte Marketingstrategie für die einzelnen Gruppen erfordern. Wichtig ist aber, dass mit Hilfe der einzelnen, diversifizierten Strategien wieder eine Gesamt- oder Metastrategie für das Gesamtunternehmen erstellt wird.

Es ist daher bei voneinander unabhängigen Portfolioelementen, die verschiedene Marktsegmente ansprechen, oftmals ratsam, strategische Geschäftseinheiten (Geschäftsfelder oder Geschäftssegmente) zu bilden. Diese auf unterschiedliche Marktsegmente fokussierenden Einheiten agieren nach spezifischen Strategien, die auf den jeweiligen Zielmarkt abgestimmt sind. Allerdings ist es auch hier notwendig, die jeweiligen Einzelstrategien in einer einheitlichen, übergeordneten „Metastrategie" zusammenzuführen, da sonst das Portfolio und die Strategie des Gesamtunternehmens nicht mehr erkannt werden und die einzelnen Einheiten divergieren. Zudem würde eine inhomogene Gesamtstrategie das Unternehmensprofil in Frage stellen.

Die interne Analyse muss alle Strategieebenen (Unternehmen, Geschäftsbereiche, individuelle Segmente) berücksichtigen. Anderenfalls ist eine eindeutige Zieldefinition schwer zu erwirken. Entsprechend der möglichst konkreten Fragestellung sind dazu die relevanten internen Faktoren zu bestimmen.

Dabei werden Aspekte behandelt, die das Unternehmen selbst betreffen – also beispielsweise Fragen nach:

- Finanzierbarkeit
- Personalaufbau
- Produktentwicklung
- Innovationskraft

Interne Faktoren können dabei etwa sein:

- Vorhandene Technologien
- Know-how
- Finanzsituation
- Organisationsstrukturen
- Prozesse

Welche Aspekte tatsächlich für die Analyse entscheidend sind, ist individuell für jede Fragestellung zu bestimmen.

Wichtig ist auch, dass die zugrunde liegende Fragestellung und die daraus abgeleiteten Analysemethoden des strategischen Marketings auf dem Geschäftsplan des Unternehmens beruhen. Fragestellungen, die davon abweichen, können leicht zu Fehlinterpretationen und dadurch auch zu Fehlentscheidungen führen. Umso wichtiger ist es für den Portfoliomanager, sich stets im Klaren darüber zu sein, dass Entscheidungen zum Portfolio gleichzeitig auch direkte Auswirkungen auf die Unternehmensstrategie haben können. Deshalb muss er auch in die entsprechenden Festlegungen eingebunden werden und Kompetenzen vorweisen, die es ihm ermöglichen, diese Entscheidungen (vgl. Abschn. 5.4.3) auch im Hinblick auf seine Ziele zu beeinflussen.

Folgendes Beispiel zeigt, wie geschäftsrelevant sich eine ungenaue Analyse und die daraus abgeleiteten Fehlinterpretationen auswirken können:

Ein Technologieunternehmen hat sich erfolgreich in einem Nischensegment etabliert, in welchem es Erweiterungen zu – am Markt bestens etablierten – Hardwaresystemen anbietet. Vertrieb und Marktauftritt wurden hauptsächlich über Vertriebspartner im Kontext dieser Hardwaresysteme organisiert. Dies führte dazu, dass mehr als 80 % des Umsatzes in diesem Bereich zu verzeichnen waren. Natürlich erforderte diese Fokussierung, dass das Unternehmen starke Fachkompetenzen rund um diese Hardwaresysteme und die damit verbundenen Technologien entwickeln musste. Der Portfoliomanager behandelte nun die Frage, ob ein Produkt zur Virtualisierung von Hardwarekomponenten in sein Portfolio aufzunehmen sei. Die entsprechende Technologie war bereits verfügbar und wurde für Entwicklungszwecke der bisher angebotenen Erweiterungen verwendet. Die interne Unternehmensanalyse zeigte also, dass einerseits das notwendige Know-how vorhanden war und andererseits auch die Nachfrage am Markt einen entsprechenden Verkaufserfolg versprach. Dies schloss der Portfoliomanager daraus, dass sich durch die neue Technologie eine massive Kosteneinsparung für den Endanwender erzielen ließ, indem dieser keine teure Hardware mehr kaufen musste. Daher wurde von ihm die Entscheidung getroffen, das Produkt in das Portfolio aufzunehmen. Die Folge war ein massiver Umsatzeinbruch.

Was war geschehen? Ganz einfach – der Portfoliomanager hatte das bisherige Geschäftsmodell außer Acht gelassen und durch das neue Produkt gegenüber den angestammten Vertriebspartnern eine Konkurrenzlösung geschaffen. Aus diesem Grund haben sich diese entschlossen, das gesamte Portfolio des Unternehmens aus ihrem Angebot zu streichen. Da das Unternehmen aber keine direkten Kundenbeziehungen hatte, führte das zu einer massiven Gefährdung der Unternehmensexistenz und auch die neue, vielversprechende Virtualisierung konnte am Markt mangels der dafür notwendigen Ressourcen nicht mehr erfolgreich platziert werden, obwohl der Erfolg dafür so gut wie sicher schien.

Eine klare Marketingstrategie ist also notwendig, um die einzelnen Entscheidungen, wie der Markt adressiert wird, mittel- und langfristig festzulegen. Anhand dieser Strategie können dann alle Maßnahmen zur Erreichung der im Geschäftsplan festgelegten Ziele definiert und umgesetzt werden. Besteht diese Marketingstrategie nicht beziehungsweise ist sie nicht ausreichend dokumentiert und kommuniziert, kann der Effekt von Einzelentscheidungen nicht bewertet werden oder führt gar, wie im oben beschriebenen Beispiel klar wird, zu wachstums- oder existenzbedrohenden Situationen.

4.2 Wie erstellt man eine interne Unternehmensanalyse?

Das einfachste, aber auch effektivste Instrument zur Analyse der internen Faktoren ist eine Checkliste. Selbst wenn dies eher trivial klingt, bietet eine solche Liste in der Regel die schnellste Möglichkeit, mit relativ wenig Aufwand eine erste Grundsatzaussage zu treffen. Zentrales Augenmerk hat dabei die Fragestellung, da sie stark die generierbaren Ergebnisse filtert. Daher gilt es bei der Formulierung darauf zu achten, dass die möglichen Antworten auch das mit der Frage verbundene Interesse befriedigen können. Im Zweifel sei empfohlen, mit einzelnen Personen noch offene Gespräche zu den Fragen zu führen, um deren Validität zu verifizieren.

Die Analyse der internen Faktoren mittels Fragebögen reicht in der Regel aus, um sich einen ersten Eindruck zum Status quo zu verschaffen oder um eine grobe Prognose zu Auswirkungen von Entscheidungen auf das Portfolio oder das Unternehmen selbst zu erhalten. Dazu wird zunächst das zu analysierende Thema so eingegrenzt, dass ein hinreichend aussagekräftiges Ergebnis erwartet werden kann. Eine Bewertung kann mittels des altbewährten Schulnotensystems oder auch durch Abfragen von dazu notwendigen Informationen durchgeführt werden. Die Fragebögen werden einerseits von betroffenen Kollegen beantwortet und andererseits vom Portfoliomanager selbst. Im oben beschriebenen Beispiel könnte etwa folgender Fragebogen (s. Tab. 4.1) Aufschluss über die interne Unternehmenssituation geben.

Zudem hat sich die Erhebung von Freitext-Kommentaren bewährt, die es erlaubt, auch wichtige Themen, die durch die Formulierung der Fragen nicht zum Ausdruck kommen würden, einzubringen.

Zwar liefert ein derartiger Fragebogen noch keine fundierten Ergebnisse, aber es kann ein erstes Stimmungsbild aufgenommen und daraus abgeleitet werden, ob, und wenn ja, welche weiteren Erhebungen zu einer abschließenden Entscheidung notwendig sind.

Damit eine fundierte Unternehmensanalyse möglich wird, sind aber weitere Analyseinstrumente erforderlich, auf die im Folgenden noch näher eingegangen wird.

4.2.1 Kennzahlen-Analyse

Bei der Kennzahlen-Analyse geht es hauptsächlich darum, anhand vorhandener Daten objektive Aussagen über das gesamte Unternehmen (etwa dessen wirtschaftliche Stabilität, Produktivität, Profitabilität oder Umsatz) oder zu Teilbereichen des Unternehmens (beispielsweise Umsätze, Angebotserfolgsraten, Innovationsgrad oder Exportquote) zu ermitteln. Einerseits werden diese Kennzahlen von unternehmensexternen Analysten (Banken, Investoren, Kunden, Partner, öffentliche Einrichtungen etc.) dazu verwendet, die wirt-

Tab. 4.1 Beispiel eines Fragebogens zur unternehmensinternen Bewertung

Zu bewertendes Vorhaben: Einführung eines neuen Produkts zur Virtualisierung von Hardwarekomponenten	Bewertung 1 = ja, 5 = nein				
Brauchen wir dieses neue Produkt überhaupt?	1	2	3	4	5
Ist das Know-how für die neue Technologie vorhanden?	1	2	3	4	5
Passt das mögliche neue Produkt ins Produktportfolio?	1	2	3	4	5
Können (potenzielle) neue Absatzmärkte damit gewonnen werden?	1	2	3	4	5
Lassen sich der Markteintritt und die Marktpenetration finanzieren?	1	2	3	4	5
Gibt es bereits potenzielle Kunden?	1	2	3	4	5
Lassen sich die notwendigen Supportaktivitäten umsetzen?	1	2	3	4	5
Bestehen Risiken im Zusammenhang mit der Einführung des neuen Produkts?	1	2	3	4	5
Bestehen valide Erfolgschancen für das neue Produkt?	1	2	3	4	5

schaftliche Situation und das potenzielle Risiko zu beurteilen. Andererseits sind sie aber auch für das Management wichtig, um Trends zu erkennen, Risiken abzuschätzen und die Zieldefinitionen des Unternehmens festzulegen.

Die Kennzahlen-Analyse kann aber auch ex post als Messinstrument für den Erfolg bereits getätigter Maßnahmen verwendet werden. Für den Portfoliomanager sind derartige Auswertungen hilfreich, um die Auswirkung von getätigten oder möglichen Maßnahmen auf das Unternehmen oder Teilbereiche des Unternehmens abschätzen zu können.

Die für den Portfoliomanager notwendigen Kennzahlen unterscheiden sich aber sehr häufig von jenen Kennzahlen, die seitens des Unternehmenscontrollings benötigt werden. Während für die Unternehmenssteuerung hauptsächlich betriebswirtschaftliche und finanzbezogene Kennzahlen wie Cash Flow, Liquidität oder die Bilanzsumme wichtig sind, verwendet der Portfoliomanager sehr häufig sogenannte „relative Kennzahlen", also Werte, die zwei oder mehrere Messwerte in Beziehung zueinander setzen. Sie können Indizien hinsichtlich zukünftiger Entwicklungen darstellen und zum Erkennen von Sollabweichungen und zur Beurteilung potenzieller Trends verwendet werden. Einige Beispiele sind am Ende dieses Abschnittes angeführt. Kennzahlen können in Form von innerbetrieblichen Vergleichen (Zeitvergleich oder Soll-Ist-Vergleich) oder zwischenbetrieblich (Betriebsvergleich) ausgewertet werden. In der Regel werden daraus Aussagen über die Leistungserstellung oder -bewertung, die wirtschaftliche Stabilität des Unternehmens sowie zur Analyse, Planung, Steuerung und Kontrolle des Portfolios und der damit verbundenen unternehmensinternen Faktoren abgeleitet.

Wichtig bei der Beurteilung von Kennzahlen sind auch die Aktualität und Plausibilität des verwendeten Datenmaterials sowie der Vergleich anhand relevanter Faktoren. Diese können durch die zeitliche Entwicklung der Kennzahlen über einen festgelegten Zeitraum hinweg definiert sein oder auch Kennzahlen von Vergleichsunternehmen oder anderer, vergleichbarer Abteilungen des eigenen Unternehmens (sogenannter zwischenbetrieblicher Vergleich) sein. In jedem Fall ist es wichtig, dass Branchenkriterien berücksichtigt werden, da sich Kennzahlen unterschiedlicher Branchen oft erheblich unterscheiden.

Diese Kennzahlen (wie beispielsweise Auftragserfolgsquote, Stammkundenquote, Kundenumsätze, Innovationsgrad von Produkten) bieten eine notwendige Grundinformation zur Definition von Zielen sowie zur Entwicklung von Strategien und sind daher unverzichtbar.

Die Plausibilität, die Aktualität und auch Varianz (Streuung) dieser Kennzahlen sind dabei für die Beurteilung beinahe ebenso wichtig wie die Kennzahl selbst. Sehr häufig kommt es vor, dass die verwendete Zahlenbasis manipuliert wird und daher die Aussagekraft der darauf aufbauenden Analysen nur mehr sehr eingeschränkt gültig ist. Daher sollten Kennzahlen keinesfalls die alleinige Entscheidungsgrundlage darstellen, sondern lediglich eine, wenngleich sehr wichtige, Komponente sein!

Damit Kennzahlen als Analyseinstrument zweckmäßig verwendbar sind, ist es ratsam, sich auf wenige, dafür relevante Indikatoren zu beschränken. Zudem gibt es unterschiedliche Berechnungsmethoden für viele Kennzahlen, weshalb insbesondere bei zwischenbetrieblichen Analysen oder bei der Einschätzung der Zahlen von Vergleichsunternehmen entsprechende Vorsicht geboten ist. Hier ist vor allem auch die Erfahrung und Fachkenntnis des Portfoliomanagers gefragt, wenn es gilt, die gesammelten Daten zu hinterfragen und zu bewerten.

Interessante Kennzahlen für den Portfoliomanager sind beispielsweise:

Return On Investment (ROI):	Gewinn: eingesetztes Gesamtkapital × 100
Absoluter Marktanteil:	eigener Marktanteil: Marktvolumen
Relativer Marktanteil:	eigener Marktanteil: Marktanteil des größten Konkurrenten
Relatives Marktwachstum:	zusätzliches Marktvolumen: Marktvolumen der Vorperiode
Umsatzstruktur: zu vergleichende Umsätze:	Gesamtsumme aller Umsätze
Absatzreichweite in Tagen:	bestehendes Absatzvolumen: Volumen der letzten 12 Monate × 360
Preisindex:	Preis zum Bewertungszeitpunkt: Preis zum Basiszeitpunkt × 100
Angebotserfolg:	erteilte Aufträge: abgegebene Angebote
Quantitativer Break-even-Point: Gesamtkosten:	Deckungsbeitrag je Stück

In obiger Auflistung ist ein Ausschnitt von nützlichen Indikatoren zum Themenkreis Marketing und Vertrieb genannt. Weitere Kennzahlen listen etwa das „Wirtschaftshandbuch der Formeln und Kennzahlen" von Götz von Berkstein (2010) sowie speziell für Marketing und Vertrieb das „Lexikon Kennzahlen für Marketing und Vertrieb" von Henning und Schneider (2008). Grundsätzlich findet man in der Literatur darüber hinaus hunderte verschiedener Kennzahlen mit unterschiedlicher Aussagekraft. Entsprechend der Vielfalt und der Wahlmöglichkeiten läuft der Portfoliomanager auch Gefahr, jene Kennzahlen für eine Entscheidungsfindung zu verwenden, die eine bestimmte, gewünschte Interpretation unterstützen und so zu Fehlinterpretationen führen.

▶ Um ein aussagekräftiges Kennzahlensystem zu erhalten, sollte der Portfoliomanager anhand einschlägiger Sammlungen und Listen jene wesentlichen Kennzahlen, die für seinen Aufgabenbereich wesentlich sind (diese sind je nach Branche und Aufgabendefinition des Portfoliomanagers sehr unterschiedlich!), individuell zusammenstellen und zu einem Kennzahlensystem zusammenfassen.
In weiterer Folge sollte er möglichst daran festhalten, da erst mit der kontinuierlichen Vergleichbarkeit die Aussagekraft des Kennzahlensystems gesteigert und daher für die abgeleitete Analyse wertvoll wird.

Prinzipiell sollte bei der Kennzahlen-Analyse beachtet werden, dass diese Indikatoren in der Regel eine stark aggregierte Form vorhandener Daten darstellen und mitunter spezifische, individuelle Aspekte und Phänomene, die im konkreten Kontext aber hochrelevant sind, ignorieren. Daher ist stets ein gewisses Maß an Vorsicht geboten und in jedem Fall sollte das erhobene Material plausibilisiert werden.

Häufige Fehlerquellen bei der Kennzahlen-Analyse:
1. Inadäquate Basisinformation (etwa falsche Branche oder zu unspezifische Erhebung)
2. Kennzahlen sind obsolet und nicht mehr zutreffend
3. Fehlerhafte Interpretation
4. Falsche Vergleiche (insbesondere bei Unternehmen unterschiedlicher Größen, Branchen etc.)
5. Kennzahlen werden „manipuliert" oder selektiert (indem etwa nur jene Kennzahlen verwendet werden, die eine gewünschte Aussage unterstützen, und andere gezielt ausgeblendet)
6. Kennzahleninflation (es werden zu viele Kennzahlen betrachtet und daher die wesentlichen Aussagen nicht mehr erkannt)

4.2.2 GAP-Analyse

Die GAP-Analyse (oder Lückenanalyse) liefert Informationen darüber, ob operative Maßnahmen notwendig sind und ausreichen, um ein gesetztes Ziel zu erreichen, oder ob mitunter eine Strategieveränderung gefordert ist.

Sie wurde ursprünglich von Igor Ansoff (1965, S. 34 ff.) entwickelt und basiert auf vorhandenem, quantifizierbarem Informationsmaterial und Annahmen, wie sich operative Aktivitäten in der Zukunft auswirken.

Vorgehensweise bei der Erstellung der GAP-Analyse:

1. Bei der Erstellung einer GAP-Analyse wird ein Planungszeitraum (beispielsweise fünf Jahre) gewählt und die jeweilige Planungsgröße (beispielsweise Gewinn oder Umsatz) über diesen Zeitraum anhand aktuell vorhandener Werte extrapoliert.
2. Dieses Extrapolieren kann durchaus eine rechnerische Herausforderung und damit aufwendig werden. In vielen Fällen unterstützt jedoch dieser analytische Prozess, um zusätzlich zu qualitativen Aussagen zu gelangen.
3. In einem nächsten Schritt werden die Zielwerte eingetragen, die der ursprünglichen Planung entsprechen.
4. Anschließend werden die prognostizierten Ist-Werte ohne zusätzliche Maßnahmen eingetragen.
5. Danach werden geeignete Maßnahmen erarbeitet, die das Schließen dieser Lücke ermöglichen sollen, und deren Effekt prognostiziert. Diese Werte zeigen auf, welche Strategieanpassungen notwendig sind, um die ursprüngliche Zieldefinition zu erreichen.
6. Nun können die notwendigen Maßnahmen zur Strategieanpassung getroffen werden.

▶ Eine GAP-Analyse ist nur dann wirkungsvoll, wenn sie regelmäßig durchgeführt wird und die Erfolge der vergangenen Anpassungen dadurch überprüft sowie, darauf aufbauend, weitere Maßnahmen getroffen werden.

Es werden bei der GAP-Analyse Zukunftswerte prognostiziert, die beispielsweise den Effekt gegenwärtig noch minimaler Abweichungen anhand der Planungsannahmen in zukünftigen Perioden darstellen. So kann natürlich eine geringfügige Umsatzentwicklung wesentliche Auswirkungen auf die nachfolgenden Entwicklungen haben, wenn darauf die zukünftige Planung aufbaut.

Bei der Darstellung der entstandenen Soll-Ist-Abweichung wird die Planungsgröße im Zeitverlauf dargestellt. Entsprechend wird etwa in Abb. 4.2 die zukünftige Umsatzentwicklung extrapoliert. Die Abbildung zeigt eine sogenannte „differenzierte GAP-Analyse", weil dabei der Effekt von operativen Maßnahmen und Strategieanpassungen im Hinblick auf die Entwicklung des Umsatzes unterschieden wird.

Die Plangröße kann aber auch bedarfsweise durch andere Daten wie etwa Gewinn, Marktanteil oder Deckungsbetrag ersetzt werden.

Die operative Lücke sollte dabei durch Ausnutzung der vorhandenen Erfolgspotenziale geschlossen werden – sie entsteht durch die mangelhafte Ausnutzung dieses Potenzials.

Die strategische Lücke hingegen kann nur durch Strategieveränderungen in Form von Diversifikation, Produkt- und Marktentwicklung sowie Marktdurchdringung geschlossen werden, wie sie etwa Ansoff (1966, S. 65ff.) in seiner Matrix (s. Abschn. 3.2.1) beschreibt.

Diese Form der Analyse ist also die klassische Form eines Soll-Ist-Vergleichs und kann als Frühwarnsystem sehr gut verwendet werden, weil dadurch die mittel- und langfristigen Abweichungen von der ursprünglichen Planung gut erkannt werden können. Bei regel-

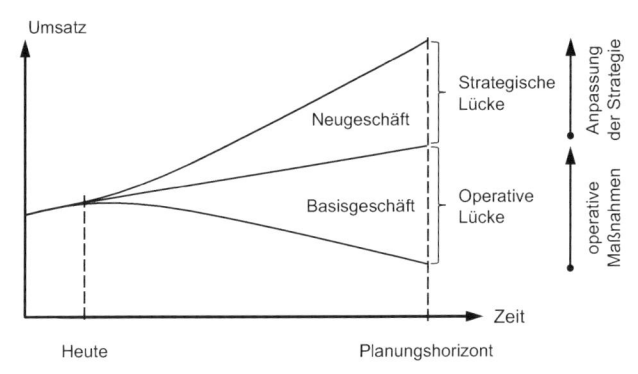

Abb. 4.2 GAP-Analyse. (Nach Baum, Coenenberg und Günther 2007, S. 18)

mäßigem Einsatz stellt sie auch ein nützliches Instrument zur Erfolgsmessung von bereits durchgeführten Maßnahmen dar.

▸ Setzen Sie GAP-Analysen insbesondere dann ein, wenn kurzfristige Abweichungen von der Planung eintreten und entsprechende Maßnahmen zum Entgegenwirken bestimmt werden müssen, oder um die Wirksamkeit von Maßnahmen einzuschätzen beziehungsweise zu messen.

Eine kritische Betrachtung zeigt aber auch die Nachteile der GAP-Analyse auf:

- Es wird lediglich das existierende Geschäftsmodell betrachtet und keine grundlegenden Anpassungen, wie Erweiterungen oder eine Konzentration.
- Die Einbeziehung von externen Einflussfaktoren ist nur sehr schwer möglich.
- Eine GAP-Analyse liefert keine Aussagen über die notwendige Strategie selbst, da die Strategieanpassung stets mit der Definition neuer Ziele und damit einer Veränderung der GAP-Analyse einhergeht.
- Die GAP-Analyse verwendet nur qualifizierte Daten, weshalb andere Einflussfaktoren (beispielsweise Mitarbeitermotivation) nicht berücksichtigt werden können.

Die GAP-Analyse ist also ein gutes Hilfsmittel, um die Notwendigkeit für strategische Maßnahmen oder auch Strategieanpassungen frühzeitig zu erkennen und entsprechend zu argumentieren.

▸ Vor der Verwendung der Ergebnisse einer GAP-Analyse sollte unbedingt eine kritische Bewertung ihrer Anwendbarkeit im speziellen Fall erfolgen.

Ein klassisches Beispiel für eine GAP-Analyse ist die Ermittlung des Produktlebenszyklus (siehe Abb. 2.7).

4.2.3 Wert(schöpfungs)ketten-Analyse

Während für externe Analytiker die Wertschöpfung (Arbeitserträge, Kapitalerträge, Gewinnerträge) im Vergleich zum Umsatz wichtige Aussagen über die Produktionsreife eines Unternehmens liefert, ist die interne Analyse der Wertschöpfungskette ein wesentlicher Faktor zur Ermittlung von Wettbewerbsvorteilen und -potenzialen. Bei der Wertschöpfungsketten-Analyse werden die erzielten Ergebnisse aller an der betrieblichen Wertschöpfung Beteiligten betrachtet. So kann erkannt werden, welche Bereiche der Wertschöpfung wichtige Beiträge zum Gesamterfolg des Unternehmens liefern und an welchen Stellen noch Optimierungspotenziale vorhanden sind. Eine solche Analyse bildet eine Grundlage für die Erstellung einer Wettbewerbsstrategie und kann etwa Auskunft darüber geben, ob eine Konzentration auf Kernkompetenzen, eine Differenzierungsstrategie oder eine Preisführerschaft zielführend ist. Zudem bildet die Darstellung der Wertschöpfungskette einen guten Überblick über die Aktivitäten des Unternehmens.

Wird die Wertschöpfungskette als einfache Kennzahl dargestellt, ermittelt man sie anhand der Gesamtleistungen des Unternehmens abzüglich jener Beiträge, die durch ein anderes Unternehmen geleistet werden. Eine rechnerische Betrachtung ist allerdings nur dann möglich, wenn ein Kunde für die erbrachte Leistung auch zahlt. Diese Darstellung ist jedoch stark verkürzt. So fließen dabei etwa verbundene Leistungen, die der Kunde beispielsweise für die Realisierung eines Projekts ebenfalls zahlen muss (etwa erweiterte Dienstleistungen oder Vorbereitungskosten) nicht in die Berechnung ein. Daher sei empfohlen, die Wertschöpfungskette detaillierter und über mehrere verkaufte Einheiten zu betrachten.

Welchen Detaillierungsgrad die Wertschöpfungskette haben soll, hängt von den zu beantwortenden Fragestellungen ab. Wichtig ist aber, dass man nicht nur die primären Faktoren (Dienstleistung, Produkt etc.) betrachtet, sondern auch indirekt mit der Wertschöpfung zusammenhängende, aber notwendige Faktoren mit einbezieht (beispielsweise Vertrieb, Marketing, Qualitätssicherung, Support oder Verwaltung). Nur auf diese Weise kann eine Bewertung der tatsächlichen Stärken und Schwächen vorgenommen werden. Ein Produkt kann noch so gewinnbringend verkauft werden – wenn die Wartungs- und Supportaufwände den Gewinn übersteigen, wird sich kein nachhaltiger Erfolg einstellen!

Die Wertschöpfungskette stellt dabei eine logische Abfolge der wertschöpfenden Prozessschritte dar und bietet so dem Portfoliomanager ein gutes Instrument, Potenziale zur Ertragssteigerung zu identifizieren.

Als hilfreiches Modell zur Definition der Wertschöpfungskette dient das in Abb. 4.3 dargestellte Modell von Porter (1985, S. 18).

Die Erstellung einer Abbildung der Wertschöpfungskette ist in der Regel sehr aufwendig, zumal die notwendigen Informationen nicht in üblichen Systemen des Rechnungswesens vorhanden sind und auch die Erarbeitung aufgrund der aufwendigen Informationssuche erheblichen Zeitaufwand beansprucht. Dennoch ist diese Analyse eine sehr gute Möglichkeit, die Potenziale im Portfolio selbst zu erkennen und darüber hinaus Wettbewerbsvorteile zu identifizieren beziehungsweise zu stärken.

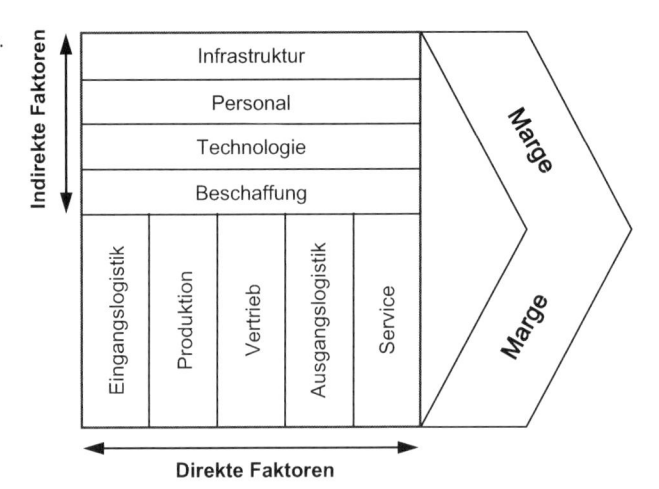

Abb. 4.3 Wertschöpfungskette. (Nach Porter 1985, S. 18)

Wie die Wertschöpfungskette nach Porter (s. Abb. 4.3) belegt, sind neben den messbaren Aktivitäten auch indirekte Aktivitäten an der Wertschöpfungskette beteiligt, die in vielen Fällen nur schwer quantifizierbar sind – insbesondere dann, wenn sie nicht explizit erfasst werden.

Diese Abhängigkeiten zu ermitteln und in die Wertschöpfung mit einzubeziehen, ist jedoch notwendig, um ein genaues Bild zu erhalten. Anderenfalls kann der Ertrag „verfälscht" werden, wenn beispielsweise indirekte Aktivitäten als selbstverständlich angenommen und daher nicht berücksichtigt werden. Dies kann im Extremfall sogar dazu führen, dass ein positiv angenommenes Ergebnis in der Praxis negativ wird.

Um eine Wertschöpfungsketten-Analyse durchzuführen, geht der Portfoliomanager wie folgt vor:

1. Zunächst werden alle Aktivitäten in einer Wertschöpfungskette ermittelt.
   Dabei werden sowohl die direkt ermittelbaren Kosten berücksichtigt als auch die Aufwände für indirekte Aktivitäten erhoben und bewertet.
2. Um eine aussagekräftige Analyse zu ermöglichen, wird die Wertschöpfungskette des Mitbewerbs ermittelt. (Selbst wenn davon ausgegangen werden kann, dass dabei nicht alle Kosten bekannt sind und Annahmen getroffen werden müssen.) Alternativ kann auch, falls vorhanden, die Wertschöpfungskette einer anderen, vergleichbaren Abteilung des eigenen Unternehmens für den Vergleich herangezogen werden. Dies hat einerseits den Vorteil, dass das Informationsmaterial höhere Qualität besitzt, aber andererseits den Nachteil, dass vermutlich ähnliche Prozesse vorhanden sind und daher nur eine eingeschränkte Erkenntnis über Verbesserungspotenziale erlangt werden kann.
3. Abschließend wird die eigene Wertschöpfungskette mit der des Konkurrenten beziehungsweise der Referenzabteilung verglichen und notwendige Schlussfolgerungen daraus gezogen sowie eigene Einsparungspotenziale identifiziert.

▶ Um den Aufwand bei der regelmäßigen Durchführung von Analysen der Wertschöpfungskette möglichst einzugrenzen, ist es ratsam, bereits frühzeitig die davon betroffenen direkten und indirekten Aktivitäten zu identifizieren – wenn möglich schon in der Planungsphase –, um dann im operativen Prozess die entsprechenden Informationen bereits implizit zu erheben.

4.3 Benchmark-Analyse als Schnittstelle zwischen Markt und Unternehmen

Benchmarking ist ein häufig verwendeter Begriff, der in zahlreichen Branchen und Segmenten wie etwa in der Finanzwirtschaft, der EDV, der Produktion oder dem Produktmanagement Einzug gefunden hat. Im betriebswirtschaftlichen Kontext wurde es erstmals von Robert C. Camps 1989 beschrieben und 1992 gemeinsam mit dem Unternehmen Rank XEROX ausgearbeitet. (Camps 1989, S. 25 ff.) Dabei wurde Ende der 1980er Jahre festgestellt, dass die Konkurrenz aus Fernost trotz vergleichbarer Technologie unter dem eigenen Produktionspreis produzieren konnte. So wurde darauf geschlossen, dass die Effizienz der Konkurrenz in anderen Bereichen (etwa den Produktionsprozessen) liegen musste. Daher wurden diese Aspekte verglichen und so konnte der Marktvorsprung des Mitbewerbs wieder aufgeholt werden. Später wurde die Methode auch auf andere Bereiche (Logistik, Vertrieb) ausgedehnt und so eine allgemeine Gültigkeit bewiesen.

Beim Benchmarking wird eine ständige Optimierung der Potenziale des eigenen Unternehmens angestrebt, indem man von den Besten lernt und deren Erfolgsfaktoren auf das eigene Unternehmen überträgt. Die Methode wird angewendet, um einen Vergleich mit Marktbegleitern oder auch anderen Abteilungen des eigenen Unternehmens herzustellen und so die Stärken und Schwächen des eigenen Unternehmens gegenüber der Konkurrenz zu erkennen. So können Strategien und Maßnahmen entwickelt werden, welche die eigenen Vorgehensweisen ständig verbessern.

Im Mittelpunkt der Betrachtung steht dabei der Vergleich von bestimmten Geschäftsobjekten (beispielsweise Produkten, Prozessen oder Dienstleistungen).

Bevor auf die Methode selbst näher eingegangen wird, ist es nützlich, die zu unterscheidenden Arten des Benchmarkings zu betrachten:

- **Internes Benchmarking**
  Autonome Abteilungen innerhalb des Unternehmens werden verglichen. Diese Art ist die kostensparendste, aber in der Entwicklung von Verbesserungspotenzialen sehr eingeschränkt.
- **Mitbewerbsbenchmarking**
  Der Vergleich findet mit einem direkten Konkurrenten statt. Hier ist ein hoher Lerneffekt, aber auch die Gefahr von Fehleinschätzungen gegeben.

- **Funktionales Benchmarking**
  Dabei findet der Vergleich mit Unternehmen unterschiedlicher Branchen, aber in Bezug auf funktional gleiche (oder ähnliche) Aspekte statt (beispielsweise wird die Logistik des eigenen Unternehmens mit der Logistik eines Logistikunternehmens verglichen). Hierbei besteht die Gefahr, dass ähnliche Funktionalitäten verglichen werden, aber die Voraussetzungen zu unterschiedlich sind und dadurch kein oder nur wenig Lerneffekt gegeben ist.
- **Generisches Benchmarking**
  Hierbei werden die generischen Komponenten der betrachteten Objekte verglichen und so auf die eigenen Objekte projiziert.
  Diese Art des Benchmarkings ist zwar sehr aufwendig, hat jedoch auch einen hohen Lerneffekt und Nachhaltigkeitsgrad, weil sehr oft nicht die individuelle Ausprägung eines Objekts (etwa eines Produkts), sondern schon dessen generische Strukturen hohe Verbesserungspotenziale bergen und diese durch die Projektion auf das konkrete Objekt noch weiter verstärkt werden können.

Benchmarking ist demnach ein wichtiges Analyseinstrument des Portfoliomanagers, um

- Trends zu erkennen,
- die eigenen Stärken und Potenziale im Vergleich zu Mitbewerbern zu identifizieren,
- die eigene Marktposition zu eruieren und, darauf aufbauend, entsprechende Wettbewerbsstrategien zu entwickeln sowie
- Verbesserungspotenziale im eigenen Portfolio herauszufinden.

Das Benchmarking folgt grundsätzlich einem sich wiederholenden Vier-Phasen-Modell:

- **Planungsphase**
  Anfangs werden die Vergleichsobjekte (etwa Prozesse, Produkte oder bestimmte Dienstleistungen) und die Vergleichspartner (dadurch auch implizit die Art des Benchmarkings) bestimmt. Anschließend sind die wichtigsten Messgrößen und Kennzahlen festzulegen, die verglichen werden sollten, bevor die entsprechenden Informationen (sowohl des eigenen Unternehmens als auch jene des Vergleichspartners) eingeholt werden.
- **Durchführungsphase**
  Dabei werden die einzelnen Informationen und Daten in Relation zueinander gesetzt.
- **Analysephase**
  In diesem Schritt werden die einzelnen Daten verglichen und Verbesserungspotenziale festgestellt sowie die Ursachen dafür, falls etwa Unterschiede zum Vergleichspartner bestehen, ermittelt.
  Ferner können in dieser Phase bereits konkrete Handlungsvorschläge erstellt werden.

4.3 Benchmark-Analyse als Schnittstelle zwischen Markt und Unternehmen

- **Umsetzungsphase**
  Diese Phase ist die wohl wichtigste Phase, weil das alleinige Wissen über Verbesserungspotenziale nicht ausreicht, um diese auch zu realisieren.
  Hier werden konkrete Maßnahmen umgesetzt, um diese Potenziale tatsächlich zu heben.

In der Praxis wird das Benchmarking dabei nach folgenden Schritten durchgeführt:

1. Festlegung des Analyseobjekts
2. Analyse des eigenen Unternehmens, beispielsweise mittels SWOT-Analyse (s. Abschn. 3.2.4)
3. Ermittlung des Vergleichspartners (je nach Art des Benchmarkings)
4. Ermittlung der Daten und Informationen des Vergleichspartners
5. Vergleich und Schlussfolgerungen
6. Zielbestimmung und Umsetzung
7. Bewertung des Erfolgs der Maßnahmen und Soll-Ist-Vergleich (damit wird wieder bei Schritt 1 begonnen)

Der Benchmarking-Prozess wird dabei in der Regel von einem Projektteam realisiert. Dieses muss so beschaffen sein, dass alle relevanten Informationsträger des eigenen Unternehmens, aber auch Personen mit ausreichender Marktkenntnis – falls es sich um keine interne Analyse handelt – vertreten sind.

Im Rahmen der ersten Schritte können auch durchaus andere bewährte Analysemethoden herangezogen werden, wie etwa die Kennzahlen-Analyse (Abschn. 4.2.1), die GAP-Analyse (Abschn. 4.2.2) oder die SWOT-Analyse (Abschn. 3.2.4). Sind erst die Vergleiche der unternehmensinternen mit den unternehmensexternen Daten hergestellt, kann gut erkannt werden, wo Stärken gegenüber dem Mitbewerb liegen und in welchen Bereichen dieser einen Vorsprung aufweisen kann (s. Abb. 4.4). Daraus können dann etwa direkt Alleinstellungsmerkmale des eigenen Angebotes abgeleitet oder Potenziale für mögliche neue USPs entwickelt werden.

Benchmarking nützt darüber hinaus auch als Prozess-Methode dem internen Know-how-Aufbau und ist eine schnelle und effiziente Art, erfolgreiche Vorgehensweisen zu identifizieren. Zudem kann auch erkannt werden,

- welche Strategien am zweckmäßigsten erscheinen, um neue USPs zu schaffen,
- welche Veränderungen des Portfolios einen Mehrwert gegenüber dem Angebot des Mitbewerbs darstellen oder
- welche Prozesse im eigenen Unternehmen gegenüber dem Mitbewerb Verbesserungspotenziale in sich bergen.

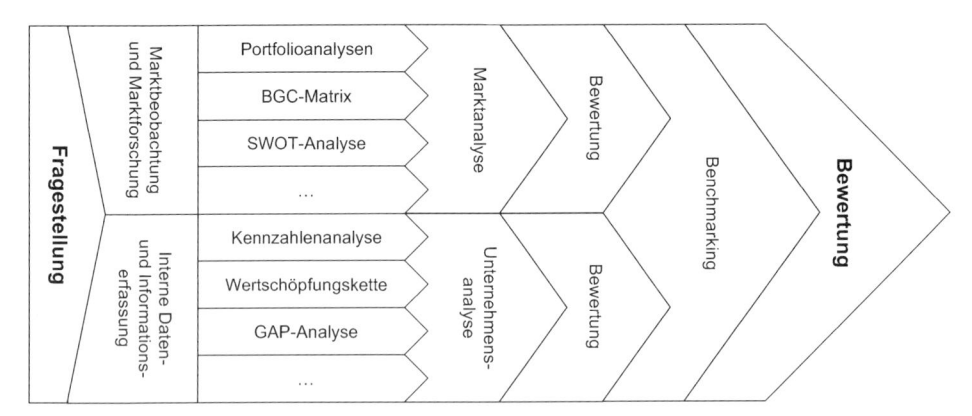

Abb. 4.4 Benchmarking-Prozess

Das Benchmarking stellt so eines der wichtigsten und bedeutendsten Instrumente für den Portfoliomanager dar, selbst wenn das Erstellen (vor allem das Sammeln von Daten und deren Interpretation) sehr aufwendig sein kann. Allerdings kann nicht genug betont werden, dass aussagekräftige Ergebnisse nur dann ermittelt werden können, wenn die Qualität der verwendeten eigenen Unternehmensinformationen und der vorhandenen Marktinformationen ausreichend hoch ist und die Vergleichsdaten relevant in Bezug zu den eigenen sind. Zudem sind eine vorangehende interne Unternehmensanalyse (etwa durch Kennzahlen-Analyse) und eine entsprechende Marktanalyse notwendig, um die erforderlichen Vergleiche überhaupt anstellen zu können.

Um die Aussagekraft beurteilen zu können, ist der Portfoliomanager daher gefordert, eine entsprechende Qualitätsbewertung durchzuführen, die einerseits die Informationen an sich und andererseits auch die Aktualität und Plausibilität der verwendeten Datenbasis einschließt.

In der modernen Betriebswirtschaft wird das Benchmarking auch als ein Modell zur Führung ganzer Unternehmen dargestellt (vgl. dazu etwa Zdrowomyslaw 2002, S. 7 ff.). Allerdings sollte dahingehend berücksichtigt werden, dass es sich hierbei vorwiegend um eine Analysemethode der vergleichenden Betriebswirtschaft handelt. Zweifellos ist Benchmarking ein wesentliches Instrument – allerdings auch nur ein Baustein für eine marktorientierte Unternehmensführung.

Wichtig für den Portfoliomanager ist in jedem Fall, sich bewusst zu machen, dass die Methode zwar die am Markt vorhandenen Vorgehensweisen, Prozesse, Produkte oder auch interne Unternehmensbereiche zum Vergleich nutzt, aber er selbst für die Interpretation und Ableitung von Strategien verantwortlich ist. Schott beschreibt in seinem Buch „Grundlagen des Betriebsvergleichs" (1956, S. 16) eine Parallele zur Bedeutung des Experiments in der Naturwissenschaft. Führt man diese Gedanken aber weiter, so wird deutlich, dass das Experiment zwar eine Fragestellung in der Praxis nachvollzieht, aber nicht deren Lösung oder eine Begründung dafür liefert. Genauso verhält es sich mit dem Benchmarking. Es zeigt die Potenziale, Fragestellungen und Problembereiche des Unternehmens gegenüber dem Markt auf. Es liefert aber keine Erklärungen oder Lösungswege. Vor allem aber liefert es keine Aussage darüber, wie man es besser macht als die Vergleichsgrößen. Wer lediglich bestrebt ist, eine Referenz nachzuempfinden, wird es schwer haben, diese zu übertreffen!

4.4 Zieldefinition

Auf Basis der Ergebnisse der zuvor durchgeführten Analyse von Unternehmen und Markt kann eine Definition der Ziele vorgenommen werden. Es sollte dabei darauf geachtet werden, dass diese messbar und überprüfbar sind.

Die Zieldefinition betrifft im Unternehmenskontext mehrere Ebenen, die hierarchisch gegliedert werden können. Die in Abb. 4.5 , in Anlehnung an Homburg und Krohmer (2006, S. 433), dargestellte Form verdeutlicht dies anschaulich. Demnach sind neben den einzelnen Individualzielen (wie etwa Anzahl der Stammkunden, Höhe der Produktionskosten, Vertriebsziele etc.) globale Unternehmensziele festzulegen, welche die grundsätzliche Ausrichtung des Unternehmens in einem längeren zeitlichen Kontext beschreiben. Diese werden durch die Vision („Wo wollen wir in zehn Jahren stehen?") und das Unternehmensleitbild definiert. Beide geben den Mitarbeitern eine Leitlinie für die täglichen Entscheidungen und definieren, was erreicht werden soll und mit welchen Handlungsgrundsätzen dies zu bewerkstelligen ist. Die Vision des Unternehmens ist ein gutes Mittel, das eigene Unternehmen und die einzelnen Mitarbeiter zu motivieren, sich den gesetzten Zielen des Unternehmens unterzuordnen und diese auch zu erreichen. Umgekehrt vermittelt sie auch – in der Außenkommunikation eingesetzt – ein Profil des Unternehmens, an dem sich Kunden, Partner und Investoren orientieren können.

Das Leitbild hingegen stellt Grundsätze dahingehend auf, mit welchen Handlungsweisen diese Ziele erreicht werden sollen. Es dient daher vor allem intern als Orientierungshilfe bei Entscheidungsprozessen und definiert Vorgaben, aus denen sich die weiteren Zieldefinitionen ableiten (beim Top-down-Prozess) oder es wird aus den Individualzielen aggregiert (Bottom-up-Prozess), wie später noch näher erläutert wird.

In der Praxis wird oftmals in Workshops mit viel Enthusiasmus ein Unternehmensleitbild entwickelt, dessen tieferer Sinn aber nicht – beziehungsweise falsch oder unterschiedlich – verstanden wird. Das Unternehmensleitbild stellt nicht etwa neue Vorschriften für die Mitarbeiter des Unternehmens dar oder dient zur Marktkommunikation. Vielmehr ist es eine wichtige Ebene im Zielekatalog, aus der alle weiteren Vorgaben konsistent abgeleitet werden können oder die aus allen Teilzielen des Unternehmens aggregiert wurde. Damit kann das Leitbild auch als „Leitziel" des Unternehmens verstanden werden und so einen wesentlichen Beitrag zur Ausrichtung der Organisation liefern. Die damit verbundene Wichtigkeit liegt auf der Hand und dementsprechend vergeudet sind die Anstrengungen, wenn es lediglich als Marketinginstrument verwendet wird und der Umsetzung beziehungsweise Einhaltung ein zu geringer Stellenwert beigemessen wird.

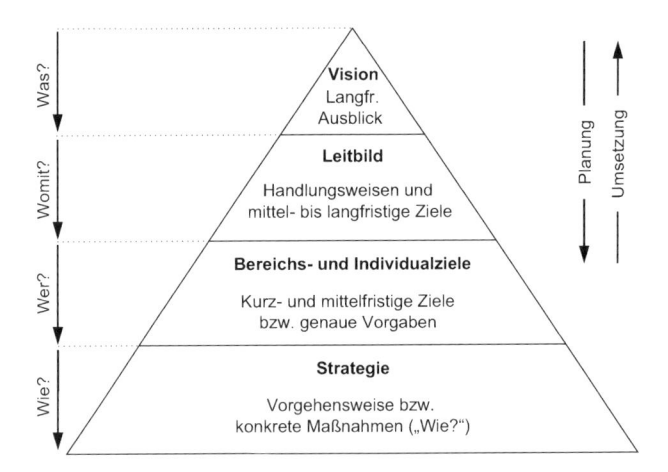

Abb. 4.5 Zielhierarchie. (In Anlehnung an Homburg und Krohmer 2006, S. 433)

```
                    Vision
                    Langfr.
         Was?       Ausblick
                   ─────────
                    Leitbild
        Womit?    Handlungsweisen und          Planung
                mittel- bis langfristige Ziele    │
                 ──────────────────────           │  Umsetzung
                 Bereichs- und Individualziele
         Wer?    Kurz- und mittelfristige Ziele
                 bzw. genaue Vorgaben
                 ──────────────────────────
                         Strategie
         Wie?       Vorgehensweise bzw.
                 konkrete Maßnahmen („Wie?")
```

Wird ein Leitbild als reines Marketinginstrument im Bereich der Außenkommunikation angewendet, ohne dass auf die Einhaltung der Grundsätze geachtet wird, so entsteht meist eine Diskrepanz zwischen dem, was das Unternehmen dem Kunden bietet, und dem, was er tatsächlich bekommt. Dies hat in letzter Konsequenz einen negativen Einfluss auf die Kundenzufriedenheit, da die durch Außenkommunikation generierte Erwartungshaltung der Abnehmer von der internen Ausrichtung divergiert!

Generell ist im Zuge der Zieldefinition darauf zu achten, dass die einzelnen Ebenen in einem Bezug zueinander stehen und aus, aufeinander aufbauenden, Fragestellungen abgeleitet werden. Eine Festlegung der Ziele kann nach diesem Ansatz, wie bereits angesprochen, Top-down oder Bottom-up erfolgen. So werden die einzelnen Unternehmensziele entweder sukzessive auf Abteilungen, Sub-Abteilungen und Gruppen heruntergebrochen (Top-down) oder abgeleitet von Gruppenzielen bis hin zur Unternehmensebene aggregiert (Bottom-up). In jedem einzelnen Schritt kommt die in Abb. 4.5 dargestellte Planungspyramide zur Anwendung, wenngleich entsprechend der Hierarchieebene der Firma auf Teamebene eher die unteren Schichten (Strategie, Bereichs- und Individualziele) und auf Unternehmensebene die oberen Aspekte (Vision, Leitbild) im Vordergrund stehen.

Zieldefinition: Top-down Die Top-down-Definition ist hauptsächlich durch die Vorgaben der Unternehmensleitung, der Eigentümer oder Investoren festgelegt. Dabei werden die formulierten Ziele auf die nachgeordneten Unternehmensbereiche heruntergebrochen, wo Individualziele zur Erreichung der übergeordneten Vorgaben formuliert werden. Der Top-down-Ansatz hat den Nachteil, dass dabei meist die unternehmensinternen Faktoren zu wenig berücksichtigt werden und die Zieldefinition nicht zwingend mit den vorhandenen Möglichkeiten korreliert. Zudem kommt es bei dieser Vorgehensweise häufig vor, dass das Wissen der beteiligten Mitarbeiter nicht in den Prozess einfließt, da „Oben weiß, was Unten zu tun ist". Nachdem dies in der Praxis nur selten tatsächlich der Fall ist, empfiehlt es sich, selbst im Kontext einer Top-down-Definition jeweils die nächste Ebene einzubinden, um nicht wichtige Rahmenbedingungen außer Acht zu lassen.

Der Top-down-Ansatz bietet umgekehrt den Vorteil, dass er Herausforderungen für die jeweiligen Ebenen definiert, ohne im ersten Schritt zu sehr auf die Befindlichkeiten Rücksicht zu nehmen, und damit von den einzelnen Abteilungen „fordert", zu optimieren und ständig an ihrer Ausrichtung zu arbeiten. Die Durchsetzung von Anpassungen wird dadurch erleichtert und ständige Effizienzsteigerungen angeregt. Ist die Zieldefinition jedoch zu weit vom Tagesgeschäft entkoppelt, führt sie zu einem Scheinkatalog, der pro forma erfüllt wird und nichts mit der eigentlichen Tätigkeit zu tun hat. (Mitarbeiter können hier sehr kreativ werden!) Dies hat letztlich jedoch erhebliche Mehraufwände im Kontext des Reportings zur Folge, die nicht unterschätzt werden sollten. Eine Einbindung der betroffenen Ebene in die Festlegungen beugt diesem Problem vor.

Zieldefinition: Bottom-up Der Bottom-up-Ansatz ermittelt auf Basis der Analyseergebnisse die notwendigen Individualziele und extrapoliert daraus die Bereichs- und Unternehmensziele. Dies bietet die Möglichkeit, unternehmensinterne Voraussetzungen, operative Rahmenbedingungen und die konkreten Marktanforderungen besser zu berücksichtigen. Allerdings muss dabei auch stets darauf geachtet werden, dass das aggregierte Ergebnis auch mit dem übergeordneten Geschäftsplan des Unternehmens und dessen Geschäftsmodell korreliert. Sollte dies nicht der Fall sein, sind Anpassungen der individuellen Ziele notwendig, weshalb bei dieser Vorgehensweise in der Praxis häufig mehrere Iterationen durchlaufen werden.

Wichtig für die Definition von Zielen sind

- Eindeutigkeit,
- Messbarkeit und
- Überprüfbarkeit der definierten Ziele sowie
- ein fest definiertes Zeitintervall (etwa Geschäftsjahr, Quartal), in welchem diese zu erreichen sind und das als Bewertungsgrundlage herangezogen wird.

Die Problematik bei Zielfestlegungen ist stets, dass in dynamischen Kontexten bereits nach kurzer Zeit einzelne Ziele obsolet werden, da Konkurrenten neue Produkte am Markt einführen, Regulatorien die Erreichung einzelner Aspekte verunmöglichen oder etwa Firmen fusionieren und die Rahmenbedingungen gänzlich anders aussehen als zum Zeitpunkt der Definition. Dahingehend begehen Unternehmen oftmals folgende Fehler:

1. **Abstrakte Zieldefinition, um Eventualitäten abzufedern:** Dies führt zu unspezifischen Zielen, die schwer bewertet werden können und wenig Fokussierung implizieren.
2. **Striktes Festhalten an definierten Zielen:** Das kann zur Folge haben, dass die Mitarbeiter „Dienst nach Vorschrift" machen, selbst wenn es angesichts geänderter Rahmenbedingungen gegen die Unternehmensinteressen läuft.

Es hat sich dahingehend bewährt, Ziele durchaus konkret festzulegen, aber bei einer erheblichen Veränderung von Einflussfaktoren eine Zwischenbewertung und Re-Definition vorzunehmen. Alternativ können auch Ziele im Kontext der Bewertung als „nicht anwendbar" behandelt und damit aus dem Incentivierungsprozess ausgeklammert werden. Dieser Ansatz macht vor allem bei einer größeren Anzahl an Zielen Sinn. Prinzipiell gilt, dass mit höherer Managementebene die Ziele aggregiert und damit im Risiko gestreut sind. Darüber hinaus haben Manager auch mit unerwarteten Einflüssen umzugehen und dahingehend die Firma auf Kurs zu halten. Deshalb sollten deren Ziele selbst bei veränderten Rahmenbedingungen eher beibehalten werden. Auf operativen Ebenen kann eine Re-Definition oder Ausklammerung einzelner Ziele durchaus zweckmäßig sein, um die konkrete Arbeit angesichts neuer Umstände entsprechend auszurichten.

▶ Je höher die Position im Unternehmen, desto eher sollten Ziele über die betrachtete Geschäftsperiode selbst bei geänderten Rahmenbedingungen beibehalten werden.

Dass die schriftliche Formulierung von Zielen und Strategien obligatorisch ist, sollte sich eigentlich von selbst verstehen. Dennoch sei an dieser Stelle darauf explizit hingewiesen, da in der Praxis sehr häufig im Druck des Tagesgeschäftes genau dieser Schritt nur halbherzig, unstrukturiert oder gar nicht durchgeführt wird. Doch erst die formale Darlegung bietet die notwendige Grundlage für eindeutige Kommunikation intern und extern sowie eine dokumentierte Richtschnur für tägliche Entscheidungen beziehungsweise auch die spätere Beurteilung im Hinblick auf die Erreichung der Ziele.

4.5 Strategiedefinition

Ausgehend von den Unternehmenszielen, den Bereichs- und Individualzielen und den gegebenen internen und externen Voraussetzungen, muss der Portfoliomanager eine umfassende Strategie entwickeln, die eine langfristige und konsequente Verfolgung dieser Ziele ermöglicht.

Sie stellt eine wesentliche Komponente des Geschäftsmodells beziehungsweise des Geschäftsplans (s. Kap. 6) dar und beschreibt ausgehend von den definierten Zielen, *wie* diese erreicht werden sollen. Die Unternehmensstrategie legt fest, wie das Unternehmen erfolgreich sein kann, und bildet daher das Herzstück des gesamten Geschäftsplans auf Firmenebene. Je nachdem, welche Führungsphilosophie die Leitung vertritt, werden dabei – ausgehend von der Marketingstrategie – alle anderen Teilstrategien abgeleitet (marktorientierte Unternehmensführung) oder die Marketingstrategie bildet einen gleichberechtigten Bestandteil der gesamten Unternehmensstrategie (etwa bei der innovationsorientierten Unternehmensführung).

Für den Portfoliomanager sind in diesem Kontext folgende Teilstrategien von besonderer Bedeutung:

4.5 Strategiedefinition

- Portfoliostrategie
- Preisstrategie
- Innovationsstrategie
- Marketingstrategie
- Vertriebsstrategie
- Wettbewerbsstrategie

Selbst wenn Analyse und Zieldefinition gut elaboriert sind, kommt es häufig vor, dass die Definition beziehungsweise Formulierung der Strategie und vor allem die Strategieimplementierung nur sehr mangelhaft ausfallen. Das liegt daran, dass bereits die Analyse von Informationen zu definierten Fragestellungen ein sehr aufwendiger Prozess ist und oftmals die Analyseergebnisse bereits zwecks Argumentation in Bezug auf entsprechende Maßnahmen als ausreichend erscheinen. Die Definition der Strategie ist jedoch unverzichtbar, um weiterführende Fragestellungen effizient und damit aufwandsschonend beantworten zu können –, oder wie es Alexander Huber (2006, S. 38) in seiner empirischen Untersuchung der strategischen Planung deutscher Unternehmen so treffend ausdrückt: *„Die Strategie bringt Denken und Handeln zusammen."* Ohne konkret ausformulierte Strategie tendieren Maßnahmen zur Unterstützung des Markterfolgs lediglich in Richtung kurzfristiger punktueller Initiativen oder sind Zufallstreffer und ermöglichen kaum Nachhaltigkeit. Dies führt unweigerlich zu mangelnder Transparenz und dadurch zu Fehlinterpretationen oder Unverständnis hinsichtlich getroffener Entscheidungen. Im Folgenden werden daher die Portfoliostrategie, die Preisstrategie und die Innovationsstrategie genauer erläutert.

4.5.1 Definition des Portfolios: Portfoliostrategie

Die Portfoliostrategie wird in Abhängigkeit von der jeweiligen Branche, in der das Unternehmen tätig ist, unterschiedlich definiert. So ist mit dem Portfolio im Finanzwesen der Mix an Investitionen oder Aktienpaketen gemeint und in der IT-Industrie der Softwaremix eines Unternehmens. Der Produktportfoliomanager verwendet diesen Begriff als Angebots- oder Produktmix, der am Markt positioniert wird, weshalb sich die Portfoliostrategie stark an den adressierten Zielsegmenten und der Angebotspalette der Firma orientiert. In diesem Kapitel wird die Portfoliostrategie aus einem Blickwinkel betrachtet, der als Basis das Unternehmen selbst (mit seinen internen Möglichkeiten und Spezifika beziehungsweise dessen Strategie) zugrunde legt und, davon abgeleitet, das am Markt positionierbare Portfolio betrachtet. Diesen Aspekt besonders im Auge zu behalten, ist aus unternehmerischer Sicht erforderlich, um neben der reinen Marktbetrachtung eine sinnvolle (und insbesondere realisierbare) Umsetzung der damit zusammenhängenden Strategie sicherzustellen.

In Abschn. 6.2.4.3 wird im Kontext der Erstellung eines Geschäftsplanes vor allem auf die Varianten der Positionierungsstrategien von Produkten am Markt eingegangen.

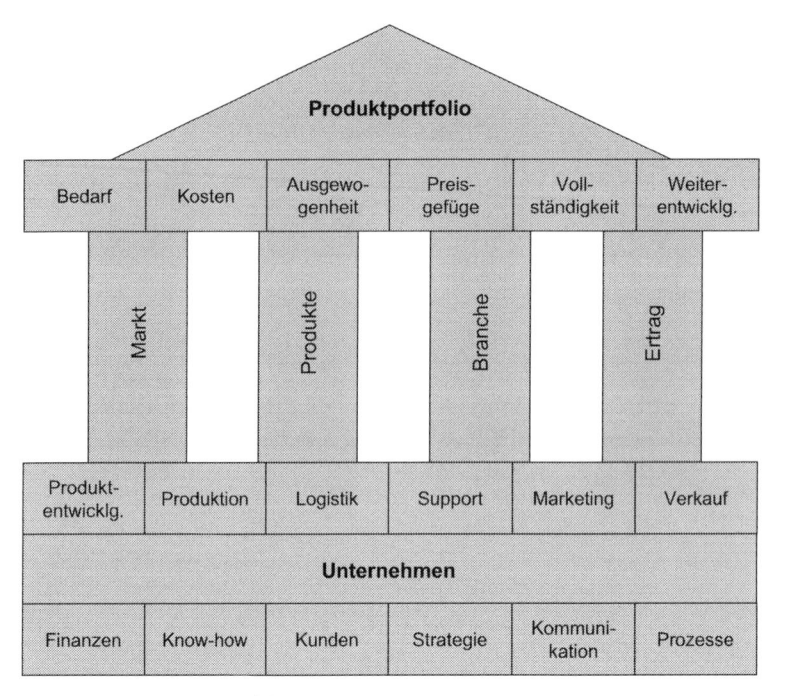

Abb. 4.6 Säulenmodell einer Portfoliostrategie

Während die Analyse des Portfolios zum Beispiel mit einer BCG-Matrix oder anderen Methoden (vgl. Abschn. 3.2.2) durchgeführt werden kann, ist die Entwicklung darauf aufbauender Strategien wesentlich komplexer.

Die Portfoliostrategie setzt aus unternehmerischer Sicht auf einem Säulenmodell auf (siehe Abb. 4.6), das die Komplexität der Abhängigkeiten des Portfolios sowohl von unternehmensinternen Faktoren als auch von der Unternehmensumgebung her betrachtet.

Basis jeder Portfoliozusammensetzung ist dabei das Unternehmen selbst. Die entsprechenden Informationen dazu werden in einer internen Unternehmensanalyse ermittelt und umfassen zum Beispiel die Unternehmensbereiche und Informationen, die das Angebot direkt oder indirekt beeinflussen. Dazu gehören vor allem:

- Finanzen (vorhandenes Investitionskapital, Liquidität etc.)
- vorhandenes Know-how
- Prozesse
- Technologien
- Unternehmensorganisation
- Unternehmensziele
- Unternehmensstrategie

4.5 Strategiedefinition

Ohne das Vorhandensein der entsprechenden und notwendigen Voraussetzungen im Unternehmen selbst wird es schwer möglich sein, ein neues Produkt in das Portfolio aufzunehmen – selbst wenn dafür die Aussichten auf Erfolg am Markt vielversprechend sind. So wird in einem Bauunternehmen, das sich im Bereich Hochbau auf die Errichtung von Industriegebäuden konzentriert, die Erweiterung des Portfolios in Richtung des Industrieanlagenbaus (etwa Turbinen für Kraftwerksanlagen) nicht oder nur schwer realisierbar sein, da die entsprechenden Kompetenzen, aber auch die Unternehmensstruktur nicht auf die dabei geforderten Voraussetzungen abgestimmt sind.

Aufbauend auf die Unternehmensorganisation, stützt sich das Portfolio in weiterer Folge auf vier wesentliche Säulen, deren Beschaffenheit für den Portfoliomanager wesentliche Grundlagen zur Gestaltung und Weiterentwicklung des Produktportfolios liefert:

Markt Eine wichtige Voraussetzung für die Gestaltung des Portfolios sind die Herausforderungen des Marktes (vgl. Kap. 3). Deren Kenntnis und die der damit in Zusammenhang stehenden Einflussfaktoren sind wichtige Grundlagen zur Bewertung von Portfolios und der zu erwartenden Entwicklung der angebotenen Produkte. Ebenfalls werden dadurch die Erwartungen und Anforderungen zur erfolgreichen Positionierung des Portfolios ermittelt.

Produkte Die vorhandenen und potenziell neu hinzukommenden Produkte und Portfolioelemente des Unternehmens stellen eine weitere Säule dar. Dabei ist nicht nur das einzelne Produkt an sich zu betrachten, sondern es sind auch eventuelle Abhängigkeiten der Produkte untereinander zu berücksichtigen. Für ein Softwareunternehmen sind beispielsweise nicht nur das Softwareprodukt selbst, sondern eventuell damit in Zusammenhang stehende Dienstleistungen wesentlich für den Erfolg eines Angebots.

Wichtig ist es auch, auf die wesentlichen Erfolgskriterien der einzelnen Produkte sowie auf die Produkteigenschaften Rücksicht zu nehmen. So ist etwa die Koordination und Abstimmung der einzelnen Produktlebenszyklen der Portfolioelemente ein wesentliches Kriterium für die Portfoliostrategie.

Branche Ein weiterer, wichtiger Aspekt für die Gestaltung des Produktportfolios ist die genaue Kenntnis der adressierten Branchen und Marktsegmente. Hierbei sind etwa die Spezifika der einzelnen Bereiche zu berücksichtigen. So kann eine Portfolioerweiterung auf den ersten Blick durchaus die Produktpalette sinnvoll bereichern und auch die Marktanforderungen sowie die Erwartungen des Unternehmensumfelds ideal erfüllen, die potenziellen zusätzlichen Portfolioelemente jedoch – für sich betrachtet – völlig neue Branchen adressieren, deren Eigenschaften und Spezifika im Unternehmen nicht beherrscht werden. Dahingehend ist etwa die oben erwähnte Erweiterung des Bauunternehmens auf das Angebot von Industrieanlagen durchaus eine reizvolle Überlegung in Bezug auf die Vollständigkeit des Angebots. Sie würde allerdings eine völlig andere Branche adressieren, deren Kenntnis im Unternehmen nicht hinreichend vorhanden ist.

Ertrag Der Ertrag ist natürlich der zentrale Faktor eines erfolgreichen Produktportfolios. Wichtig für den Portfoliomanager ist dabei nicht primär die Betrachtung einzelner Produkte, sondern jene des Gesamtportfolios. Natürlich kann es sein, dass die Aufnahme von Portfolioelementen – auch wenn sie selbst nur einen geringen Ertrag versprechen – zu einer signifikanten Steigerung des Gesamtprofits führen, indem sie Synergieeffekte auslösen, die den Vertrieb anderer Angebotsteile fördern. Dies gilt insbesondere dann, wenn diese Produkte als sogenannte „Türöffner" fungieren und andere Portfolioelemente dadurch eine signifikante Ertragssteigerung erzielen. Klassisches Beispiel dafür ist etwa der Bereich von Open Source (also frei verfügbarer Software) in der IT-Branche. Hierbei stellen Unternehmen Produktentwicklung kostenlos zur Verfügung, um in weiterer Folge im Rahmen des Dienstleistungsangebots (Beratungsleistungen, Support) den gewünschten Ertrag zu erzielen. In diesem Zusammenhang sei jedoch angemerkt, dass für den Kunden zwar relativ geringe oder keine Anschaffungskosten für die reine Software erwachsen, allerdings die Integration und Wartung der Lösung entsprechend kostspieliger und auch der Einfluss auf die Produktentwicklung (etwa bei notwendigen Anpassungen) sehr eingeschränkt ist.

Wichtig in Bezug auf die Säule des Ertrags eines Portfolios ist die, damit in Zusammenhang stehende, Wertschöpfungskette, welche im Rahmen der entsprechenden Analyse (s. Abschn. 4.2.3) ermittelt wird. Die einzelnen Faktoren dieser Wertschöpfungskette zu kennen und eine klare Entscheidung darüber zu treffen, welche dieser Teile für das Portfolio wesentlich sind und welche nicht, ist eine entscheidende Grundlage für die Definition der Portfoliostrategie. Wenn man sich etwa die Wertschöpfungskette im Bereich der Pharmaindustrie vor Augen führt, so ist ein wesentlicher Teil der Produkte im Kontext der Medizinbranche angesiedelt. Allerdings ist es vermutlich nicht wirklich sinnvoll, wenn ein Portfoliomanager versucht, diesen Teil der Wertschöpfungskette in sein eigenes Angebot aufzunehmen, indem er medizinische Dienstleistungen anbietet. Zum einen könnte er dadurch seine bestehende Kundenklientel verunsichern und so bestehende Absatzmärkte gefährden und eine Marktwahrnehmung erzeugen, die dem Unternehmensimage nachhaltig schaden könnte, und zum anderen ist dies ein Kompetenzbereich, der aller Wahrscheinlichkeit nach die eigenen Fähigkeiten und Qualifikationen übersteigt.

Aufbauend auf den Unternehmenseigenschaften und den Analyseergebnissen der beschriebenen Säulen, kann nun der Portfoliomanager die Gestaltung und Weiterentwicklung seines Portfolios sowie die damit verbundene Strategie definieren und planen.

4.5.2 Preisgefüge: Preisstrategie

Der Preis ist ein entscheidendes Instrument der Vertriebs- und Marktpolitik und letztlich der maßgebliche Faktor, der die erzielten Einnahmen determiniert. Einerseits legt er die Erlöse je verkauftes Produkt fest und andererseits ist er auch für Abnehmer ein wesentliches – wenngleich nicht alleiniges – Kriterium in der Entscheidungsfindung. Im Zuge der Preisfindung spielen mehrere Aspekte eine Rolle, die es seitens des Portfoliomanagers zu definieren und entscheiden gilt:

4.5 Strategiedefinition

- Preispolitik
- Preisfindung
- Preisgefüge

Preispolitik Damit eine klare Profilierung und Positionierung des Unternehmens am Markt ermöglicht wird, ist eine mit der Unternehmensstrategie im Einklang stehende Preispolitik unumgänglich. Der Kunde muss, um das Unternehmen als geeigneten Anbieter zu identifizieren, erkennen können, ob dieses potenziell in der Lage ist, seine individuellen Bedürfnisse zu befriedigen, und das Preisgefüge ist dahingehend eines der nach außen sichtbaren Kriterien. Die Preispolitik dient aber auch als wichtiges Instrument zum Adressieren unterschiedlicher Käuferschichten. Darüber hinaus liefert sie die Grundlage für die Strategien, wie sich der Preis im Laufe der Zeit entwickeln kann beziehungsweise soll.

Bei der Wahl der entsprechenden Strategie muss der Portfoliomanager insbesondere darauf Augenmerk legen, dass diese durchgängig im gesamten Portfolio ist oder entsprechende Differenzierungen für den Kunden eindeutig erkennbar sind. Ansonsten wird das Unternehmensprofil verwässert und dies verunsichert potenzielle Abnehmer.

Grundsätzlich unterscheidet man folgende Vorgehensweisen:

- **Hochpreispolitik**
  Diese wird häufig bei Markenangeboten verwendet, um dadurch spezielle Käuferschichten anzusprechen oder auch das Bedürfnis des Qualitätsanspruchs beim Kunden zu adressieren.
  Der hohe Preis kann dabei neben der Ertragsmaximierung auch zur Imagebildung beziehungsweise zur Ausbildung einer Wertschätzung durch den Kunden und damit zur Kundenbindung beitragen.
  Wichtig dabei ist aber, dass auch ein entsprechender Bekanntheitsgrad des Produktes seitens Kunden gegeben ist und das Unternehmensimage mit der Preispolitik im Einklang steht (etwa besondere Qualität, Kompetenz, Funktion oder Exklusivität).
- **Niedrigpreispolitik**
  Niedrigpreispolitik wird häufig in Bereichen eingesetzt, wo die Marktführerschaft bereits eindeutig durch den Mitbewerb besetzt oder eine Marktsättigung eingetreten ist. Zudem wird sie auch angewendet, wenn die eigenen USPs gegenüber dem Wettbewerb keine besonderen Vorteile (gemessen am Kundennutzen) darstellen.
  Durch das Erlangen der Kostenführerschaft – also durch die entsprechend niedrige Preisgestaltung – kann ein wichtiger USP erreicht und somit Wettbewerbsvorteile geschaffen werden.
- **Dynamische Preispolitik**
  Die dynamische Preispolitik setzt keine fest definierte Preisstrategie fest, sondern orientiert sich laufend an verschiedenen Markt-, Kunden-, Umwelt-, aber auch unternehmensinternen Faktoren. Dazu zählen etwa saisonbedingte Preismodelle (beispielsweise Saisongemüse oder Hotelpreise in Haupt- und Nebensaisonen), regionale Preismodelle oder auslastungsbedingte Festlegungen, wie es bei Flugpreisen der Fall ist.

Viele Unternehmen, die eine Markenpolitik verfolgen, bilden aber auch Mischformen von Hoch- und Niedrigpreispolitik. Dazu zählen zum Beispiel einige Eigenmarken von Handelsketten, die Produkte beinhalten, die aus der Produktion von Markenherstellern kommen, oder auch eigene Discount-Vertriebsmodelle von Markenherstellern. Dies geschieht hauptsächlich deshalb, weil dadurch die Produktionsmengen gesteigert und damit die Herstellungskosten des einzelnen Erzeugnisses gesenkt werden können. Dabei wird aber sehr genau darauf geachtet, dass seitens der Abnehmer kein Zusammenhang zwischen Markenprodukten und den Niedrigpreisprodukten hergestellt werden kann – etwa durch entsprechende Geheimhaltungsvereinbarungen oder durch getrennte Absatzkanäle (beispielsweise Outlets).

- **Preisverlauf**
  Ein weiterer, essenzieller Faktor der Preisstrategie ist die Festlegung des zeitlichen Verlaufes.
  In diesem Zusammenhang haben sich zwei grundlegende Herangehensweisen etabliert:
  1. **Abschöpfungsstrategie**:
     Dabei wird der Einstiegspreis hoch angesetzt und nach und nach reduziert. Diese Strategie wird meist dann angewendet, wenn genügend Wettbewerbsvorteile gegeben sind, um trotz eines hohen Einstiegspreises die notwendigen Umsatzvorgaben zu erfüllen – wenn also die Markt- und Einstiegsbarrieren hoch genug sind. Dies können etwa Patente oder andere rechtliche Vorgaben wie notwendige Zertifizierungen oder Marktfreigaben sein. Eine sukzessive Reduktion wird dann durchgeführt, wenn diese Vorteile wegfallen und Mitbewerber in den Markt drängen.
     In diesem Zusammenhang sollte der Portfoliomanager auch auf Abhängigkeiten der einzelnen Elemente seines Portfolios untereinander achten. So kann die Abschöpfungsstrategie eines Produktes der gesamten Preispolitik des Portfolios widersprechen, wenn dieses nicht auf eine Hochpreisstrategie ausgerichtet ist.
  2. **Penetrationsstrategie**
     Hierbei wird ein sehr niedriger Einstiegspreis festgesetzt, der im Laufe der Zeit erhöht wird.
     Das führt dazu, dass zunächst eine große Kundenschicht adressiert werden kann und der Wettbewerb wegen der geringen Ertragsaussichten vom Markteintritt abgehalten wird.
     Entscheidend dabei ist aber, dass in weiterer Folge trotz Preiserhöhungen die Kundenschicht gehalten werden kann. Dies impliziert die Notwendigkeit von entsprechenden Kundenbindungsmaßnahmen, die neben Loyalitätskampagnen auch durch parallele Portfolioelemente erwirkt werden kann.
     Eine Penetrationsstrategie ist insbesondere dann überlegenswert, wenn die Einstiegs- und Marktbarrieren gering sind und der Preis das ausschlaggebende Kaufkriterium darstellt. Allerdings ist auch eine niedrige Churn-Rate (sie gibt Aufschluss darüber, wie häufig der Kunde den Anbieter wechselt) Voraussetzung, da ansonsten die Preissteigerungen zu Verlusten von Marktanteilen führen würden.

4.5 Strategiedefinition

Preisgestaltung Eine der zentralen Fragestellungen im Portfoliomanagement ist jene nach der Festsetzung des konkreten Verkaufspreises. Dahingehend bieten sich folgende Herangehensweisen an:

- **Kostenorientierung**
  Dabei werden sämtliche Entstehungskosten (sowohl direkte und indirekte Kosten als auch Nebenkosten) ermittelt. Dazu wird ein entsprechender Deckungsbeitrag addiert und daraus der geforderte Produktpreis ermittelt.

  Produktpreis = direkte Produktionskosten (Materialkosten, Produktionskosten, Personalkosten etc.)
  + indirekte Kosten (Marketing, Vertrieb, Verwaltungskosten)
  + Nebenkosten (Miete, Energie etc.)
  + Mindestdeckungsbeitrag

  Eine Preispolitik, die rein auf einer Kostenorientierung basiert, liefert für den Portfoliomanager eine Aussage, ob sich ein Produkt überhaupt lohnt. Dabei wird aber nur das Produkt für sich betrachtet und mögliche Synergieeffekte oder Marktpotenziale außer Acht gelassen.
  Daher ist diese Methode zwar eine Möglichkeit, eine **Preisuntergrenze** zu definieren, sollte aber für die Marktpolitik nicht angewendet werden, da der Wert des Produktes für den Kunden völlig außer Acht gelassen wird. Vielmehr sollte dieses Verfahren angewendet werden, um eine Gegenrechnung der Profitabilität eines Produktes durchzuführen, die sich anhand eines marktorientierten Preises ergibt. Leider orientieren sich vor allem Firmen im Technologiebereich oftmals primär an den Herstellungskosten und positionieren ihr Erzeugnis preislich „am Markt vorbei".

- **Marktorientierung**
  Nach der Durchführung von entsprechenden Marktanalysen kann eine marktorientierte Preisdefinition erfolgen. Dabei werden Aspekte wie die Wettbewerbssituation, Kaufkraft, Marktanforderungen oder rechtliche Faktoren (etwa vorhandene Patente) zur Gestaltung des Produktpreises herangezogen.
  So kann das Marktpotenzial in die Kalkulation einfließen und durch Bewertung zusätzlicher Kriterien eine Ertragsoptimierung durchgeführt werden. Ein Produkt, das beispielsweise in der Entstehung kaum Kosten verursacht, aber durch ein Patent vor der Nachahmung geschützt ist, kann wesentlich höhere Preise erzielen, als durch die tatsächlichen Entstehungskosten vorgegeben wäre.

- **Kundenorientierung**
  Neben der Marktorientierung und der Kostenorientierung ist vor allem die Kundenorientierung ein wesentlicher Faktor zur Preisgestaltung.
  Hierbei wird nach dem Kundennutzen, dem Kundenbedarf, aber auch nach der Wertschätzung des Produktes durch den Kunden eine Preisdefinition vorgenommen. Den

Preis bestimmen dabei Markterhebungen, die den Wert der eigenen Erzeugnisse aus Kundensicht ermitteln. Die Entstehungskosten dienen dahingehend nur noch zur Bestimmung des Mindestpreises – also jenes Preises, den man im Minimum ansetzen sollte, um kostendeckend anbieten zu können.

Zur Ermittlung eines Zielpreises kann hier durchaus auch eine Befragung von einzelnen Kunden durchgeführt werden. Meist stellen diese selbst Rentabilitätsrechnungen an und können eine brauchbare Aussage darüber liefern, wie viel sie bereit wären, für einen bestimmten Funktionsumfang zu bezahlen. Wohlgesonnene Kunden sind erfahrungsgemäß durchaus bereit, diese Information in einem gewissen Maß preiszugeben, da sie ja selbst Interesse daran haben, eine entsprechende Leistung zu erhalten, die aus ihrer Sicht finanzierbar ist. Das schließt natürlich nicht aus, dass Mitbewerber eine vergleichbare Leistung billiger anbieten. Zur Festlegung einer **Preisobergrenze** ist diese Vorgehensweise aber eine gute Richtlinie. In der vertrieblichen Argumentation werden dazu häufig punktuelle Wirtschaftlichkeitsrechnungen und Amortisationsüberlegungen angestellt, die seitens des Portfoliomanagements den Vertriebskollegen als Vorlagen zur Verfügung gestellt werden.

Für den Portfoliomanager ist es also zunächst – und das sollte bereits vor der Entwicklung der Produkte oder Erweiterung des Portfolios passieren – notwendig, zu ermitteln, wo der Mindestpreis angesiedelt ist und ob es sich überhaupt lohnt, ein bestimmtes Produkt in das Portfolio aufzunehmen. Dabei ist aber nicht nur das Produkt selbst, sondern es sind auch die damit in Zusammenhang stehenden Portfolioelemente zu berücksichtigen. Die Gesamtpreispolitik kann, wie oben bereits dargestellt, durchaus implizieren, dass durch sogenannte „Verlustprodukte" der Gesamtertrag gesteigert werden kann, indem sie den Absatz anderer Erzeugnisse fördern (s. dazu auch Abschn. 2.1).

Als nächster Schritt sollten etwaige preisliche Markteintrittsbarrieren für das eigene Unternehmen, aber auch für andere Anbieter ermittelt werden. Solche Barrieren können eigene Patente oder ein belegbarer Kompetenzvorsprung gegenüber Mitbewerbern sein und daraus lassen sich durchaus höhere Preise ableiten.

Nach Berücksichtigung dieser Faktoren gilt es, zur Ermittlung einer preislichen Obergrenze im Rahmen einer Wert- beziehungsweise Nutzenanalyse festzustellen, was der Kunde bereit ist, für das Produkt zu zahlen. Dabei werden der Kundennutzen, die Wertschätzung des Produktes, aber auch des anbietenden Unternehmens durch den potenziellen Abnehmer sowie der Kundenbedarf ermittelt und bewertet. Diese Vorgehensweise wird oftmals als „value based pricing" bezeichnet. Wiederum dienen beispielsweise Kundenbefragungen als gutes Instrument zur Erhebung entsprechender Kriterien, aber auch die Bewertung der einzelnen produktspezifischen USPs für den Kunden und deren Wertstiftung im Vergleich zu Angeboten des Mitbewerbs.

Dieser in Abb. 4.7 schematisch dargestellte Prozess führt zu einer Einschätzung, welcher Preis mit einem bestimmten Produkt am Markt erzielt werden kann.

Generell muss der Portfoliomanager beachten, dass die Preisstrategie wesentlich zum Image des Unternehmens beiträgt, weshalb auf Preispolitik und Preisfindung ein besonde-

4.5 Strategiedefinition

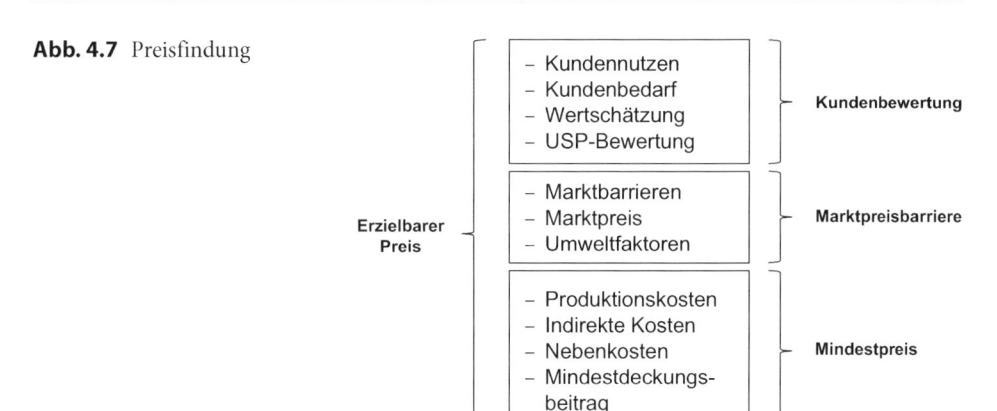

Abb. 4.7 Preisfindung

```
                    ┌─ Kundennutzen    ┐
                    │─ Kundenbedarf    │─ Kundenbewertung
                    │─ Wertschätzung   │
                    │─ USP-Bewertung   ┘
                    │
                    ┌─ Marktbarrieren  ┐
Erzielbarer ────────│─ Marktpreis      │─ Marktpreisbarriere
   Preis            │─ Umweltfaktoren  ┘
                    │
                    ┌─ Produktionskosten        ┐
                    │─ Indirekte Kosten         │─ Mindestpreis
                    │─ Nebenkosten              │
                    │─ Mindestdeckungs-         │
                    │  beitrag                  ┘
```

res Augenmerk zu legen ist. Entsprechend sind Produkte zu hinterfragen, die im Vergleich zum Rest des Portfolios inkonsistent wirken oder herausstechen.

Das Unternehmen IotaComp, das kleine Programme für mobile Anwendungen offeriert, hat immer wieder das Problem, dass Kunden, die entsprechende Applikationen in Auftrag geben, Unverständnis bezüglich der dazu notwendigen Infrastruktur im Bereich der Anwenderanmeldung äußern. Dies ist insbesondere der Fall, wenn hohe Datensicherheitsansprüche gefordert werden. Da diese aus fachlich-technischer Sicht unverzichtbar sind, hat das Unternehmen sein Angebot diesbezüglich erweitert und das Unternehmensprofil dahingehend grundsätzlich verändert. Die Kosten für entsprechende Anwendungen und der dazu erforderlichen Sicherheitsinfrastruktur liegen jedoch üblicherweise bei einem Zehnfachen der Applikation selbst. Da der damit verbundene Nutzen aber nur indirekter Natur und dementsprechend schwer zu bewerten ist, haben sich potenzielle Kunden auch schon gegen die Beauftragung von IotaComp entschieden. Das Problem liegt hierbei vor allem in dem Umstand, dass die Anforderungen aus unterschiedlichen Bereichen kommen, die miteinander nicht vergleichbar sind. Während die von IotaComp entwickelten Applikationen Bedürfnisse im Hinblick auf Anwenderakzeptanz, Ergonomie und Vollständigkeit der abgebildeten Prozesse zu erfüllen haben, sind die Anforderungen an die Anwenderanmeldung wesentlich von Datensicherheit und Datenschutz geprägt. Betrachtet man diese beiden Kriterien (also Ergonomie und Datensicherheit) losgelöst von IotaComps Angebot, so werden üblicherweise wesentlich höhere Kosten für Sicherheit akzeptiert. Eine Vermischung dieser beiden Bereiche führt aber dazu, dass potenzielle Kunden, die ursprünglich eine Mobilitätsapplikation entwickeln lassen wollten – und dafür auch ein „angemessenes" Budget reserviert hatten –, nun plötzlich ein Sicherheitsprojekt zu realisieren haben und die tatsächlichen Ziele, gemessen am Preis, nur ein Randthema sind.

IotaComp hat also, indem es sein Portfolio um diese Sicherheitslösungen erweitert hat, das Geschäftsmodell seines Unternehmens grundsätzlich verändert und sein Portfolio in die Unverkäuflichkeit manövriert.

Erst wenn die Wichtigkeit der Datensicherheit auch für den Abnehmer der Applikation einen entsprechenden Stellenwert und damit Nutzen aus Sicht des Kunden erlangt, wird es der Firma IotaComp nachhaltig gelingen können, ihr ursprüngliches Geschäftsmodell weiter zu verfolgen.

Ein unmittelbarer Weg aus diesem Dilemma könnte es sein, Partnerschaften mit Unternehmen einzugehen, die sich auf Sicherheitsprojekte spezialisiert haben, deren Wert bereits zum gegenwärtigen Zeitpunkt honoriert wird, die aber im Bereich mobiler Zugänge kein eigenes Produkt vorweisen können. Die von IotaComp zugelieferten Komponenten würden hier im Vergleich zu den Gesamtkosten solcher Projekte gering erscheinen und dem Partner die gesamte Problematik mobiler Lösungen inklusive deren Bedienung und Ergonomie abnehmen.

4.5.3 Weiterentwicklung und Nachhaltigkeit: Innovationsstrategie

Die kontinuierliche Weitentwicklung des Portfolios ist notwendig, um den nachhaltigen Erfolg des Unternehmens sicherzustellen. Nicht zuletzt hängt auch die Kaufentscheidung des Kunden von der Nachhaltigkeit und Beständigkeit des angebotenen Produktportfolios ab, denn in vielen Bereichen sind die künftige Verfügbarkeit und gute Betreuung einer erworbenen Lösung ein wesentliches Kriterium. Als Beispiel sei hier etwa eine Anlage zur Steuerung von Weichen und Signalen im Bahnbereich angeführt. Neben einem günstigen Preis benötigt der Abnehmer zwingend auch die Sicherheit, selbst nach Jahrzehnten Ersatzteile und Erweiterungspakete erwerben zu können.

Besonders wichtig ist diese Nachhaltigkeit und Beständigkeit dort, wo eine Vergleichbarkeit verschiedener Angebote nur schwer gegeben oder bereits eine Marktsättigung eingetreten ist – also in Bereichen, wo die Einzigartigkeit des aktuellen und künftigen *Portfolios* an sich ausschlaggebend für den Abnehmer ist. Durch geschickte Kombination und Planung, die auch den potenziellen Abnehmern kommuniziert wird, kann es Unternehmen gelingen, Alleinstellungsmerkmale herauszuarbeiten, die weit über den Funktionsumfang oder Preis der Erzeugnisse hinausgehen.

Um die Weiterentwicklung der Produkte und des Portfolios sicherzustellen, ist die Etablierung eines Innovationsprozesses und eines damit verbundenen Innovationsmanagements notwendig. Dafür liefert der Portfoliomanager wesentliche Beiträge. Ein häufiger Fehler in Unternehmen ist allerdings, dass der Portfoliomanager selbst als Verantwortlicher dafür verstanden wird. Führt man sich den Innovationsprozess vor Augen, so wird aber rasch deutlich, dass er zwar in wesentliche Aspekte eingebunden sein muss, aber selbst nicht für das Management dieses Prozesses verantwortlich sein kann. Dies würde unweigerlich zu einem Interessenkonflikt führen, die (selbst) formulierten Ideen und daraus abgeleiteten Innovationen im Hinblick auf deren Innovationsgehalt und Potenzial evaluieren zu müssen.

▶ Der Portfoliomanager sollte nie in Personalunion auch gleichzeitig den Innovationsprozess eines Unternehmens verantworten.

4.5 Strategiedefinition

Abb. 4.8 Innovationsprozess. (Nach Pleschak 1996, S. 24)

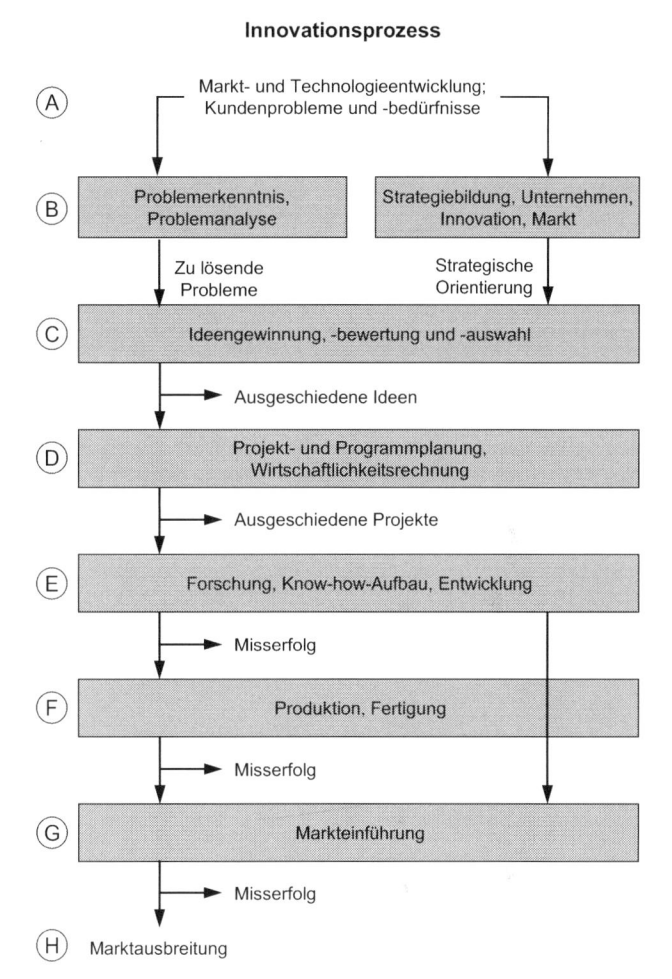

Innovationsprozess

- (A) Markt- und Technologieentwicklung; Kundenprobleme und -bedürfnisse
- (B) Problemerkenntnis, Problemanalyse | Strategiebildung, Unternehmen, Innovation, Markt
  - Zu lösende Probleme | Strategische Orientierung
- (C) Ideengewinnung, -bewertung und -auswahl
  - → Ausgeschiedene Ideen
- (D) Projekt- und Programmplanung, Wirtschaftlichkeitsrechnung
  - → Ausgeschiedene Projekte
- (E) Forschung, Know-how-Aufbau, Entwicklung
  - → Misserfolg
- (F) Produktion, Fertigung
  - → Misserfolg
- (G) Markteinführung
  - → Misserfolg
- (H) Marktausbreitung

Für den Innovationsprozess gibt es eine Vielzahl unterschiedlicher Definitionen, wobei das Phasenmodell von Pleschak und Sabisch (1996, S. 24) zwar das umfangreichste, aber auch das der Praxis wohl am nächsten kommende ist. In den beiden nachfolgenden Abbildungen wird dieses Modell dargestellt (Abb. 4.8) und in Zusammenhang mit den Aufgaben des Portfoliomanagements gebracht (Abb. 4.9). Dabei ist neben dem Vorbereiten von Entscheidungen bei der Ideenbewertung, Wirtschaftlichkeitsbetrachtung und Markteinführung vor allem die fortlaufende Kommunikation und Information durch den Portfoliomanager – intern sowie extern – eine sehr bedeutende Aufgabe.

Der Portfoliomanager ist wichtiger Bestandteil und Entscheidungsträger in diesem Prozess. Allerdings ist er nicht der Prozessverantwortliche, wie Abb. 4.9, in Anlehnung an Abb. 4.8, zeigt.

Abb. 4.9 Innovationsprozess: Einflussbereiche des Portfoliomanagers

Aufgaben des Portfoliomanagers

(A) Laufende Marktbeobachtung und –analyse; laufende Kundenanalyse

(B) Strategiedefinition; Anforderungsanalyse

(C) Bewertung der Ideen hinsichtlich Markterfordernissen; Feststellung der Markt- und Einstiegsbarrieren; Feststellung der Eignung im Rahmen des Portfolios; Wettbewerbsanalyse

Go/No-go

(D) Erfolgs- und Wirtschaftlichkeitsrechnung, Finanzplanung

Go/No-go

(E)

(F) Marketingstrategie, Kostenplanung, Logistik, Einordnung in Portfolio

Go/No-go

(G) Preispolitik, Vertriebsstrategie, Marketingplan, Nachhaltigkeitsplanung (Roadmap)

(H) Marktkommunikation; Controlling

Kommunikation, Information

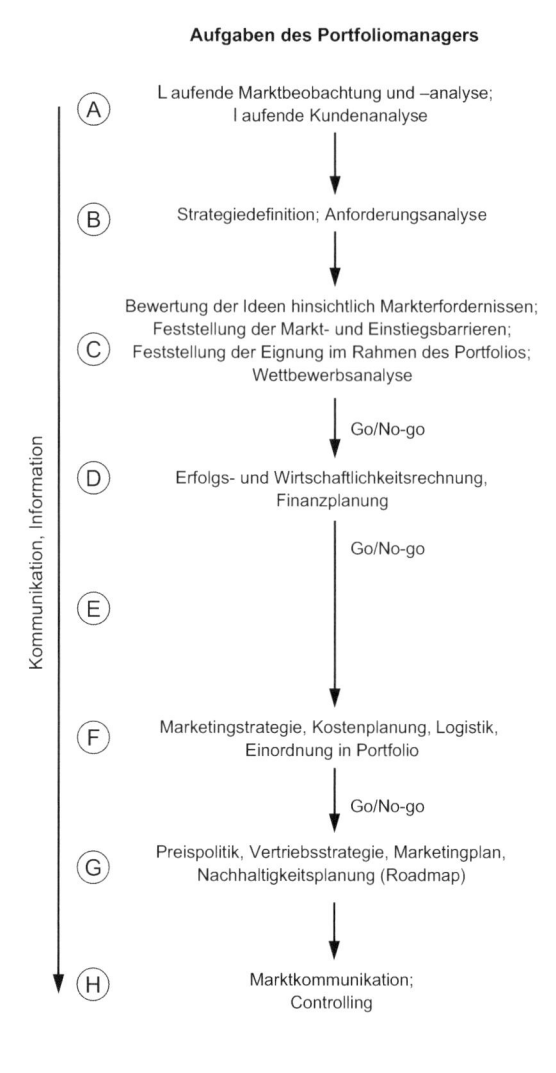

4.6 Operatives Marketing

Das operative Marketing umfasst die konkreten Maßnahmen, welche im Prozess des strategischen Marketings verwendet werden, um die Strategien umzusetzen und die definierten Ziele zu erreichen.

Erfolgreiches Unternehmensmanagement erfordert eine aktive und bewusst gesteuerte Marktbearbeitung. Wie die vorangehenden Ausführungen zeigen, sind dafür folgende Aspekte unumgänglich:

- Eine ausreichende Kenntnis der Marktbeschaffenheit
- Die wohldefinierte Positionierung des eigenen Unternehmens in diesem Umfeld

- Die Einschätzung der eigenen Stärken und Schwächen gegenüber dem Wettbewerb
- Klar formulierte und messbare Unternehmensziele (und Teilziele)
- Gut definierte und kommunizierte Strategien, die zur Erreichung dieser Ziele führen
- Entscheidungsfindungen, die darauf aufbauen und daher sowohl innerhalb des Unternehmens als auch im Marktumfeld als nachvollziehbar und transparent wahrgenommen werden

Ohne die strikte Einhaltung des Prozesses des strategischen Marketings und ohne die richtige Verwendung adäquater Methoden werden diese Herausforderungen nur schwer zu meistern sein. Ein häufiger Fehler ist diesbezüglich, dass dieser Prozess nicht oder nur teilweise beherzigt wird und in weiterer Folge auch dessen wiederkehrende Fortführung nicht stattfindet. Sind aber die Unternehmensstrategien zur Erreichung der Unternehmensziele definiert, so können daraus auch entsprechende Entscheidungsprozesse abgeleitet werden, die das operative Handeln des Unternehmens wirksam unterstützen. Eine Messbarkeit der Unternehmensentwicklung wird dadurch ebenso ermöglicht, die wiederum eine zielgerichtete Steuerung erlaubt.

Das operative Marketing liefert jedoch vor allem in Bezug auf die Unternehmensstrategie die entsprechenden Maßnahmen, welche eine erfolgreiche Marktbearbeitung fördern und das Umfeld im Hinblick auf die Erreichung der eigenen Ziele möglichst positiv beeinflussen. Zudem können daraus Aktionen abgeleitet werden, welche Abweichungen von den definierten Zielvorgaben entgegenwirken und deren Erreichung unterstützen. Damit schließt sich wiederum der Kreis zu der Unternehmensstrategie.

Dabei werden die formulierten Strategien mit Hilfe eines sogenannten Marketingmix in konkrete Aktionen umgesetzt. Dieser wurde von McCarthy (1960, S. 45 ff.) erstmals formuliert und beschrieb in seiner originären Form die „4 P" (Product, Price, Promotion, Place), die eine möglichst ideale Zusammensetzung der vorhandenen Marketinginstrumente zum Erreichen der Unternehmensziele darstellen.

Abbildung 4.10 zeigt eine schematische Darstellung des Marketingmix, wobei die enthaltenen Instrumente beispielhaft skizziert sind.

Die einzelnen Aspekte können nun direkt aus der vorher definierten Marketingstrategie abgeleitet werden. Auf diese Weise ist es möglich, kurzfristig, aber auch treffsicher Entscheidungen zu operativen Marketingmaßnahmen zu fällen und umzusetzen. Durch die wachsende Bedeutung des Marketings im Rahmen der Unternehmensführung wurde das Modell des Marketingmix in den letzten Jahren jedoch wesentlich weiterentwickelt und so finden sich je nach Branche und Führungsstil weitere Komponenten (P's), wie etwa Processes, Packaging, Politics, Product Positioning und so weiter. Wichtig bei der Gestaltung des Marketingmix ist in jedem Fall, dass die Abhängigkeiten der einzelnen P's untereinander berücksichtigt und aus den einzelnen Teilstrategien des Unternehmens abgeleitete, konkrete Maßnahmen zueinander in Relation gesetzt werden. So macht es etwa keinen Sinn, im Rahmen der Kommunikationspolitik Maßnahmen durchzuführen, deren Effekte nicht durch die anderen Teilstrategien unterstützt werden. Versucht ein Unternehmen etwa, mittels Kommunikationskampagnen Zielgruppen mit geringer Kaufkraft anzuspre-

Produkt- politik	Preis- politik	Kommunikations- politik	Vertriebs- politik

– Produktinnovation
– Produktvariation
– Produkt-
  differenzierung
– Produktmarketing
– Namensgebung
– Serviceleistungen
– Portfolioplanung
– Verpackung
	– Preis
	– Rabatte
	– Boni
	– Liefer-
	  bedingungen
	– Zahlungs-
	  bedingungen
		– Medienwerbung
		– Verkaufsförderung
		– Direct Marketing
		– Public Relations
		– Sponsoring
		– Persönliche
		  Kommunikation
		– Messen und
		  Ausstellungen
		– Event Marketing
		– Multimedia-
		  kommunikation
		– Mitarbeiter-
		  kommunikation
		– Social Media
			– Vertriebssysteme
			– Verkaufsorgane
			– Logistiksysteme

Produktmix	Preismix	Kommunikations- mix	Vertriebsmix

Marketingmix

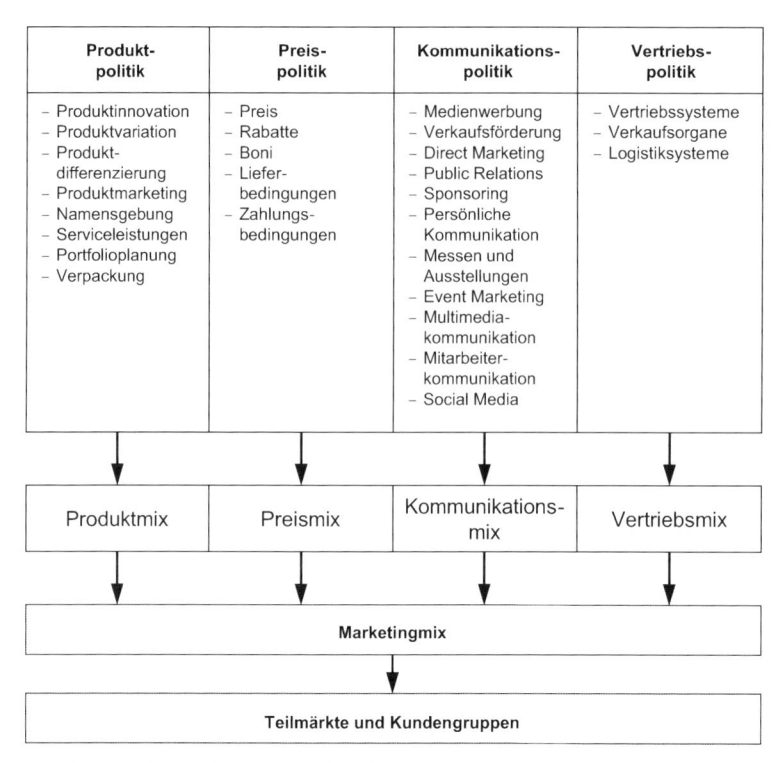

Teilmärkte und Kundengruppen

Abb. 4.10 Definition des Marketingmix. (Nach Bruhn 2004, S. 30)

chen, obwohl die Preisstrategie durch eine hochpreisige Positionierung charakterisiert ist, so wird der messbare Effekt dieser Marketingmaßnahme überschaubar sein.

Nehmen wir als Beispiel für die Gestaltung eines Marketingmix einen Luxuswagen-Hersteller:

Die formulierten Ziele des Unternehmens beinhalten eine Steigerung des Marktanteils durch Ansprechen neuer Zielgruppen im Bereich von sportbegeisterten Besserverdienern mittleren Alters.

- **Produktpolitik**
  Im Rahmen der Produktpolitik geht es rein um das angebotene Produkt an sich. Basierend auf Marktanalysen, verknüpft mit den Zielen des Unternehmens, wurde eine Strategie abgeleitet, welche die Anreicherung eines bestehenden Produktes mit neuen, innovativen Technologien sowie einem sportlichen Design umfasst. Aus diesem Grund wurde entschieden, für die spezielle, neue Zielgruppe ein Sondermodell zu entwickeln, welches genau diese Voraussetzungen erfüllt.
- **Preispolitik**
  Im Rahmen der Preisstrategie wurde eine Hochpreispolitik beschlossen. Daher wird der Preis erheblich über dem aktuellen Listenpreis festgesetzt, aber bei konkretem Kaufinteresse besondere Rabatte gewährt, um dem potenziellen Abnehmer den Eindruck zu

vermitteln, besonders gut zu verhandeln. Dies soll speziell das Selbstbild der Zielgruppe unterstreichen.
- **Kommunikationspolitik**
Die Zielgruppe ist naturgemäß bei exklusiven Sportveranstaltungen anzutreffen. Daher werden Kommunikationsmaßnahmen entsprechend abgestimmt. Konkret sind dies Sponsoring von Sportveranstaltungen und Werbeverträge mit erfolgreichen Größen in diesem Genre sowie Kommunikationskampagnen über exklusive Lifestyle-Zeitschriften. (Ein Versuch, die Zielgruppe über soziale Medien zu erreichen, wurde ausgeschieden, da angenommen wird, dass diese eher von anderen Zielgruppen frequentiert werden.) Zudem werden exklusive Veranstaltungen organisiert, um potenzielle Kunden direkt zu erreichen.
- **Vertriebspolitik**
Der Vertrieb wird so gestaltet, dass die potenziellen Käufer direkt auf den Veranstaltungen angesprochen werden. Ein Anbieten im Verkaufshaus würde entsprechend einer Zielgruppenanalyse deren Erwartungen weniger entsprechen.

Dieses Beispiel zeigt einerseits, dass bei bekannten Unternehmenszielen und Unternehmensstrategien ein Marketingmix sehr einfach abzuleiten ist und Entscheidungen, welche Aktivitäten zum Erreichen dieser Ziele getätigt werden sollen, logisch, transparent und klar erscheinen. Wären die (Teil-)Strategien nicht vorhanden oder die Firmenziele nicht bekannt, könnte kaum ein erfolgreicher Marketingmix gestaltet werden!

Entscheidend für die Gestaltung des Marketingmix ist in jedem Fall eine fortlaufende Kontrolle der Ergebnisse gesetzter Aktionen im Nachgang. Diesbezüglich hat sich auch die Balanced Scorecard als nützliches Werkzeug operativen Marketings etabliert. Abweichungen von erwarteten Konstellationen sind dabei ein Indiz, dass entweder Maßnahmen nicht erfolgreich umgesetzt wurden oder die zugrunde liegende Strategie fehlerhaft war. Wird dies festgestellt, so darf jedoch nicht einfach direkt an der Marketingstrategie geschraubt oder neue Maßnahmen „probiert" werden. Vielmehr sollte der gesamte Prozess aus Analyse – Zieldefinition – Strategiefindung durchlaufen werden (s. Abb. 4.1), bevor eine Korrektur an den Maßnahmen vorgenommen wird. Sofern im ersten Durchlauf diese Schritte nachvollziehbar und solide bestritten wurden, erfordert eine neuerliche Betrachtung deutlich weniger Zeit und offenbart mitunter auch Fehlannahmen, was eine gute Grundlage für eine bessere Einschätzung künftiger Vorhaben liefern kann. Ein einfaches Anpassen der Strategie und insbesondere ein opportunistisches Initiieren weiterer Aktionen, ohne diese Überlegungen anzustellen, würden dazu führen, dass mögliche Messfehler oder Unzulänglichkeiten in der Umsetzung, aber auch fälschliche Basisannahmen unerkannt bleiben. Damit verlässt das Unternehmen den Pfad einer konsequenten und nachvollziehbaren Vorgehensweise und kann keine Rückschlüsse darauf ziehen, ob die Strategie an sich korrekt war oder nicht. Dies ist im Sinne einer nachhaltigen und klaren Positionierung am Markt kontraproduktiv und gefährdet mittel- bis langfristig den eigenen Erfolg.

Da die Umsetzung von Maßnahmen im Kontext des Marketingmix oft auch sehr voraussetzungsvoll im Hinblick auf Ressourcen und Investitionen ist, muss der Portfoliomanager jedoch besonders darauf achten, dass der Erfolg von Aktionen stets die dafür aufzuwendenden Mittel übersteigt. Diese Erfolgsrechnung kann natürlich auch im Rahmen einer Break-even-Rechnung oder einer ROI-Rechnung angestellt werden. Der Erfolg von Marketinginvestitionen wird auch im sogenannten „Return on Marketing Investment – ROMI" bewertet. Dieses Konzept wurde von Lilian, Kotler et al. (1992) vorgeschlagen.

Da dieser Ansatz aber nur die bewertbaren direkten Effekte berücksichtigt, wurde er von Briggs in Form des ROIO-Modells (Return on Investment Objective, vgl. 2005, S. 81 ff.) erweitert. Dieses beinhaltet beispielsweise auch nicht direkt messbare, aber bewertbare Auswirkungen von Marketingmaßnahmen etwa auf andere Geschäftsbereiche, die Unternehmensorganisation oder die Motivation der Mitarbeiter im eigenen Unternehmen.

Selbst wenn keine konkrete Bewertung dieser Art möglich ist, so sind die Marketingmaßnahmen in jedem Fall im Finanzplan zu berücksichtigen (s. Abschn. 6.2.9). Ein oft beobachteter Fehler im Portfoliomanagement ist es, die Marktbearbeitungskosten zu vernachlässigen und durch diese „versteckten Kosten" den Profit letztendlich massiv zu gefährden, da vor allem beim Eintritt in neue Märkte enorme Investitionen erforderlich sind, um als Anbieter überhaupt wahrgenommen zu werden.

4.7 Portfoliomanagement versus Bauchladen

Die Wahrnehmung des Unternehmens am Markt ist ein wesentlicher Faktor des Erfolges. Sie spielt beispielsweise bei der Preisgestaltung, der Positionierung des Unternehmens, beim Adressieren von Kundengruppen oder auch bei der strategischen Weiterentwicklung des Unternehmens eine sehr bedeutende Rolle. Ein „Wir machen alles!" oder „Wir können alles!" führt oftmals dazu, dass keine klare Ausrichtung mehr erkennbar ist und daher der Kunde einen unstrukturierten „Bauchladen" wahrnimmt. Dies hat wiederum zur Folge, dass der Abnehmer die Kernkompetenzen des Anbieters nicht mehr einschätzen kann und in seiner Auswahlentscheidung das betroffene Unternehmen nicht weiter berücksichtigt.

▸ Der Portfoliomanager muss darauf achten, dass die Kernkompetenzen dem Kunden klar vermittelt werden, damit eine Kaufentscheidung überhaupt erst möglich ist.

Daher ist gerade die Wahrnehmung des Unternehmens durch den Kunden ein wichtiger Faktor, wenn es darum geht, durch diesen für die Lösung einer bestimmten Fragestellung überhaupt in Erwägung gezogen zu werden. Nur wenn das Angebot nachvollziehbar ist und aus Sicht des Endkunden einen Sinn ergibt, wird er das Unternehmen als eines wahrnehmen können, das sein „Handwerk versteht" und dieses auf die eigenen Anforderungen umzulegen in der Lage ist. Dies garantiert zwar noch keinen Geschäftsabschluss, ist dafür aber eine notwendige Voraussetzung.

Auf der anderen Seite kann es für einen Anbieter natürlich auch wichtig sein, ein Komplettlösungsangebot zu positionieren. Das gilt insbesondere in Bereichen, in denen ein möglichst umfangreiches Portfolio wesentlich für den Unternehmenserfolg ist. Als Beispiel kann hier etwa der Handel angeführt werden.

Ein Schuhproduzent, der im Rahmen seiner Vertriebsstrategie auch eigene Läden betreibt und ein breites Publikum ansprechen will, wird sich schwertun, wenn in seinem Portfolio nur Kinderschuhe zu finden sind. Anders wiederum ist die Situation zu bewerten, wenn sich das Unternehmen auf die Produktion und den Vertrieb von Kinderschuhen spezialisiert hat und dies seitens der potenziellen Abnehmer auch in dieser Form wahrgenommen und honoriert wird.

Nicht nur für die Wahrnehmung durch Kunden ist die Strukturierung und Ausgewogenheit des Produktportfolios wesentlich, denn auch die interne Organisation wird durch das Fehlen einer klaren Portfoliostrategie belastet, was etwa im Vorhalten von Know-how, Logistik oder auch Supportkosten direkte Auswirkungen auf das Unternehmen hat.

Ein „Bauchladen" wird häufig dadurch charakterisiert, dass sich im Portfolio Produkte und Angebote befinden, die keine Eingliederung in die Unternehmens- beziehungsweise Produktstrategie erlauben und nicht mit den strategischen Geschäftsfeldern des Unternehmens im Einklang stehen.

Eine derartige Konstellation sollte jedoch keinesfalls mit einem umfangreichen Portfolio verwechselt werden! Insbesondere bei einer Vielzahl an Produkten ist eine ausgewogene, mit den Unternehmenszielen konforme und mit den Kompetenzen des Unternehmens vereinbare Portfoliostrategie unumgänglich.

Damit das Portfolio vom Markt nicht als unkonsolidierter Bauchladen wahrgenommen wird, sind zunächst die wesentlichen Faktoren, die es auszeichnen, mit den Kernkompetenzen und der Strategie des Unternehmens in Bezug zu setzen und dabei die eigenen Fähigkeiten und Möglichkeiten des Unternehmens mit den Anforderungen des Marktes abzustimmen. Es versteht sich von selbst, dies auch nach innen und nach außen zu kommunizieren, sobald ein entsprechendes und mit der Firmenlinie zusammenpassendes Ergebnis vorliegt. Dies verhindert auch, dass potenzielle Kunden „falsche Schlüsse" aus der angebotenen Palette ziehen. Um die Passung mit der Unternehmensstrategie überhaupt beurteilen zu können, sind wiederum deren Dokumentation und entsprechende Zieldefinitionen unabdingbar! Dies führt wieder direkt zum Prozess des strategischen Marketings.

An dieser Stelle sei bewusst darauf hingewiesen, dass sich ein abgestimmtes Portfolio auch in den Geschäftsbereichen und Zentralstellen niederschlägt und die Organisation und Prozesse der Firma dahingehend ausgerichtet werden müssen. So kann etwa das beste und ausgewogenste Portfolio eines Unternehmens mit verschiedenen Geschäftsbereichen dennoch am Markt als chaotisch empfunden werden, wenn die Präsentation über eine singuläre Schnittstelle undifferenziert kommuniziert wird. Ebenso bringt es wenig, wenn der Portfoliomanager ein konsistentes Konstrukt an Produkten aufbaut, die operativen Einheiten davon aber unbehelligt bleiben.

4.8 Der Portfoliomanager als interner und externer Vertrieb

Vielfach lässt sich in der Praxis das Phänomen beobachten, dass engagierte und durchaus kompetente Portfoliomanager kläglich scheitern, da sie verabsäumen, ihre Ziele, Strategien, Entscheidungen und Ergebnisse sowohl innerhalb als außerhalb des Unternehmens zu kommunizieren beziehungsweise zu „verkaufen". Dies führt etwa dazu, dass die Beweggründe von Änderungen im Portfolio nicht nachvollzogen werden können, die zugrunde liegende Unternehmensstrategie falsch interpretiert wird oder die Argumentationsketten, die zum Erfolg des Portfolios führen sollen, nicht bekannt sind. Der Portfoliomanager muss daher aktiv die vorhandenen Kommunikationsinstrumente nutzen, um die eigene Unternehmensorganisation dahingehend auszurichten, dass sie die Ziele der Portfoliostrategie beziehungsweise deren Realisierung unterstützt.

Insbesondere ist der Portfoliomanager dafür verantwortlich, vorhandene Alleinstellungsmerkmale intern und extern zu vermitteln, Wettbewerbsvorteile zu erklären und zu kommunizieren sowie die Portfoliogestaltung zu präsentieren. Er sollte sich als Vertriebsbeauftragter in der ersten Stufe des Verkaufsprozesses verstehen, selbst wenn die tatsächliche Vertriebstätigkeit nicht zu seinen zentralen Aufgaben zählt. Diese Herausforderung ist nicht zu unterschätzen, da er zunächst seine Vertriebsmitarbeiter und marktorientiert beschäftigten Kollegen überzeugen muss. Der Portfoliomanager sollte sich also als Motivator sehen und den Kollegen vermitteln können, dass „sein Portfolio" zum Unternehmenserfolg führen wird und der Markt „nur auf dieses Portfolio gewartet hat". Gelingt ihm dies nicht, so besteht eine ernste Gefahr, dass auch der Vertrieb Richtung Kunden diese Aufgabe nur eingeschränkt erfüllen kann.

Sehr oft wird diese Herausforderung mangels Bewusstsein in Bezug auf ihre Bedeutung oder auch aufgrund anderweitiger Prioritäten des Tagesgeschäftes vernachlässigt. Ein Portfoliomanager beziehungsweise der jeweilige Produktmanager sollte sich jedoch stets vor Augen halten, dass der Wert seines Angebotes erst durch den Vertrieb an Endkunden kommuniziert und durch abwickelnde Stellen in der Praxis tatsächlich realisiert wird. Nur wenn diese die Idee, die Ziele und den Nutzen des Produktportfolios nachvollziehen können, ist auch sichergestellt, dass der Intention des Portfoliomanagers auch Rechnung getragen wird und Alleinstellungsmerkmale am Markt sichtbar und letztlich wirksam werden.

Zwar unterstützen der Prozess und die Methoden des strategischen Marketings bei der Erfüllung dieser Aufgabe, indem sie Transparenz und Nachvollziehbarkeit schaffen. Dennoch obliegt es dem Portfoliomanager, Zwischenschritte und Ergebnisse entsprechend zu kommunizieren und interne wie externe Stellen für die eigenen Ziele zu gewinnen.

4.9 Change Management

Für den Portfoliomanager gliedert sich das Change Management in zwei wesentliche Bereiche, die beiderseits wichtig sind und Hand in Hand gehen, aber unterschiedlichen Gesetzmäßigkeiten folgen:

4.9 Change Management

- **Veränderungsmanagement**
  Der Umgang mit Veränderungen organisatorischer Strukturen, Prozesse, Strategien oder Ziele
- **Änderungsmanagement**
  Das Management der Veränderung von Produkten oder des Portfolios

Natürlich beeinflussen sich die beiden Bereiche auch gegenseitig. So kann etwa die Veränderung des Portfolios auch eine Anpassung der Prozesse und Unternehmensstrukturen bedingen oder eine Veränderung der Unternehmensorganisation Justierungen am Portfolio erfordern (beispielsweise, weil notwendiges Know-how nicht mehr vorhanden ist).

Da Veränderungsmanagement ein Kernthema der Organisationsentwicklung und damit nur peripher eines des Portfoliomanagements ist, beschränken wir uns in diesem Abschnitt auf das Änderungsmanagement von Produktportfolios.

▶ Grundsätzlich sollte sich der Portfoliomanager immer vor Augen führen, dass der Mensch innerhalb eines sozialen Verbundes aufgrund seiner Neigung zur Trägheit (man könnte auch sagen: „Stabilität") Veränderungen tendenziell ablehnt. Dieses Bewusstsein ist sehr nützlich, um die Bedeutung des Änderungsprozesses und der damit verbundenen Schritte richtig einzuschätzen - beziehungsweise entsprechend zu reagieren.

Im Rahmen der Portfoliopolitik ist der Portfoliomanager ständig mit Veränderungen in seinem Portfolio konfrontiert, da seine grundlegende Aufgabe darin besteht, die im Portfolio enthaltenen Produkte an die Marktanforderungen anzupassen oder auf wichtige Markttrends zu reagieren. Gründe für solche Veränderungen können sein:

- Veränderung der Funktionalität einzelner Produkte (meist auch mit Auswirkungen auf das gesamte Portfolio)
- Veränderungen des Unternehmensumfelds und der Marktanforderungen
- Hinzufügen neuer Produkte
- Streichen von Produkten aus dem Portfolio
- Anforderungen der internen Unternehmensorganisation oder der im Unternehmen etablierten Prozesse
- Anpassung der Unternehmensziele oder der Unternehmensstrategie

Entsprechend ist der Änderungsprozess nicht nur ein vereinzelt auftretender Ablauf, sondern er begleitet den Portfoliomanager ständig!

Damit diese kritische Phase nicht infolge eines unreflektierten Aktionismus zu einer nachhaltigen Schädigung des Unternehmenserfolgs führt, ist ein adäquater Änderungsprozess unumgänglich. Dieser kann entsprechend dem Angebot des Unternehmens sehr komplex werden und viele Risiken bergen, die es aktiv zu beherrschen gilt. Das Change Management hat dabei die Aufgabe, den notwendigen Wandel umzusetzen, zu begleiten und potenzielle nachteilige Effekte möglichst zu dämpfen. Wichtige Aspekte im Kontext des Change Managements sind unter anderem:

- **Beweggründe für den Wandel**
  Hierzu gehören, wie schon oben beschrieben, etwa der Produktlebenszyklus, Unternehmensveränderungen oder Strategieanpassungen.
- **Zeit**
  Das Zeitintervall, in dem ein Wandel vollzogen wird, ist ein wesentlicher Faktor bei der Wahl der dazu notwendigen Werkzeuge.
- **Widerstandsfaktoren**
  Widerstand kann sowohl innerhalb des Unternehmens als auch aus dem Unternehmensumfeld kommen. Meist entstehen diese Widerstände aufgrund von Zielkonflikten oder fehlendem Problemverständnis sowie aus dem Umstand, dass keine Antwort auf die Frage im Umgang mit potenziellen Schwierigkeiten gegeben wird.
- **Kommunikation**
  Einer der wichtigsten Faktoren im Rahmen des Change Managements ist eine gute und ausreichende Kommunikation. Dadurch können Widerstände sehr oft vermindert oder ausgeräumt werden.

Der Änderungsprozess von Portfolioelementen wird dabei entsprechend den folgenden Schritten durchlaufen:

- Feststellung des Änderungsgrundes
- Bewertung von Kosten und Nutzen
- Risikobewertung
- Entscheidungsfindung
- Realisierung
- Qualitätssicherung
- Produktion/ Freigabe

Dabei können Änderungen in der Regel auf eines von zwei Basismodellen zurückgeführt werden (siehe beispielsweise Frenzel et al. (2000, S. 34 ff.):

Der **revolutionäre Wandel** basiert auf der Grundidee, dass größere Veränderungen nur durch das Vorhandensein entsprechenden Drucks – nach der Devise „kurz und schmerzlos" – vollzogen werden können. Dabei wird im Idealfall in begrenzter Zeitdauer ein radikaler Wandel mit hoher Effizienz vollzogen.

Der **evolutionäre Wandel** berücksichtigt, dass Mitarbeiter und Kunden eine entsprechende Akzeptanz für den Wandel entwickeln müssen. Der Wandel ist daher ein kontinuierlicher Prozess kleiner Schritte, der vielfach auch ohne zeitliche Vorgabe durchlaufen wird.

Welche dieser Methoden gewählt wird, hängt einerseits von den Rahmenbedingungen des Wandels ab und wird andererseits auch stark durch die Unternehmensphilosophie und

4.9 Change Management

den Führungsstil geprägt. In jedem Fall kommt dem Portfoliomanager bei Änderungen im Produktportfolio die Verantwortung zu, betroffene Stakeholder zu informieren, ihnen entsprechende Unterstützung zu bieten, um mit den künftigen Gegebenheiten umzugehen, und ihre Erwartungshaltungen zu managen. Auf diese Weise schafft er die Grundlage, dass intern wie auch seitens der (potenziellen) Kunden der Wandel nachvollzogen und akzeptiert werden kann. Neben einer sorgsamen Anpassung der Portfoliostrategien und einer aktiven internen Kommunikationspolitik bedingt dies vor allem in der Außenwirkung auch die Nutzung der oben genannten Instrumente operativen Marketings.

▶ Wie in vielen anderen Bereichen des Portfoliomanagements ist auch bei Änderungen im Produktportfolio das Management der Erwartungshaltung interner und externer Stakeholder von entscheidender Bedeutung.

Folgendes Beispiel zeigt die mit dem Change Management verbundenen Risiken – insbesondere dann, wenn damit Zielkonflikte mit Kunden verbunden sind und daher die Gefahr des Verlusts von Marktanteilen besteht:

Die strategische Neuausrichtung eines Anlagenbauers, der Produkte für die industrielle Fertigung erzeugt, bedingt, dass ein Produkt aus dem Portfolio ausgeschieden und nicht mehr weiterentwickelt werden soll. Da dieses Erzeugnis aber bei den bestehenden Kunden eine sehr langfristige Investition darstellt und oft über Jahrzehnte hinweg verwendet wird, besteht ein massiver Interessenkonflikt zwischen deren Bedürfnissen und jenen des Unternehmens. Weil aber eine Aufrechterhaltung des Produktes über ein großes Zeitintervall als unfinanzierbar gilt – es müssen Know-how, Material und Personal für defizitäres Geschäft vorgehalten werden –, drängt die Unternehmensführung auf einen schnellen Wandel. Die betroffenen Kunden stehen allerdings vor der Entscheidung, ihrerseits einen Change-Management-Prozess starten zu müssen und die vorhandenen Industrieanlagen auszutauschen. Dies ist für einige dieser Kunden durchaus existenzbedrohend und es entsteht große Unsicherheit. Würde das Unternehmen nun einen schnellen Wandel durchführen, so würde am Markt der Eindruck entstehen, das Unternehmen sei nicht verlässlich und ließe seine Kunden „im Stich". Die Auswirkungen auf das Image der Firma sind leicht zu erahnen. Andererseits wäre eine Fortführung aufgrund der hohen Kosten geschäftsbedrohlich und ebenso mittelfristig unsicher für die Kunden – vor allem aber für das betroffene Unternehmen. Daher muss ein Kompromiss gemeinsam mit den Kunden gefunden werden, der sowohl die Interessen des Unternehmens als auch jene der Kunden wahrt.

Derartige Fälle kommen in der Praxis durchaus öfters vor und eine Lösung besteht häufig darin, dass der Hersteller ein Unternehmen findet, welches die Verpflichtungen übernimmt, diesen aber kostendeckend nachkommen kann. Damit ist das ursprüngliche Unternehmen seinen Kostenfaktor los und für seine Kunden ist eine nachhaltige Betreuung sichergestellt.

Der Prozess des Change Managements ist äußerst komplex und voraussetzungsvoll, da er einerseits die Möglichkeiten für Veränderungen schafft, aber auch die damit verbundenen Risiken zu kontrollieren und einzugrenzen hat. Damit ist er eine wesentliche Aufgabe des Portfoliomanagers und der Unternehmensleitung. Die Vorgehensweisen dabei sind sehr stark abhängig von der jeweiligen Branche und die damit verbundenen Faktoren sowohl im Bereich des Produktportfolios als auch im Kontext der Unternehmensorganisation sind sehr individuell zu definieren.

4.10 Zusammenfassung

Effektive, transparente und erfolgreiche Entscheidungen basieren auf klar formulierten Zielen sowie Strategien, die zu deren Erreichen definiert werden. Der Portfoliomanager bedient sich dabei des Prozesses des strategischen Marketings und der damit verbundenen Methoden und Instrumente. Das strategische Marketing wird in diesem Zusammenhang einerseits als Führungskonzept verstanden, andererseits als gleichberechtigte Komponente der Unternehmensführung. Es folgt einem wiederkehrenden Prozess aus Analyse, Zieldefinition, Strategiefindung, Maßnahmenplanung und Kontrolle. Wichtig ist dabei, dass alle Schritte dieses Zyklus wiederkehrend durchlaufen werden, um einen nachhaltigen Erfolg zu ermöglichen.

Die wesentlichen Betrachtungsweisen von Erhebungen im Kontext des Marketings lassen sich in unternehmensinterne Analysen und Marktanalysen unterteilen. Dazu wird eine Vielzahl an Verfahren angepriesen. Allerdings ist es nicht notwendig, dass der Portfoliomanager sämtliche Spielarten kennt und beherrscht, sondern er sollte sich auf die wesentlichen Methoden konzentrieren, die auf seine individuelle Situation zutreffen. Im Bereich der internen Unternehmensanalyse sind dies etwa die Kennzahlen-Analyse, die GAP-Analyse, die Analyse der Wertschöpfungskette und das Benchmarking.

Das wohl wichtigste Instrument ist dabei das Benchmarking, welches mehrere Verfahren zusammenführt und im Rahmen von Vergleichen nützliche Informationen über die Stärken und Schwächen des Unternehmens sowie vorhandene Verbesserungspotenziale liefert und so Grundlagen zu einer ständigen Verbesserung der eigenen Leistungsfähigkeit aufzeigt. Allerdings ist es eine Orientierung an einer Referenz und um eine Spitzenposition zu erlangen, sind eigene, darüber hinausgehende Maßnahmen angeraten.

Basierend auf einer soliden Analyse, kann eine Zieldefinition in einem Top-down- oder Bottom-up-Verfahren erfolgen. Ziele sind dabei klar zu formulieren und sollten dem Anspruch an Messbarkeit, Zweckmäßigkeit und Effizienz genügen. Aus den festgelegten Zielen wird die Marketingstrategie abgeleitet, die aus mehreren Teilaspekten (wie Preisstrategie, Portfoliostrategie, Kommunikationsstrategie, Vertriebsstrategie und Wettbewerbsstrategie) besteht. Wie eindeutige Ziele sind auch gut ausformulierte Strategien eine wesentliche Grundlage für die täglichen Entscheidungen und Erfolgsmessungen im Kontext des Portfoliomanagements. Nur wenn Ziele und Strategien klar sind, kann darüber befunden werden, welche Aktivitäten und Maßnahmen zweckmäßig sind. Zudem kann nur so eine Bewertung des Erfolgs von Aktivitäten vorgenommen werden und gegebenenfalls eine Anpassung stattfinden.

Der Portfoliomanager nimmt im Bereich des strategischen Marketings eine entscheidende Rolle im Unternehmen ein, da er einer der wesentlichen „Treiber" des Prozesses ist, und daher sollte er die zur Verfügung stehenden Werkzeuge und Instrumente intensiv für eine strukturierte und kontrollierte Vorgehensweise nutzen und beherrschen. Neben der Umsetzung dieses Prozesses hat er wesentliche Aufgaben im Zusammenhang mit interner sowie externer Kommunikation, Innovationstrategie und Change Management zu erfüllen, die ihrerseits wiederum in einem engen Bezug zur Unternehmensstrategie stehen.

Typische Fehler und Stolperfallen in diesem Kontext
1. Der Prozess des strategischen Marketings wird nur teilweise oder nicht vollständig durchlaufen.
2. Die zu beantwortenden Fragestellungen sind nicht hinreichend eingegrenzt und bieten einen zu breiten Interpretationsspielraum.
3. Für die Analyse werden falsche, veraltete oder nicht aussagekräftige Informationen herangezogen.
4. Im Rahmen der Kennzahlen-Analyse werden zu viele oder im Kontext nicht aussagekräftige beziehungsweise irreführende Kennzahlen betrachtet.
5. Im Rahmen der Benchmark-Analyse werden Referenzunternehmen gewählt, die im Kontext der jeweiligen Fragestellung nicht mit dem zu bewertenden Unternehmen vergleichbar sind.
6. Ziele sind nicht klar formuliert oder nicht messbar.
7. Maßnahmen und Aktivitäten zur Zielerreichung werden ohne das Vorhandensein von zugrunde liegenden Strategien definiert und durchgeführt.
8. Fehlende Kommunikation der Beweggründe und zugrunde liegenden Strategien bei Entscheidungen im Kontext des Produktportfolios.

Weiterführende Literatur

Bücher und Zeitschriften

Ansoff HI (1965) Checklist for competitive and competence profiles: corporate strategy. McGraw-Hill, New York

Berkstein G (2010) Wirtschaftshandbuch der Formeln und Kennzahlen. 1. Aufl. Norderstedt.

Briggs R, Kirshnan R, Borin N (2005) Integrated Multi Channel communication strategies. J Integr Mark 19(3):81–90 (CIMC, Illinois)

Bruhn M (2004) Marketing: Grundlagen für Studium und Praxis. 7. Aufl. Gabler, Wiesbaden

Camp RC (1994) Benchmarking. Hansa Verlag, München

Franz C, Voss-Dahm D (2011) IAQ Report 2011–2. Universität Duisburg, Essen

Frenzel K, Müller M, Sottong H (2000) Das Unternehmen im Kopf: Schlüssel zum erfolgreichen Changemanagement. Hanser, München

Hennig A, Schneider W (2008) Lexikon Kennzahlen für Marketing und Vertrieb: Das Marketing-Cockpit von A – Z. 2. Aufl. Springer, Berlin

Homburg C, Krohmer H (2006) Marketingmanagement. Gabler, Wiesbaden
Huber A (2006) Strategische Planung in deutschen Unternehmen: Empirische Untersuchung von über 100 Unternehmen. Beuth Hochschule für Technik, Berlin
Kotler P, Lilien G, Moorthy KS (1992) Marketing Models. Prentice-Hall, Englewood Cliffs
McCarthy J (1960) Basic Marketing: A managerial approach. Irwin Professional Publishing, Illinois
Pleschak F, Sabisch H (1996) Innovationsmanagement. Schäffer Poeschel, Stuttgart
Porter ME (2008) Wettbewerbsstrategie. 11. Aufl. Campus Verlag, Frankfurt
Preißler PR (2008) Betriebswirtschaftliche Kennzahlen. Oldenburg Verlag, München
Schott G (1950) Grundlagen des Betriebsvergleichs. Lutzeyer Verlag, Frankfurt
Tomczak T, Kuß A, Reinecke S (2009) Marketingplanung: Einführung in die marktorientierte Unternehmens- und Geschäftsfeldplanung. 6. Aufl. Gabler Verlag, Wiesbaden
Verworn B, Herstatt C (9/2000) Modelle des Innovationsprozesses. Arbeitspapier 6, Wiesbaden
Zdrowomyslaw N (2002) Betriebsvergleiche und Benchmarking in der Managementpraxis. Oldenburg Verlag, München

Organisation und Management 5

Ein Unternehmen, das seine Strategie beziehungsweise sein Geschäftsmodell auf Produkte stützt, muss sich zwingend mit der Frage auseinandersetzen, in welcher organisatorischen Form diese betreut werden. „Die in den Zielen fixierte und in der Produktmarkt-Strategie konkretisierte Gesamtaufgabe einer Unternehmung ist in aller Regel zu umfangreich, als dass sie wirtschaftlich oder auch technisch (man denke nur an ein Stahlwerk) sinnvoll von einer Person allein ausgeführt werden könne. Sie wird deshalb von mehreren Personen gemeinsam erledigt, und daher ist festzulegen, welche Teilaufgaben von welchen Organisationsmitgliedern zu bewältigen sind" (Schreyögg, 2003, S. 113). Erfahrungsgemäß ist neben einem Bedarf seitens des Marktes das interne Setup das zweite, entscheidende Kriterium, das über Erfolg oder Misserfolg bestimmt. Mit einer Portfoliostrategie sind jedoch unvermeidlich Konflikte verbunden, die nicht „gelöst" werden können, da sie in der Natur der Sache liegen. Erst durch entsprechendes und permanentes Management kann es gelingen, die Balance zwischen den einzelnen Faktoren zu halten und damit einen wesentlichen Pfeiler für einen Erfolg der Produkte zu manifestieren. Wie daraus abzuleiten ist, handelt es sich dabei um einen „dynamischen Pfeiler". Damit verbunden ist auch die Herausforderung, dies adäquat in der Organisation und den Abläufen eines Unternehmens zu verankern. In diesem Kapitel wird daher auf die Rolle des Portfoliomanagers und seine Funktion in der Organisation näher eingegangen. Ferner werden Widersprüche und Konflikte behandelt, die untrennbar mit Produktstrategien verbunden sind, und ein zielführender Umgang damit skizziert.

5.1 Der Portfoliomanager

Die Rolle eines Portfoliomanagers ist je nach Unternehmen unterschiedlich definiert. Vor allem in Firmen, die stark auf Produkte setzen, ist mit seiner Arbeit der Erfolg oder Misserfolg der Organisation eng verknüpft. In den meisten Fällen ist der Portfoliomanager jemand, der die Arbeit einzelner Produktmanager koordiniert und konsolidiert. Vor allem in kleineren Unternehmen ist er mitunter auch für einzelne Portfolioelemente selbst verantwortlich.

Insbesondere in der übergeordneten Aufgabe agiert er als Bindeglied zwischen dem Unternehmen, dessen Produkten und dem Markt. Im Gegensatz zum Produktmanager ist das Anforderungsprofil eines Portfoliomanagers noch breiter angelegt. Er verkörpert die Metaebene und ihm fällt die Verantwortung zu, durch geschickte Kombination von Portfolioelementen einen Mehrwert zu stiften, der als emergente Wirkung über die Summe der einzelnen Produkte hinausgeht. Dazu zählen Richtung Markt etwa absatzsteigernde und risikominimierende Verknüpfungen von Portfolioelementen oder die produktübergreifende Orchestrierung der Vertriebskanäle. Intern im Hinblick auf die Produkte beziehungsweise deren Entwicklung ist es das Schaffen von Synergien und Finden von Optimierungsmöglichkeiten. Natürlich ist er auch derjenige, der dafür sorgt, dass die Erzeugnisse in ihrer Gesamtheit der Unternehmensstrategie Rechnung tragen. Damit ist in der Funktion des Portfoliomanagements der unternehmerische Aspekt des Produktmanagers als *„Unternehmer im Unternehmen"* (Matys 2011, S. 28) in dessen Verantwortung ausgeweitet, da sich die Unternehmerschaft auf die gesamte Firma oder zumindest auf einen Geschäftsbereich bezieht, jedoch in der Regel die Durchführung der eigentlichen Produktarbeit seitens Produktmanagern wahrgenommen wird. Damit kommt in der Funktion des Portfoliomanagers eine stark strategische und visionäre, aber auch eine finanztechnische Komponente hinzu, denn auf Ebene des Portfolios ist zu entscheiden, ob vielleicht defizitäre Produkte durch indirekte Wirkung letztlich positive Beiträge zum Unternehmenserfolg leisten können. Das Portfoliomanagement ist daher gefragt, die Komplexität aus Markt und Portfolioelementen im Hinblick auf die interne Organisation und deren strategische Ausrichtung handhabbar zu machen, ohne durch unreflektierte Trivialisierung in Suboptimierung zu verfallen.

Betrachten wir jedoch zunächst die Aufgabe des Produktmanagers. Er ist für die Definition und Entwicklung von Produkten sowie deren Positionierung im Markt und die nachhaltige Betreuung von einzelnen Portfolioelementen zuständig. Vereinfacht handelt es sich um eine Funktion, die mit klassischem Projektmanagement vergleichbar ist, wobei das Erzeugnis nicht für einen konkreten, sondern für einen abstrakten Kunden (Markt) bestimmt ist. Nachdem von diesem auch in der Regel keine direkte Beauftragung oder Anforderungsspezifikation im Vorfeld zu erwarten ist, gilt es Fragen des Bedarfs und der Vorfinanzierung zu klären, die im Projektgeschäft in Form eines Auftrages mehr oder weniger klar geregelt sind. Der Produktmanager verantwortet damit ein oder mehrere Produkte innerhalb des Unternehmens und nach außen. Er ist die zentrale Stelle, die unterschiedlichste Funktionen im Unternehmen im Hinblick auf die Portfolioelemente in seinem Zuständigkeitsbereich koordiniert (vgl. Abb. 5.1).

Alleine aus dieser Betrachtung wird die Vielfalt an Aufgaben ersichtlich, mit der sich ein Produktmanager tagtäglich auseinanderzusetzen hat. Ein Geschäftsführer eines größeren Unternehmens meinte in diesem Zusammenhang hinter vorgehaltener Hand trefflich: „Produktmanagement ist mit Sicherheit eine der undankbarsten Aufgaben im unserem

5.1 Der Portfoliomanager

Abb. 5.1 Produktmanager als Querschnittsfunktion. (vgl. Matys 2011, S. 51)

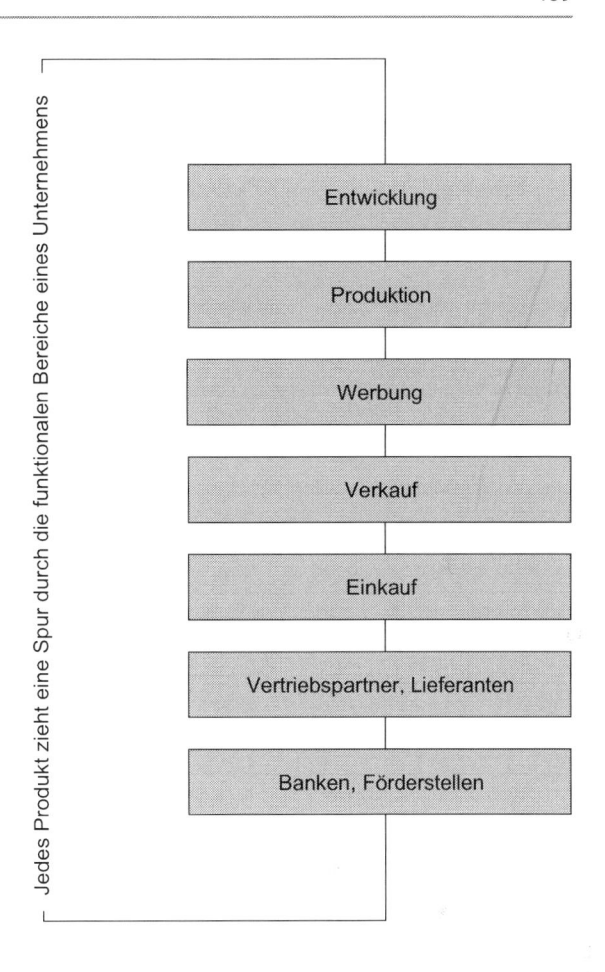

Jedes Produkt zieht eine Spur durch die funktionalen Bereiche eines Unternehmens

- Entwicklung
- Produktion
- Werbung
- Verkauf
- Einkauf
- Vertriebspartner, Lieferanten
- Banken, Förderstellen

Haus!" Dieser Ausspruch ist nicht von der Hand zu weisen. Läuft ein Produkt gut, sind sehr rasch Stellen wie Vertrieb oder Marketing zur Stelle, um den Erfolg für sich zu beanspruchen. Zeichnet sich ein Misserfolg ab, so ist jene zentrale Funktion exponiert, die in jedem Fall beteiligt ist – das Produktmanagement. Dabei ist es irrelevant, ob es sich um eine Überschreitung der Entwicklungskosten handelt oder um eine Fehleinschätzung der Marktentwicklung. Umgekehrt macht aber gerade diese Vielfalt die Aufgabe interessant, denn in vielen Belangen deckt sich die Rolle des Produktmanagers mit der eines Unternehmers mit zahlreichen Möglichkeiten und Herausforderungen. Wichtig dabei ist jedoch, dass die Rahmenbedingungen im jeweiligen Kontext auch so gestaltet sein müssen, dass sie dies zulassen.

Zu den wichtigsten Aufgaben eines Produktmanagers zählen:

- **Marktanalyse** (Bedarf, Trends, Mitbewerber, Technologien, Preisstruktur, Partner)
- **Produktdefinition** (funktional, strategisch, Geschäftsmodell, Wartungskonzept)

- Erstellung eines **Geschäftsplanes für das Produkt**
- Steuerung der **Produktentwicklung** (direkt oder indirekt)
- Festlegung der **Positionierung** (Region, Kundensegment, Preismodell)
- Definition **Vertriebskanäle**, **Markteinführung**
- Laufende **interne wie externe Promotion** und Vermarktung des Produktportfolios
- Laufende **Produktbetreuung**
- Ansprechpartner für **Partnerunternehmen** (Zukaufkomponenten)
- Ansprechpartner für **Vertriebskanäle** und Vertriebspartner beziehungsweise Unterstützung bei Akquisevorhaben
- **Ansprechpartner** für **interne Abnehmer** (Projekte)
- Verantwortung für den Produktgeschäftsplan (**"Profit & Loss"-Verantwortung, Controlling**)

Je nach organisatorischer Ausrichtung und Zuordnung der Verantwortungen in einem Unternehmen können die Zuständigkeiten natürlich variieren. Obiges Spektrum typischer Aufgaben zeigt jedoch deutlich die Breite der Anforderungen, mit denen ein Produktmanager konfrontiert ist. Das ist nicht weiter verwunderlich, denn auch Produkte ziehen ihre Spur quer durch das Unternehmen, wie Abb. 5.1 zeigt. Davon können vor allem Geschäftsführer kleiner und mittlerer Firmen ein Lied singen, die oftmals auch in Personalunion die Agenden des Produktmanagements übernehmen und daher auch in dieser Funktion eine Vielzahl an Stellen des Unternehmens inhaltlich zu koordinieren haben.

Die Aufgabe des Produktmanagements verlangt angesichts ihrer Breite prinzipiell nach Generalisten. Es wird den Produktmanagern aber auch abverlangt, zu den genannten Themen im Detail aussagefähig zu sein. Daraus folgen ein enormer Druck und eine Fülle an Aspekten, die es zu bearbeiten gilt. Dies hat auch Matys (2011, S. 79 ff.) treffend anhand einer Studie unter Produktmanagern in Österreich und Deutschland erhoben und er kommt demnach auch zu dem Schluss, dass die beiden größten Herausforderungen für Produktmanager Zeitmanagement und Priorisierung der Anforderungen darstellen, gefolgt von der mangelnden Entscheidungsbefugnis, den zahlreichen Verantwortungen entsprechend nachzukommen (ebd., S. 84). Ebenso bringt Aumayr (2009, S. 35 ff.) die nach außen, aber auch nach innen gerichtete Vielfältigkeit der Aufgaben im Produktmanagement gut auf den Punkt und geht dabei vor allem auch auf die Anforderungen an die Persönlichkeit eines Produktmanagers ein:

- Unternehmerische Persönlichkeit
- Produkt- und Marktorientierung
- Moderator mit Teamgeist
- Eigeninitiative und Durchsetzungsvermögen
- Stratege mit analytischen und konzeptionellen Fähigkeiten
- Überzeugungskraft und Begeisterung
- Kreativ und innovativ
- Guter Kommunikator

Was bedeutet dies nun für den Portfoliomanager? Er konsolidiert die Arbeit von Generalisten mit unternehmerischen Qualitäten und Spezialwissen. Zum einen hat er den Vorteil, nicht alle Aspekte im Detail kennen zu müssen. Andererseits hat er ein übergeordnetes Bild – das Produktportfolio des Unternehmens beziehungsweise eines Geschäftsbereiches – zu verantworten. Der Portfoliomanager wird vielleicht nicht jede Aufwandschätzung nachvollziehen und nicht jeden Geschäftsplan selbst ausarbeiten. Dennoch muss er diese Zuarbeiten beurteilen und einschätzen können. Vor allem aber bildet er die Klammer in Richtung Unternehmensstrategie und ist seinerseits wie der Produktmanager – wenngleich auf einer Metaebene – mit sämtlichen funktionalen Bereichen des Unternehmens, aber auch mit den nichtfunktionalen Stellen in Kontakt. Zwangsläufig kommt es bei dieser Aufgabe zu Zielkonflikten, denn Produktmanager optimieren für sich und ihr Produkt. Im übergeordneten Sinn ist jedoch mitunter ein Portfolioelement nicht nutzbringend oder es muss auch anderen Aspekten Rechnung tragen, die nicht im Fokus des Produktmanagers stehen. Entsprechende Widersprüche müssen auf Ebene des Portfoliomanagements aufgelöst und entschieden werden. Damit sind die persönlichen Anforderungen durchaus vergleichbar mit jenen des Produktmanagements. Die Aufgaben unterscheiden sich jedoch in einzelnen Aspekten.

Typische Aufgaben des Portfoliomanagements:

- **Marktanalyse** über die Zielmärkte des Unternehmens hinweg
- Mitarbeit an der **Unternehmensstrategie** unter Einbeziehung von Kernkompetenzen, Produkten und Marktbedarf
- **Portfoliodefinition** in Abgleich mit der Unternehmensstrategie
- Erstellung eines **Geschäftsplans** für das Produktportfolio unter Berücksichtigung der Verbundeffekte der Portfolioelemente
- **Konsolidierung** der einzelnen **Produktstrategien** von Entwicklung bis Betreuung über den Lebenszyklus
- Festlegung der **Portfolio-Positionierung** mit Rückwirkung auf die einzelnen Produktstrategien
- Konsolidierung von **Vertriebskanälen, Markteinführung und verkaufsfördernden Maßnahmen**
- Verantwortung über den Geschäftsplan des Unternehmensportfolios beziehungsweise Geschäftsbereichsportfolios („**Profit & Loss**"-**Verantwortung, Controlling**)
- **Eskalationsstelle** bei Widersprüchen zwischen Produkten oder von Produkten mit anderen Stellen des Unternehmens
- Ansprechpartner für die **Geschäftsleitung** in Produktfragen

Angesichts der Tragweite an Verantwortung möchte man meinen, Portfoliomanagern kommt auch eine gewisse Macht und Entscheidungskompetenz zu. Allerdings sieht die Praxis meist völlig anders aus. Nicht selten beginnen Unternehmen mit Individualprojekten und sukzessive entwickelt sich aus mehreren Einzelprojekten der Wunsch einer Bündelung oder Wiederverwertung der Investition. Dann sucht man nach einer kompetenten Person, der die Aufgabe zukommt, dies sicherzustellen beziehungsweise intern zu koordinieren, und gerne bezeichnet man sie dann als „Produktmanager". In der Realität handelt es sich dabei oftmals um einen „zahnlosen Tiger", da das Unternehmen nach wie vor auf seine Projekte zählt und es naturgemäß schwerfällt, einem zahlenden Kunden einen Spezialwunsch zugunsten eines konsolidierten Portfolios abzuschlagen. Nachdem Produktmanagement per se eine verzögerte und indirekte Wirkung hat, ist es selten mit entsprechend wirksamer Durchgriffskompetenz ausgestattet, wodurch aber die mit der Funktion angestrebte nachhaltige Optimierung von Unternehmen untergraben wird. Portfoliomanagement hat dabei einen noch schwereren Stand, wie nachfolgende Darstellung illustriert:

In mehreren Firmen, für die ich (R.G.) tätig war, spielte sich folgendes Szenario in ähnlicher Form ab: Die Unternehmen erwirtschafteten einst gute Ergebnisse mit individuellen Kundenprojekten. Als Mitbewerber in den Markt drängten, wurden die Spannen knapp und der Ruf nach Kostenreduktion und Wiederverwendung von Erzeugnissen laut. Zeitgleich legte man die Hoffnungen, dies zu bewerkstelligen, in die dafür neu definierte Rolle des Produktmanagers ohne sich im Klaren zu sein, was dies für die betreffende Person und das Unternehmen bedeutete. Ihm wurde die Verantwortung zur unternehmensübergreifenden Koordination der Aktivitäten und zur Etablierung von Produkten übertragen, wobei der Rest des Unternehmens weiterhin seinen Agenden wie eh und je nachging. Mangels direkter Incentivierung oder Anweisung „von oben" bestand auch keine Veranlassung für die Linienmanager, ihre Vorgehensweisen zu ändern. Das Produktmanagement hatte damit zwar eine klare Verantwortung, aber keine Durchsetzungskraft. Dem Gedanken der erhofften Konsolidierung logisch und auf einer übergeordneten Ebene folgend, wurden in einigen dieser Unternehmen auch Portfoliomanager etabliert, die nicht notwendigerweise eine eigene Produktverantwortung innehatten, sondern vor allem die Aktivitäten der Produktmanager koordinieren sollten. Natürlich erhielten auch sie die Anweisungen von oberster Stelle, wiederum jedoch ohne Durchgriffsrecht auf die Arbeit der Produktmanager oder die Linienorganisation. Vielmehr handelte es sich um beratende Stellen für die Geschäftsführung. Diese doppelt indirekte Steuerung – „zahnloser" Produktmanager in Bittstellerfunktion wird von „zahnlosem" Portfoliomanager in Bittstellerfunktion gebeten, sich abzustimmen – kann nur schiefgehen! (Darauf wird in Abschn. 5.2.1 noch näher eingegangen.)

Oftmals wird diese Aufgabe nicht einmal explizit zugeordnet, sondern ein Mitarbeiter kümmert sich aus verschiedensten Gründen um ein konsolidiertes Portfolio und „rutscht" unbewusst in die Rolle des Portfoliomanagers, ohne sich dessen bewusst zu sein. In solchen Fällen ist die Situation doppelt schwierig, da weder ein expliziter Auftrag vorhanden noch die erforderliche Kapazität eingeplant ist.

Je stärker der Unternehmenserfolg von einer Funktion abhängt, desto umfassender sollten auch deren Kompetenzen sein. Eine Bittsteller-Rolle ist hier definitiv fehl am Platz. Portfoliomanagement sollte mit den besten und unternehmerisch denkenden Kräften besetzt sein, die volles Vertrauen der Unternehmensleitung genießen. Daher sollte im Zweifel besser über einen Austausch der handelnden Personen nachgedacht werden, als die Kom-

5.1 Der Portfoliomanager

petenz des Portfoliomanagements zu beschneiden. Dies mussten die betroffenen Unternehmen auch schmerzlich in Form von Mehrkosten, internen Konflikten und keinerlei Kostensenkung in Kundenprojekten zur Kenntnis nehmen. Die einst erhofften Effekte stellten sich erst nach einer konsequenten Umorganisation und Anpassung der Akteure wie Prozesse verbunden mit einer Weisungsbefugnis in der Person des Produkt- oder Portfoliomanagers ein. Diese Umstellung dauerte aber mehrere Jahre und war eine erhebliche Herausforderung für jede der Firmen.

▶ Falls Sie ein Produktmanagement oder Portfoliomanagement etablieren, statten Sie dieses mit entsprechenden Kompetenzen und Durchgriffsrechten aus. Ist das Vertrauen in die jeweiligen Akteure nicht in ausreichendem Maße gegeben, tauschen sie diese aus.

Nur wenige Unternehmen in Nischenmärkten können es sich leisten, von der Hand in den Mund zu leben. Mitunter ist dies noch in dem einen oder anderen Handwerk der Fall. Sobald aber die Anzahl an Mitarbeitern ein kritisches Maß von etwa 20 bis 30 Personen übersteigt, wächst auch der administrative Aufwand und die Profitabilität sinkt. Spätestens dann ist es notwendig, über Fokussierung und Synergien in der Angebotspalette nachzudenken, um diese Einbußen zu kompensieren. Damit untrennbar verbunden ist das ernsthafte Etablieren eines Produkt- und Portfoliomanagements. Neben einer halbherzigen Umsetzung ist dabei ein weiterer, häufiger Fehler, Portfoliomanagement rein zur Konsolidierung der direkt verkaufbaren Produkte zu definieren. Vielmehr sollten jedoch sämtliche Erzeugnisse und Dienstleistungen eines Unternehmens aufeinander abgestimmt sein, um eine durchgängige Optimierung und ein einheitliches Bild nach außen sicherzustellen. Daher sei dringend angeraten, dass der Portfoliomanager nicht ausschließlich für Produkte der Ebene 1, sondern auch für Produkte der Ebene 2 und 3 (vgl. Abschn. 2.2) zuständig ist und dahingehend etwa Dienstleistungspakete oder Serviceangebote mit etwaigen anderen Angeboten des Hauses koordiniert. Ansonsten kommt es vor – und das kann selbst in großen Konzernen immer wieder beobachtet werden –, dass zwar die Portfolioelemente der Ebene 1 untereinander ein homogenes Bild abgeben, jedoch jede Abteilung ihre eigene Methode für die Integration beim Kunden anwendet und ein eigenes Serviceteam für die Nachbetreuung und Wartung beschäftigt. Wiederum sind vermeidbare Mehrkosten und organisatorische Komplexität die Folge.

Angesichts der Menge und Tiefe an Aufgaben, mit denen Portfolio- und Produktmanager konfrontiert sind, ist es mitunter notwendig, diese auf mehrere Personen aufzuteilen. In Unternehmen, denen die Wichtigkeit dieser Funktionen bewusst ist, findet man das auch oftmals vor. Demnach werden gern technische Aspekte wie etwa Festlegung des Funktionsumfangs oder Aussteuerung des Entwicklungsteams an einen „intern orientierten Produktmanager", der oftmals auch in Form eines Chef-Architekten definiert wird, übertragen und nach außen gerichtete Aufgaben wie Marktstudien oder Vertriebsbetreuung an einen „extern orientierten Produktmanager". Dasselbe gilt für die Ebene des Portfoliomanagers, wenngleich hierbei meist eine Arbeitsteilung anhand von Märkten oder

Produktgruppen erfolgt. Solche Aufteilungen sind ab einer gewissen Größe oder Komplexität sinnvoll und nötig. Letztlich sollte jedoch für jedes einzelne Produkt und für das gesamte Portfolio jeweils eine Person die Gesamtverantwortung tragen, da angesichts der Komplexität und der potenziellen Zielkonflikte das Portfolio ansonsten schwer steuerbar und dem Rest des Unternehmens vermittelbar wäre. Eine Ausnahme bilden dabei Unternehmen, die völlig unterschiedliche Märkte adressieren, deren Produkte und Erzeugnisse einzelner Portfoliogruppen keinerlei Verbundwirkungen implizieren. In solchen Fällen kann es sinnvoll sein, dass nicht ein Portfoliomanager die übergreifende Klammer bildet, sondern etwa die Vertriebsleitung oder die Marketingleitung. (Auf die einzelnen Organisationsformen wird später in Abschn. 5.2 noch näher eingegangen.)

Eine Vorgehensweise, die in der Praxis häufig scheitert, ist die Aufteilung von Aufgaben des Portfolio- oder Produktmanagements auf mehrere Personen in verschiedenen Funktionen der bestehenden Linienorganisation (diese wird umgangssprachlich oft auch als „Unternehmenshierarchie" bezeichnet, da Unternehmen in früheren Zeiten meist in einer hierarchischen Form organisiert waren), ohne diese Rollen zentral einzurichten. Deren Koordination gestaltet sich dann meist komplex und vereinfacht die Abläufe erfahrungsgemäß nicht. Oftmals versteckt sich dahinter der Versuch, die ererbten Befugnisse des angestammten Managements nicht zu beschneiden, gepaart mit der Intention, Projektkosten durch Wiederverwendung von Komponenten zu senken. Letztlich kommt aber „jemandem" die Aufgabe zu, die Zuständigkeiten, Verantwortungen und Ziele zu definieren, und wenn es keine formale Rolle dafür im Unternehmen gibt, bleibt der Ball bei der Unternehmensleitung oder das Unterfangen ist von vornherein zum Scheitern verurteilt. Derartig halbherzige Versuche werden meist dann angestrebt, wenn die unternehmerischen Hausaufgaben nicht erledigt wurden und keine Entscheidung, wie sich das Unternehmen grundsätzlich orientiert, entsprechend Abschn. 2.6 getroffen wurde. Ein reines Lippenbekenntnis für eine Produkt- oder eine Portfoliostrategie macht die Arbeit des jeweiligen Managers unmöglich, egal in welcher Funktion und auf welcher Ebene er sich befindet.

5.2 Organisation

Das in der Praxis vorgefundene, organisatorische Setup unterscheidet sich stark nach Geschäftsmodell des Unternehmens und Reifegrad im Hinblick auf Portfoliomanagement. Aus dem Projektmanagement kennt man mittlerweile unterschiedliche Ausprägungen, die in vergleichbarer Art und Weise auch im Portfoliomanagement vorkommen. Heintel und Krainz (2000, S. 41 ff.) beschreiben in diesem Kontext untergeordnete Projektstrukturen, bei denen jemand beauftragt wird, sich um ein Vorhaben ohne konkreten Auftrag zu kümmern, abgespaltene Projektstrukturen, die in einer autarken Parallelwelt zur Linienorganisation existieren, und integrierte Strukturen, die ein entsprechendes Widerspruchsmanagement zwischen Linie und Projekt an den Matrixknoten etabliert haben. Rund um Produkt- und Portfoliomanagement findet man ähnliche Organisationsformen vor. Besonders herausfordernd gestaltet sich dabei der Umstand, dass diese häufig zusätzlich zu Linien- und Projektorganisation etabliert werden und damit eine erhebliche organisatorische Komplexität erwächst. Das ist eine gute Grundlage dafür, jeden für alles und nichts verantwortlich zu machen, was Organisationen in Beschäftigung mit sich selbst bis hin zum Stillstand lähmen kann. Angesichts einer Vielzahl überlappender Verantwortungen eine funktionsfähige Struktur zu finden, die auch der Unternehmensstrategie gerecht wird, ist kein leichtes Unterfangen und vor allem auch von der Art der Produkte, der adressierten Kundenklientel und letztlich dem zugrundeliegenden Geschäftsmodell abhängig.

Dahingehend gibt es auch keine allgemeingültige „richtige" Antwort auf die Frage, wie Portfoliomanagement in Unternehmen organisiert werden muss. In Abhängigkeit von dessen Stellenwert und Beitrag zum Unternehmenserfolg sollte es stärker oder loser in der Linienorganisation verankert sein. Zur Verdeutlichung werden im Folgenden drei verschiedene Formen vorgestellt, wobei anzumerken ist, dass je nach Schwerpunktsetzung der Organisation sowie in Abhängigkeit von adressiertem Kundensegment und Geschäftsmodell der eine oder andere Aspekt stärker zum Tragen kommt. Um jedoch die Schwierigkeit einer Integration mit parallelem Projektmanagement explizit zu machen, wird in der Darstellung davon ausgegangen, dass es sich nicht um eine rein auf Produkte ausgerichtete Unternehmung handelt, sondern um eine Organisation, die darüber hinaus in Projektform auch kundenspezifische Lösungen realisiert. Eine Struktur, die primär auf Portfoliomanagement setzt, gestaltet sich entsprechend einfacher.

5.2.1 Untergeordnetes Portfoliomanagement

Der Definition von Heintel und Krainz (2000, S. 41 ff.) folgend, sei hier auch Portfoliomanagement als „untergeordnetes" Portfoliomanagement bezeichnet, bei dem jemand gebeten wird, sich um Konsolidierung von Portfolioelementen zu „kümmern", ohne entsprechendes Mandat oder konkreten, durchsetzbaren Auftrag. Diese Form findet man vor allem in gewachsenen Unternehmen vor, die beginnend mit ein paar Einzelaufträgen ein Geschäft aufgebaut haben, das plötzlich in seiner Vielfalt zu umfangreich wird und damit nicht mehr kostendeckend in Form von isolierten Projekten bedient werden kann. Doch auch in etablierten und erfolgreichen Firmen sind solche Strukturen zu sehen, wenn diese über Jahre hinweg Projekte umsetzten und dann beschließen, zu einer Produktstrategie überzugehen. Im ersten Fall mag es vielleicht mangelnde Kapazität oder Wissen um die Komplexität umfassenden Portfoliomanagements sein, im zweiten Fall mitunter die Schwierigkeit, lieb gewonnene Gewohnheiten loszulassen. Egal, was der Grund dafür sein mag – die Konsequenz ist, dass jemand im Unternehmen nominiert wird, verschiedenste Einzelerzeugnisse zu einem oder mehreren Produkten zusammenzuführen, um kostensenkende oder absatzsteigernde Effekte zu erwirken (s. Abschn. 2.1).

In den ersten Jahren meines beruflichen Werdegangs durfte ich (R.G.) selbst eine solche Funktion bekleiden. Es handelte sich dabei um eine aufstrebende Abteilung in einem Telekommunikationsunternehmen, die sich auf die Erstellung kundenspezifischer Telefonielösungen fokussierte. Nach mehreren Projekten erkannten wir Muster in den Anforderungen der Kunden und ich wurde damit betraut, wiederverwendbare Module, vergleichbar mit Produkten der Ebene 2, zu definieren, die in verschiedenen Projekten zum Einsatz kommen sollten. Die Schwierigkeiten, mit denen ich damals zu kämpfen hatte, waren vielfältig und, im Nachhinein betrachtet, vorprogrammiert. Es handelte sich um den Versuch, bestehende Lösungen wiederzuverwenden, wobei die Grundlage dafür aus kundenspezifischen Projekten stammte. Allerdings fehlte es an generischer Dokumentation, an finanziellen Mitteln zur Generalisierung der Komponenten und an vertrieblicher Unterstützung. Das Ansinnen war gut gemeint und sinnvoll. Ohne klare Strategie seitens der Abteilungsleitung, Produkte am Markt zu positionieren, war der Vertrieb naturgemäß bedacht, die Kundenanforderungen zu hundert Prozent zu erfüllen, und damit fiel es schwer, ihn von einer eingeschränkten, aber multiplizierbaren Lösung zu überzeugen. Zudem wurde das Programm schwerpunktmäßig dahingehend aufgesetzt, Broschüren zu diesen Modulen zu erstellen. Mangels der Möglichkeit, auf Basis eines Geschäftsplanes auch die Entwicklung zu generalisieren, bewahrheitete sich die anfangs ausgesprochene Sorge von Kollegen aus Vertrieb und Technik, dass kein Kunde die Module so, wie sie sind, einsetzen werde. Erst als die Abteilungsleitung dieses Dilemma verinnerlichte und den Verkauf von Produkten intern an Incentives koppelte, gelang es, sie erfolgreich in Kundenprojekten zu positionieren.

Die Zwickmühle, in der ich mich damals befand, ist bezeichnend und beispielhaft für untergeordnetes Portfoliomanagement. Der Bedarf an Produkten ist erkannt, aber das Konzept wird nicht zu Ende gedacht. *„Unternehmen wählen diese Organisationsform häufig, um das Produktmanagement vor der eigentlichen Einführung zu testen. Leider sind die Testergebnisse meist unbefriedigend, da sich das Produktmanagement mit dieser Organisationsform schlecht in Unternehmen durchsetzen kann"* (Aumayr 2009, S. 100). Wenn der Produkt- oder Portfoliomanager rein die Funktion einer internen Koordinationsstelle innehat, ohne über Mittel und Ressourcen zu verfügen, und die Strategie des Unternehmens diesen Weg nicht konsequent unterstützt, ist das Unterfangen chancenlos, da Vertrieb und Projektmanagement kraft ihrer Ziele stets eine Optimierung für Einzelprojekte vornehmen werden. Zudem ist deren Erfolg auch unmittelbar wirksam, weshalb ihnen wahrscheinlich im Zweifelsfall auch die Unterstützung seitens der Unternehmensleitung zukommt. Wenn die Relevanz einer Portfoliostrategie für eine Firma nicht eindeutig ausgearbeitet ist, dann werden direkte Projekterfolge zwangsläufig indirekt wirkenden Produktvorhaben vorgereiht. Neben den externen Risiken unerwarteter Marktentwicklungen kommt dadurch für den Produktmanager auch ein internes Risiko hinzu. Er kann nicht zwingend davon ausgehen, auf die Unterstützung seiner Kollegen zählen zu können, und wenn eine Bitte abgeschlagen wird, fällt mitunter sein Gesamtkonzept wie ein Kartenhaus zusammen.

Selbst wenn Organisationen ein Bekenntnis zu Produkten durch sämtliche Instanzen leben, bedeutet dies nicht, dass damit eine holistische Optimierung im Sinne eines professionellen Portfoliomanagements verbunden ist. Vor allem mittlere bis größere Unternehmen mit mehr als 500 Beschäftigten neigen dazu, sich in Geschäftssegmente aufzuspalten, die ihrerseits eine eigene Produktstrategie verfolgen. Natürlich ist es naheliegend und sinnvoll, ein übergeordnetes Portfoliomanagement zur unternehmensweiten Optimierung zu etablieren. Dieses kostet jedoch auch Geld und erfordert Durchsetzungskraft, um wirksam sein zu können. Wiederum wird eine solche Instanz oftmals in einem ersten Anlauf als untergeordnete Funktion mit Bittstellercharakter etabliert, wie Abb. 5.2 zeigt.

5.2 Organisation

Abb. 5.2 Untergeordnetes Portfoliomanagement

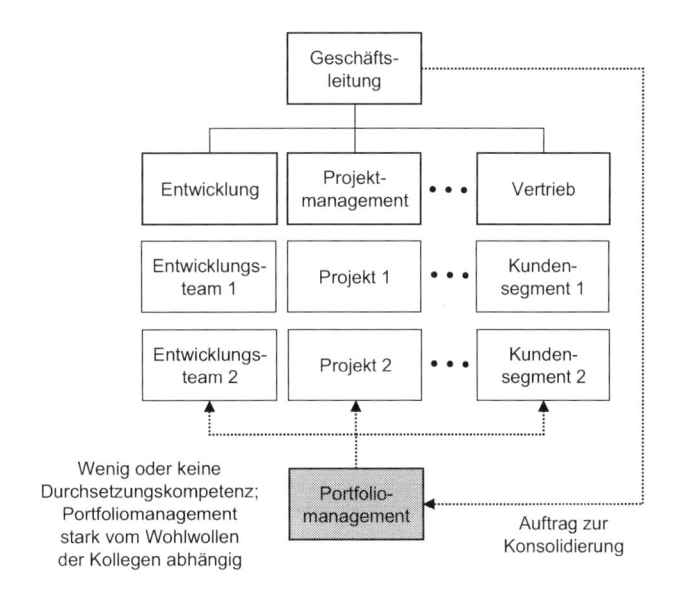

```
                              Geschäfts-
                               leitung
                    ┌─────────────┼─────────────┐
                Entwicklung    Projekt-    …   Vertrieb
                              management
                              
              Entwicklungs-   Projekt 1    …   Kunden-
                team 1                         segment 1
                
              Entwicklungs-   Projekt 2    …   Kunden-
                team 2                         segment 2
```

Wenig oder keine Durchsetzungskompetenz; Portfoliomanagement stark vom Wohlwollen der Kollegen abhängig

Portfoliomanagement ← Auftrag zur Konsolidierung

Ein Szenario, das diese Problematik gut illustriert, spielte sich vor einigen Monaten wie folgt ab: Ein erfahrener Produktmanager in einem international tätigen Konzern wurde mit der Aufgabe betraut, über die verschiedenen Geschäftssegmente des Unternehmens eine konsolidierte Portfoliostrategie zu erarbeiten. Dabei sollten in verschiedenen Anwendungen dieselben Basiskomponenten zum Einsatz kommen, um einerseits Entwicklungskosten einzusparen und andererseits auch Richtung Kunden die Kompatibilität der eigenen Erzeugnisse als Vorteil herausstreichen zu können. Ohne budgetäre Mittel und Durchsetzungskraft erstellte er nicht nur ein durchgängiges Konzept, das die Portfolioelemente in eine synergetische Strategie bündelte, sondern er erarbeitete auch die dazu notwendige Zielarchitektur, wobei er großen Wert darauf legte, einen hohen Grad an Wiederverwendung bei möglichst geringen Anpassungen seitens der einzelnen Geschäftssegmente zu erzielen. Letztere wurden jedoch an ihren spezifisch erwirtschafteten Gewinnen gemessen und jede Abweichung von ihrer, auf die eigenen Ziele optimierten, Produktstrategie hätte zumindest für die nächsten Quartale einen merklichen negativen Einfluss auf das Ergebnis zur Folge gehabt. Damit fanden sie die kreativsten Erklärungen, warum ihre Kunden derart „besonders" seien, dass eine Zusammenführung zu einem Gesamtportfolio keinen Sinn mache. Ohne finanzielle Mittel oder Weisungsrecht hatte der Portfoliomanager aber auch keine Handhabe gegenüber den Geschäftssegmenten, seiner Verpflichtung adäquat nachzukommen. Letztlich warf er nach drei Jahren das Handtuch.

Untergeordnetes Portfoliomanagement kann aber durchaus Sinn machen. Dies ist dann der Fall, wenn es eine erste Bestandserhebung oder einen Geschäftsplan zu erarbeiten gilt. Für diese Tätigkeiten sind die Zuarbeiten einzelner Abteilungen in der Regel überschaubar. Aus kollegialen Gründen oder um der „neuen Idee des Managements" nachzukommen, ist meist in der Startphase auch ein gewisser Wille zur Unterstützung gegeben. Damit kann eine Einzelperson mit dieser Aufgabe durchaus ein tragfähiges Konzept für eine Produkt-

oder Portfoliostrategie erarbeiten. Soll dieses jedoch umgesetzt werden, ist diese Organisationsform höchst kontraproduktiv. Vor der Realisierung ist daher genau die Frage nach dem Geschäftsmodell und der Strategie des Unternehmens zu stellen. Erscheint der Weg einer oder mehrerer Produkte sinnvoll, so sind auch entsprechende, durchsetzbare Strukturen und Prozesse zu etablieren, wie sie im Weiteren noch genauer ausgeführt werden.

Eine Abwandlung von dieser Konstellation ist, das Portfoliomanagement als offizielle Stabsstelle direkt der Unternehmensleitung zuzuordnen, wie es Hofbauer und Sangl (2011, S. 305) anhand des Produktmanagements erläutern: *„Bei dieser Organisationsform ist der Produktmanager der Unternehmensleitung oder Marketingabteilung in Stabsfunktion direkt zugeordnet. Der Produktmanager übernimmt dabei die Rolle des Beraters, in der Praxis übt er darüber hinaus einen starken Einfluss auf alle produktpolitischen Entscheidungen aus."* Dies ist durchaus eine interessante Konstellation. Allerdings sind wenige Unternehmen so konsequent, dass das Produkt- beziehungsweise Portfoliomanagement tatsächlich den starken Einfluss auf die produktpolitischen Entscheidungen ausübt, den Hofbauer und Sangl postulieren. Ist dies der Fall, kann das Setup funktionieren. Ansonsten findet sich das Portfoliomanagement wiederum in einer Bittstellerrolle und „untergeordneten" Form wieder, die nur bedingt zielführend ist, wenn erst einmal das Portfoliokonzept definiert ist und es in die Umsetzung geht.

5.2.2 Portfoliomanagement als Matrix

Diese Form des Portfoliomanagements findet man in der Praxis sehr häufig vor. Es sei hier explizit erwähnt, dass sich der Begriff der Matrix nicht auf die prinzipielle Organisation des Unternehmens bezieht, sondern auf die Art und Weise, wie das Portfoliomanagement definiert ist. Im Gegensatz zum untergeordneten Portfoliomanagement hat der zuständige Manager in diesem Fall einen klaren Auftrag und ein gewisses Mandat, auch Ressourcen des Unternehmens zu nutzen. Dies geht meist auch mit einem Geschäftsplan für die Portfolioelemente einher, auf dessen Basis Mitarbeiter in die Produkterstellung eingebunden und Zukäufe finanziert werden. Allerdings sind die Personen dem Portfoliomanager oder seinen Produktmanagern nicht direkt in der Linienorganisation, sondern für die Dauer der Mitarbeit in Form einer Matrixorganisation zugeordnet. Damit haben sie ihre „administrative Heimat" in der Linienorganisation und fachlich für eine gewisse Zeit eine Reporting-Linie zu der Produktorganisation (Abb. 5.3).

Eine solche Form macht vor allem dann Sinn, wenn mehrere Produkte über ihre Laufzeit einen unterschiedlich hohen Personalbedarf haben und damit ein Ressourcenpool zur Verfügung steht, wobei Mitarbeiter bedarfsweise an dem einen und später an einem anderen Produkt mitwirken. Vor allem in Firmen, die eine größere Anzahl von Produkten in ihrem Portfolio haben, kann dies nützlich sein. So erübrigt sich die Notwendigkeit, Kapazitäten für spätere Entwicklungsaufgaben vorzuhalten, da über die Vielzahl an Produkten ein statistischer Ausgleich erfolgen kann, der die Schwankungen im Bedarf der einzelnen Portfolioelemente nivelliert. Ebenso bringt diese Struktur einen Vorteil, wenn

5.2 Organisation

Abb. 5.3 Portfoliomanagement als Matrix

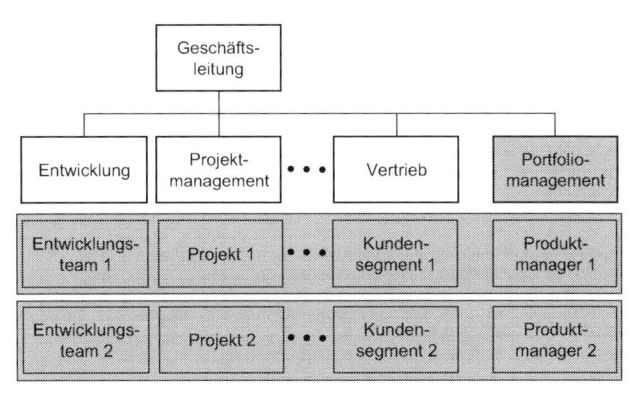

```
                    Geschäfts-
                     leitung
        ┌──────────┬──────┴──────┬──────────────┐
   Entwicklung  Projekt-  • • •  Vertrieb   Portfolio-
                management                  management

   Entwicklungs-  Projekt 1  • • •  Kunden-     Produkt-
      team 1                        segment 1   manager 1

   Entwicklungs-  Projekt 2  • • •  Kunden-     Produkt-
      team 2                        segment 2   manager 2
```

Matrix-Verantwortung mit temporärer Durchsetzungskompetenz im Portfolio- bzw. Produktmanagement

Produkte und Projekte parallel abgewickelt werden und dabei wiederum auf dieselben Personen des Ressourcenpools zugreifen. Besonders häufig wird eine solche Vorgehensweise im Hinblick auf Entwicklungsmannschaften angewendet. Meist ist Projektgeschäft sehr dynamisch und der Bedarf schwankt entsprechend. In ruhigeren Zeiten können dann die vorhandenen Personen verstärkt an Produkten arbeiten und damit ist die Auslastung gesichert, sofern deren Finanzierung geregelt ist.

Portfoliomanagement als Matrix bringt neben den Vorteilen einer ausgeglichenen Beschäftigung aber umgekehrt auch Schwierigkeiten mit sich. Die Sicherheit, dass genau dann die Kapazitäten verfügbar sind, wenn sie im Produkt benötigt werden, ist nicht zwingend gegeben. Naturgemäß führt dies zu Ressourcenkonflikten. Wenn das Geschäft gut läuft, sind die Mitarbeiter häufig in Projekten verplant und entsprechend der Nachfrage ist auch eine umfassende Liste an Produktwünschen zu erwarten, für deren Realisierung dann das Personal schwer greifbar ist. Bei schwacher Auftragslage ist oftmals umgekehrt auch nur wenig Kapital vorhanden, um großflächig in Produkte zu investieren. Hierbei ist es hilfreich, wenn das Unternehmen ein gut strukturiertes Portfolio hat, wodurch ebenfalls Schwankungen im Bedarf durch andere Portfolioelemente ausgeglichen werden können. Besonders herausfordernd kann jedoch das Management der Matrix werden, wenn dieselben Personen zur selben Zeit an Projekten und an Produkten mitarbeiten sollen. Abhängig davon, ob Projekte ebenso als Matrix angelegt sind – was häufig der Fall ist – oder in der Linie abgewickelt werden, sind hier mehrere Führungskräfte gefragt. Zwischen Projektmanager, Produktmanager und Linienverantwortlichem kommt dann ein systemimmanenter Widerspruch zum Tragen, dessen Management schwierig ist und oftmals nur durch Eskalation Richtung Unternehmensebene behandelt werden kann. Der Linienverantwortliche des Ressourcenpools verfügt über gewisse Kapazitäten und muss sicherstellen, dass seinen Mitarbeitern noch eine erträgliche Work-Life-Balance zugemutet wird. Der Produktmanager soll durch konsequentes Umsetzen seines Produktes möglichst rasch Werte von nachhaltigem Nutzen für das Unternehmen schaffen und steht meist gegenüber Vertrieb und Marketing in der Pflicht, was den Fertigstellungszeitraum betrifft. Zudem ist bei jedem Produkt der Release-Zeitpunkt von großer Bedeutung, da auch der Mitbewerb nicht stillsteht. Der Bedarf des Projektmanagements liegt auf der Hand. Der Projektmanager hat einen Kundenauftrag auszuführen, an den auch entsprechende Erlöse gekoppelt sind. Genau an diesem Punkt wird die wahre Unternehmensstrategie sichtbar. Handelt es sich um eine Firma, die sich zwar nach außen zu Produkten bekennt, aber eigentlich eine Projektkultur hat, dann „gewinnt" das Projekt und die Produkte bleiben mangels Ressourcen auf der Strecke.

Diese Denkweise ist auch naheliegend, denn weil der Kunde für Leistungen und Erzeugnisse von Unternehmen zahlt, orientieren sich diese entsprechend an ihm. So formuliert etwa auch Peter Drucker unmissverständlich: *„Der Kunde entscheidet darüber, was ein Unternehmen ist. Einzig und allein die Bereitschaft des Kunden, für ein Wirtschaftsgut oder eine Dienstleistung zu bezahlen, wandelt wirtschaftliche Ressourcen in Wohlstand um, macht aus Dingen Güter. Der Kunde kauft niemals nur ein Produkt. Er kauft stets einen Nutzen"* (Drucker 2005, S. 37). Diese Aussage hat durchaus ihre Berechtigung. Allerdings ist der Erfolg von Projekten direkt als Nutzen für die Organisation greifbar. Produktnutzen ist jedoch ex ante und erst in der Buchhaltung in seinem Umfang sichtbar und wir Menschen neigen dazu, dem Konkreten Vorzug gegenüber dem Nicht-Greifbaren zu geben. Eines ist klar – das Überleben jedes Unternehmens hängt von Einkünften ab und die kommen nun mal von konkreten Kundenaufträgen. Wird denen aber stets die höchste Priorität zugeschrieben, dann können keine Produkte aufgebaut werden, die nachhaltig durch Multiplikatoren Profite generieren. Umgekehrt würde durch eine reine Ausrichtung auf Produkte über einen längeren Zeitraum, der erst einmal vorfinanziert werden muss, kein Einkommen generiert. Hinzu kommt das Risiko, dass sich das Erzeugnis vielleicht später nicht in der gewünschten Form verkauft und sich die Rückführung der Investition nicht wie geplant einstellt. Es ist klar, dass es hier keine eindeutige Lösung gibt. Wie schon erläutert, darf dieser Konflikt nicht ignoriert werden. Es gilt ihn zu kultivieren und auf der übergeordneten Ebene zu managen, wie das nachfolgende Beispiel zeigt:

Die Firma KappaComp, die jährlich etwa 150 Mio. € mit kundenspezifischen Softwarelösungen erwirtschaftete, wollte das Geschäftsergebnis durch wiederverwertbare Kernprodukte verbessern. Dazu installierte sie ein Produktmanagement, das in einer Matrixstruktur Ergebnisse von Projekten in Produkte überführen sollte. Obwohl der Produktmanager über ein entsprechendes Budget verfügte, scheiterte das Unterfangen kläglich. KappaComp war gewohnt, dass jedes Kundenprojekt mit höchster Priorität abzuwickeln ist, und damit war nie eine entsprechende Mannschaft verfügbar, um aus den – im Hinblick auf Einzelaufträge optimierten – Softwarekomponenten produkttaugliche Module zu generieren. Der Geschäftsführer erkannte diese Situation und hob Produktmanagement auf dieselbe Ebene wie Projektmanagement, indem er einen Portfoliomanager mit einem direkten Berichtswesen an ihn installierte. Zusätzlich wurden die Projekte verpflichtet, jede Entwicklung beim zuständigen Produktmanagement zu beauftragen und diese in produktreifer Form erstellen zu lassen. Die Mehrkosten im Vergleich zu spezifischer Software wurden durch den Geschäftsplan für das Produktportfolio abgedeckt. Für den Projektmanager ergab sich damit zwar der Nachteil, dass sich die Lieferzeit für die Komponenten, die er in Projekten integrierte, etwa um 50 % verlängerte. Allerdings konnte er mit Kosteneinsparungen in Folgeprojekten rechnen und wurde um die Aufgabe entlastet, die Entwicklungsteams im Rahmen des Projektes zu koordinieren. Lediglich Komponenten, die keine Grundlage für eine Wiederverwendung bei anderen Kunden boten, durften innerhalb der Projekte abgewickelt werden. Obwohl die Vorteile für KappaComp als Unternehmen offensichtlich waren, liefen die Projektleiter Sturm. Sie fühlten sich in ihrer Kompetenz beschnitten, befürchteten massive Verzögerungen und damit unzufriedene Kunden. Der Geschäftsführer blieb allerdings hart und setzte den Weg durch. Bereits nach drei größeren Projekten glätteten sich die Wogen. Projekt- und Produktmanager, waren gezwungen, sich enger abzustimmen, und etablierten einen strukturierten Modus, der den Projektleitern Fertigstellungstermine garantierte, die sie auch ihren Kunden kommunizieren konnten. Diese akzeptierten in der Regel durchaus eine leichte Verzögerung, welche mit Zusatzfunktionen aufgewogen wurde, die im Folge-Release ohne Mehrkosten verfügbar sein würden. Funktionen für Projekte, die nicht verschiebbar waren, wurden bei strategischer Wichtigkeit höher priorisiert. Zudem planten die Produktmanager stets auch etwa 20 % an Kapazität für unerwartete Wünsche ein, die erst spät von Projekten gemeldet wurden. Allerdings mussten diese zwingend die zuvor bekannt gegebenen Termine einhalten, zu denen sämtliche Funktionen eingefroren wurden und die Entwicklungsarbeit startete. Danach konnten Wünsche für die nächste Version angemeldet werden. Es ist schwer, gewohnte Pfade zu verlassen, und hätte der Geschäftsführer nicht derart strikt die Wichtigkeit von Produkten jener der Projekte gleichgestellt, wäre es den Produktmanagern nicht möglich gewesen, ihre Ziele zu erreichen. Letztlich gelang es dem Unternehmen damit, ein leicht defizitäres Projektgeschäft in eine profitable Kombination aus Produkten, die in Projekten verbaut wurden, zu drehen. Der Weg dorthin war jedoch keineswegs einfach.

Ist sich eine Organisation ihrer Ziele und der Strategie, diese mittels Produkten zu erreichen, bewusst und hat sie ein Managementmodell etabliert, das in der Lage ist, permanent den Konflikt aus Produkt versus Projekt auszubalancieren, bringt Portfoliomanagement als Matrix definitiv Vorteile. Es fördert die Verschränkung aus Projekten und Produkten, sodass die Chance höher ist, auch Funktionen zu entwickeln, die der Markt braucht. Über Projekte kommt eine unmittelbare Rückmeldung hinsichtlich Wünschen und Anregungen von Kunden, und es können auch bei entsprechend guter Planung Auslastungsschwankungen einzelner Projekte über die Produktentwicklung ausgeglichen werden. Dies ist auch in Firmen möglich, die ihre Produkte weiterverkaufen und nicht in Projektform verwerten. Bei mehreren Portfolioelementen, die vergleichbares Wissen erfordern, aber in unterschiedlichen Phasen des Lebenszyklus stehen, kann wiederum eine geschickte Planung von Releases und Kapazitäten eine effiziente Auslastung der Mannschaft sicherstellen. In diesem Fall ist der Portfoliomanager gefragt, den Konflikt zwischen einzelnen Portfolioelementen auszugleichen. Dies ist in der Regel jedoch einfacher zu bewerkstelligen, da einerseits die Erstellungszyklen von Produkten länger sind als Projektdurchlaufzeiten und die Optimierung eines Produktportfolios ähnlich abstrakter Natur ist wie die eines Produktes. Wenn ein Unternehmen also rein auf Produkte setzt, sei impliziert, dass es sich deren Nutzen bewusst ist, und daraus kann leicht der Vorteil eines übergeordneten Portfoliomanagements abgeleitet werden.

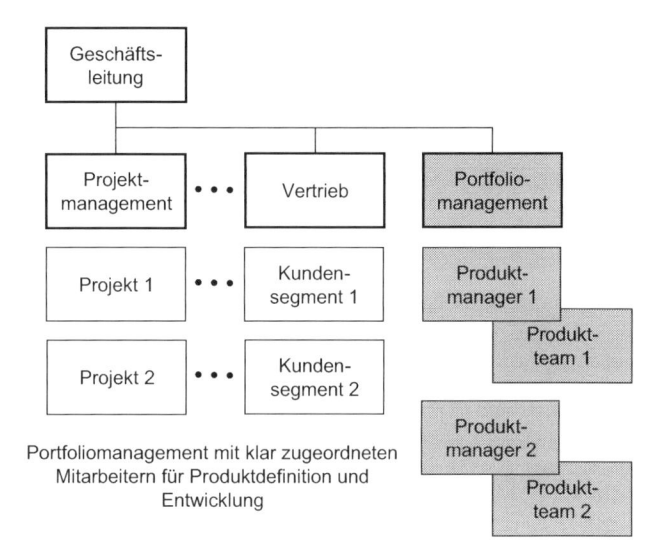

Abb. 5.4 Portfoliomanagement mit Linienverantwortung

Portfoliomanagement mit klar zugeordneten Mitarbeitern für Produktdefinition und Entwicklung

5.2.3 Portfoliomanagement mit Linienverantwortung

Die zuvor genannten Formen der Organisation des Portfoliomanagements kommen in Firmen überaus häufig vor. Allerdings verschreiben sich Unternehmen auch durchaus zur Gänze einer Portfoliostrategie und etablieren damit auch klarere Strukturen, welche die Erstellung von Produkten unterstützen. Die reine Umsetzung dessen ist dann der Fall, wenn das Portfolio- beziehungsweise das Produktmanagement direkt in der Linienorganisation des Unternehmens abgebildet wird. Weder der Portfoliomanager noch der Produktmanager ist Bittsteller oder steuert aus einer Matrixfunktion das Geschehen. Vielmehr verfügen sie – oftmals sogar unbefristet – über ein dediziert zugeordnetes Team, das sich rein um einzelne oder mehrere Produkte kümmert (s. Abb. 5.4). Dies kann einerseits dadurch bedingt sein, dass die Produkte, so wie sie sind, vertrieben werden. Beispiele hierfür sind etwa Konsumgüter oder auch Finanzprodukte wie Fonds. Andererseits ist diese Form der Organisation auch dann sinnvoll, wenn ressourcenaufwendige Portfolioelemente über einen sehr langen Zeitraum hinweg realisiert werden und davon auszugehen ist, dass die nächste Version mit einem ähnlichen Setup erstellt wird.

Wie schon ausgeführt, sind die Planungszeiträume für Unternehmen, Produkte und Projekte unterschiedlich. Damit wird auch deutlich, dass Portfoliomanagement mit Linienverantwortung dann einen Wert bringt, wenn sich die Durchlaufzeit bestimmter Produkte an die Planungszyklen des Unternehmens annähert. Auf diese Weise relativieren sich auch Schwierigkeiten unterschiedlicher Zeitlichkeiten, die insbesondere dann relevant werden, wenn ein Produkt abgeschlossen ist und das zuständige Team keine weitere Beschäftigung hätte. Die Re-Integration in die reguläre Organisation gestaltet sich dann aus organisatorischen und sozialen Gründen schwierig, da selten ein „freier Platz" für die über einen längeren Zeitraum abgespaltene Mannschaft vorgehalten wird. Vergleichbare Phänomene kennt man aus dem Projektmanagement: *„Die Hierarchie schließt sich ihnen*

[Projektgruppen, R.G.] gegenüber ab und betreibt sozusagen Kindesweglegung, lässt sie völlig allein auf sich gestellt und bestraft sie damit für ihre Selbständigkeit. Projektmitarbeiter werden wie Auswanderer behandelt und kommen als Fremde in die Abteilung zurück" (Heintel und Krainz 2000, S. 146). Zudem war die Denkweise und Zielsetzung im Produktteam eine andere, sodass auch mit kulturellen Konflikten zu rechnen ist. Darüber hinaus ist es problematisch, wenn für das Produktteam in der Linie keine kontinuierliche Auslastung gesichert ist. Aufgrund der dedizierten Zuordnung erwachsen für den zuständigen Manager Mehrkosten für unproduktive Zeiten, die den Geschäftsplan des jeweiligen Produktes belasten.

In dem Großunternehmen LambdaComp wurden für das Produktteam einer Abteilung beide Faktoren zum Problem. Ein einst hocherfolgreiches Produkt, das im Jahr ein Volumen von mehr als zehn Mio. € Umsatz erwirtschaftete, war zu einem wesentlichen Teil von einem Hauptkunden, der dieses in seine Lösungen integrierte, abhängig. Aufgrund einer guten Partnerschaft und jahrelanger Zusammenarbeit wurde das Produktmanagement auch entsprechend mit Linienverantwortung für die Entwicklungsmannschaft definiert. Der Produktmanager hatte ein Team von 100 Mitarbeitern, die sich über Jahre rein um dieses eine Portfolioelement kümmerten. Als der Kunde allerdings seinerseits die Produktlinie einstellte, brach das Geschäft auch bei LambdaComp in entsprechender Form ein und es war nicht sichergestellt, dass die Reduktion in absehbarer Zeit durch Aufbau neuer Partner abgefangen werden konnte. Die unmittelbare Folge dieser Entwicklungen war eine Unterauslastung des Produktteams. Konsequenterweise belastete dies den Geschäftsplan und es bestand die Gefahr, dass das Produkt in dieser Form nicht mehr rentabel weitergeführt werden konnte. Da es sich um eines von drei Säulenprodukten der Abteilung handelte, wirkte sich dieses Risiko auch direkt auf deren Erfolg aus. Der einzige Ausweg war eine Abkehr von der reinen Linien-Produktorganisation zu einem Pool an Arbeitskräften, die an mehreren Produkten arbeiteten, um die Zeit bis zum Aufbau neuer Absatzkanäle zu überbrücken. Das Produktmanagement wurde in eine Matrixstruktur umgestellt und die Mannschaft halbiert. So gelang es, die Abteilung profitabel weiterzuführen. Die Umstellung war jedoch überaus schmerzlich für das Team und es dauerte zwei Jahre, bis sich die – einst unterschiedlichen Produkten verschriebenen – Mitarbeiter wieder als ein Team fühlten.

Selbst wenn die Linienproduktorganisation mit hohem Personalaufwand sehr effizient sein kann, da der Konflikt aus Linie – Produkt – Projekt nicht existiert und demnach eine Optimierung des Produktes gleichermaßen eine Optimierung für das Unternehmen darstellt, führt das Beispiel auch die Schattenseiten dieser Organisationsform deutlich vor Augen. Wie in einer Monokultur ist das betroffene Team direkt vom Erfolg des Produktes abhängig. Die damit verbundene Problematik ist damit evident. Es handelt sich wiederum um eine Kostenersparnis zum Preis eines höheren Risikos. Besteht das Portfolio jedoch aus Elementen, die ein geringes Risiko in sich tragen und eine größere Mannschaft über einen längeren Zeitraum binden, können die geringeren Kosten durchaus einen Wettbewerbsvorteil bringen. Zudem ist auch die Einbettung in ein übergeordnetes Portfoliomanagement mit Linienverantwortung um ein Vielfaches einfacher zu gestalten als in Form einer

Matrix. Der Portfoliomanager ist schlichtweg Vorgesetzter einzelner Produktverantwortlicher, an die wiederum deren Teams für die Realisierung berichten. Die Unternehmerrolle ist hier eindeutig mit der Portfolioverantwortung verknüpft und damit klar geregelt. Mitarbeiter haben einen einzigen Vorgesetzten und die Ziele des Produktes stehen mit jenen der Abteilung im Einklang.

In der Realität ist die Angelegenheit allerdings nie schwarz-weiß. Selbst wenn die Entwicklungsmannschaft einem Portfolioelement zugeordnet ist, so ist in der Regel der Vertrieb parallel dazu angesiedelt und greift auf mehrere Produkte zu, die für seine Kunden relevant sind, wie auch Abb. 5.4 illustriert. Dies bringt den Vorteil einer klaren Schnittstelle nach außen und erhöht die Effizienz, da bei jedem Kundenbesuch der jeweils adäquate Portfolioausschnitt vorgestellt werden kann. Würde ein Kunde von fünf verschiedenen Vertriebsleuten zu jeweils einem anderen Produkt kontaktiert, wäre dies für den potenziellen Abnehmer mühsam und zeitaufwendig – ein klarer Nachteil im Kundenbeziehungsmanagement. Entsprechendes gilt für Wartung, Reklamationsmanagement, Einkauf, Buchhaltung und so weiter. Damit ist in der Praxis selbst bei konsequenter Ausrichtung der Organisation im Hinblick auf integriertes Produktmanagement in verschiedener Hinsicht die eine oder andere Form einer Matrix vorzufinden.

5.2.4 Organisatorische Zuordnung des Portfoliomanagements

Zur Festlegung der organisatorischen Zuordnung des Portfolio- und Produktmanagements gilt es vor allem, die Branche, in der das Unternehmen tätig ist, und seine Geschäftsmodelle zu betrachten. Die Beantwortung der Frage nach dem optimalen Setup gestaltet sich jedoch oftmals schwierig und die *„organisatorische Verankerung des Produktmanagement in der Aufbauorganisation des Unternehmens stellt viele Unternehmen vor eine große Herausforderung. […] Die hierarchische Stellung des Produktmanagers hängt in diesem Zusammenhang im Wesentlichen von seiner operativen oder strategischen Ausrichtung ab"* (Aumayr 2009, S. 90). Demnach ist auch die Einstellung des Unternehmens im Hinblick auf diese Funktionen bei der Wahl der Organisationsform zu berücksichtigen.

Da wir in diesem Buch jedoch Anregungen zur konkreten Ausgestaltung geben möchten, soll im Folgenden eine prinzipielle Richtlinie zur Organisation des Produktmanagements vermittelt werden. Sie dient als Grundgerüst und erster Anhaltspunkt für die Praxis, um, darauf aufbauend, Anpassungen für etwaige individuelle Bedürfnisse und Sonderfälle vorzunehmen.

Organisation des Portfoliomanagements Unabhängig davon, um welche Organisationsform es sich handelt (untergeordnetes Portfoliomanagement beziehungsweise Portfoliomanagement als Stabsstelle, Portfoliomanagement als Matrix oder mit Linienverantwortung), gilt ein Grundsatz: Das Portfoliomanagement sollte stets an die Unternehmensleitung berichten oder an die Geschäftsbereichsleitung, sofern das Unternehmen in voneinander unabhängigen Märkten tätig und organisatorisch entsprechend gestaltet ist. Wenn in kleinen oder mittelgroßen Firmen die Geschäftsleitung zusätzlich auch die Rolle des Portfoliomanagements innehat, ist das in dieser Hinsicht durchaus zulässig und sinnvoll. Allerdings gilt es dabei zu beachten, dass es sich um eine mitunter sehr zeit- und ressourcenaufwendige Aufgabe handelt, die nur schwer parallel zu einer weiteren, verantwortungsvollen Funktion geleistet werden kann.

Bei größeren Unternehmen ist die Leitung häufig nach fachlichen Gesichtspunkten organisiert. In diesem Fall gilt es festzulegen, ob das Portfoliomanagement etwa an die vertriebliche oder technische Geschäftsleitung berichten soll. Dahingehend ist die Frage nach dem Selbstverständnis und vor allem nach den Alleinstellungsmerkmalen des Unternehmens zu stellen. Handelt es sich um eine Firma, die sich durch technische Leistungen und spezifisches Fachwissen auszeichnet, so empfiehlt sich eine Berichtslinie zur technischen Unternehmensleitung. Falls hingegen eine besondere Marktkenntnis, Kundenbeziehung oder das Image als einzigartig gesehen werden, wird das Portfoliomanagement – je nach Unternehmensstruktur – der vertrieblichen Geschäftsführung oder der Marketingleitung unterstellt. Die Alleinstellungsmerkmale sollten naturgemäß auch mit den Beweggründen korrelieren, aufgrund derer Kunden bei dem jeweiligen Anbieter kaufen. Sind dies technische Funktionen, ist wiederum eine Zuordnung zur technischen Leitung angeraten. Sofern Marke, Image oder die Ausprägung des Absatzkanals den Ausschlag geben, empfiehlt sich eine Berichtslinie an die vertriebliche Geschäftsleitung. Im Zweifelsfall – etwa wenn die Firma über eine ausgezeichnete Marktkenntnis verfügt und gleichermaßen eine technologische Spitzenposition einnimmt – richtet sich die Organisation nach den Entscheidungskriterien der Kunden.

Abweichungen von einer Verzahnung des Portfoliomanagements mit der Unternehmens- beziehungsweise Geschäftsbereichsleitung machen nur dann Sinn, wenn die Organisation eine starke opportunistische Prägung hat und individuelle Kundenaufträge als wesentlichen Bestandteil des Geschäftes realisiert.

Organisation des Produktmanagements Damit stellt sich jedoch die Frage, ob das Produktmanagement direkt dem Portfoliomanagement unterstellt sein soll oder nicht. Prinzipiell ist durchaus denkbar, dass das Produktmanagement an die Marketing-, Technik- oder Vertriebsleitung berichtet und zusätzlich eine weitere Berichtsebene zum Portfoliomanagement etabliert wird.

Sofern das Produktmanagement eine rein operative und keine strategische Funktion innehat, indem es etwa die Aufgaben fachlich rund um ein Produkt konsolidiert und koordiniert, bietet sich die Eingliederung von Produktmanagementfunktionen in die jeweiligen Fachabteilungen an. Allerdings handelt es sich dann nicht mehr um die umfassende Aufgabe eines Produktmanagers im eigentlichen Sinne, sondern um Teilbereiche davon. Je nach Schwerpunktsetzung des Unternehmens könnte dann ein Produktmanager der Technikleitung unterstellt sein, um die Technik für ein Produkt zu konsolidieren, oder der Marketingleitung, um die verkaufsfördernden Aktivitäten für ein Portfolioelement zu koordinieren. Abhängig davon, wo der größte Handlungsbedarf besteht oder das Unternehmen aus anderen Gründen dies als notwendig erachtet, wäre dann das Produktmanagement innerhalb der Linienorganisation in funktionalen Bereichen angesiedelt. In dieser Konstellation könnten sogar mehrere Personen in den einzelnen Fachabteilungen am selben Produkt arbeiten. Es besteht dabei jedoch die Gefahr, dass die erhoffte unternehmerische

Wirkung des Produktmanagements aufgrund zu starker Einschränkung der Verantwortung verpufft. Dies ist insbesondere der Fall, wenn es parallel mit anderweitigen Aufgaben der Linie betraut ist und übergreifendes Management entsprechend zu kurz kommt (vgl. Abschn. 5.1).

Falls jedoch Produktmanagement mit einer unternehmerischen Ausprägung etabliert werden soll, besteht noch die Frage, wie mit anderen Funktionen umzugehen ist, die ebenso unternehmerische Aufgaben verantworten – beispielsweise Marktmanagement oder Gebietsmanagement. Der Einfachheit halber werden diese nachfolgend als „Marktverantwortung" subsumiert, da es sich jeweils um Märkte unterschiedlicher Segmentierungskriterien (etwa Kundentypen oder Regionen) handelt.

Um dahingehend die organisatorische und strategische Verantwortung zu klären, gilt es zu hinterfragen, nach welchen Kriterien der Kunde kauft. *„Kauft der Kunde produktorientiert ein, so können Sie die Zuordnung der strategischen Verantwortung im Produktmanagement vornehmen. Kauft der Kunde eher aus der Marktperspektive ein, […] ist es notwendig, dass Sie die strategische Verantwortung dem Marktmanagement zuordnen"* (Aumayr 2009, S. 122). Handelt es sich also beim fokalen Kundenkreis des Unternehmens um Personen, die bestimmte Produkte kaufen, und stellt das Erzeugnis an sich das Kaufkriterium dar – wie es etwa bei Hochtechnologieprodukten, Prestigeartikeln oder im Pharmabereich der Fall ist –, dann liegt die strategische Verantwortung im Produktmanagement. Orientiert sich die Kaufentscheidung jedoch an marktspezifischen Bedürfnissen und entsprechend angepassten Lösungen oder Erzeugnissen – beispielsweise nach regionalen Kriterien wie im Falle von Bauvorhaben oder abhängig vom Einsatzgebiet bei der Wahl von Werkzeugen –, dann sollte dem Marktmanagement die strategische Verantwortung zukommen.

▶ Orientieren Sie sich bei der organisatorischen Zuordnung von Produkt- und Portfoliomanagement daran, nach welchen Kriterien der Kunde kauft.

Mit dieser Zuordnung ist aber auch die strukturelle Eingliederung des Produktmanagements naheliegend. Davon ausgehend, dass untergeordnetes Produktmanagement (beziehungsweise Produktmanagement als beratende Stabsstelle) eine suboptimale Sonderform darstellt, sollte in Unternehmen, die sich nach Märkten aufstellen, da der Kunde marktorientiert kauft, das Produktmanagement an das Marktmanagement berichten, was eine zweite Berichtslinie in Form einer Matrix an das Portfoliomanagement zur Folge hat (vgl. Abb. 5.5), sofern es nicht im Fall eines größeren Unternehmens ebenso der marktbezogenen Geschäftsleitung unterstellt ist. Für Unternehmen, die sich nach Produkten organisieren, da der Kunde produktorientiert kauft, ist es empfehlenswert, dass das Produktmanagement direkt an das Portfoliomanagement berichtet (vgl. Abb. 5.6).

Allerdings ist damit noch nicht gesagt, ob das Produktmanagement in Form einer Matrix auf die Ressourcen zugreift oder diese ihm in einer Linienverantwortung zugeordnet sind. Um das zu beantworten, gilt es die Fristigkeit der Planung auf Unternehmensebene mit jener von Produkten in Beziehung zu bringen. Bei langfristigen Produktvorhaben, die mit dem Planungshorizont des Unternehmens korrelieren, macht es Sinn, die Mitarbeiter

5.2 Organisation

Abb. 5.5 Produkt- und Portfoliomanagement als Matrix

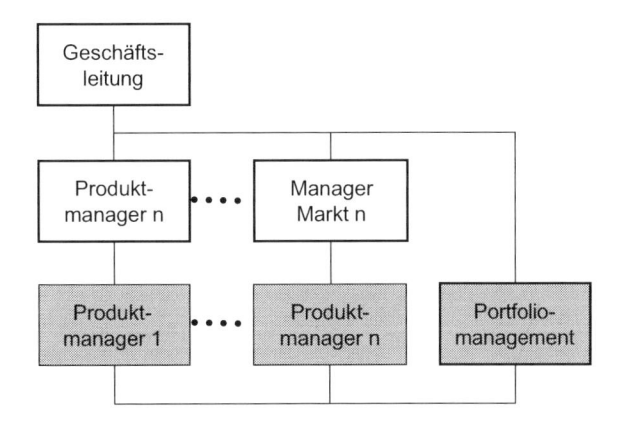

Abb. 5.6 Produkt- und Portfoliomanagement mit direkter Berichtslinie

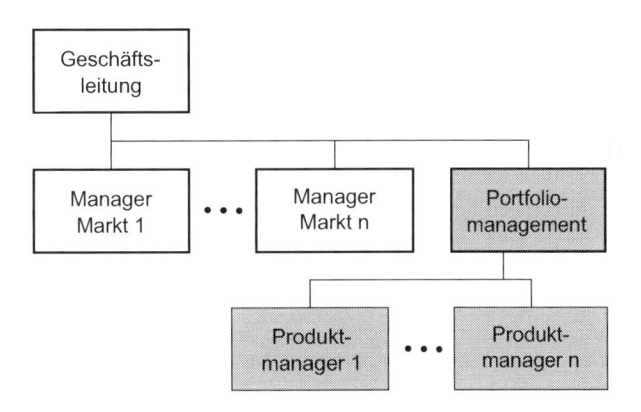

direkt dem Produktmanagement zu unterstellen, wie auch Abb. 5.4 zeigt. Im Falle kurzfristiger Durchlaufzeiten von Produkten oder kürzerer Planungshorizonte ist eine Ressource-Pool-Strategie sinnvoll, die in funktionalen Teams organisiert und seitens der Produktmanager ausgesteuert wird (vgl. Abb. 5.3).

Zusammengefasst, gestaltet sich die Wahl der Organisation im Portfoliomanagement wie folgt:

1. Das **Portfoliomanagement** sollte stets **an die Geschäftsleitung berichten**.
2. Beantwortung der Frage, **wie der Kunde kauft**:
   a. **Marktorientiert** ⇨ Das Produktmanagement berichtet an das Marktmanagement und zusätzlich an das Portfoliomanagement in Form einer Matrixorganisation
   b. **Produktorientiert** ⇨ Das Produktmanagement berichtet direkt an das Portfoliomanagement
3. Beantwortung der Frage nach dem **Planungshorizont** der Produkte:
   a. Planungshorizont der Produkte **vergleichbar mit Unternehmensplanung** ⇨ Produktmanagement mit direkt in Form einer Linienorganisation zugeordneten Mitarbeitern

b. Planungshorizont der Produkte merklich **kürzer als jener der Unternehmensplanung** ⇨ Produktmanagement greift auf Mitarbeiter aus funktionalen Bereichen in Form einer Matrixorganisation zu

Da in der Praxis innerhalb von Unternehmen Planungshorizonte der einzelnen Produkte mitunter deutlich variieren können und auch die Kaufkriterien nach Markt und Produkt unterschiedlich sind, sind natürlich individuelle Abwandlungen denkbar und sinnvoll. Die oben ausgeführte Vorgehensweise bietet jedoch ein Gerüst, um grundsätzliche Fragen der Struktur rasch zu beantworten und, davon ausgehend, die Spezifika im Unternehmen zu gestalten.

5.2.5 Komplexität

Portfoliomanagement ist angesichts der Abstimmung zwischen verschiedensten Stakeholdern eine komplexe Aufgabenstellung. Das zeigt sich in Form von vielzähligen Abhängigkeiten und Kontingenzen, denen zufolge ein Umstand „so oder auch anders" sein kann. Um solchen Herausforderungen auch professionell zu begegnen, ist eine entsprechend komplexe Organisationsform erforderlich. Würde man versuchen, eine komplexe Angelegenheit mit einer trivialen Struktur zu lösen, so bestünde die Gefahr einer unzulässigen Vereinfachung, welche Suboptimierungen zur Folge haben kann, denn die *„[…] Beurteilung, ob dieses Verlorene relevant ist oder nicht, kann nur von einer Instanz vorgenommen werden, die sich der Auswirkung dieses Eingriffs bewusst ist, sodass diese ihrerseits die Komplexität der zu verarbeitenden Konstellation genau genommen in vollem Umfang erfassen können muss"* (Grimm 2009b, S. 44). Nur wenn die Gesamtheit der Aufgabenstellungen mit all ihren Abhängigkeiten begriffen werden kann, ist sichergestellt, dass die Organisation auch in der Lage ist, diese richtig zu bearbeiten. Beispielsweise erfordert die Synchronisation einer Produktentwicklung mit mehreren parallel laufenden Projekten eine Kenntnis darüber, was die Projekte wann als Zulieferung seitens des Produktes benötigen und was passiert, wenn sich dabei etwas ändert. Um dieses Wissen im Produktteam zu halten, ist es notwendig, dass jemand die Aufgabe übernimmt, sich über den Projektstatus zu informieren und dies in die Produktplanung einzubringen. Das gilt für Umgebungsbedingungen wie auch für die internen technischen und organisatorischen Herausforderungen, die bei umfangreicheren Produktvorhaben nur selten trivialer Natur sind. Im Falle des Portfoliomanagements kommt die Verzahnung mit der Unternehmensstrategie und -planung hinzu (vgl. Abschn. 3.5.1). Entsprechend sind das Portfoliomanagement und das Produktteam zu gestalten, denn die Binnenkomplexität der Portfolioorganisation bestimmt, welche Aufgabenstellungen sie adäquat verarbeiten kann, wie Abb. 5.7 zeigt. Sie wird durch eine enge Vernetzung der Mitglieder untereinander und mit den betroffenen Stellen der Linienorganisation durch Berichtsstrukturen und direkte Kommunikation sichergestellt.

5.2 Organisation

Abb. 5.7 Komplexitätsverarbeitungskapazität einer Organisation. (Nach Grimm 2009a, S. 12)

Komplexe Aufgabe → Triviale Organisation → Keine umfassende Verarbeitung möglich

Komplexe Aufgabe → Komplexe Organisation → Verarbeitung der Aufgabe möglich

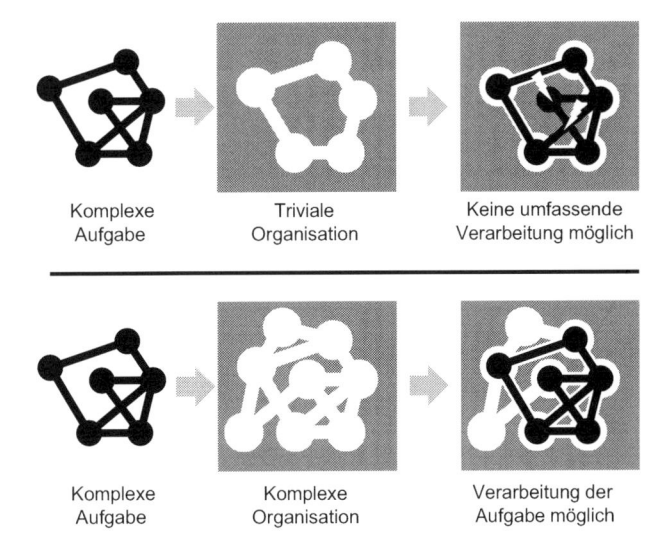

Abb. 5.8 Optimierung durch Erhöhung der Binnenkomplexität. (Nach Grimm 2009b, S. 65)

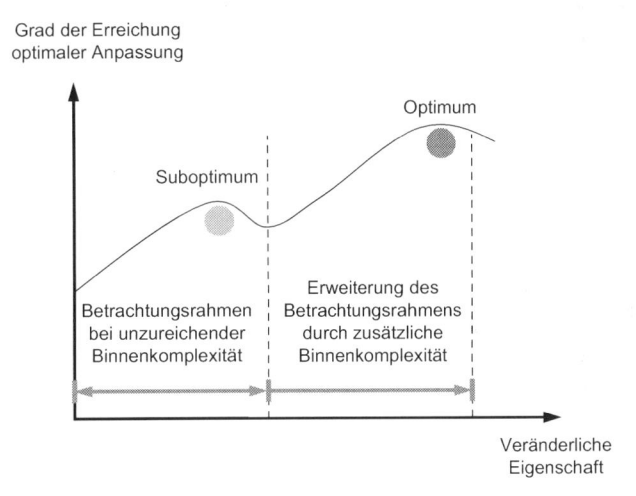

Grad der Erreichung optimaler Anpassung

Optimum

Suboptimum

Betrachtungsrahmen bei unzureichender Binnenkomplexität

Erweiterung des Betrachtungsrahmens durch zusätzliche Binnenkomplexität

Veränderliche Eigenschaft

Es genügt demnach nicht, rein eine Entwicklertruppe zusammenzustellen, die sich um die Realisierung kümmert. Vielmehr ist für die laufende Abstimmung mit internen und externen Schnittstellen (s. Abschn. 5.4.2) und das Management von Spannungsfeldern (s. Abschn. 5.3) ebenso eine kompetente Besetzung erforderlich, die eng mit dem Produktteam verwoben ist. Bei eingeschränkter Kapazität bedeutet dies eine Verlängerung der Durchlaufzeit, denn dann müssen diese Aufgaben durch die bestehende Mannschaft zusätzlich abgewickelt werden. Wird dies eingespart, besteht die Gefahr einer suboptimalen Zielerreichung durch unreflektierte Trivialisierung (s. Abb. 5.8).

Die Metaebene dieser Komplexität wird durch den Portfoliomanager verarbeitet. Durch Zuarbeit der Produktmanager und Verzahnung mit den Linienmanagern ist er jene

Person, die den Gesamtüberblick über das Produktportfolio hält und sich der einzelnen Stellen bedient, um dem Umfang der Aufgabe entsprechen zu können. Dies betrifft die Erfassung der verschiedensten Informationen als Basis zur Portfolio-Entscheidung, aber auch die Koordination der Umsetzung über die Lebenszyklen der Portfolioelemente. Mit seinem Team sollte er in der Lage sein, die Gesamtkonstellation in ihrer vollen Komplexität zu verinnerlichen, indem die Informationen zum Themenkreis gesammelt und in einen Zusammenhang gebracht werden, um die Abhängigkeiten zu erfassen. Nach einer Komplexitätsreduktion im Sinne von Entscheidungen etwa für bestimmte Portfolioelemente, Produktstrategien und Zielmärkte erfolgt die konkrete Umsetzung durch die zugeordneten Produktmanager. Natürlich ist dies ein ständiger Prozess, da immer wieder neue Aspekte zusätzliche Kontingenzen und Komplexität aufwerfen, wie etwa ein gewonnener Großauftrag, der stark mit dem Produkt verwoben ist und dessen Strategie beeinflusst, was wiederum Komplexitätsreduktion durch Entscheidungen und Kapselung von Themen erfordert.

In diesem Zusammenhang kommt auf einer operativen Ebene dem Produktmanager und – falls vorhanden – seinem Chefarchitekten oder „internen" Produktmanager, die gemeinsam das zentrale Interface zum Produktteam bilden (s. auch Abschn. 5.4), eine entscheidende Rolle zu. Über sie läuft prinzipiell die Kommunikation rund um das Produktvorhaben. Sie sammeln Inputs aus Vertrieb sowie Projekten und geben Informationen nach außen weiter. Besonders stark nach außen wirkt dabei der Produktmanager und er wird in inhaltlichen Fragen durch den Chefarchitekten unterstützt, der jedoch auch eine maßgebliche interne Koordinationsrolle wahrnimmt. In vielen Fällen ist er auch der technische Leiter der Produktentwicklung und trifft die fachlichen Entscheidungen. Sind diese beiden Personen überlastet oder nicht greifbar, stellt das eine bedrohliche Situation dar. Sie limitieren die Komplexität der Produktorganisation in ihrer Kommunikation nach außen und in ihrer internen Verarbeitungskapazität. Daher ist es notwendig, dass sie gut abgestimmt sind, um sich auch wechselseitig vertreten zu können, und darüber hinaus eine starke zweite Reihe innerhalb des Produktteams etablieren, die sich um Detailaufgaben wie Aufbereitung von Unterlagen, Aufwandsabschätzungen und Machbarkeitsstudien operativ kümmert. Oftmals besteht die Annahme, die beiden können dies „nebenher" erledigen. Wenn aber in einer heißen Phase der Produktentwicklung – etwa wenige Wochen vor der Fertigstellung – noch zahlreiche Wünsche aus diversen Projekten gemeldet werden, ist dies bei umfangreicheren Produkten (etwa ab einem Erstellungsaufwand von fünf bis zehn Personenjahren) nicht mehr von zwei Personen zu schaffen. Wie in jeder Organisation ist hier auch die Fähigkeit zur Delegation an die nächste Ebene gefragt. Es ist natürlich erstrebenswert, wenn ein Produktmanager sämtliche Details der Technik perfekt beherrscht und jedes Dokument selbst in- und auswendig kennt. Mikromanagement ist hier jedoch fehl am Platz. Gibt der Produktmanager jeden einzelnen Schritt vor, so bleibt ihm mit Sicherheit keine Zeit mehr, das Umfeld zu managen, und es besteht Gefahr, dass wichtige Rahmenbedingungen außer Acht gelassen oder entscheidende Informationen nicht nach außen kommuniziert werden. Ist das Produkt erst einmal fertiggestellt, bedeutet es deutlich mehr Aufwand, Versäumnisse zu korrigieren. Hinzu kommt eine Verzögerung der

Auslieferung mit Auswirkungen auf abhängige Projekte und Portfolioelemente. Daher sei dringend angeraten, dass Produktmanager und Chefarchitekt zwar die Kommunikation zwischen dem Produktteam und dessen Umfeld wahrnehmen, allerdings gestützt auf eine verlässliche Struktur, welche die Detailaufgaben abnehmen kann, sodass genügend Zeit für die koordinativen Tätigkeiten bleibt. Ferner sollten funktionierende Kommunikationskanäle auf der operativen Ebene etabliert werden, damit weder der Chefarchitekt noch der Produktmanager zusätzlich auch die interne Kommunikationsfähigkeit limitieren.

Aus der Organisationstheorie ist hinreichend bekannt, dass eine Struktur leistungsfähiger ist, in der die ausführenden Personen auch operativ Verantwortung übernehmen und damit direkt handlungsfähig sind. Dazu sei angemerkt, dass dabei aber die Zielsetzung, die Rahmenbedingungen jeder Aufgabe und die Freiheitsgrade gut abgesteckt sein müssen. Ansonsten ist es nicht unwahrscheinlich, dass die operative Ebene diesen Handlungsspielraum wider besseres Wissen fälschlich auslegt und Entscheidungen trifft, die nicht im Sinne des gesamten Vorhabens sind. Damit also eine handlungsfähige und performante operative Struktur etabliert werden kann, sind wiederum Produktmanagement und Chefarchitekt gefordert, die Kriterien festzulegen, innerhalb derer man sich bewegen soll. Im Gegensatz zum Mikromanagement, wo jede einzelne Aufgabe im Detail aufgetragen wird, ist dies sicherlich initial ein höherer Aufwand. Gerade dann, wenn es aber enger wird und die Last auf Seiten der Managementstruktur steigt, ist es wichtig, auf funktionierende und eigenverantwortliche Teams zählen zu können und nicht selbst den limitierenden Faktor darzustellen.

Entsprechend hat auch seitens des Portfoliomanagements eine Vorgabe an die Produktmanager zu erfolgen, was Rahmenbedingungen und Zielsetzung für ihr spezifisches Vorhaben betrifft. Wie die Produktmanager auf operativer Ebene die Komplexität der Aufgabe ihrer Mitarbeiter durch Definition von Zielsetzung und Rahmenbedingungen reduzieren, erfolgt dies auch durch den Portfoliomanager, der seinerseits den Auftrag an das Produktmanagement formuliert und damit Freiheitsgrade einschränkt. Innerhalb dieser Vorgaben sollten die untergeordneten Ebenen jedoch eigenverantwortlich agieren können und damit Komplexität für die Arbeit des Managements reduzieren.

Einen speziellen Fall bilden hierbei jene Organisationsformen, bei denen Portfoliomanagement unabhängig von Projekten betrieben wird. Dies kann mehrere Gründe haben. Etwa in Firmen, die sich ausschließlich auf die Herstellung von Produkten konzentrieren, ist diese Konstellation naheliegend und meist in Form einer Portfoliomanagementstruktur mit zugeordnetem Produktmanagement in Form einer Linienorganisation abgebildet. Abgesehen davon kann es auch durchaus sinnvoll sein, ein einzelnes Produktteam komplett vom Rest des Unternehmens zu entkoppeln, wenn es sich um ein strategisch wichtiges Produkt handelt, das jedoch keine Chance hätte, innerhalb der bestehenden Strukturen zu wachsen. Ein Unternehmen, für das ich (R.G.) als Produktmanager tätig war, setzte ein eigenes, sogar räumlich vom Unternehmen getrenntes Team auf, da diesem zu viel interne Konkurrenz von bestehenden Entwicklungsteams entgegengebracht und ständig nach Gründen gesucht wurde, warum das Vorhaben eingestellt werden solle. In einem anderen Fall, den ich persönlich begleiten durfte, handelte es sich um ein großvolumiges

Bestandsgeschäft, das stets an der Kapazitätsgrenze agierte und alles an sich sog, was sich in seiner Nähe befand. Um hierbei parallel etwas Neues für die mittelfristige Absicherung des Geschäftes zu etablieren, war ebenso eine komplette Entkopplung und Kapselung des Produktteams erforderlich. Ein anderer Grund könnte ein riskantes Produktvorhaben sein, das in der ersten Phase möglichst lose mit anderen Teilen des Unternehmens gekoppelt sein sollte, um es im Falle eines Misserfolgs ohne größere Auswirkungen auch wieder terminieren zu können. Aus welchem Grund auch immer eine unabhängige Struktur etabliert wird – sie erleichtert die Arbeit des Produktmanagers ungemein. Er erhält seinen Auftrag mit entsprechenden Rahmenbedingungen in Abstimmung mit dem Portfoliomanagement beziehungsweise der Geschäftsleitung und setzt diesen dann mit möglichst wenigen Berührungspunkten zur Außenwelt um. Innerhalb des Produktteams ändert sich bei dieser Vorgehensweise nicht unbedingt vieles. Allerdings sind die Einflüsse von außen und unerwartete Ereignisse deutlich seltener und damit kann das Team erheblich effizienter arbeiten. In einer solchen Konstellation stellen auch Produktmanager und Chefarchitekt selten die limitierenden Faktoren dar, da sie sich voll auf das Vorhaben konzentrieren können (vorausgesetzt, sie haben nicht noch zahlreiche Nebenaufgaben im Unternehmen). Der Nachteil einer gänzlich entkoppelten Struktur ist zum einen die Schwierigkeit einer Wiedereingliederung in die Regelorganisation. Hier sind aller Wahrscheinlichkeit nach Abstoßungsreaktionen zu erwarten, da eben eine abgespaltene Struktur eine eigene Kultur entwickelt und sich der Rest des Unternehmens nicht zwingend mit den „Abtrünnigen" identifiziert (vgl. Heintel und Krainz, S. 133 ff.). Zum anderen bedingt eine lose Kopplung auch eine geringe Interaktion mit dem Rest der Organisation. Dies hat zur Folge, dass auch wenig Synergien genutzt werden können, indem etwa in schwierigen Phasen auf Ressourcenpools zurückgegriffen wird, bestimmte Module gemeinsam mit anderen Stellen entwickelt oder Aspekte aus realen Projekten übernommen werden. Bis auf ein paar unterstützende Zentralfunktionen aus dem Unternehmen sind solche Teams meist auf sich alleine gestellt. Für den eigenen Erfolg direkt verantwortlich zu sein, birgt aber durchaus auch ein motivierendes Element. Insbesondere eignet sich diese Form, wie schon eingangs erläutert, wenn es sich um eine strategische Neuentwicklung oder ein risikoreiches Unterfangen handelt oder wenn aufgrund des Geschäftsmodells keine Abhängigkeiten zu anderen, parallel laufenden Aktivitäten im Unternehmen bestehen.

5.3 Natürliche Konflikte im Portfoliomanagement

In den vorangegangenen Abschnitten wurde bereits darauf hingewiesen, dass das Management von Widersprüchen und daraus resultierenden Konflikten zum Tagesgeschäft im Portfoliomanagement zählt. Prinzipiell sind Konflikte und Widersprüche für uns Menschen unangenehm – speziell in Kulturkreisen, die kausales Denken gewohnt sind und bei denen diese wider die tradierten Denkweisen stehen. Wir gehen ihnen gern aus dem Weg oder wollen sie möglichst abschließend lösen. Dieser Zustand ist jedoch im Kontext des Portfoliomanagements schlichtweg nicht nachhaltig erwirkbar. Der Grund dafür liegt in der unterschiedlichen Zielsetzung, Zeitlichkeit und Abstraktionsebene, die mit Portfolio-

5.3 Natürliche Konflikte im Portfoliomanagement

management im Vergleich zur Projekt- oder Linienorganisation verbunden sind und ein ständiges Widerspruchsmanagement erzwingen. Wird dies nicht bewusst und permanent durchgeführt, sind Konflikte vorprogrammiert.

Die Ursache von Problemen einem komplexen System oder systemimmanenten Widersprüchen – beide Aspekte prägen den typischen Kontext des Portfoliomanagements – zuzuschreiben, fällt uns Menschen jedoch naturgemäß schwer. Zudem ist es auch unangenehm, dafür Lösungen zu erarbeiten. Viel leichter ist es da, einer Person, die am Knotenpunkt sitzt, die Verantwortung zu übertragen und diese entsprechend für gewisse Schwierigkeiten zur Rechenschaft zu ziehen. Auf der Suche nach einem „Schuldigen" wird man dessen am leichtesten in der Person des Produktmanagers oder entsprechend des Portfoliomanagers habhaft, da er per definitionem für den Erfolg der Produkte zuständig ist und in seiner Rolle auch den personifizierten Widerspruch diesbezüglicher und unvermeidbarer Konflikte darstellt. Diese Betrachtung greift jedoch zu kurz, wenn es sich um systembedingte Spannungsfelder handelt.

▸ Machen Sie bei einem Konflikt im Kontext des Portfoliomanagements nicht reflexartig den zuständigen Manager dafür verantwortlich, sondern prüfen Sie, ob es sich nicht um einen systemimmanenten Widerspruch handelt, den es zu managen gilt.

Nach Peter Heintel (2005, 15 ff.) sind wir Menschen prinzipiell tagtäglich mit Widersprüchen konfrontiert, deren Ursachen in der menschlichen Existenz an sich (etwa Mann – Frau oder Leben – Tod), sozialen Konstellationen und Gebilden (beispielsweise Individuum versus Gruppe), historischen Ungleichzeitigkeiten (unterschiedliche Entwicklungsstadien, Planungshorizonte oder Geschwindigkeiten) oder der Mitgliedschaft in Systemen (wie Teams, Abteilungen) begründet sind. Im Falle des Portfoliomanagements werden vor allem Aspekte der Systemmitgliedschaft, soziale Konstellation und Konflikte aus Gründen unterschiedlicher Zeitlichkeit wirksam, die es permanent auszubalancieren gilt.

Eine klar definierte Unternehmensstrategie, die eine Orientierung für den Umgang mit konkurrierenden Vorschlägen bietet, leistet hier zwar durchaus gute Dienste. Dennoch ist es Aufgabe des Managements, in unklaren Situationen jeweils anlassbezogen Entscheidungen zur weiteren Vorgehensweise zu treffen. Ist man sich gewisser wiederkehrender Konflikte bewusst, finden sich meist Verfahren, die dies erleichtern. So können durchaus Standardantworten wie „Bei uns hat ein Projekt Vorrang gegenüber dem Produkt" oder umgekehrt „Produkte haben bei uns Vorrang gegenüber Projekten" definiert und im Anlassfall auf ihre Anwendbarkeit geprüft werden. Auf diese Weise lassen sich repetitive Problemmuster rascher behandeln und dies beschleunigt Entscheidungsprozesse und damit die Abläufe innerhalb von Firmen.

Solche Regeln sollten aber nicht zu komplex werden, denn nicht jede Eventualität lässt sich im Vorhinein erahnen und zu starre Konstrukte limitieren die Flexibilität der Organisation. Umgekehrt bietet eine entsprechende Vorgehensweise aber auch einen Anhaltspunkt, der die Erwartungshaltung der Beteiligten zurechtrückt. Sie dokumentiert die

Einstellung und Grundentscheidungen des Unternehmens und hilft, bei Bedarf rascher agieren zu können.

In weiterer Folge werden die wichtigsten Widersprüche aufgelistet, für die es sich lohnt, Grundsatzvorgehensweisen zu überlegen, da diese im Tagesgeschäft häufig wirksam werden. Besonders stark sind die Spannungsfelder rund um das Produktmanagement, wie die ersten drei der nachfolgenden Punkte zeigen. Da das Portfoliomanagement eng mit der Unternehmensstrategie verzahnt sein sollte, entschärfen sich auf dieser Ebene die Widersprüche und damit potenzielle Konflikte zu einem gewissen Grad. Bereits deren Dokumentation macht jedoch sichtbar, dass es sich dabei um nichts Außergewöhnliches, sondern um unvermeidbare, systembedingte Phänomene handelt. Das befreit Produkt- oder Portfoliomanager von der Rolle des „ewigen Sündenbocks" für jegliche Schwierigkeiten, die diesen Funktionen bei Problemen gern vorschnell zugeschrieben wird. Vor allem aber ermöglicht erst dieses Bewusstsein, die Widerspruchsfelder handhabbar zu machen und entsprechende Antworten darauf zu finden.

Der Umgang damit ist wohl eine der spannendsten, aber auch schwierigsten Herausforderungen im Portfoliomanagement – insbesondere dann, wenn es sich um ein untergeordnetes Portfoliomanagement oder eine Matrixstruktur handelt.

5.3.1 Widerspruch 1: Produkt versus Linie

Hierbei handelt es sich um unterschiedliche Zielsetzungen oder Logiken, die an den organisatorischen Schnittstellen zwischen Produktverantwortung und Linienorganisation zum Tragen kommen. Auslöser dafür können sein:

Unterschiedliche Planungshorizonte (Zeitlichkeiten) Diesbezügliche Konflikte sind darin begründet, dass die Linienorganisation auf langfristiges Bestehen eines Systemapparats (des Unternehmens an sich) meist über mehr als fünf Jahre oder länger in die Zukunft ausgelegt ist. Hingegen sind die Strukturen des Portfolio- und vor allem des Produktmanagements mittelfristiger Natur und entsprechend dem Produktlebenszyklus über einen Zeitraum von beispielsweise zwei bis drei Jahren etabliert. Die daraus resultierenden Schwierigkeiten machen sich bemerkbar, wenn etwa für ein Produkt eine Rückführung der eingesetzten Mittel in den darauffolgenden fünf Jahren geplant ist, das Unternehmen aber im nächsten Quartal positiv bilanzieren muss, um nicht in existenzielle Schwierigkeiten zu rutschen. Dasselbe Problem kann aber auch in umgekehrter Richtung wirksam werden, wenn das Unternehmen eine nachhaltige Absicherung des Geschäftes über die nächsten Jahre anstrebt, ein Produktkonzept aber nur kurzfristig Einnahmen vorsieht und keine Antwort auf die Zeit danach liefert.

Unterschiedliche Zielsetzungen Besonders dann, wenn die Unternehmensstrategie nicht klar definiert ist oder nicht in Einklang mit der Portfolio- beziehungsweise Produktstrategie steht, kann mit einer hohen Wahrscheinlichkeit damit gerechnet werden, dass

Ziele eines Produktes nicht mit jenen des Unternehmens übereinstimmen. Zudem kommt es in diesem Zusammenhang auch des Öfteren vor, dass die Strategie zwar festgelegt ist, aber deren Durchsetzung im Unternehmen inkonsequent erfolgt. Beispiele dafür sind Produkte, die aus historischen Gründen weitergeführt oder nicht eingestellt werden, da man den Konflikt mit den dafür verantwortlichen Managern scheut (so grotesk das klingt – dies ist sehr häufig der Fall!).

Neben strategischen Divergenzen können auch persönliche Interessen und individuelle Zielsetzungen der Grund für Schwierigkeiten sein. Etwa bei widersprüchlichen Zielvorgaben für die beteiligten Manager oder karrieretechnischen, taktischen Überlegungen einzelner Beteiligter sind zielbedingte Konflikte vorprogrammiert.

Limitierte Ressourcen Selten sind genügend Mittel und Personen verfügbar, um alle Vorhaben wunschgemäß auszuführen, und dieser Umstand erzwingt unmittelbar konkurrierende Interessen. Obwohl diese Art von Konflikt eher im Zusammenhang mit Projektmanagement zu suchen ist, so hat er auch eine Wirkung in Bezug auf die Linienorganisation. In erster Linie wird er in Form limitierter Verfügbarkeit finanzieller Ressourcen deutlich, denn ein Unternehmen muss in Summe profitabel wirtschaften und es liegt in der Natur von Produkten, in der Anfangsphase höhere Kosten zu verursachen, die erst später wieder durch Einnahmen rückgeführt werden können. Hand in Hand damit gehen auch Konflikte über verfügbares Personal, Betriebsstätten, Testmöglichkeiten und so weiter.

Systembedingte Konflikte Diese sind darin begründet, dass jedes funktionierende Team für sich eine Identität aufbaut und sich gegenüber anderen Systemen abgrenzt. *„Die jeweils interne Organisation der selektierten Relationierung mit Hilfe von ausdifferenzierten Grenzorganen führt dazu, dass Systeme füreinander unbestimmbar werden […]"* (s. Luhmann 1987, S. 53). Das betrifft nicht nur Gruppen untereinander, sondern auch Teams gegenüber der Linienorganisation. *„Allgemein gesprochen stoßen wir hier wieder auf einen dialektischen Widerspruch: Gruppen und Organisationen sind zwei soziale Systeme, die einander ablehnen, zueinander in Widerspruch stehen, einander nicht »vertragen«. Gleichzeitig sind Gruppe und Organisation jedoch auch aufeinander angewiesen"* (s. Krainz (2005, S. 49). Die Konsequenzen sind einerseits die Notwendigkeit einer Zusammenarbeit und andererseits Abstoßungsreaktionen, Schwierigkeiten in der Interaktion oder mitunter auch Missgunst – etwa bei erfolgreichen Gruppen. *„Aus der Sicht von Gruppen ist die Organisation ein System organisierter Vertreter (aber auch »Verräter«) von Gruppeninteressen, weshalb von Gruppen gegen die Organisation immer Skepsis und Vorsicht aufgeboten wird. Aus der Sicht der Organisation dagegen ist mit Gruppen oft nicht viel anzufangen"* (ebd., S. 49). Entsprechend besteht auch eine Herausforderung, nach Fertigstellung eines Produktes oder dessen Einstellung die zugehörigen Mitarbeiter wieder in die Stammorganisation zu integrieren. Je länger die Arbeit an einem Produkt dauert, desto stärker identifizieren sich die Beteiligten damit und bilden interne Normen und Regeln beziehungsweise eine eigene Kultur aus. Zwangsläufig muss es zu Schwierigkeiten kommen, wenn diese Personen wieder mit anderen Kollegen zusammenarbeiten sollen. War das Produkt erfolgreich, so fühlen sie sich „höherrangig" und der Neid der restlichen Organisation ist ihnen sicher. Handelt es sich um ein erfolgloses Produkt, möchte keiner mit den „Verlierern" zusammenarbeiten, um die Problematik überspitzt darzustellen. In der Regel dauert es Monate bis Jahre und erfordert klare, neue und gemeinsame Ziele, bis aus den zusammengeführten Personen wieder ein Team entsteht.

Von den Unternehmen, die sich dem Portfolio- und Produktmanagement verschrieben haben und dies auch in Form von Strukturen innerhalb der Linienorganisation etablierten, konnten bereits Vorgehensweisen zum Umgang mit Widersprüchen zwischen Produkten und der Linienorganisation abgeleitet werden. Eine wesentliche Grundlage hierfür ist der Geschäftsplan eines Produktes, der die Zielsetzung, die Kosten und einen Rückführungsplan beinhaltet (s. Kap. 6). Darauf aufbauend trifft das Unternehmensmanagement eine Entscheidung zur Umsetzung oder eben nicht. Auf dieser Grundlage werden etwa Ressourcen gesichert oder die Frage der Zeitlichkeit beantwortet. Allerdings sollte man sich mit dieser Entscheidung alleine nicht in Sicherheit wiegen. Nur in den seltensten Fällen entspricht ein Plan auch der Realität, trotzdem ist er notwendig (vgl. Krainz 2007, S. 9 ff.). Selbst wenn in der Praxis nur äußerst wenige Geschäftspläne tatsächlich wie geplant ausgeführt werden, so dokumentieren sie dennoch die zwischen den Hauptakteuren vereinbarten Rahmenbedingungen und geben Anhaltspunkte, „wie es sein soll". Die Marktsituation verändert sich oder die Liquidität des Unternehmens ist bedroht und schon wird die ursprüngliche Entscheidung angepasst oder gänzlich widerrufen. Das ist an sich nichts Böses und gehört zum Alltag eines jeden Unternehmens. Wichtig ist aber, dass man sich der dadurch ausgelösten Schwierigkeiten bewusst ist.

5.3.2 Widerspruch 2: Produkt versus Projekt

Die Widersprüche, die zwischen Projekt und Produkt auftreten, sind teilweise vom Grund her durchaus vergleichbar mit jenen zwischen Linie und Produkt, allerdings in ihrer Auswirkung unterschiedlicher Natur. Hinzu kommen Herausforderungen, die mit der direkten beziehungsweise indirekten Wirkung von Produkten verbunden sind. Sie sind allerdings nur dann wirksam, wenn das Unternehmen die eigenen Produkte auch in Projektform verwertet. Handelt es sich um eine Organisation, die ausschließlich Produkte herstellt und vertreibt, relativieren sich diese Schwierigkeiten.

Unterschiedliche Planungshorizonte (Zeitlichkeiten) Wie im Zusammenspiel mit der Linienorganisation sind in der Regel auch die Planungshorizonte zwischen Projekt und Produkt verschieden, denn die Dauer für die Abwicklung eines Projektes ist in der Regel deutlich kürzer als der Lebenszyklus oder die Entwicklungszeit eines Produktes. Selbst wenn es sich um ähnliche Durchlaufzeiten handelt, so ist es äußerst unwahrscheinlich, dass der Liefertermin genau mit dem nächsten Produkt-Release zusammenfällt. Dies zu synchronisieren, ist keine leichte Aufgabe. Einerseits besteht eine vertragliche Verpflichtung, eine Lösung für ein Kundenprojekt fertigzustellen. Andererseits sichert ein erfolgreiches Produkt nachhaltig die Existenz eines Unternehmens. Wofür sich also im Konfliktfall entscheiden? Parallel wirkt jedoch nach wie vor das oben beschriebene Spannungsfeld einer unterschiedlichen Zeitlichkeit in Bezug auf die Linienorganisation, was die Problematik nicht vereinfacht.

In der Zusammenarbeit mit Projektteams empfiehlt sich eine möglichst frühzeitige klare Kommunikation seitens des Produktmanagements, bis wann Kundenwünsche berücksichtigt werden können, wie deren Bewertung und Finanzierung erfolgt und ab wann eine Version in Projekten verwertet werden darf. Eines ist sicher: Prinzipiell hat jeder Kunde individuelle Vorstellungen und in den seltensten Fällen sind diese bereits im Produkt abgedeckt. Nur durch enge Zusammenarbeit zwischen Projekt- und Produktmanagement und durch ein starkes Management beider Aspekte kann es gelingen, beide Seiten gleichermaßen adäquat zu befriedigen. Jede Produktstrategie schränkt die Flexibilität von Projekten ein – auch in zeitlicher Hinsicht. Der Projektmanager ist dahingehend an der Kundenschnittstelle gefordert, die Termine des Projektes so zu vereinbaren, dass sie möglichst mit der Produktstrategie übereinstimmen, und der Produktmanager hat seinerseits dafür Sorge zu tragen, diese auch einzuhalten, beziehungsweise eine gewisse Flexibilität an den Tag zu legen, um mit unerwarteten Aspekten umzugehen.

Verzögert sich die Fertigstellung eines Produktes, hat dies eine unmittelbare Konsequenz auf alle davon abhängigen Projekte. Oftmals hat ein Kunde tatsächlich einen unverschiebbaren Terminplan, da die Fertigstellung mit einem bestimmten Datum oder einer Veranstaltung zwingend verknüpft ist. Doch selbst wenn er ausreichend Zeit hat und sogar bereit ist, für Zusatzwünsche zu bezahlen, ist sicherzustellen, dass durch deren Berücksichtigung andere Aufträge nicht über Gebühr verzögert werden. Dies erfordert eine restriktive Vorgehensweise von beiden Akteuren und großes Verhandlungsgeschick seitens des Projektmanagers. Allerdings können Zusatzfunktionen einer Nachfolgeversion, für die der Kunde nichts extra zu bezahlen hat, oftmals als gutes Argument für terminliche Verschiebungen genutzt werden. Ferner sei angeraten, zwischen der Fertigstellung einzelner Releases und der Installation beim Kunden einen gewissen Puffer vorzusehen, denn erfahrungsgemäß sind Nacharbeiten nötig, die bei enger Planung wiederum einen Multiplikator an Schwierigkeiten mit sich bringen.

Unterschiedliche Zielsetzungen Vergleichbar mit den unterschiedlichen Planungshorizonten von Unternehmen, Produkt und Projekt, sind auch die Zielsetzungen auf der jeweiligen Ebene aller Wahrscheinlichkeit nach unterschiedlich, wie Tab. 5.1 zeigt.

Dieser Widerspruch führt insbesondere bei Unternehmen, die gewohnt sind, in ihren Projekten alle Kundenwünsche zu erfüllen, zu Problemen. In jedem Projekt gilt es Kosten zu optimieren. Dahingehend ist es aus Sicht eines einzelnen Projektes irrelevant, ob gewisse Funktionen so flexibel implementiert werden, dass eine Verwertung bei anderen Kunden möglich ist, oder nicht. Dasselbe gilt für Dokumentation und Tests des Erzeugnisses. Neben der Frage, wer für die Übererfüllung der Projektziele zwecks Verwertbarkeit in Produkten finanziell aufkommen soll, ist daher auch zu vereinbaren, welche Ziele vorrangig

Tab. 5.1 Zielkonflikte in der Unternehmensorganisation

Kriterium	Unternehmens-management	Produkt-, Portfolio-management	Projekt-management
Planungshorizont	Langfristig	Mittelfristig	Kurzfristig
Zielsetzung	Optimierung über sämtliche Projekte, Produkte und unterstützende Aufgaben	Optimierung über mehrere Projekte beziehungsweise Produkte	Optimierung im Hinblick auf ein Vorhaben

behandelt werden. Ist man sich jedoch dieses Widerspruchs bewusst, können entsprechende entlastende Festlegungen in den internen Auftrag eines Projektmanagers einfließen. Ein Hochtechnologieunternehmen etwa formulierte in den internen Projektzielen, dass sämtliche Funktionen, die im Rahmen des Projektes nötig seien, in Produktreife durch das Produktteam zu realisieren sind, und gestand dem Projektmanager eine Kostenüberschreitung von 50 % für die Implementierung dieser Funktionen zu. Damit hatte dieser eine Grundlage für den Umgang mit einem ansonsten schwer lösbaren Zielkonflikt.

Limitierte Ressourcen Immer dann, wenn mehrere Stellen auf beschränkte Kapazitäten zugreifen, muss es zu Konflikten kommen. Im Falle untergeordneten Portfoliomanagements wird diese Problematik meist automatisch zugunsten der Projekte „gelöst", was die plangemäße Realisierung von Produkten nicht unbedingt erleichtert. Darauf wurde bereits eingegangen. Bei der Matrix-Organisation tritt der Widerspruch zwischen Produktmanager und Projektmanager zutage und wiederum gilt es, im Sinne der Unternehmensstrategie anlassbezogen zu entscheiden, ob die vorhandenen Personen und Mittel für das Produkt oder das Projekt eingesetzt werden. Nach Abwägung der Auswirkungen – etwa Verzögerung von Projekten mit Konsequenzen für die betroffenen Kunden oder spätere Fertigstellung eines Produktes mit angepasster Planung von Markteinführung und Investitionsrückführung – kann das durchaus festgelegt werden. Die Entscheidung sollte allerdings konsequent umgesetzt werden, denn jede Veränderung hat eine erneute Einarbeitung der betroffenen Mitarbeiter in die jeweils andere Thematik und damit verbundene Ineffizienzen zur Folge. Durch eine Vorgehensweise, bei der Projektanforderungen seitens des Produktteams implementiert werden (Portfoliomanagement beziehungsweise Produktmanagement mit Linienverantwortung), lässt sich dieser Widerspruch etwas leichter managen. In jedem Fall erfordert er eine engere Abstimmung der Beteiligten, für die ein nicht unerheblicher Zeitaufwand kalkuliert werden sollte. Diese Vorgehensweise hat auch einen positiven Nebeneffekt für das Produkt, denn: Wer kann besser beurteilen, was der Markt benötigt, als Kunden, die ihre Bedürfnisse konkret äußern? Eine Überprüfung der tatsächlichen Nutzbarkeit in weiterer Folge ist hierbei jedoch unbedingt angeraten, denn gerne nutzen Projektleiter das Argument des Kundenbedarfs, um Produkte zu ihren Gunsten zu beeinflussen (ihre Aufgabe ist es ja, Projektkosten zu optimieren!).

Systembedingte Konflikte Speziell in Matrixorganisationen findet man immer wieder die Schwierigkeit vor, dass Mitarbeiter „Diener zweier Herren" sind. *„Doppelmitgliedschafts-Konflikte sind für Organisationen typisch. Obwohl alle Organigramme mit ihren Strichen und Kästchen nur Individuen miteinander verbinden (und zwar sternförmig hierarchisch, also in Paarbeziehungen), gehören viele Organisationsmitglieder nicht nur einer Gruppe an, sondern zwei oder mehreren Gruppierungen, die informellen nicht mitgerechnet"* (Krainz (2005, S. 49). Gleichermaßen wie ein Vorgesetzter eines Mitarbeiters gehen Projektleiter wie Produktmanager oftmals unabgestimmt und direkt auf die betroffenen Kollegen zu, um sie zu bestimmten Prioritätssetzungen zu nötigen. Besonders spannend wird dies übrigens dann, wenn seitens des Top-Managements ein Zugriff auf einzelne Mitarbeiter vorgenommen wird. Dies führt sehr rasch zu unkontrollierbaren Strukturen und die Person mit der größten Überzeugungskraft „gewinnt" – unabhängig davon, ob dies im Sinne einer Optimierung auf Unternehmensebene ist oder nicht. Oftmals wird dadurch auch ein Mehraufwand infolge des Wechsels zwischen Aufgaben und Ad-hoc-Interventionen ausgelöst, der keineswegs in der Planung berücksichtigt wurde. Eine Möglichkeit, damit umzugehen, sind klare Kommunikationswege, die sicherstellen, wie Wünsche seitens Produkt- und Projektmanagement eingebracht werden, wo deren Abgleich erfolgt und wie die Eskalationswege im Falle einer Unvereinbarkeit sind. Dies kann beispielsweise bewerkstelligt werden, indem unmissverständlich geregelt wird, in welcher Form und an welche Person – die einen Abgleich der Interessen vornehmen soll – entsprechende Wünsche zu adressieren sind. Umgekehrt sind auch die Schnittstellen der jeweiligen potenziellen Bedarfsträger (etwa Kontaktpersonen aus dem Projekt- beziehungsweise Produktteam) zu benennen, sodass eindeutig festgelegt ist, auf welchem Wege die Anfrage erfolgen darf. Können diese Kollegen untereinander die Situation nicht auflösen, sollte eine Lösung zwischen Projekt- beziehungsweise Produktmanager und dem fachlichen Leiter des betroffenen Teams angestrebt und gegebenenfalls – je nach Organisationsstruktur und Firmengröße – an die Unternehmensleitung eskaliert werden. Diese Festlegung ist entsprechend zu exekutieren, um oben genannte negative Effekte zu vermeiden.

Neben der häufig vorherrschenden Unklarheit, welche Aufgabe nun tatsächlich Priorität hat, sind die Mitarbeiter mit einer zweiten Schwierigkeit konfrontiert: An ihnen wird der Widerspruch der unterschiedlichen Zielsetzung ebenso wirksam wie auf Ebene des Managements. Um an einer Aufgabe konsequent zu arbeiten, muss sich ein Team herausbilden, das mit möglichst wenig Kommunikationsaufwand gemeinschaftlich im Sinne eines gemeinsamen Ziels arbeitet. In einer Matrixstruktur überlappen sich jedoch Teamkonstellationen, sodass einzelne Mitarbeiter etwa an mehreren Produkten beziehungsweise Projekten beteiligt sind. Es stellt sich damit nicht nur die Frage der „organisatorischen Heimat", sondern auch die persönliche Identifikation mit dem Team und der Aufgabe wird verwässert. Dies reduziert die Produktivität selbst bei engagierten Mitarbeitern und öffnet Tür und Tor, um Argumente für Nichtleistungen vorzuschieben, da sich die jeweils „anderen Aufgaben" bestens als Begründung für mangelnde Ergebnisse eignen. Wiederum empfehlen sich zum Umgang mit dieser Problematik eine Festlegung, wer die Ziele und Aufgaben für jeden einzelnen Mitarbeiter definiert, sowie ein Interessenausgleich zwischen Produkt und Projekt dort, wo er hingehört – auf Ebene zwischen Produkt- und Projektmanagement. Zudem muss den Mitarbeitern klar vermittelt werden, dass in einer Matrixorganisation administrative und fachliche Führung unterschiedliche Themen sind und welche Aspekte mit welchem Manager geklärt werden.

Verschiedene Abstraktionsebenen Interessant ist auch die Verschiedenheit der Wirkung von Produkten und Projekten. Projekte zielen auf einen bestimmten Kunden, der dafür auch – hoffentlich – unmittelbar bezahlt. Produkte adressieren einen abstrakten Kunden, den Markt. Letzterer zahlt, genau genommen, keinen Cent für das Produkt oder dessen Entwicklung. Vielmehr finanziert das Unternehmen vor und wettet beziehungsweise hofft auf künftige, konkrete Aufträge, in denen das Produkt zum Einsatz kommt. Daraus ergibt sich auch eine stete Argumentationsschwierigkeit für den Produktmanager. Er kann im Gegensatz zum Projektleiter nicht mit Sicherheit Höhe und Termin des erzielbaren Einkommens nennen. Es kann, abhängig davon, wie gut sich der Plan erfüllt, früher oder später, mehr oder weniger sein. Es ist jedoch für Unternehmen schwieriger, auf Potenziale zu bauen als auf konkrete Fakten. Vor allem in schwierigeren Zeiten erfolgt gern und aus nachvollziehbaren Gründen eine Optimierung im Hinblick auf direktes Einkommen. Das konterkariert jedoch die Arbeit des Produktmanagers, dessen Ergebnis zwingend potenziell und risikobehaftet ist. Wiederum ist es für die Realisierung seines Vorhabens unbedingt erforderlich, dass er entsprechende Rückendeckung seitens der Unternehmensleitung erhält. Dies bedeutet aber auch, den einen oder anderen kurzfristigen Projekterfolg zugunsten eines mittelfristigen Potenzials eines Produktes zu opfern. In Finanzierungsmodellen geübten Managern fällt diese Übung leichter als jenen, die gewohnt sind, das Unternehmen Projekt für Projekt zu entwickeln. Es ist erneut eine Frage der Unternehmensstrategie, auf Produkte und damit verbundenes (Multiplikations-)Potenzial, aber auch Risiko zu setzen oder sich Auftrag für Auftrag schrittweise zu verdienen.

Betrachtet man nun Unternehmen, Produkte und Projekte, so wird eines ersichtlich: Aufgrund verschiedener Zielsetzungen, Strukturen und Zeitlichkeiten würde jeder Manager in Abhängigkeit von seiner Zuständigkeit eine andere Optimierungsstrategie wählen. Ohne weitere Festlegung ist klar, zu wessen Gunsten die Prioritäten seitens der Mitarbeiter gesetzt werden. In erster Linie ist es das Linienmanagement, da dieses über Gehalt und Aufstieg entscheidet. Dann folgt das Kundenprojekt, welches eben unmittelbar das Auskommen sichert. Damit hat das Produkt einen schwierigen Stand. Mitunter kann aber die Mitarbeit an bestimmten Produkten derart attraktiv sein, dass diesen der Vorrang gegenüber Projekten gegeben wird, da die Aufgabe spannend ist oder die persönliche Weiterentwicklung unterstützt. Es ist eine Leitungsaufgabe, dafür zu sorgen, dass eine firmenweite Strategie definiert, kommuniziert und konsequent umgesetzt wird, die regelt, ob sich ein Unternehmen für Produkte und damit verbunden Chance und Risiko entscheidet. Allerdings wird es im Tagesgeschäft immer wieder erforderlich sein, situativ deren konkrete Ausgestaltung zu regeln. Dahingehend sei auch der Unternehmensleitung angeraten, die Entscheidungsgrundlage gut zu hinterfragen. Entsprechend ihrer Zielsetzung werden Projektleiter stets die konkreten Kundenbedürfnisse als besonders wichtig hervorheben und Produktmanager die potenziellen Chancen. Das liegt in deren Natur und Aufgabe.

5.3.3 Widerspruch 3: Produkt versus Vertrieb

Da vertriebliche Aktivitäten in der Regel stark endkundengetrieben sind, kommen zwischen Produktmanagement und Vertrieb auch Konflikte zum Tragen, die mit den projektbezogenen Widersprüchen vergleichbar sind. Spannungsfelder aus Produkt und Vertrieb sollen jedoch hier dennoch behandelt werden, da es sich dabei um eine weitere, innerorganisatorische Schnittstelle handelt, die für zusätzliche Herausforderungen verantwortlich ist. Darüber hinaus treten die damit verbundenen Konflikte auch in Firmen in Erscheinung, die Produkte direkt – also nicht in Projektform – am Markt positionieren.

Die Zusammenarbeit von Vertrieb und Produktmanagement ist vor allem dadurch gekennzeichnet, dass eine Abweichung der Kundenwünsche von den Eigenschaften verfügbarer Produkte eher die Regel als die Ausnahme darstellt. Ressourcenengpässe oder innerorganisatorische Konflikte, aber auch die Abstraktionsebenen der Planung sind hier sekundär. Die Hauptschwierigkeit in der Schnittstelle zu konkreten Kunden ist der Umstand, dass ein Produkt auf einen bestimmten Markt zugeschnitten wird, unter der Annahme, einen gewissen Bedarf abdecken zu können. Dieser muss jedoch nicht zwingend mit den Bedürfnissen der einzelnen Kunden übereinstimmen. Das kann darin begründet sein, dass die Einschätzung des Produktmanagements schlichtweg falsch war und durch unzureichende Markterhebungen, veränderte Bedingungen oder Fehleinschätzungen am Markt vorbei entwickelt wurde. In diesem Fall stellt sich die generelle Frage, ob der Fehler noch korrigierbar ist und wie viel dies kostet beziehungsweise ob sich der Geschäftsplan dann noch rechnet. (Es sei bei diesen Überlegungen eine Opportunitätskostenrechnung angeraten, die einerseits die Verwertbarkeit des Bestehenden und potenzielle Gewinne einer erneuten Investition betrachtet sowie eine Gegenüberstellung mit Alternativinvestitionen anstellt. Wie immer gilt der Grundsatz, dass jede weitere Investition das potenzielle künftige Geschäftsergebnis verbessern und im Idealfall maximieren soll.) Ein anderer Grund für die Abweichung zwischen Bedarf und Produkt ist jedoch untrennbar mit der Natur von Produkten verbunden und darauf soll nun näher eingegangen werden.

Verschiedene Abstraktionsebenen Es ist die Grundidee von Produkten, dass sie an eine möglichst hohe Anzahl von Kunden abgesetzt werden sollen. Da der Multiplikator-Effekt nur dann eintritt, wenn dies in unveränderter Form der Fall ist, ist das Produktmanagement zu einem Kompromiss gezwungen, um einen Weg zwischen möglichst hoher Erfüllung individueller Wünsche bei gleichzeitiger Multiplizierbarkeit zu finden. Das Produkt ist damit der inkorporierte Kompromiss im Widerspruch zwischen Einzelkunden und dem adressierten Markt. Hier fließen zahlreiche Faktoren mit ein. Natürlich könnte bei genügend Basiskapital ein Produkt geschaffen werden, das alle nur erdenklichen Funktionen abdeckt. Es stellt sich aber die Frage, ob sich dies jemals amortisieren wird, und zudem könnte eine große Fülle an Möglichkeiten für einzelne Kunden genau gegen die Wunschvorstellung, beispielsweise die eines einfach zu bedienenden Erzeugnisses, sprechen. So ist das Produktmanagement angehalten, aus der Menge an Informationen über Kunden, Marktentwicklungen und Technologien, dem Geschäftsplan, aber auch der Leistungsfähigkeit der eigenen Organisation etwas zu erzeugen, das in bestimmten Punkten derart attraktiv ist, dass Abnehmer eine an anderen Stellen suboptimale Erfüllung ihrer Bedürfnisse akzeptieren (s. Abschn. 2.2.1). Nur selten kann eine hundertprozentige Passung erzielt werden und in allen anderen Fällen gilt es, mit der mehr oder weniger großen Abweichung in irgendeiner Form zurechtzukommen. Das Management genau dieser Unzulänglichkeit ist eine der wesentlichen Aufgaben des Vertriebs. Ihm wird ein Produkt beziehungsweise Produktportfolio zur Verfügung gestellt, mit dem er Kunden adressiert und diese davon überzeugt, dass es sich lohnt, die Anschaffung zu tätigen. Selbst wenn nicht alle Wünsche gänzlich erfüllt werden, so liegt es an ihm, dafür zu sorgen, dass das Geschäft aus Sicht des Endkunden attraktiv ist. Dies erfolgt bekanntermaßen mit verschiedensten Argumenten, Tricks und Überzeugungsarbeit, wie man sie aus dem Tagesgeschäft von Verkäufern kennt. Gelingt dies nicht in der gewünschten Form – lassen sich also nicht die erwarteten Volumina absetzen –, dann liegt es auf der Hand, dass das Erzeugnis nicht attraktiv genug ist. Damit landet die Verantwortung für vertrieblichen Misserfolg auf dem Tisch des Produktmanagers.

Tatsächlich stellt jedes Produkt für den Vertrieb eine Einschränkung dar. Als „interner Vertreter des Kunden" hätte er natürlich gern eine perfekte Beschreibung, geringste Kosten und die Sicherheit, sämtliche Kundenwünsche erfüllen zu können. Damit würde sein Leben massiv erleichtert werden. Dem gegenüber stehen die Interessen des Produktmanagements: Minimierung der Entstehungskosten und möglichst hoher Standardisierungsgrad zur Optimierung des Ergebnisses. Dieser Konflikt wird besonders in Firmen spürbar, die von Individuallösungen auf Produktvertrieb umstellen. Wenn der Vertrieb gewohnt ist, dass sein Alleinstellungsmerkmal die vollumfängliche Erfüllung der Kundenwünsche ist, dann fällt es schwer, diese Denkweise zu ändern. In der Praxis ist in solchen Fällen folgendes Phänomen häufig zu beobachten: Der Vertrieb ist angehalten, ein Produkt zu verkaufen, freut sich über dessen – im Vergleich zur Individuallösung – attraktiven Preis und adressiert damit Kunden. Im Gespräch zeigen sich diese aber nicht glücklich mit der einen oder anderen Funktionalität und fordern eine Erweiterung. Aus der Vergangenheit weiß der Vertrieb, dass derartige Wünsche zu überschaubaren Kosten realisierbar waren, und unterstützt die Erwartung beim Kunden, dass dies tatsächlich zu bekommen sei. Zurück im Unternehmen, kommt das böse Erwachen. Jede noch so kleine Erweiterung erfordert einen kompletten Testdurchlauf des Produktes, ist an Freigabezyklen gebunden und so weiter. Nun hat man endlich einen potenziellen Kunden für das Produkt und diese Kleinigkeit könnte alles zum Scheitern bringen? Darauf reagieren Organisationen gern auf zwei Arten. Die erste Möglichkeit ist es, an den Kosten herumzuspielen, indem etwa Lizenzen (von denen man fälschlicherweise gern annimmt, dass sie ohnehin reiner Profit seien) verschenkt oder die Erweiterungen bagatellisiert werden, um die dafür zu verrechnenden Aufwände zu drücken. Die zweite Möglichkeit ist es, das Produktmanagement zu nötigen, doch die gewünschten Funktionen zu realisieren, indem die nächste Version in Fertigstellungstermin und Inhalt an die Wünsche dieses Kunden angepasst wird. Beide Varianten sind für ein solides Produktmanagement verheerend, aber in manchen Fällen unvermeidbar. Ohne Lizenzeinnahmen droht der Geschäftsplan zu kippen und wenn für

5.3 Natürliche Konflikte im Portfoliomanagement

jeden Kunden die Produktversionen „gebogen" werden, ist man wieder im Individualprojektgeschäft. Dennoch kann der eine oder andere Kunde als Pilot, Referenz oder aufgrund seiner Größe so wichtig sein, dass sich diese Entscheidung lohnt.

Es handelt sich also wiederum um das permanente Management eines Widerspruchs, das eine Entscheidung von Anlassfall zu Anlassfall erfordert. Erneut können Vertrieb und Produktmanagement versuchen, gemeinsam eine Lösung zu finden, aber letztlich ist es auch hier Aufgabe der Unternehmensleitung, die Prioritäten zu setzen.

Nachdem Vertriebsmitarbeiter in der Regel auch entsprechend eloquent sind, sollte ihre interne Überzeugungskraft nicht unterschätzt werden. Mit dem Argument eines Vertragsabschlusses bei Einbau dieser oder jener „Kleinigkeit" haben sie ein starkes Druckmittel parat. Zudem repräsentiert der Vertrieb intern den Kunden und bringt damit konkretes und auch wertvolles Feedback, was tatsächlich gewünscht ist. Mit einer „1-Personen-Statistik" wird dann gern belegt, was dem Produkt für einen echten Markterfolg fehle: „Ich habe gestern mit Herrn Oberhauser, dem Geschäftsführer eines von Deutschlands größten Industrieunternehmen, gesprochen und der war begeistert von unserem Staubsauger. Allerdings meinte er, ohne feuerfeste Kabel könne er ihn nicht verwenden." Solche und ähnliche Sätze hört man als Entscheider oder Produktmanager oft und ist geneigt, für den konkreten Auftrag eine Ausnahme zu machen.

Das ist durchaus legitim, wenn die Hausaufgaben dazu gemacht wurden. So gilt es, sich bei derartigen Wünschen die folgenden Fragen zu stellen:

- Welche Funktion ist das genau, wie soll sie vom Kunden verwendet werden?
- Was sind die direkten und indirekten Kosten für die Realisierung?
- Wie viele Kunden benötigen diese Funktion?
- Wie viel Mehreinnahmen können dadurch erzielt werden?
- Gibt es eine belastbare Aussage über die Wahrscheinlichkeit des Zuschlages, wenn diese Funktion eingebaut wurde?
- Wie passt diese Anforderung zur Unternehmens- beziehungsweise Produktstrategie? (s. dazu auch Abschn. 5.4.1)

Insbesondere bei strategisch wichtigen Kunden sollten auch die Wichtigkeit der Anfrage für den jeweiligen Kunden und dessen Rahmenbedingungen hinterfragt werden, um die Auswirkung einer abschlägigen Entscheidung einschätzen zu können.

- Wofür benötigt der Kunde diese Funktion?
- Was braucht der Kunde zwingend, was ist optional?
- Was ist der Wunschtermin und wann der letztmögliche Lieferzeitpunkt?
- Welche Aspekte sind unverhandelbar? (Meist sind Kunden, mit denen man eine offene Kommunikation pflegt, flexibler, als man denken möchte.)
- Was ist die Konsequenz einer Nichterfüllung oder Teilerfüllung?

Kurzum, es gilt auch für die Erweiterung eine Betrachtung durchzuführen, wie sie im Basisgeschäftsplan des Produktes angestellt wurde, die auch eine solide Marktanalyse impliziert, sowie die potenzielle Auswirkung auf den spezifischen Kunden zu hinterfragen. Hier ist eine Zusammenarbeit von Vertrieb und Produktmanagement gefragt und damit ist die Grundlage für eine fundierte Prioritätsentscheidung vorhanden.

> Jede noch so kleine Abweichung vom Produkt – so wichtig sie auch sein mag – bedeutet Projektgeschäft mit allen Konsequenzen und Nachteilen im Hinblick auf das Portfoliomanagement.
> Anpassungen für einzelne Kunden sollten daher ausschließlich nach gründlicher Überprüfung der Rahmenbedingungen und im vollen Bewusstsein der Konsequenzen entschieden werden.
> Grundsätzlich gilt: Änderungen am Produkt außerhalb der regulären Entwicklungszyklen sind tabu.

Um mit dem Widerspruch aus Individualanforderung und generischem Produkt umzugehen, gibt es jedoch die eine oder andere Möglichkeit neben der „Entweder-oder-Entscheidung". So können und sollen bei einer iterativen Vorgehensweise im Produktmanagement, wie sie oben (s. Abschn. 2.1) beschrieben wurde, bewusst Kundenanforderungen einfließen. Dieses Vorgehen ist zwar kostenintensiver, reduziert aber das Risiko, am Markt vorbei entwickelt zu haben, und zumindest sind die Kunden auf dem Weg zum fertigen Produkt Garant dafür, eine hohe Abdeckung der Anforderungen zu erhalten. Andererseits kann aber auch das Produkt so gestaltet sein, dass Erweiterungen kostengünstig und ohne Veränderung des Kerns vorgenommen werden können. Je nach Häufigkeit des Bedarfs von Anpassungen macht es mitunter auch Sinn, Reserven für „Last-Minute"-Wünsche in den Release-Plänen vorzuhalten.

Jede der Maßnahmen kostet Geld und natürlich ist es das Beste, ein Produkt „so, wie es ist" zu verkaufen. Dies ist aber nicht alleine Angelegenheit des Vertriebs. Das Produktmanagement ist ebenso gefordert, diesem die entsprechenden Informationen und Rahmenbedingungen mit auf den Weg zu geben. Wenn der Vertrieb ein klares Verständnis von Leistungsumfang, Einschränkungen und Preisgestaltung hat und darüber hinaus beurteilen kann, welche Zusatzwünsche zu geringen Kosten erfüllt werden können und welche Anforderungen Probleme bereiten, ist bereits an der Schnittstelle zum Kunden die Chance hoch, die Brücke zu schlagen. Zielführend ist darüber hinaus, dass der Vertrieb auch ein Incentive für sich oder den Kunden hat, zum Produkt zu greifen. Alleine eine gewisse Qualität, kürzere Lieferzeiten oder der Umstand, an Erweiterungen für andere Abnehmer auch selbst zu partizipieren, können durchaus attraktive Argumente in der Verhandlung sein.

Ein Beispiel aus dem Industrieanlagenbereich soll das illustrieren: Der aus dem Projektgeschäft stammende Vertriebsverantwortliche für ein spezielles Segment argumentierte lauthals, dass das Produkt in seiner aktuellen Form unverkäuflich sei, nachdem jeder Kunde andere Anforderungen habe und nicht einmal die grundlegenden Basisfunktionen erfüllt seien. Im Versuch, mit mehr Vertriebskapazität doch den einen oder anderen Erfolg zu erzielen, wurde ein zusätzlicher Mitarbeiter eingestellt, der von Beginn an wusste, dass es seine Aufgabe sein würde, das Produkt in unveränderter Form zu verkaufen. Es vergingen einige Monate. In dieser Zeit gelang es diesem neuen Kollegen, mehrere, vormals voneinander unabhängige Kunden zusammenzubringen und ein gemeinsames, nachhaltiges Konzept mit Vorteilen für alle Beteiligten zu entwickeln. Die erste Stufe dahin war die Abnahme des Produktes in seiner aktuellen Form. Als Nächstes wurden die Anforderungen gesammelt und als Input für die Folgeversion eingebracht, von der wiederum alle profitierten. Obwohl das Produkt von einem Kollegen als unverkäuflich bezeichnet wurde, schaffte es sein neuer Mitstreiter, mehrere Mio. € im zweiten Jahr zu erwirtschaften. Der Grund dafür liegt nicht primär in der Qualifikation der beiden Kollegen, sondern vielmehr in der unterschiedlichen Betrachtungsweise und verinnerlichten Zielsetzung (Kollege A: Umsatz machen, womit, ist sekundär; Kollege B: Produkt in unveränderter Form verkaufen), die zu völlig verschiedenen Herangehensweisen und entsprechendem Erfolg führte.

5.3.4 Widerspruch 4: Portfolio versus Produkt

Selbst innerhalb des Portfoliomanagements sind Widersprüche unvermeidbar. Dies betrifft nicht zuletzt die Schnittstelle zwischen Produktmanagement und Portfoliomanagement und begründet sich vor allem in Spannungsfeldern aufgrund voneinander abweichender Zielsetzungen.

Unterschiedliche Zielsetzungen Produktmanagement und Portfoliomanagement sind im Grunde ähnlich angelagert und demnach würde man annehmen, dass hier keine Konfliktzone bestehen sollte. Allerdings wirkt in dieser Konstellation ein Widerspruch zwischen den Zielsetzungen des Produktmanagements, das einen spezifischen Geschäftsplan möglichst gut erfüllen soll, und des Portfoliomanagements, das aufgefordert ist, den Unternehmenszielen und einem übergeordneten Geschäftsplan bestmöglich Rechnung zu tragen. Folgendes Beispiel soll die Problematik illustrieren: Ein neu nominierter Portfoliomanager sollte in einem europaweit tätigen Unternehmen eine Bewertung zweier Produktlinien durchführen, die beide für sich in der Vergangenheit erfolgreich, allerdings am Markt aufgrund hoher Kosten zusehends schwerer zu positionieren waren. Offenkundig gab es eine Doppelentwicklung und damit verbunden zweifache Aufwände, da die historisch gewachsenen Portfolioelemente auf unterschiedlichen Technologien aufsetzten, obwohl sie denselben Kundenkreis adressierten. Neben den hohen Herstellungskosten führten auch die jeweils eigene Infrastruktur und Inkompatibilität der Produkte bei Kundenprojekten zu hohen Zusatzaufwänden, wodurch das Angebot unattraktiv wurde. Die naheliegende und technisch problemlos umsetzbare Lösung, beide Produktlinien auf eine Plattform zu portieren, hätte mehrfachen Nutzen gebracht. Dennoch wurde diese Entscheidung über Jahre hinweg nicht getroffen. Die Gründe dafür waren vielfältiger Natur. Für das zu portierende Produkt wäre es zu Mehrkosten für die Umstellung gekommen, die im Geschäftsplan natürlich nicht vorgesehen waren. Aufgrund der verschiedenen Basistechnologien war die fachliche Kompetenz unterschiedlich angelagert und es hätte einer umfassenden Umschulungsmaßnahme oder Verschiebung der Tätigkeiten zu anderen Teams bedurft. Hinzu kam eine kulturelle Schwierigkeit, die darin begründet war, dass die Produkte in zwei unterschiedlichen Teams entwickelt wurden, von denen eines höchste Qualität und umfassende Dokumentation als oberstes Ziel sah und das andere pragmatisch jene Funktionen in das Produkt implementierte, die der nächste Kunde benötigte. Dokumentiert wurde im Anschluss und nur so weit als nötig. Diesen Knoten aufzulösen, hätte erhebliche Summen an Geld gekostet und organisatorische Umstellungen mit sich gebracht, die mit hoher Wahrscheinlichkeit eine Vielzahl interner Konflikte ausgelöst hätten. Letztlich wurde die Konstellation infolge einer Bewertung potenziellen Zusatznutzens versus Kosten in der bestehenden Form beibehalten.

Das Beispiel zeigt aber deutlich die Schwierigkeit, mit der sich Portfoliomanager auseinandersetzen müssen. Meist sind Mittel und Ressourcen in Produktgeschäftsplänen verankert und nur wenige Unternehmen stellen Kapazität und Kapital für deren Konsolidierung bereit. Umgekehrt wird jeder Produktmanager versuchen, die besten Mitarbeiter für sein Vorhaben zu gewinnen und mit geringem Aufwand eine möglichst attraktive Weiterentwicklung des eigenen Produktes zu erreichen.

Übergeordnet ist auch noch die Frage, ob einzelne Portfolioelemente eingestellt oder weitergeführt werden. Nur wenige Produktmanager werden – selbst bei geringem Erfolg – aktiv darauf hinarbeiten, ihr Produkt und damit ihre unmittelbare Daseinsberechtigung einzustellen. Das Ziel ist ein möglichst langes Bestehen des Erzeugnisses und aus individueller Betrachtung ist der damit erzielte Profit meist sekundär, sofern das Bestehen gesichert ist. Auf Ebene des Portfoliomanagements sieht die Sache anders aus. Im Auftrag einer Optimierung für Geschäftsbereiche oder ganzer Unternehmen ist es gefordert, entsprechende strategische Überlegungen anzustellen, denen zufolge bestimmte Elemente einzustellen und andere in das Portfolio aufzunehmen sind. Damit „erbt" der Portfoliomanager auch einige der Spannungsfelder, die zwischen Linienorganisation und Produktmanagement vorherrschen wie etwa die Unterschiedlichkeit der Planungshorizonte.

Letztlich lassen sich die Widersprüche zwischen Portfoliomanagement und Produktmanagement einfacher meistern als die anderen, zuvor genannten. In der Frage, ob ein Portfolioelement weitergeführt werden soll oder nicht, kann das Produktmanagement Argumentationsunterstützung in Form von Geschäftsplänen bereitstellen. Am Ende des Tages sind die Ziele des Unternehmens vorrangig und das Portfoliomanagement sollte gemeinsam mit der Unternehmensleitung einen Abgleich der Produkte mit der Firmenstrategie vornehmen. In der Frage der Suboptimierung auf Produktebene ist die Antwort etwas diffiziler, aber dennoch beherrschbar. Wie die Optimierung über mehrere Kundenaufträge in der Produktstrategie Mittel vorab erfordert, die in weiterer Folge kostensenkend oder umsatzsteigernd wirken sollen, ist dies auch auf Ebene des Portfoliomanagements der Fall. Entweder der Portfoliomanager hat ein gewisses Budget, um übergreifende Optimierungen vorzunehmen, und kann auf diese Weise dafür sorgen, dass einzelne Elemente in mehreren Produktlinien zum Einsatz kommen beziehungsweise die Portfolioelemente untereinander kompatibel sind, oder er erstellt wiederum einen Geschäftsplan, der Kosten und erwarteten Nutzen als Entscheidungsgrundlage für eine entsprechende zusätzliche Investition dokumentiert. Da die Marktbetrachtungen bereits in die Geschäftspläne der Produkte eingeflossen sind und die Frage von Unternehmensstrategie und Positionierung eigentlich geklärt sein sollte, ist dies primär eine Darstellung der Aufwände und der erwarteten Einsparungen beziehungsweise Mehreinnahmen mit einem Investitions- und Rückführungsplan. Allerdings sollten indirekte Kosten wie etwa für organisatorische Änderungen oder kulturelle Aspekte bei der Zusammenführung von Teams nicht außer Acht gelassen werden. Im Gegensatz zu einem allgemeinen Budgettopf für Konsolidierungsmaßnahmen hat diese Vorgehensweise den Vorteil der Fundiertheit und Nachvollziehbarkeit der Entscheidung. In jedem Fall setzt professionelles Portfoliomanagement voraus, dass auf Ebene der Unternehmensleitung bewusst ist, dass Konsolidierungsmaßnahmen Investitionen erfordern und der Portfoliomanager entsprechendes Durchgriffsrecht besitzen sollte.

Bewusster Umgang mit Widersprüchen Die Betrachtung der diversen Widersprüche und der damit verbundenen potenziellen Konfliktfelder zeigt weder, dass Portfolio- oder Produktmanagement per se dafür verantwortlich sind, noch, dass sie diese selbst lösen könnten. Durch die Vermittlerrolle zwischen zahlreichen Schnittstellen im Unternehmen und verschiedenen Interessen werden sie zum Repräsentanten diverser Spannungsfelder, deren Ursprung an anderer Stelle zu suchen ist. Ist das Bewusstsein dafür seitens der Beteiligten – von den internen Schnittstellen bis hin zur Unternehmensleitung – gegeben, dann kann die Energie dieser Spannungsfelder ein wesentlicher Motor zum Unternehmenserfolg sein.

5.4 Abläufe

In welcher Form die Abstimmung zwischen Produkt- beziehungsweise Portfoliomanagement und anderen Stellen im Unternehmen erfolgt, hängt stark von der jeweiligen Organisationsform ab. Nachdem die Matrix-Struktur bei paralleler Realisierung von Produkten wie Projekten besonders komplex ist, soll insbesondere auf diese Konstellation im Folgenden stärker eingegangen werden. Dabei wird davon ausgegangen, dass es sich um ein Unternehmen handelt, das Portfoliomanagement ernsthaft und konsequent etabliert hat und die Produkte in Kundenprojekten einsetzt. Es sei darauf hingewiesen, dass abhängig vom Geschäftsmodell des Unternehmens natürlich verschiedenste Ausprägungen denkbar sind.

5.4.1 Abstimmung Portfoliomanagement – Vertrieb – Projektmanagement

Aufgrund der Individualität eines jeden Kunden und der Tatsache, dass Produkte zwangsläufig Limitierungen in Umfang und Funktionalität mit sich bringen, ist es unvermeidlich, dass vom Markt Wünsche an ein Unternehmen herangetragen werden, die in dessen Portfolio nicht vorgesehen sind. Ein Weg für den Umgang damit ist die im Folgenden beschriebene Vorgehensweise.

Seitens des Portfoliomanagements beziehungsweise der ausführenden Instanz in Form des zuständigen Produktmanagers gilt es daher vor einer Neuentwicklung oder Weiterentwicklung etwaiger vorhandener Portfolioelemente zu allererst klar den Ausgangszustand, an dem sich die jeweiligen Stellen im Unternehmen orientieren können, festzuhalten und zu kommunizieren. Vertrieb und Projekte müssen stets ein genaues Bild davon haben, was bereits verfügbar ist und beim Kunden eingesetzt werden kann. Zudem ist eine Festlegung der nächsten Termine erforderlich, wobei insbesondere neben den geplanten Freigabeterminen ebenfalls definiert werden muss, bis zu welchem Datum Wünsche von anderen Stellen im Unternehmen in Folgeversionen berücksichtigt werden können. Dies ist bereits auch ein wesentlicher Orientierungspunkt im Hinblick auf die Einbindung konkreter Kundenwünsche in weitere Produktversionen.

Im nächsten Schritt wird der Funktionsumfang der nachfolgenden Entwicklungsphase seitens des Produktmanagements geplant, wobei primär Aspekte berücksichtigt werden, die aufgrund von Marktanforderungen erforderlich sind (s. Kap. 3), beziehungsweise Funktionen, die in der Vergangenheit bereits vorgemerkt wurden und einen positiven Beitrag zum Geschäftsergebnis versprechen. Zusätzlich sind jene Punkte, die Vertrieb – welcher in technischen Belangen meist in Form eines Pre-Sales-Teams verkörpert wird – und Projekte einfordern, mit den zuständigen Personen zu besprechen. Es empfiehlt sich, etwa zwei bis drei Wochen vor Ablauf der Frist noch einmal die betroffenen Stellen daran zu erinnern, ihre Anregungen einzubringen.

Die Sammlung an Anforderungen wird seitens des Produktmanagements mit den designierten umsetzenden Stellen durchgesprochen sowie auf Machbarkeit und Kosten überprüft. Zudem sollte ein grober Geschäftsplan erstellt werden, der die Rentabilität des Funktionspaketes beleuchtet. Bei bestimmten spezifischen Anforderungen, die höhere Aufwände verursachen, kann darüber hinaus eine Einzelbetrachtung nützlich sein. Dies ist insbesondere dann sinnvoll, wenn für einzelne Kunden kostenintensive Funktionen eingebaut werden sollen und es unwahrscheinlich ist, dass die entstehenden Aufwände von den konkreten Abnehmern vollends getragen werden. Abhängig vom Ergebnis kann es durchaus vorkommen, dass bestimmte Funktionen wieder aufgegeben werden oder eine Detailklärung durchgeführt werden muss, denn oftmals ergeben sich erst bei einer genaueren Hinterfragung die relevanten Aspekte zur konkreten Ausgestaltung. Wesentliche Inhalte einer solchen Analyse können durchaus von den nachfragenden Stellen eingebracht werden, da sie am besten wissen sollten, was die Kunden genau benötigen und was diese bereit sind dafür zu bezahlen.

Bei Funktionen, die speziell für einzelne Kunden realisiert werden sollen, sind folgende Fragen zu stellen und es ist entsprechend vorzugehen:

1. Ist der angefragte Funktionswunsch **durch einen Geschäftsplan abgedeckt** oder wird er vom betreffenden **Kunden finanziert?**
   a. **Ja** ⇨ OK, weiter mit Frage 2
   b. **Nein** ⇨ Ablehnung des Auftrages
2. Ist der angefragte Funktionswunsch **mit der Produktstrategie vereinbar?**
   a. **Ja** ⇨ OK, weiter mit Frage 3
   b. **Nein** ⇨ Ablehnung des Auftrages (oder bei einer lockereren Produktpolitik Realisierung in Form eines individuellen Kundenprojektes)
3. Ist der angefragte Funktionswunsch inhaltlich und terminlich **mit der Versionsplanung vereinbar?**
   a. **Ja** ⇨ Realisierung im Zuge einer der nächsten Produktversionen durch das Produktteam
   b. **Nein, nicht rechtzeitig,** aber **ohne Änderung des Produktstammes** als unabhängige Erweiterung umsetzbar ⇨ Realisierung durch getrenntes Team
      Im Falle einer Finanzierung durch einen Geschäftsplan über mehrere Kunden: Implementierung in Produktreife und Rückführung in das Produkt zum nächstmöglichen Zeitpunkt
   c. **Nein,** nur durch **Änderung des Produktstammes** realisierbar (inhaltliche Abkehr von der geplanten Produktstrategie) ⇨ Ablehnung des Auftrages (oder bei einer lockereren Produktpolitik Realisierung in Form eines individuellen Kundenprojektes)

Abhängig davon, ob das Unternehmen eine strikte Produktpolitik mit dem Ziel, wenige Varianten zu betreuen, verfolgt oder nicht, werden Abweichungen von der Produktstrategie oder Änderungen im Produktstamm abgelehnt oder eben akzeptiert und in Form kundenspezifischer Projekte umgesetzt, sofern deren Finanzierung gesichert ist. Hier ist anzumerken, dass eine strikte Vorgehensweise zwar den einen oder anderen Auftrag unterbindet, umgekehrt aber Klarheit nach außen und innen mit sich bringt. Das hat wiederum Vorteile im Hinblick auf die Effizienz. Vielen Unternehmen fehlt an dieser Stelle der Mut, einen Auftrag zugunsten einer konsolidierten Produktstrategie abzulehnen, was sehr leicht ein Kippen von produktgetriebener zu projektgetriebener Implementierung zur Folge hat. Die entsprechende Entscheidung sollte das Portfoliomanagement in Zusammenarbeit mit der anfordernden Stelle treffen und bei Uneinigkeit sollte die Unternehmensleitung als Eskalationsinstanz eingebunden werden. Wie so oft kann natürlich aus verschiedensten strategischen Überlegungen auch eine Entscheidung getroffen werden, in Kunden beziehungsweise Funktionen zu investieren. Allerdings sollte auch in diesem Fall in letzter Konsequenz ein positiver Beitrag zum Unternehmen geleistet werden. Egal ob es sich um indirekte Einnahmen etwa aus anderen Projekten oder den Eintritt in neue Märkte handelt – Funktionen sollten nur dann implementiert werden, wenn sie sich letztlich auch rechnen.

Wenn sich Projekte an den Kosten für Produkterweiterungen beteiligen, ist es ein pragmatischer Weg, die Entwicklungskosten dem Projekt zuzuschreiben und jene Aufwände, die zu einer produktreifen Implementierung erforderlich sind, durch die Mittel des Produktes zu bestreiten, um Projekte durch Kooperation mit dem Produkt nicht über Gebühr zu belasten. Die Einschränkung, sich an diesen Prozess zu halten, bedeutet Unannehmlichkeiten aus Sicht eines Projektmanagers. Allerdings kann es für diesen durchaus interessant sein, sich um die Entwicklung einzelner Komponenten nicht kümmern zu müssen und darauf zu vertrauen, dass sie in Produktqualität geliefert werden.

Das Portfoliomanagement sollte sich darauf einstellen, dass die Abstimmungen mit Projektmanagern und Vertrieb durchaus umfangreich werden können, und ausreichend Zeit dafür vorsehen. Sobald dieser Prozess abgeschlossen ist, wird der Funktionsumfang eingefroren und es herrscht Klarheit, welche Eigenschaften ein Produkt haben wird und wann es verfügbar ist. Es sei hier vorausgesetzt, dass der Geschäftsplan für den verabschiedeten Umfang positiv ist und seitens der Unternehmensleitung freigegeben wird. Ab diesem Zeitpunkt kann bereits unter der Berücksichtigung des Fertigstellungstermins eine Vertriebsfreigabe erfolgen.

Da Produkte ja möglichst oft zum Einsatz kommen sollen, würden sich ein Fehler oder eine Verzögerung der Auslieferung auch bei mehreren Kunden auswirken. Aus diesem Grund sei vor allem bei höherwertigen Gütern wie Industrieanlagen empfohlen, einzelne Pilotkunden zu adressieren, denen bewusst ist, dass sie die ersten Nutznießer der neuen Version sind. Vor Lieferung an weitere Kunden würde dann eine Iteration zur Behebung von etwaigen Fehlern beziehungsweise zwecks Feinschliff des Release eingeplant werden. Dass eine Produktversion eines komplexen Erzeugnisses auf Anhieb einwandfrei funktioniert, ist wohl eher die Ausnahme als die Regel. Dennoch ignorieren Firmen diesen Umstand gern und multiplizieren die Aufwände im Fehlermanagement durch breite Auslieferung unreifer Erzeugnisse.

Nach Festlegung der Planung und eventueller Vertriebsfreigabe erfolgen die eigentliche Produktimplementierung und der Test. Im Projektgeschäft ist es üblich, dass zu späteren Zeitpunkten neue Anforderungen, Wünsche und Konkretisierungen nachgefragt werden. Sind entsprechende Reserven eingeplant und ist die Finanzierung gesichert, können diese in der Umsetzungsphase noch einfließen, obwohl die Funktionen eigentlich bereits fixiert wurden. Eine derartige Flexibilität wird heutzutage von Kunden oftmals gefordert und ist durchaus handhabbar. Allerdings muss berücksichtigt werden, dass Änderungen, je später sie aufgenommen werden, zunehmend höhere Kosten verursachen, da sie selten frei von Wechselwirkungen mit anderen Funktionen sind. Ab einem bestimmten Fertigstellungsgrad ist aber auch dies nicht mehr sinnvoll umsetzbar. Dieser Termin sollte ebenso Vertrieb und Projekten klar kommuniziert werden.

Beim erstmaligen Einsatz eines komplexen Produktes in einem Projekt ist ferner das Produktentwicklungsteam stark einzubinden. Zum einen erfährt es auf diese Weise aus erster Hand, wie sich die neue Version in der Praxis verhält, und zum anderen ist nicht davon auszugehen, dass die Projektkollegen bereits das erforderliche Wissen aufgebaut haben, um das neue Erzeugnis professionell einzusetzen. In diesem Zusammenhang sollte auch darauf hingewiesen werden, dass die Verwendung jedes Produktes eine gewisse „Einschwingzeit" bei der umsetzenden Mannschaft erfordert. Dieser Umstand wird ebenfalls häufig ignoriert und Projektteams planen auf Basis von Erfahrungen mit vorangegangenen Produkten, ohne Mehrarbeit und Verzögerungen infolge der ersten Phase einer Lernkurve

Abb. 5.9 Beispiel Anlagenbau: Lernkurve bei neuem Portfolioelement

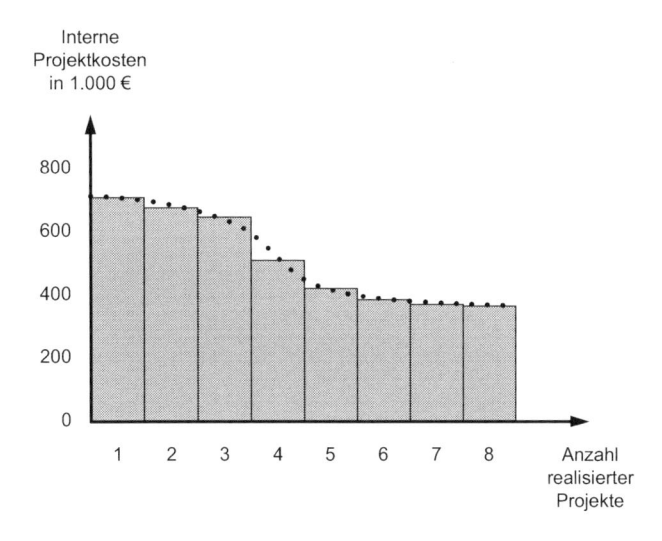

zu berücksichtigen. Dabei gilt es auch im Vorhinein zu klären, wer für die damit verbundenen Aufwände aufkommt. Vielfach werden diese dem Projekt zugerechnet und mit diesem Wissen sollte es auch geplant werden. Beispielsweise erforderten in einem Unternehmen mit Schwerpunkt Anlagenbau die ersten drei bis fünf Projekte auf Basis eines neuen Produkt-Release in einem bestimmten Marktsegment interne Aufwände von etwa jeweils 700.000 €. Erst ab dem dritten Projekt sanken die Projektkosten signifikant und pendelten sich nach etwa fünf bis sieben Projekten bei einem Wert von 400.000 € ein. Derartige Lernkurven sind durchaus üblich. Wichtig ist aber, diese Kosten auch im Vorfeld zu antizipieren und zu regeln, wer sie übernimmt. In den seltensten Fällen ist es der Kunde (Abb. 5.9).

Generell gilt es zu unterbinden, dass Projekte in Eigenregie Änderungen am Kernprodukt vornehmen, ohne das Portfoliomanagement einzubinden. Nur auf diese Weise kann auch eine enge Abstimmung zwischen beiden Instanzen forciert werden. Ist dies nicht der Fall, ist die Wahrscheinlichkeit hoch, dass sich jeder Projektmanager seine „Produktsuite" selbst entwickelt. Dies konnte ich (R.G.) bereits in mehreren Unternehmen beobachten und es hatte zur Konsequenz, dass wiederum produktähnliche Konstrukte unterstützt werden mussten, die weder hinreichend dokumentiert noch breitflächig wiederverwertet werden konnten.

5.4.2 Information und Kommunikation

Ein Bekenntnis zu einer Produktpolitik schränkt den Handlungsspielraum beteiligter Akteure ein. Um innerhalb dessen bestmöglich agieren zu können, sollte es selbstverständlich sein, dass seitens des Portfoliomanagements eine umfassende und zeitnahe Kommunikation über Termine und Inhalt der Produkte gepflegt wird. Insbesondere jene Stellen, die nach außen Verpflichtungen rund um die Portfolioelemente des Unternehmens eingehen, sollten stets perfekt über Status und Planung Bescheid wissen. So entwickelte etwa ein größeres Team in einem internationalen Konzern ein hochattraktives Produkt für Banken, verabsäumte es jedoch, den eigenen Vertrieb zu informieren, welche Funktionen die neue Version beinhalten werde. Dieser war seinerseits aber angehalten, mit aller Kraft Kundenaufträge zu akquirieren, und versprach potenziellen Abnehmern mangels besseren Wissens Erweiterungen, die in der aktuellen Architektur nicht umsetzbar waren. Nachdem der erste Auftrag unterschrieben war, löste dies intern eine erhebliche Eskalation aus, denn aufgrund der unzureichenden Abstimmung beider Stellen wurde aus dem lang ersehnten Pilotauftrag ein Projekt, in welches massiv Geld investiert werden musste, das weder der Weiterentwicklung des Produktes zugutekam noch durch den Auftrag abgedeckt war.

Da, wie in Abschn. 5.2 erläutert, Organisationsstrukturen durchaus komplex sein können, sollten neben dem Portfoliomanagement als übergeordnete Kontaktstelle auch die Ansprechpartner für die jeweiligen einzelnen Portfolioelemente klar definiert sein. Dies erleichtert die Interaktion mit den anderen Funktionen im Unternehmen erheblich. Erfahrungsgemäß ist es nützlich, wenn für jedes Produkt zwei Personen als „Doppelspitze", bestehend aus Produktmanager und Chefarchitekt (oder internem Produktmanager), die interne Kommunikation übernehmen. Es handelt sich dabei um jene Kollegen, die bei Wünschen und Fragen rund um das Portfolioelement eingebunden werden müssen und untereinander absolut gut abgestimmt sein sollten. Sie sind die Anlaufstelle für interne Mitarbeiter in allen Belangen zum Produkt und kommunizieren auch aktiv den aktuellen Status im Unternehmen. Der Produktmanager ist jene Stelle, die regelmäßig über Neuerungen, Implementierungsstand und Planung informiert und für strategische Fragen adressiert werden kann. Der Chefarchitekt ist zuständig für Detaildiskussionen zu Funktionen, Aufwandschätzungen und Unterstützung des technischen Vertriebs. Dieser Teil der Arbeit von Produktmanagern und Chefarchitekten ist nicht unerheblich und kann vor allem in der Wachstumsphase von Produkten mehr als die Hälfte der verfügbaren Zeit in Anspruch nehmen.

Aspekte, die seitens des Produktmanagements in jedem Fall regelmäßig an Vertrieb und Projektmanager kommuniziert werden sollten:

- Funktionsumfang, Einschränkungen, Verfügbarkeit der aktuellen Version
- Preisgestaltung der aktuellen Version
- Wichtige Rahmenbedingungen insbesondere im Hinblick auf Erweiterungen, die problematisch sind, und Erweiterungen, die kostengünstig realisiert werden können
- Materialien zur aktuellen Version (Vertriebsunterlagen, technische Beschreibungen)
- Abgrenzungen und Alleinstellungsmerkmale im Vergleich zum Angebot von Mitbewerbern
- Termin, bis wann neue Funktionswünsche für die nächste Version eingebracht werden können
- Geplante Vertriebsfreigabe der nächsten Version
- Funktionsumfang der nächsten Version
- Freigabetermin der nächsten Version zum Einsatz in Pilotprojekten bei Abstimmung mit dem Produktmanagement

- Freigabetermin der nächsten Version zum breitflächigen Einsatz in Projekten
- Geplante und ungeplante Verzögerungen
- Geplante und ungeplante Veränderungen zum ursprünglich definierten Funktionsumfang

Häufig und abhängig von der Art des Produktes werden für Projekte noch weitere Dokumente zur Verfügung gestellt, wie beispielsweise:

- Kurz- und Langproduktbeschreibung
- Roadmaps mit einem Ausblick auf künftige Versionen und deren Inhalte
- Bedienungshandbuch
- Installationsanleitung
- Wartungshandbuch
- Schnittstellenbeschreibung
- Testdokumentation
- Nachweis von Zertifikaten
- Kunden- und Referenzlisten
- Berechnungsprogramme für Preise und Lizenzen
- Texte für Angebote
- Kalkulationsprogramme

Natürlich variieren die Anforderungen je nach Typ des Produktes und Geschäftsmodell des Unternehmens. Allerdings zeigt sich bei diesem Abriss bereits, dass ein guter Teil der Arbeit des Produktmanagements in verbale und schriftliche Kommunikation zum Produkt fließt. Damit verwundert es auch nicht, wenn die Kosten für ein qualitativ hochwertiges Produkt deutlich über jenen einer kundenspezifischen Projektimplementierung liegen.

Neben den inhaltlichen Aspekten muss auch die Vorgehensweise zur Zusammenarbeit gut bekannt sein. Dazu zählt einerseits ein Bekenntnis zur Produktstrategie, aber andererseits auch der Weg, wie mit ersten Pilotkunden umgegangen wird. Vertrieb und Projektleiter müssen wissen, ob eine iterative Vorgehensweise gewählt wird und Projekt für Projekt auf eine Zielarchitektur hingearbeitet wird oder ob erst nach vollständiger Implementierung ein Verkauf ohne die Möglichkeit einer individuellen Anpassung erlaubt ist. Beide Varianten sind zulässig, haben aber einen erheblichen Einfluss auf die Arbeit mit dem Kunden.

Die Kommunikation nach außen baut auf den internen Vereinbarungen auf und sollte ebenso klar und konsistent sein. Kunden müssen wissen, ob sie individuelle Erweiterungen erwarten können oder nicht und ob sie Einfluss auf die Fertigstellungstermine nehmen können. Was unter dem Begriff „Produkt" verstanden wird, ist durchaus vielfältig und divergierende Erwartungshaltungen in diesem Kontext sind meist mit Frust oder ungeplanten Kosten auf Hersteller- und Kundenseite verbunden. Selbst wenn die Schnittstelle zwischen Lieferanten und Kunden in der Regel seitens des Vertriebs betreut wird, empfiehlt es sich daher bei komplexeren Produkten, auch im Verkaufsprozess die Kollegen des Produktmanagements einzubeziehen.

Nicht nur das Produkt- beziehungsweise Portfoliomanagement ist gefordert, über Inhalt und Status zu informieren. Umgekehrt ist es seinerseits davon abhängig, dass es von verschiedensten Stellen des Unternehmens Informationen erhält. So ist es auf Controlling-Daten zu den aufgewendeten Mitteln und auf Aussagen zur Lieferfähigkeit von Zukaufprodukten beziehungsweise deren Abkündigungen ebenso angewiesen wie auf Marktinformationen, die vor allem durch Kollegen aus dem Vertrieb oder der Wartung eingebracht werden können (s. dazu auch Abschn. 3.4). Dahingehend ist es unerlässlich, dass seitens des Produkt- und Portfoliomanagements eine enge und beidseitige Interaktionsbeziehung zu produktbezogenen Informationen mit den entsprechenden Stakeholdern etabliert und diesen auch die Wichtigkeit der Aktualität und Verfügbarkeit dieser Daten vermittelt wird.

▶ Einer der wichtigsten Aspekte der internen und externen Kommunikation zu Produktportfolios ist das Management der Erwartungshaltung der einzelnen Stakeholder.

Die Praxis zeigt, dass im Produktgeschäft interne Ehrlichkeit und rechtzeitige Information über Risiken und Veränderungen unerlässlich sind und auch im Kundenbeziehungsmanagement eine wesentliche Stütze, wenn es gilt, gemeinsam mit dem Abnehmer unerwartete Ereignisse zu bewältigen.

Wiederum sind Produktmanager und Chefarchitekt Drehscheiben der internen Kommunikation in allen Belangen zum Produkt. Ein internationales Unternehmen, bei dem die Abstimmung zwischen Produktmanagement und Vertrieb suboptimal gelaufen ist, führte aufgrund der daraus resultierenden Problematik wöchentliche Abstimmungsmeetings ein. Dabei tauschten sich Produktmanagement, Kollegen aus dem technischen Vertrieb und sämtliche Projektleiter, die an Projekten auf Basis der Produktlinie arbeiteten, über Erkenntnisse, Veränderungen zur Planung und potenzielle Risiken aus. Diese Maßnahme war eine der wirksamsten im Unternehmen, um den Glauben an das Produkt und die Unterstützung für das Produktmanagement zu stärken. Umgekehrt erhielt dieses auch Informationen aus erster Hand, wenn sich in Projekten Schwierigkeiten abzeichneten, und konnte die nötige Unterstützung – etwa durch Bereitstellung von Experten – bereits im Vorfeld organisieren. Dieses wöchentliche Meeting war ein Meilenstein zur effizienten Umsetzung von Produktmanagement in einer Matrixstruktur. Davor handelte es sich um Inseln, die nur im Anlassfall und zu einem Zeitpunkt, zu dem die Kosten einer Kurskorrektur bereits außerordentlich hoch waren, miteinander Kontakt aufnahmen. Das änderte sich durch das institutionalisierte Treffen binnen weniger Wochen.

5.4.3 Entscheidungen

Ob Portfoliomanagement richtig aufgesetzt ist oder nicht, zeigt sich vor allem an der Durchlaufzeit von Entscheidungen. So variiert etwa die Dauer der Erstellung eines Geschäftsplanes für ein Portfolioelement erheblich in Abhängigkeit von der Reife des Unternehmens im Hinblick auf Portfoliomanagement. Ein Grund dafür ist die Tatsache, dass es mit zahlreichen Stellen im Haus Entscheidungen zu treffen gilt, welche, für sich genommen, in den meisten Fällen punktuelle Nachteile mit sich bringen, übergeordnet aber einen in Summe größeren Nutzen stiften. In Unternehmen mit einem klaren Bekenntnis zu einer Produktstrategie erlebte ich (R.G.) einen Komplettdurchlauf für die Erstellung eines solchen Produktkonzeptes inklusive Geschäftsplan innerhalb eines Monats bei einer Investitionssumme von etwa einer Million €. Umgekehrt konnte ich auch beobachten, wie für einen Manager in einem Großkonzern, der „nebenbei" ein Produkt verantwortete, die Erarbeitung der Grundlage für eine Investition von 100.000 € einen Zeitraum von mehr als acht Monaten in Anspruch nahm, weil die Unterstützung seitens der Geschäftsleitung fehlte und er auf das Wohlwollen seiner Kollegen angewiesen war. Neben einem fordernden Tagesgeschäft war die Unterstützung nur mäßig und daher zog sich der Prozess über Gebühr in die Länge, bis am Ende eine abschlägige Entscheidung getroffen wurde. Man mag sich denken, welche motivierende Wirkung dies auf den betroffenen Manager hatte.

Unternehmen, die rasche Zyklen zwecks Entscheidung für Produktinvestitionen etabliert haben, sind hier klar im Vorteil. Neben einer kürzeren „Time to Market" und schnellerer Erfolgskontrolle erleichtert es das Leben für das Portfoliomanagement erheblich. Der Weg zu Entscheidungen kann dabei durchaus eine iterative Herangehensweise implizieren, wonach zuerst ein Grobkonzept vorgelegt werden muss und dieses bei einer gewissen Chance auf Erfolg verdichtet und erneut bewertet wird. Auf diese Weise bleibt vor allem auch der Blick auf die wirklich wichtigen Themen geschärft und es besteht weniger die Gefahr, dass Unmengen an Zeit und Ressourcen in punktuelle Detaildiskussionen mit einzelnen Linienmanagern fließen und sich später herausstellt, dass ohnehin aus unternehmensstrategischen Überlegungen ein anderer Weg eingeschlagen wird.

Lange Wege können Produkte zerstören. Das gilt vor allem für Matrixstrukturen oder untergeordnetes Portfoliomanagement. Jeder auftretende Widerspruch hat das Potenzial, Produkte zu verzögern und Projekte bis zur Handlungsunfähigkeit lahmzulegen.

Um dies zu illustrieren, soll eine Situation im Unternehmen MyComp beschrieben werden, die sich vor ein paar Jahren folgendermaßen zugetragen hat: Henry, der Produktmanager, arbeitete an einer neuen Version des Leitproduktes des Unternehmens, da die bestehende Linie technologisch veraltet war. Das neue Konzept war im Wesentlichen fertig und ein möglicher Release-Termin stand fest. Es fehlte allerdings noch die Freigabe seitens der Unternehmensleitung, als eine Ausschreibung für ein Projekt in der Größenordnung von drei Mio.€ in einer Frist von sechs Wochen zu beantworten war. In den Unterlagen forderte der Kunde eine moderne Basistechnologie, weshalb sich der technische Vertrieb und das Produktmanagement eindeutig für die neue Version aussprachen. Allerdings wollte das Unternehmen die in der Vergangenheit erprobte Linie nicht leichtfertig über Bord werfen und hegte berechtigte Zweifel am neuen Konzept, was die geschätzten Aufwände betraf. Eine Entscheidung für die alte Version wäre kein Problem gewesen, vermutlich auch nicht ein Bekenntnis zur neuen. Allerdings verstrickte sich das Unternehmen in internen Diskussionen, die über vier Wochen andauerten. Aufgrund der vollkommen unterschiedlichen technologischen Ansätze war das Vertriebsteam nicht in der Lage, die

Ausschreibung zu beantworten, und harrte von Tag zu Tag der Entscheidung. Um die Mitarbeiter nicht zu blockieren, wurden Arbeitshypothesen ausgerufen, die sich aber ebenso je nach Stand der internen Gespräche auf Tagesbasis änderten. Bei einer Besprechung mit dem Kunden wurde auch eine mögliche Lösung für sein Anliegen vorgestellt. Da die Entscheidung im Haus aber nicht getroffen war, hielt man sich sehr vage und vermittelte gegenüber dem Kunden ein unkonkretes Bild. Letztlich wurde zwei Wochen vor Abgabe der Beschluss gefällt, die Vorgängerversion auf Basis der erprobten Technologie anzubieten. Das Team hatte wenige Tage für die Beantwortung der Ausschreibung inklusive Lösungsbeschreibung, Aufwandsabschätzung, Kalkulation des Projektes und Konsolidierung der Dokumente. Obwohl der Auftrag als nahezu sicher galt, entschied sich der Kunde für einen anderen Hersteller. Nun können die Gründe für seine Entscheidung verschiedenster Natur sein. Fakt ist jedoch, dass ein Team von mehreren Leuten über einen Zeitraum von mehr als vier Wochen höchst unproduktiv war, weil schlichtweg die richtungsweisende Entscheidung nicht in der nötigen Klarheit getroffen wurde.

Ähnliche Szenarien erlebt man in unterschiedlichsten Unternehmen und zu verschiedensten Fragen. Das Besondere an Produkten – der Multiplikator – ist jedoch auch gleichzeitig deren heikelster Aspekt. Jede Verzögerung multipliziert die Ineffizienzen und Probleme bei jenen Stellen, die davon abhängig sind. Wenn etwa ein Projektteam eine Produktfunktion anfordert und rasch entschieden wird, ob diese im Rahmen des Produktes realisiert wird oder im Rahmen des Projektes erstellt werden soll, ist das keine Schwierigkeit. Problematisch ist es dann, wenn die Entscheidung lange dauert. Dies führt im Produktteam dahingehend zu Unsicherheiten, potenziell die Planung über Bord zu werfen und damit wiederum andere Vorhaben zu beeinflussen. Das untergräbt unmittelbar die Motivation, auf das ursprüngliche Ziel hinzuarbeiten, und bindet die Kräfte der Beteiligten in Diskussionen und Spekulationen. Im betroffenen Projekt ist die Auswirkung als Verzögerung mit entsprechenden Kosten für die Mitarbeiter und knapperen Terminen unmittelbar spürbar.

Wenn also ein Unternehmen Portfolio- beziehungsweise Produktmanagement in einer Matrixorganisation oder ähnlichen Form etabliert, so ist zwingend darauf zu achten, dass die dazu nötigen Entscheidungen rasch getroffen werden. Mangels genereller Lösbarkeit der genannten Widersprüche lässt sich dies auch nur bedingt durch Grundsatzentscheidungen erledigen, vielmehr erfordert es eine Kultur, die geübt ist, tagtäglich derartige Festlegungen auf kurzem Weg zu machen.

Dies bedingt, dass jene Personen, die eine Entscheidung benötigen, die erforderlichen Informationen rasch und belastbar aufbereiten. Ferner ist die Anzahl der Schritte, um zur Entscheidung zu gelangen, möglichst gering zu halten. Im Idealfall ist es so, dass die Ebene des Produktmanagements mit der betroffenen Stelle (etwa Projektmanager oder zuständiger Vertrieb) die erste Instanz zur Klärung darstellt. Kann dort aufgrund widersprüchlicher Interessen kein Weg gefunden werden, sollte die nächsthöhere Ebene mit unternehmerischer Verantwortung (etwa Portfoliomanagement oder Geschäftsfeldleitung sowie bei kleineren Unternehmen direkt die Unternehmensleitung) die verbindliche Entscheidung fällen. Die erforderlichen Daten sind von der untergeordneten Ebene gemeinsam zu erarbeiten, da nur selten eine Partei alleine über das nötige Wissen verfügt. Die Kosten für eine geforderte Produktfunktion und den Einfluss auf den Fertigstellungstermin kann nur das Produktmanagement beantworten, die Auswirkungen auf ein Projekt der Projektleiter und jeder für sich wiederum die Konsequenzen der Entscheidungsoptionen auf den zu erwartenden Profit. Es gibt durchaus Beispiele von Firmen, die derartige Abläufe optimiert haben. Da die Beteiligten wissen, was sie in welcher Form vorzubringen haben, und die Entscheider sich der Dringlichkeit bewusst sind und auch Beschlüsse ohne neue Erkenntnisse nicht umgestoßen werden, sind diese verlässlich in zwei bis drei Tagen durchlaufen. Das setzt jedoch auch großes Vertrauen in die untergeordnete Ebene voraus.

Im Beispiel von MyComp war es unter anderem eine Schwierigkeit, dass die Einschätzung des Produktmanagers hinsichtlich Realisierbarkeit und Termintreue seitens der Unternehmensleitung angezweifelt wurde. Damit muss sich der Entscheider mit der Faktenbeschaffung auseinandersetzen und das bedeutet Aufwand, da er naturgemäß nicht im erforderlichen Detailgrad in die Thematik eingearbeitet ist. Besteht kein ausreichendes Vertrauen zu den handelnden Akteuren, so sollten die Rollen mit anderen Mitarbeitern besetzt und diese Unzulänglichkeit nicht durch Ersatzprozesse auf Entscheider-Ebene kompensiert werden. Am Ende des Tages stellt das Entscheiden angesichts unklarer Rahmenbedingungen eine der Hauptaufgaben des Managements dar. Je schneller und effizienter dies erfolgt, desto höher ist dessen Wirksamkeit. Damit liegt es auch in der Zuständigkeit der Unternehmensleitung, für Strukturen und eine Kultur zu sorgen, die rasche Entscheidungen erlauben. Obwohl dies naheliegende und bekannte Fakten sind, ist es leider nötig, das in dieser Klarheit festzuhalten, da nach wie vor oftmals an Schlüsselstellen Personen sitzen, die sich äußerst ungern festlegen und damit Verantwortung übernehmen.

▶ Rasche und fundierte Entscheidungen sind ein massiver Hebel im Portfoliomanagement. Dieser sollte genutzt werden!

Produktmanagement und Portfoliomanagement stellen für viele Unternehmen eine essenzielle Komponente zur Erreichung der Ziele dar und sollten eng mit der Firmenstrategie verknüpft sein. Zwangsläufig hat jede interne Verzögerung, aber auch Beschleunigung über diese Funktionen einen ebenso großen Hebel, den es zu nutzen gilt.

5.5 Zusammenfassung

Die organisatorische Ausprägung ist einer der wesentlichen Erfolgsfaktoren des Portfolio- und Produktmanagements innerhalb eines Unternehmens. Bei beiden Funktionen handelt es sich um generalistische Aufgaben, die mit unternehmerischer Verantwortung das Bindeglied zwischen dem Unternehmen, dessen Produkten und dem Markt verkörpern.

In der Praxis findet man vor allem drei Varianten des Portfoliomanagements vor. Erstens ist das die untergeordnete Form, die koordinativ und oftmals ohne Weisungsbefugnis eine Portfoliokonsolidierung verantwortet. Dies ist mitunter in frühen Phasen nützlich, um die

Notwendigkeit eines professionellen Portfoliomanagements zu erheben, aber ungeeignet, wenn es um die solide Umsetzung eines entsprechenden Konzeptes geht. Zweitens ist die Matrixorganisation zu nennen, die dem Portfoliomanagement durchaus Durchgriffsrechte zugesteht und den Vorteil eines leichteren Ausgleichs von Auslastungsschwankungen mit sich bringt. Umgekehrt ist sie aber auch mit Sicherheit die konfliktgeladenste Form der Organisation. Bei der dritten Variante handelt es sich um Portfolio- beziehungsweise Produktmanagement mit Linienverantwortung, welches dann sinnvoll ist, wenn der Planungshorizont des Unternehmens mit dem der Portfolioelemente gut übereinstimmt.

Im Hinblick auf die Linienorganisation eines Unternehmens sollte das Portfoliomanagement stets an die Geschäftsleitung berichten und das Produktmanagement, abhängig vom Kaufverhalten der Kunden, entweder dem Portfoliomanagement oder dem Marktmanagement unterstellt sein.

Firmen, die sich für Portfoliomanagement entscheiden, sollten sich bewusst sein, dass es dadurch zwangsläufig und unvermeidbar zu Konflikten kommt, die in der widerspruchsbehafteten Natur der Aufgabe liegen. Vor allem äußern diese sich in Zusammenarbeit mit der Linienorganisation, mit Projekten, dem Vertrieb, aber auch zwischen Produktmanagement und Portfoliomanagement. Die Ursachen sind oftmals verschiedene Planungshorizonte, Zielsetzungen oder Abstraktionsebenen sowie limitierte Ressourcen beziehungsweise systembedingte Konflikte. In der Regel können diese nicht nachhaltig gelöst werden, sondern sie erfordern ein permanentes, situatives Management. Umfassende wechselseitige Information, gekoppelt mit einem Management der Erwartungshaltungen, und rasche Entscheidungen in kontingenten Situationen sind wesentliche Hebel, um diese Widersprüche rasch und effektiv zu meistern.

Typische Fehler und Stolperfallen in diesem Kontext
1. Missverhältnis von Verantwortung und Kompetenz in den Rollen der Portfolio- und Produktmanager
2. Aufteilung von Aufgaben des Portfoliomanagements über verschiedene Personen der funktionalen Organisation ohne formalisierte, zentrale Verantwortung
3. Zu schmalbandige Umsetzung des Portfoliomanagements, indem es rein die Portfolioelemente an sich, nicht aber die begleitenden Leistungen über die Wertschöpfungskette betrachtet
4. Portfoliomanagement zu „probieren"; es scheitert unweigerlich, wenn Organisation und Abläufe nicht entsprechend angepasst sind
5. Anlassbezogene Suboptimierung (etwa im Hinblick auf Projektprofit), ohne dies einer übergeordneten, mittelfristigen Unternehmensstrategie gegenüberzustellen
6. Sprunghafte Portfoliopolitik in Form wechselhafter Produktstrategien oder Inkonsequenz im Geschäftsmodell zwischen Projekt- und Portfoliostrategie
7. Knappe Planung der Produktentwicklung ohne Reserven für unerwartete Ereignisse und Einflüsse von außen
8. Konflikte mit dem Portfoliomanagement übereilt an den handelnden Personen festzumachen, ohne den systemimmanenten Ursachen nachzugehen

9. Lange Entscheidungswege im Falle mehrdeutiger Situationen
10. Triviale Organisationsstruktur für komplexe Portfoliomanagementaufgaben
11. Vernachlässigung der Lernkurve anderer Stellen im Unternehmen hinsichtlich des Umgangs mit Portfolioelementen, wie etwa die Einarbeitung des Vertriebs oder von Projektteams

Weiterführende Literatur

Bücher und Zeitschriften

Aumayr KJ (2009) Erfolgreiches Produktmanagement: Tool-Box für das professionelle Produktmanagement und Produktmarketing. 2. Aufl. Gabler, Wiesbaden

Drucker P (2005) Was ist Management? Das Beste aus 50 Jahren. 3. Aufl. Ullstein, Berlin

Grimm R (2009a) Die perfekte Projektorganisation ist anders: Anregungen zur Organisation unternehmensübergreifender Projekte in einem dynamischen Umfeld. 2. Aufl. VDM Verlag, Saarbrücken

Grimm R (2009b) Einfach komplex: Neue Herausforderungen im Projektmanagement. VS Verlag, Wiesbaden

Heintel P (2005) Widerspruchsfelder, Systemlogiken und Gruppendialektiken als Ursprung notwendiger Konflikte. In: Falk G, Heintel P, Krainz EE Handbuch Mediation und Konfliktmanagement: Schriften zur Gruppen- und Organisationsdynamik, Bd 3. VS Verlag, Wiesbaden, S. 15–33

Heintel P und Krainz EE (2000) Projektmanagement: Eine Antwort auf die Hierarchiekrise? 4. Aufl. Gabler, Wiesbaden

Hofbauer G und Sangl A (2011) Professionelles Produktmanagement: Der prozessorientierte Ansatz, Rahmenbedingungen und Strategien. 2. Aufl. Publicis, Erlangen

Krainz EE (2005) Die Morphologie der sozialen Welt. In: Falk G, Heintel P, Krainz EE Handbuch Mediation und Konfliktmanagement: Schriften zur Gruppen- und Organisationsdynamik, Bd 3. VS Verlag, Wiesbaden, S. 35–56

Krainz EE (2007) Über den Umgang mit Unerwartetem. Agogik 3/2007, S. 3–22

Luhmann N (1987) Soziale Systeme: Grundriß einer allgemeinen Theorie. Suhrkamp, Frankfurt a. M.

Matys E (2011) Praxishandbuch Produktmanagement: Grundlagen und Instrumente. 5. Aufl. Campus, Frankfurt a. M.

Schreyögg G (2003) Organisation: Grundlagen moderner Organisationsgestaltung. 4. Aufl. Gabler, Wiesbaden

Geschäftsplan 6

Wohl eine der zweischneidigsten Angelegenheiten im Portfoliomanagement ist die Erstellung eines Geschäftsplanes. Vielfach wird er als administratives Übel gesehen und dennoch stellt er eine unentbehrliche Grundlage für die Entscheidungen rund um Produktinvestitionen dar. Die Autoren des vorliegenden Buches erstellten, analysierten und bewerteten bereits einige Dutzend verschiedenster Geschäftspläne zu unterschiedlichsten Produktvorhaben. Nur in wenigen Einzelfällen wurden die darin festgehaltenen Annahmen und Planungen in der Praxis realisiert. Tatsächlich wichen Terminpläne, Funktionsumfänge, Investitionskosten oder die Umsätze oftmals erheblich von der ursprünglichen Einschätzung ab. Natürlich gab es jeweils gute Gründe dafür – strategische Projekte, die Ressourcen banden, neue Erkenntnisse zu Kundenerwartungen, technische Hürden, die sich während der Entwicklung offenbarten, und so weiter und so fort. Bei all dieser Ungenauigkeit stellt sich die Frage, warum es sich überhaupt lohnt, einen Geschäftsplan zu erstellen. Bei einem gewissen Qualitätsanspruch ist dies selbst für einzelne Produkte ein erheblicher Aufwand. Im Falle eines ganzen Produktportfolios ist diese Tätigkeit um Faktoren komplexer und umfangreicher. Dazu wird von Kritikern auch immer wieder angemerkt, dass durch die Erstellung eines Geschäftsplanes noch nie auch nur ein einziger Kunde gewonnen wurde. Eine weitere, gern vorgebrachte Argumentation ist die, dass mit Engagement, Begeisterung und einer guten Basis viel mehr zu erreichen ist als mit einer perfekten Analyse.

Wozu soll also der ganze Aufwand getrieben werden? Es ist richtig: Engagement, Begeisterung und eine gute Basis kann kein Geschäftsplan kompensieren. Allerdings sind für Produktvorhaben und den Aufbau beziehungsweise die Betreuung eines Portfolios in der Regel Vorab-Investitionen erforderlich, die entweder aus dem eigenen Unternehmen oder von externen Investoren aufgebracht werden. Diesen fällt es ohne strukturierte Darstellung schwer, Aspekte wie Engagement, Begeisterung oder das Vorhandensein einer guten Basis monetär zu bewerten und Risiken beziehungsweise Chancen einzuschätzen, die mit der Investition verbunden wären.

Der Geschäftsplan dient also Entscheidern und Geldgebern als Grundlage, um über die Sinnhaftigkeit der Vergabe von entsprechenden Mitteln zu befinden. Er stellt für interne und externe Stakeholder eine Evaluierungshilfe für das Vorhaben dar. Investoren verwenden dieses Dokument vor allem als Ausgangspunkt für Fragen im Bewertungsprozess oder in Due-Diligence-Projekten. Diesbezüglich sollte dessen Bedeutung nicht unterschätzt werden. Letztendlich schafft es die Mehrzahl an Geschäftsplänen nicht darüber hinaus, dass Junior-Analysten die Executive Summary durchlesen, bevor das Werk ad acta gelegt wird. Gründe hierfür sind häufig, dass das Konzept nicht zum Investorenprofil passt oder die Zusammenfassung schlichtweg nicht hinreichend überzeugend verfasst wurde.

Im Innenverhältnis ist ein Geschäftsplan ferner ein ideales Werkzeug, um eine Idee von mehreren Seiten her zu betrachten. So profitieren insbesondere auch die Protagonisten des Geschäftskonzeptes davon, dass sie gezwungen werden, ihre Überlegungen in einen strukturierten Rahmen zu bringen, mit dessen Hilfe die Idee aus verschiedenen Perspektiven auf Substanz geprüft wird. Oftmals blenden Ideenbringer in ihrer Euphorie heikle Punkte aus, um die Verwirklichung ihres Vorhabens nicht zu gefährden. Die Erstellung eines Geschäftsplanes zwingt zu einer strukturierten Betrachtung und objektiviert persönliche Befindlichkeiten. Im Nachhinein nützt er auch dabei, die Abweichungen zwischen Planung und Realität zu identifizieren und – eine lernfähige Organisation und lernfähige Akteure vorausgesetzt – künftige Vorhaben rascher und qualifizierter zu bewerten. Selbst wenn ein Produktvorhaben auf laufenden Projekten oder Teilerzeugnissen aufsetzt, hilft ein Geschäftsplan, diese Vorgehensweise und die zugrunde liegenden Fakten festzuschreiben und damit die Entscheidungsgrundlage zu dokumentieren.

Allerdings sollte der Plan nie mit der Realität verwechselt werden! Ein Geschäftsplan ist stets eine Einschätzung gewisser Rahmenbedingungen und künftiger Entwicklungen. Er ist die Dokumentation und Begründung der bereits zitierten „Wette auf die Zukunft", die ein Portfoliomanager, ein Unternehmer oder ein Investor eingeht – nicht mehr und nicht weniger. Meist sind bereits wenige Tage nach Fertigstellung Inhalte daraus obsolet, da eben strategische Projekte höher priorisiert werden oder Partnerfirmen ihre Strategien ändern. Das bedeutet aber nicht, dass der Geschäftsplan als Ganzes zu verwerfen ist. In der Dynamik gegenwärtigen Wirtschaftslebens muss sich der zuständige Manager damit abfinden, dass sich auch die Abbildung der Rahmenbedingungen und Einschätzungen täglich ändern kann, und dies darf und soll natürlich auch einfließen. Damit wird der Geschäftsplan von einer starren Entscheidungsgrundlage für eine Investition zu einem lebenden Dokument, das dem Produkt- und Portfoliomanagement helfen kann, den jeweils optimalen Kurs zu wählen, mit internen Stellen entsprechend zu kommunizieren und Einflussfaktoren in ihrer Auswirkung zu beurteilen.

Aspekte pro Geschäftsplan:

- Strukturierte Form zur umfassenden Betrachtung von Produktvorhaben
- Objektivierung von Befindlichkeiten einzelner Stakeholder
- Entscheidungsgrundlage für Investitionen und Priorisierungen
- Dokumentation der Entscheidungsgrundlage
- Mittel zur Bewertung unvorhergesehener Ereignisse
- Werkzeug zur internen Kommunikation
- Arbeitsauftrag für den Produktmanager und Basis für Ziele und Incentives

Wird ein Geschäftsplan als dynamisches Werk gesehen, in welchem die ursprünglichen Entscheidungsgrundlagen und Annahmen dokumentiert sind, das aber bei neuen Erkenntnissen immer wieder ergänzt und nachgepflegt wird, kann er eine wesentliche Stütze in der Arbeit des Produkt- oder des Portfoliomanagers darstellen und absolut den Aufwand rechtfertigen, der in die Erstellung fließt.

Aus praktischer Erfahrung sei empfohlen, sich bei der Erstellung eines Geschäftsplanes folgende Punkte vor Augen zu halten:

- Kein Geschäftsplan „überlebt" den ersten Kundenkontakt. Es ergeben sich immer neue Aspekte, die eine Anpassung erforderlich machen.
- Das Geschäftsmodell ist *der* essenzielle Bestandteil eines Geschäftsplanes und macht den Unterschied zwischen guten Ideen und guten Geschäftskonzepten.
- Für die Erstellung sollte ausreichend Zeit aufgewendet werden, um nicht nur den Standardfall, sondern auch alternative Möglichkeiten zu durchdenken.
- Ein Geschäftsplan und auch das darin formulierte Geschäftsmodell ist trotz guter Analyse und Ausarbeitung lediglich ein Set an Hypothesen, die sich in der Praxis als richtig, aber auch als falsch herausstellen können.
- Bevor ein Geschäftskonzept realisiert wird, sollte es stets in der Praxis etwa durch Prototypen oder Pilotkunden verifiziert werden.

Wie aus obigen Ausführungen deutlich wird, sind die Anforderungen an einen Geschäftsplan durchaus erheblich. Dieses Kapitel widmet sich daher speziell diesem Thema mit Augenmerk auf Produktportfolios. Dabei werden die in den vorangegangenen Abschnitten ausgeführten Gedanken aufgegriffen und um Aspekte ergänzt, die insbesondere im Kontext eines Geschäftsplanes relevant sind.

In der Literatur finden sich zahlreiche Beispiele dafür, welche Elemente Geschäftspläne für einzelne Produkte enthalten sollen (s. etwa Aumayr 2009, S. 208 ff. oder Hofbauer und Sangl 2011, S. 401 ff.). Auf diese wird im Folgenden auch eingegangen, um, darauf aufbauend, zu erläutern, welche Aspekte insbesondere für das Management von Portfolios aus mehreren Produkten relevant sind. Umgekehrt sei aber angemerkt, dass es sich bei den beschriebenen Aspekten nicht um die Planung ganzer Unternehmen oder Betrachtungen in Bezug auf Unternehmensgründungen handelt, sondern ein bestehendes Firmenkonstrukt vorausgesetzt wird, in dessen Kontext eine Planung für ein Produktportfolio erstellt werden soll.

6.1 Erstellung des Geschäftsplanes

6.1.1 Die Basis des Geschäftsplanes ist ein solides Geschäftsmodell

Prinzipiell muss man sich von der Idee verabschieden, der vom Portfoliomanager beauftragte Produktmanager setze sich hin und schreibe einen Geschäftsplan für sein Produkt. Zu Beginn eines Vorhabens sind die Fakten meist derart schwammig und unklar, dass

Abb. 6.1 Wichtige Einflussfaktoren bei Überlegungen rund um Portfolioelemente

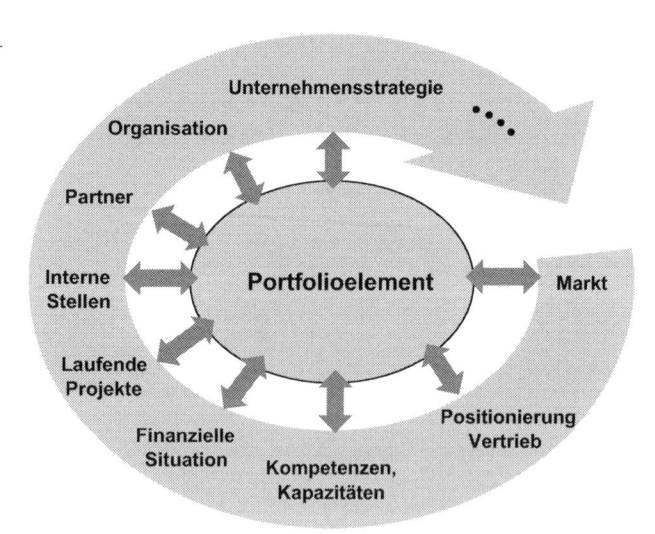

dies schlichtweg unmöglich wäre. Zudem handelt es sich dabei um eine hochkomplexe Herausforderung, da die Themen ineinanderfließen und sich wechselseitig beeinflussen, wie Abb. 6.1 zeigt.

Daraus ergibt sich auch unmittelbar die Gefahr, sich in Details zu verzetteln oder aber einer zu generischen Betrachtung, die an konkreter Aussagekraft zu wünschen übrig lässt. Darüber hinaus bringt die Erstellung eines Geschäftsplanes einen nicht unerheblichen Aufwand mit sich und der sollte nur dann getrieben werden, wenn eine ernsthafte Aussicht auf Erfolg besteht. Daher sei dringend angeraten, *vor* der Erstellung eines Geschäftsplanes durch Ausarbeitung des zugrunde liegenden Geschäftsmodells eine Validierung und Strukturierung der Idee vorzunehmen. Es gibt die Antwort darauf, wie eine Idee in der Praxis zu einem erfolgreichen Geschäft gewandelt werden soll. Zudem impliziert dieses Vorgehen auch einen iterativen Ansatz, indem zuerst die wichtigsten Aspekte geklärt werden, bevor eine Ausarbeitung im Detail stattfindet. Dies erleichtert auch die praktische Ausführung erheblich.

▶ Das wichtigste Element eines Geschäftsplanes ist das Geschäftsmodell.
  An zweiter Stelle steht die Verifikation des Geschäftsmodells.
  Idee, Team, Finanzierung und weitere Aspekte, die ein Geschäftsplan enthält, sind im Vergleich dazu Hygienefaktoren, die zwar erforderlich, aber nachrangig in Bezug zu einem gut ausgearbeiteten und nachvollziehbaren Geschäftsmodell sind.

Nach Ausarbeitung des Geschäftsmodells sollten folgende Fragen beantwortet sein:

1. Was ist das adressierte **Kundensegment?**
2. Welcher **Kundennutzen** wird gestiftet (Value Proposition)?

3. Über welche **Vertriebskanäle** sollen die jeweiligen Portfolioelemente abgesetzt werden?
4. Wie erfolgt das **Management der Kundenbeziehungen?** (etwa direkt oder über Partner)
5. Wie laufen die **Umsatzströme?** (Wer zahlt an wen? Wie ist das Preismodell gestaltet?)
6. Welches **Personal** ist für die Realisierung erforderlich und wie kommt man zu diesem Personal?
7. Welche **Tätigkeiten** sind für die Erstellung und den Absatz der Portfolioelemente zu erbringen?
8. Welche **Partner** sind für eine erfolgreiche Umsetzung erforderlich?
9. Wie ist die **Kostenstruktur** des Vorhabens gestaltet? (fixe und variable Kostenfaktoren, Abhängigkeiten und Hebel in der Kostenstruktur)

Zusammengefasst, konzentriert sich das Geschäftsmodell weniger darauf, WAS man vorhat, sondern vielmehr darauf, WARUM dies sinnvoll ist und WIE die konkrete Realisierung erfolgen soll. Vor allem die letzten beiden Aspekte kommen in der Realität oftmals zu kurz, da die Protagonisten inhaltlich vom WAS derart überzeugt sind, dass sich für sie selbst der Rest „von alleine versteht". Bei genauerem Hinterfragen stellt man jedoch leider häufig fest, dass die Kommerzialisierung einer guten Idee auf wackeligen Beinen steht. Die Darlegung in Form eines Geschäftsmodells soll dem entgegenwirken und in nachvollziehbarer, verifizierbarer Form dokumentieren, wie aus der Idee ein geschäftlicher Erfolg werden soll.

Dieser Ansatz ist nicht nur auf Ebene von einzelnen Portfolioelementen sinnvoll, sondern insbesondere für ganze Produktportfolios. Durch Wechselwirkungen zwischen den einzelnen Produkten steigt die Komplexität nochmals deutlich an und eine schrittweise, strukturierte Erarbeitung leistet auch hier gute Dienste.

Erst wenn die Sinnhaftigkeit des Vorgehens durch die Verifikation des Geschäftsmodells untermauert ist, sollte mit der Erarbeitung des Geschäftsplanes begonnen werden. Dies ist auch ein guter Prüfstein, der als Entscheidungspunkt seitens der Unternehmensleitung für die Freigabe der Mittel zur weiteren Ausarbeitung herangezogen werden kann. Die Aufwände zur Erarbeitung eines Geschäftsmodells sind im Vergleich zu der formalisierten und umfassenden Form eines Geschäftsplanes noch überschaubar und dennoch liegt damit eine gute Grundlage für eine Grundsatzentscheidung zum beschriebenen Konzept vor.

6.1.2 Vom Geschäftsmodell zum Geschäftsplan

Auf Grundlage des intern validierten Geschäftsmodells gilt es im nächsten Schritt, eine strukturierte und umfassende Beschreibung des Vorhabens in Form eines Geschäftsplanes anzufertigen. Dies bedingt neben einer konkreten Analyse und Darstellung des Marktumfeldes auch die genaue Erhebung zahlreicher Daten, die von unterschiedlichsten Stellen innerhalb des Unternehmens abgefragt werden. Die Schwierigkeit dabei sind wiederum

Abhängigkeiten und Wechselwirkungen, deren Auflösung oftmals nicht so einfach möglich ist.

Erst kürzlich kam es dahingehend zu folgender Patt-Situation: Hans, der Produktmanager eines mittelständischen Elektrogeräteherstellers, benötigte für seinen Geschäftsplan eine Aufwandschätzung seitens der Entwicklungsabteilung und übermittelte dazu ein Grobkonzept seiner Idee. Die Entwicklungsabteilung wollte seinem Wunsch jedoch nicht nachkommen und forderte ihrerseits als Grundlage für ein belastbares internes Angebot eine detaillierte Beschreibung des Leistungsumfangs ein. Mangels Kenntnis der Kosten war es Hans aber unmöglich, die Funktionen konkret festzuschreiben, denn er wollte den Umfang in Abhängigkeit von den Entwicklungskosten gestalten. Die Diskussionen drehten sich über Wochen im Kreis und keiner wollte sich zu einer konkreten Aussage hinreißen lassen. Von außen betrachtet, scheint das Beispiel vielleicht nicht nachvollziehbar, da offensichtlich ist, dass nur in einer gemeinsamen Aktion eine Lösung herbeizuführen ist. Dennoch finden sich solche Konstellationen immer wieder in Unternehmen und angesichts der zahlreichen Stakeholder mit teils widersprüchlichen Interessen sind sie bei der Erstellung eines Geschäftsplanes vorprogrammiert.

Um sich nicht in Detaildiskussionen mit teils peripherer Relevanz hinsichtlich des Gesamtvorhabens zu verzetteln, empfiehlt sich auch hier ein iteratives Vorgehen vom Groben ins Konkrete. Dabei werden im ersten Schritt nicht alle einzelnen Punkte im Detail beschrieben, sondern die wesentlichen Elemente des Geschäftsplanes (vgl. Abschn. 6.2) gleichermaßen und stetig konkreter werdend ausgearbeitet. Damit fällt es auch leichter, Zusammenhänge zu überblicken, und es besteht in der ersten Iteration noch nicht die Notwendigkeit, sämtliche Widersprüche zu behandeln, da sie sich mitunter bei genauerer Betrachtung als irrelevant herausstellen.

Bei einer iterativen Herangehensweise würde obiges Beispiel folgendermaßen aufgelöst werden: Hans fragt um eine erste Grobschätzung zu gewünschten Funktionen in der Entwicklungsabteilung an, wobei er seinerseits eine ebenso grobe Beschreibung mitliefert und festhält, dass es sich hier um eine erste Annäherung handle und die umsetzenden Einheiten nicht an der zu nennenden Größenordnung gemessen würden. Nun hat Hans einen ersten Anhaltspunkt. Er kann die Einschätzungen mit erzielbaren Umsätzen und Profiten vergleichen und wird vermutlich mehrere Funktionen verwerfen, aber auch ein paar erkennen, die es genauer zu betrachten lohnt. Für diese erstellt er eine detailliertere Beschreibung und fordert eine Konkretisierung der Aufwandschätzung ein, und so weiter.

Dieses Vorgehen betrifft aber nicht nur Kostenschätzungen. Es zieht sich quer durch alle Bereiche. Nur selten sind sämtliche Rahmenbedingungen zum Zeitpunkt der Erstellung eines Geschäftsplanes klar und fixiert. In der Regel sind es zahlreiche interdependente Faktoren eines komplexen Systems, die in ein möglichst stimmiges Bild zu bringen sind. So hängen Marktnische, potenzielle Kundenklientel und erzielbarer Umsatz von Funktionsumfang und Preisgestaltung ab, wie auch die interne Priorisierung und Mannschaftsstärke für die Realisierung vom erzielbaren Umsatz beeinflusst wird, um nur ein paar der mannigfaltigen Abhängigkeiten zu nennen.

Ein sorgfältig ausgearbeitetes Geschäftsmodell leistet hierbei schon gute Dienste, um die wesentlichen Stützen zu identifizieren. Anhand derer lassen sich erste Gespräche mit den betroffenen Stellen des Unternehmens wie etwa Vertrieb, Entwicklungsabteilung, Wartungsteam etc. strukturiert führen und die Grundgedanken für die einzelnen Kapitel des Geschäftsplanes formulieren beziehungsweise mit der Firmenstrategie abgleichen. Bereits in diesen ersten Schritten wird im Allgemeinen eine Vielzahl von Informationen generiert, die durch die vorgegebene Gliederung eines Geschäftsplanes strukturiert erfasst werden. So liefert etwa ein Vertriebsmitarbeiter Informationen darüber, welche Mitbewerber ähnliche Funktionalitäten anbieten oder warum dieser oder jener Markt ausgeklammert werden kann. Dieses Wissen ist sehr wertvoll und sollte daher auch bereits in einer frühen Phase festgehalten werden. Sukzessive werden dann die einzelnen Themenbereiche konkretisiert und verdichtet, bis sich eine solide und umfassende Betrachtung ergibt.

Der Vorteil dieser Vorgehensweise ist neben dem reduzierten Risiko einer Suboptimierung aufgrund einer inadäquaten Fokussierung, dass der betriebene Aufwand in einer passablen Relation zu der Erfolgswahrscheinlichkeit steht. Sehr rasch kann nach einer ersten Runde ein grobes Bild des Vorhabens skizziert werden, das wichtige Zusatzinformationen zum Geschäftsmodell liefert und wiederum eine Entscheidungsgrundlage dafür darstellt, ob es sich lohnt, die Idee weiterzuverfolgen. So lässt sich meist schon in dieser Phase abklären, ob es mit der Firmenstrategie vereinbar ist und ob grundsätzlich Budgets in entsprechenden Größenordnungen denkbar sind. Viele Unternehmen etablieren, diesem Ansatz folgend, auch einen mehrstufigen Ablauf zur Bewertung von Innovationen. Dabei wird in einem frühen Stadium auf Basis des Geschäftsmodells eine Grundsatzentscheidung dahingehend getroffen, ob der Prozess fortgeführt wird, bevor noch eine Vielzahl an Stellen im Haus mit der Ausarbeitung von Detailkonzepten beschäftigt wird. Danach folgt eine konkretere Ausarbeitung, die eine Aussage über erzielbare Umsätze, prinzipielle Machbarkeit, potenzielle Mitbewerber und so weiter in einer Gliederung eines vorläufigen Geschäftsplanes liefert, und bei positiver Beurteilung wird dessen Detailausarbeitung vorgenommen (vgl. Abb. 6.2).

Ähnliches macht aber auch für die Erweiterung bestehender Produkte oder die „Produktisierung" von Projektergebnissen Sinn. Nachdem in diesem Fall schon einzelne Informationen in konkreterer Form vorliegen, können die Iterationen deutlich schneller durchlaufen werden.

Auf Ebene des Portfoliomanagements wird die Angelegenheit aufgrund der Interdependenz zwischen den Produkten um einen Komplexitätsgrad erweitert, wie Abb. 6.3 zeigt. Der Prozess läuft aber wiederum in der zuvor beschriebenen Form ab: Das Grundkonzept der Portfoliostrategie wird in Form eines Geschäftsmodells auf Ebene des Gesamtportfolios formuliert und nach dessen positiver Beurteilung mit den betroffenen Stellen im Unternehmen zwecks Erstellung einer ersten Iteration des Geschäftsplanes konkretisiert. Es ist zielführend, bereits in dieser ersten Iteration die wesentlichen Abhängigkeiten der einzelnen Produkte untereinander zu behandeln. So kann zu einem frühen Zeitpunkt ermittelt werden, ob ein spezielles Vorhaben das Portfolio abrunden, fokussieren oder diversifizieren würde, ob einzelne Portfolioelemente zueinander potenziell in Mitbewerb stehen

Abb. 6.2 Erfolgskritische Meilensteine bei der Erstellung von Geschäftsplänen

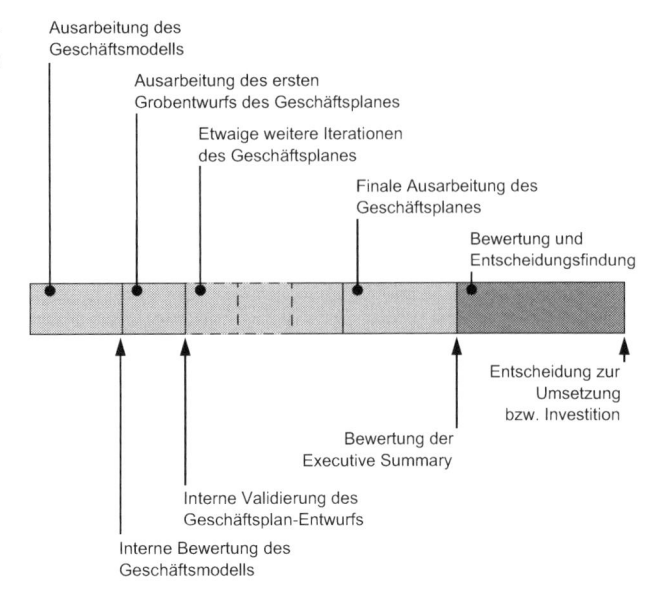

- Ausarbeitung des Geschäftsmodells
- Ausarbeitung des ersten Grobentwurfs des Geschäftsplanes
- Etwaige weitere Iterationen des Geschäftsplanes
- Finale Ausarbeitung des Geschäftsplanes
- Bewertung und Entscheidungsfindung
- Entscheidung zur Umsetzung bzw. Investition
- Bewertung der Executive Summary
- Interne Validierung des Geschäftsplan-Entwurfs
- Interne Bewertung des Geschäftsmodells

Abb. 6.3 Beispiele für Abhängigkeiten zwischen Portfolioelementen

- Portfolioelement 1
- Portfolioelement 2
- Portfolioelement 3
- Portfolioelement 4
- Adressieren denselben Bedarf
- Schließen sich gegenseitig aus
- Fördert Absatz
- Benötigen dieselben Ressourcen
- Nur gemeinsam verkaufbar

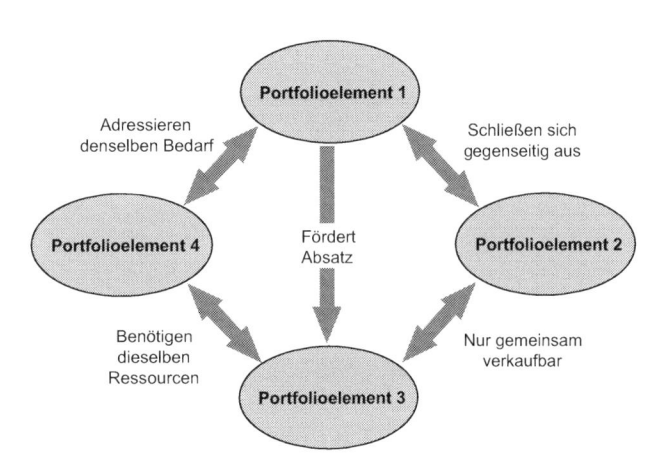

oder voneinander profitieren. Daraus ergeben sich bereits mögliche sinnvolle Positionierungsstrategien im Kontext des Gesamtangebots. Andere wiederum stellen sich mitunter als nicht zielführend heraus und dürfen in den weiteren Betrachtungen ausgeklammert werden. So könnte es sich etwa als nützlich erweisen, ein potenzielles neues Produkt im unteren Preissegment zu positionieren, jedoch nicht unter dem Markennamen der bestehenden Produktlinien, um eine klare Abgrenzung zu den höherpreisigen Portfolioelementen aufrechtzuerhalten. In dieser frühen Bewertungsphase würde aber noch nicht im Detail geklärt, wie das genaue Preismodell aussehen wird.

Der so generierte erste Grobentwurf zum Geschäftsplan auf Portfolioebene liefert analog zu der Planung von Einzelprodukten eine Entscheidungsgrundlage für den nächsten

Schritt, in welchem die detaillierte Ausarbeitung erfolgt. Neben einer Konkretisierung der einzelnen Aspekte wie etwa die Beschreibung der Portfolioelemente und deren Positionierung am Markt oder einer umfassenden Finanzplanung ist dabei auch die Frage zu beantworten, wie sich die Strategien und Geschäftspläne der einzelnen Produkte in das übergeordnete Konzept einfügen oder bei Realisierung des Vorhabens verändern würden beziehungsweise auf Grundlage welcher antizipierten Effekte. Hierfür gilt es, mehrere Szenarien verschiedener Positionierungsstrategien zu reflektieren und eine Gesamtoptimierung vorzunehmen. Wiederum ist zu beachten, dass der Geschäftsplan – auch auf Portfolioebene – eine Wette auf die Zukunft darstellt, die anders ausgehen kann und vermutlich auch anders ausgehen wird als erwartet. Es sei daher davor gewarnt, in Scheingenauigkeiten zu verfallen und den Einfluss eines neuen Portfolioelementes auf sämtliche Produktgeschäftspläne in allen möglichen Szenarien im Detail abzubilden. Im Konkreten kristallisieren sich rasch einige wenige sinnvolle Varianten heraus und deren Implikation auf die aller Voraussicht nach am stärksten davon betroffenen Portfolioelemente sollte in Form einer Abweichungseinschätzung bewertet werden.

Die Geschäftspläne der einzelnen Portfolioelemente sollten sich letztlich nahtlos in den finalen, übergeordneten Portfolioplan einfügen. Ist dies nicht der Fall – und davon ist wohl meistens auszugehen –, gilt es zu reflektieren, ob Portfolioelemente ergänzt, eingestellt oder adaptiert werden müssen, um in Summe ein stimmiges Konzept zu erwirken. Natürlich sind auch in diesem Prozess Wechselwirkungen zu erwarten, deren Bearbeitung durch ein iteratives Vorgehen erleichtert wird.

▸ Vor allem bei komplexen Vorhaben, die zahlreiche Abhängigkeiten implizieren, empfiehlt sich ein iteratives Vorgehen, wobei die einzelnen (Zwischen-)Ergebnisse bereits in die Zielstruktur des Geschäftsplanes eingearbeitet und sukzessive konkretisiert werden.

Um hier die Übersicht zu wahren, sei empfohlen, vor Erstellung eines Geschäftsplanes dessen wichtigste Inhalte – darauf wird im Folgenden noch näher eingegangen – als Anhaltspunkt für eine Gliederung beziehungsweise als Checkliste für eine horizontale Betrachtung festzuhalten und diese schrittweise zu konkretisieren. Es hat sich als nützlich erwiesen, die dabei zu Tage tretenden Abhängigkeiten sukzessive zu erfassen und zur weiteren Verwendung ebenso zu dokumentieren.

Ferner sollte sich der Autor bereits zu Beginn darüber im Klaren sein, was er mit dem Dokument erreichen möchte. Hierunter sind jedoch nicht zwingend die Beweggründe für das darin beschriebene Vorhaben zu verstehen, sondern die Motivation zur Ausarbeitung des Geschäftsplanes an sich. Diese mag eine Entscheidungsgrundlage zwecks Vergleichs mehrerer Investitionsoptionen sein, eine Vorlage, um einen Investor zu einer Beteiligung am Unternehmen zu bewegen, oder mitunter schlichtes Eigeninteresse daran, die Fortführung eines Produktes zu rechtfertigen. Egal, worum es sich handelt – sich dessen bewusst zu sein, schärft den Blick auf das Wesentliche und erleichtert die Abstimmung mit beteiligten Stakeholdern sowie das Verfassen des Dokumentes ungemein. Nicht zuletzt sollten Stil, Schwerpunktsetzung und Argumentationslinie stark von der Zielsetzung des Geschäftsplanes geprägt sein. Aus diesem Grund sei auch empfohlen, den Beweggrund für dessen Erstellung schriftlich und plakativ festzuhalten, um auf diese Weise stets daran erinnert zu werden und damit auch eine Leitlinie für die Ausarbeitung zur Verfügung zu haben.

▶ Überlegen Sie vor der Erstellung eines Geschäftsplanes, welches Ziel Sie damit verfolgen. Halten Sie dieses (für sich persönlich) als Leitlinie für dessen Erarbeitung schriftlich und plakativ fest.

6.2 Inhalte eines Geschäftsplanes

Der Geschäftsplan stellt eine umfassende Abbildung der Rahmenbedingungen und Annahmen für das intendierte Geschäftsvorhaben dar. Das gilt für ein einzelnes Produkt ebenso wie für ein Produktportfolio. Dabei ist es durchaus sinnvoll, neben harten Fakten wie Umsatz- und Kostenplanung auch weiche Faktoren zu erfassen, da diese ebenso einen maßgeblichen Einfluss auf den Erfolg eines Vorhabens ausüben. Dazu gehören etwa zu erwartende Schwierigkeiten im Hinblick auf organisatorische Konstellationen oder der Umstand, dass gewisse Schlüsselpersonen besonders motiviert sind, mitzuwirken. Ebenso macht es Sinn, potenzielle Konflikte zu antizipieren und den Umgang damit zu planen. Natürlich ist auch die Dokumentation rein sachlicher Themen wie Produktinhalt, Geschäftsmodell und erwartete Umsatzentwicklung für eine solide Bewertung obligatorisch.

Im Falle einer Planung eines Produktportfolios sind neben einer übergeordneten Betrachtung der Themen, die auch für einzelne Produkte relevant sind, Effekte wechselseitiger Beeinflussung einzelner Portfolioelemente wie Synergieffekte oder Abhängigkeiten zwischen Portfolioelementen zu dokumentieren. Darauf wurde oben bereits eingegangen.

Abhängig vom Adressaten des Geschäftsplanes und den Rahmenbedingungen ist jedoch nicht zwingend die detaillierte Ausarbeitung jedes einzelnen Punktes von entscheidender Relevanz. Es ist die herausfordernde Aufgabe des Erstellers, situativ und unternehmensbezogen die relevanten Aspekte zu identifizieren und darauf näher einzugehen. So ist etwa die Erarbeitung einer passenden Organisationsform besonders wichtig, wenn ein Unternehmen das Geschäftsmodell von kundenspezifischen Projektlösungen auf Produktverkauf umstellt. Weniger Bedeutung hat eine solche Darstellung, wenn die Struktur gut eingespielt ist und lediglich ein weiteres Portfolioelement aufgenommen werden soll. Eine Liquiditätsplanung ist zwingend nötig, wenn erstmals eine Finanzierung mittels Fremdkapital erfolgt. Hingegen könnte diese vielleicht bei prall gefüllten Kassen von untergeordneter Wichtigkeit sein. Die Behandlung von Partnerunternehmen ist wiederum dann nützlich, wenn der Erfolg maßgeblich davon bestimmt wird, dass zwingend Komponenten von anderen Firmen zugekauft werden müssen oder es sich um ein indirektes Vertriebsmodell handelt. In jedem der genannten Punkte könnte man sich beliebig vertiefen.

6.2 Inhalte eines Geschäftsplanes

Ein adäquater Detailierungsgrad nach Thema und Wichtigkeit für den praktischen Erfolg des Planes ist daher ein wichtiger Faktor, um einen Geschäftsplan in einem vertretbaren Zeitraum zustande zu bringen.

Natürlich sind in jedem Unternehmen – nicht zuletzt aufgrund mehr oder weniger guter Erfahrungen in der Vergangenheit – obligatorische Punkte definiert, die es in jedem Fall zu behandeln gilt. Ferner dürfen Marktanalyse, Umsatz- und Kostenplanung in keinem Geschäftsplan fehlen. Davon abgesehen, besteht allerdings ein sehr breiter Spielraum. Um möglichst ressourceneffizient vorzugehen, ist es hilfreich, die einzelnen Aspekte eines typischen Geschäftsplanes aufzulisten und in einem Brainstorming mit Stakeholdern aus dem Unternehmen jene Themen zu ergänzen, die im speziellen Fall noch zusätzlich betrachtet werden sollten. Anschließend wird eine Priorisierung vorgenommen, bei der die festgehaltenen Punkte in drei Kategorien unterteilt werden:

a. Erfolgsentscheidend
b. Wichtige Information/ Entscheidungsparameter
c. Untergeordnete Wichtigkeit/ Nebensächliche Information

Unternehmen neigen gern dazu, jedem Aspekt die Priorität a) zuzuordnen, denn in bestimmter Hinsicht ist jeder Punkt erfolgsrelevant. Allerdings gilt es hier im Sinne eines ökonomischen und zügigen Vorgehens die wenigen wirklich entscheidenden Faktoren zu identifizieren. Diese sollten nicht mehr als fünf Kernaspekte oder etwa ein Drittel der behandelten Punkte umfassen. Wichtige Informationen, die wesentliche Entscheidungsparameter darstellen, aber nicht zwingend über Erfolg oder Misserfolg bestimmen, sollten ein weiteres Drittel ausfüllen. Der Rest entfällt auf Punkte untergeordneter Bedeutung, die lediglich als Zusatzinformation und „schmückendes Beiwerk" zu sehen sind. Auf diese Weise wird auch sichergestellt, dass bei der Ausarbeitung des Geschäftsplanes die wesentlichen Aspekte tatsächlich behandelt beziehungsweise in der Fülle der Beschreibung nicht übersehen werden und mit überschaubarem Aufwand eine verwertbare Entscheidungsgrundlage vorliegt.

In der Literatur finden sich verschiedenste Beispiele für die Strukturierung solcher Dokumente. Wir möchten an dieser Stelle eine Gliederungsform vorstellen, die sich in der Praxis gut bewährt hat und auch vielfach von Investorenseite eingefordert wird.

Folgende Bausteine sollte ein Geschäftsplan in jedem Fall umfassen:
- Executive Summary
- Allgemeine Unternehmensbeschreibung/ Kontext
- Produkte und Dienstleistungen
- Marketingplan
- Umsetzungsplan (inklusive unterstützender Aktivitäten)
- Management und Organisation
- Unternehmensstruktur und Kapitalisierung
- Chancen und Risiken

- Finanzplan
- Konklusion

Um einen Anhaltspunkt für die konkrete Ausgestaltung zu geben, wird im Folgenden auf jeden der genannten Bausteine näher eingegangen. Dabei gilt jedoch wiederum die Prämisse, dass abhängig vom Kontext und von der Zielsetzung des Vorhabens zusätzliche Aspekte ergänzt oder einzelne Punkte vertiefend behandelt werden sollen. Im Wechselspiel zwischen Oberflächlichkeit und ausufernden Detailbeschreibungen – die in der Praxis keiner liest – liegt die Kunst neben einer Beantwortung der obligatorischen Fragen darin, die für den Erfolg wesentlichen Aspekte zu identifizieren und diese solide auszuarbeiten.

An dieser Stelle sei angemerkt, dass auch das „äußere Erscheinungsbild" eines Geschäftsplanes einen Eindruck von der Sorgfalt und Professionalität des Erstellers vermittelt. Aus diesem Grund gilt es neben den Inhalten darauf zu achten, dass das Dokument einem logischen, konsistenten Aufbau folgt sowie entsprechend ansehnlich und durchgängig formatiert ist. Korrekte Grammatik und Rechtschreibung sollten sich von selbst verstehen.

6.2.1 Executive Summary

Eine gute Zusammenfassung in Form einer Executive Summary ist wohl der wichtigste Bestandteil eines Geschäftsplanes. Trotz des geringen Umfangs von wenigen Seiten kann die Bedeutung dieses einleitenden Kapitels nicht hoch genug eingeschätzt werden. Faktum ist, dass dieser Teil darüber entscheidet, ob die weiteren Ausarbeitungen gelesen werden oder nicht – egal, wie elaboriert die weiteren Inhalte auch sein mögen (vgl. Abb. 6.2). So ist die Executive Summary der häufigste Grund, warum Investitionsanträge in der Praxis nicht weiter behandelt beziehungsweise abgelehnt werden.

Um diese entscheidende Hürde in der Beurteilung eines Geschäftsplanes erfolgreich zu meistern, muss eine Executive Summary auf wenigen (je nach Umfang und Komplexität des Vorhabens etwa ein bis maximal zwei) Seiten die wichtigsten Inhalte des gesamten Dokumentes – insbesondere die Sinnhaftigkeit der potenziellen Investition – vermitteln und dabei zugleich die wesentlichen Fragen zum Geschäftsmodell (s. Abschn. 6.1) beantworten. Naturgemäß wird sie nach Ausarbeitung aller anderen Kapitel eines Geschäftsplanes erstellt und es versteht sich von selbst, dass für ihre Erstellung ausreichend Zeit und Kapazität vorzusehen ist.

Da jede Zusammenfassung eine Filterung und damit Reduktion von Information impliziert, sei empfohlen, sich den intendierten Adressatenkreis vor Augen zu halten, sich in den Leser mit seinen Interessen, Zielen und möglichen Vorannahmen hineinzudenken und, darauf abgestimmt, die relevanten Aspekte deutlich hervorzuheben. Selbst wenn es sich um unterschiedlichste Zielgruppen handelt, so sind es meist nur wenige unter ihnen, die diesbezüglich erfolgsrelevante Entscheidungen treffen. Diese gilt es zu identifizieren und die Ausführungen entsprechend anzulegen.

6.2.2 Allgemeine Unternehmensbeschreibung/ Kontext

6.2.2.1 Unternehmensprofil

Zwecks einer grundsätzlichen Orientierung dahingehend, in welchem Zusammenhang die weiteren Ausführungen zu sehen sind, ist es nützlich, zu Beginn die Ausgangslage und den Kontext zu erläutern, in dem der vorliegende Geschäftsplan angesiedelt ist.

Abhängig davon, ob es sich beim Adressaten um einen internen Entscheider oder einen externen Investor handelt, liegt dabei das Augenmerk auf unterschiedlichen Aspekten. Für Außenstehende ist ein Unternehmensprofil darzustellen, das einen generellen Überblick über die jeweilige Firma vermittelt. Dazu zählen unter anderem Eckdaten wie Umsatz, Anzahl der Mitarbeiter, Niederlassungen, adressierte Märkte, Kernprodukte, die strategische Ausrichtung und durchaus auch Referenzkunden. Im Innenverhältnis sind die eigenen Unternehmensdaten hoffentlich bekannt und können daher ausgespart werden, wobei in größeren Konzernen eine Darstellung der betroffenen Abteilung durchaus nützlich sein kann.

6.2.2.2 Kontext des Geschäftsplanes

Um den Geschäftsplan in einen Zusammenhang mit dem Unternehmen zu bringen, sind ferner jene Märkte und Problemstellungen zu erläutern, die durch das Vorhaben adressiert werden. Dabei kann man in der Regel davon ausgehen, dass sich Investoren eingehend mit den Marktbedingungen auseinandergesetzt haben, weshalb eine umfassende Marktanalyse erst in späteren Abschnitten des Geschäftsplanes eingearbeitet wird und eher zur Einschätzung dient, ob der Ersteller seine „Hausaufgaben" erledigt hat. Allerdings ist eine Benennung der im Zusammenhang mit dem Vorhaben als relevant erachteten Märkte und des potenziell adressierten Bedarfs für die weitere Interpretation seitens interner wie externer Stellen durchaus nützlich.

Je nachdem, wie breit der Geschäftsplan angelegt ist – Einzelprodukt, Produktgruppe, Gesamtportfolio eines Unternehmens –, ist der marktbezogene Kontext umfassender oder fokussierter zu fassen. Für ein einzelnes Produkt reicht es, den Bedarf zu erläutern, den es anspricht. Beispielsweise könnte an dieser Stelle angeführt werden, dass es am europäischen Markt eine Vielzahl von Bonusprogrammen für Konsumenten gibt, für die jeweils eine Plastikkarte ausgegeben wird, und der Kunde früher oder später einen Stapel an Karten mit sich herumführen muss oder eben auf diese Programme verzichtet, wenn ihm dies zu umständlich ist. Das daraus resultierende Problem ist, dass Verbraucher zunehmend Kundenkarten ablehnen, weil es schlicht zu aufwendig ist, den Überblick über die diversen Mitgliedschaften zu behalten, sich die verschiedenen Passwörter zu merken und Hunderte von Karten mitzuführen, um diese auch im Bedarfsfall eines Spontankaufs parat zu haben.

Geht es um das Portfolio eines Unternehmens, so ist der gesamte von ihm adressierte Markt zu skizzieren. Bereits an dieser Stelle erhält der Leser Indizien darüber, wie breit oder schmal eine Firma auftritt.

Darüber hinaus ist es vor allem bei einzelnen Produktvorhaben sinnvoll, zu erläutern, wie der Geschäftsplan in Bezug zur Abteilungs- beziehungsweise Unternehmensstrategie zu sehen ist. Auf diese Weise wird vor allem der innerbetriebliche Kontext abgesteckt, der auch Aufschluss darüber geben soll, ob der im Folgenden ausgeführte Geschäftsplan auch tatsächlich zur Unternehmensstrategie passt und entsprechende interne Unterstützung oder Schwierigkeiten zu erwarten sind.

Im Falle der Bonusprogramme könnte dies folgendermaßen aussehen: Das Unternehmen beschäftigt sich seit Jahren mit Lösungen für elektronische Identitäten, gilt in diesem Bereich als Marktführer und setzt Standards. Darüber hinaus wird die primäre Zielgruppe im Enterprise-Geschäft gesehen mit einer Schwerpunktsetzung auf Unternehmen, die im Konsumgütermarkt tätig sind. Bisher konzentrierte man sich rein auf elektronische Ausweise für Mitarbeiter dieser Unternehmen. Eine Lösung für deren Endkunden, die einen einfacheren und elektronischen Zugang zu Bonusprogrammen ermöglicht, würde das Portfolio gut abrunden und dahingehend perfekt zur Unternehmensstrategie passen.

Es ist dabei wichtig, dass der Leser einen Eindruck davon erhält, welche Ziele das Unternehmen im beschriebenen Kontext verfolgt. Ausgehend von einer Darstellung der aktuellen Lage ist dazu auch die Erläuterung nützlich, wo die Firma in einem Jahr und mittelfristig stehen soll. Plastisch kann dies beschrieben werden, indem die monetären und nichtmonetären Ziele formuliert werden, die das Unternehmen anstrebt – etwa die Marktführerschaft in einzelnen Nischen und die damit verbundenen geplanten Umsätze.

6.2.2.3 Vision und Ziele

Zahlreiche Geschäftspläne legen den Kontext des Unternehmens solide dar, beschreiben ein Vorhaben aus unterschiedlichsten Blickwinkeln, verfügen über eine gut ausgearbeitete Marktanalyse und erläutern auch die finanzielle Planung in einer nachvollziehbaren Form. Allerdings fehlt immer wieder eine Erläuterung, WARUM die darin beschriebene Idee überhaupt umgesetzt werden soll. Implizit mag der Adressat dies mitunter aufgrund der überzeugenden Finanzdaten erahnen oder es erschließt sich aus dem Unternehmenskontext. Dabei besteht aber die Gefahr, dass diese Vermutung an der Intention des Erstellers vorbeigeht. Aus diesem Grund sollte in den einleitenden Kapiteln klar dokumentiert sein, welcher Zweck mit der Realisierung des Vorhabens verbunden ist. Handelt es sich um ein Produkt, das den Bestand der Firma absichern soll, ist es die Absicht, Wettbewerber vom Eintritt in einen bestimmten Markt abzuhalten, oder möchte man eine Innovation entwickeln, um sie dann an ein anderes Unternehmen zu verkaufen? So klar die Beweggründe für den Verfasser auch sein mögen – es ist nicht gesagt, dass sich diese auch selbstverständlich für den Leser erschließen.

Eine explizite Nennung der Ziele, die mit dem Vorhaben erreicht werden sollen, und der Vision, die damit verbunden ist, beugt dem vor und vermittelt auch den erforderlichen Rahmen zur „richtigen" Interpretation der weiteren Ausführungen. Dies ermöglicht eine Einschätzung dahingehend, ob die angestrebten Intentionen mit der vorgeschlagenen Vorgehensweise auch tatsächlich erreicht werden können beziehungsweise ob deren Verwirklichung auch im Einklang mit Unternehmensvision und -zielen steht. Darüber hinaus liefert eine nachvollziehbare Begründung eine Indikation, wie wichtig die Realisierung für den Protagonisten ist beziehungsweise mit welcher Ernsthaftigkeit und Konsequenz in der

Umsetzung gerechnet werden kann. Für interne Entscheider wie externe Investoren ist diese Information durchaus relevant und fließt in jedem Fall in die Bewertung mit ein – egal ob explizit dargelegt oder nicht.

6.2.3 Produkte und Dienstleistungen

Nachdem die Rahmenbedingungen außerhalb wie innerhalb des Unternehmens dargestellt sind und der Zweck des Vorhabens erläutert wurde, gilt es, dieses im Hinblick auf die damit verbundenen Produkte und Dienstleistungen inhaltlich zu beschreiben. Nun ist also der Zeitpunkt gekommen, auf das WAS einzugehen. Dabei ist der Ausgangszustand etwaiger vorhandener Portfolioelemente darzulegen und der Zielzustand an Produkten und Dienstleistungen nach Umsetzung des Vorhabens auszuführen. Im Falle eines einzelnen Produktes sind dies dessen Beschreibung inklusive Schlüsselfunktionen, gegebenenfalls technischer Daten und wichtiger Anwendungsfälle sowie die zur Nutzung erforderlichen Dienstleistungen. Ferner soll durch diese Erläuterungen ersichtlich sein, wie dadurch der zuvor skizzierte Bedarf technisch befriedigt oder die dargestellte Problemstellung gelöst werden soll.

Bei Produktlinien und Portfolios ist diese Aufgabe etwas komplexer. Bevor auf die Kernaspekte der einzelnen Portfolioelemente eingegangen wird, ist grundsätzlich festzuhalten, mit welchem Portfolio die zuvor genannte Marktsituation adressiert wird und wie dies zur Unternehmensstrategie passt. Der zuständige Manager stellt dar, was er innerhalb seines Einflussbereichs vorhat, um die Firmenziele angesichts bestimmter Rahmenbedingungen zu verwirklichen. Dieser Abschnitt eines Geschäftsplanes schlägt in Form einer Beschreibung des intendierten Portfolios die Brücke zwischen externem Kontext und Firmenstrategie. Dies sollte zumindest so detailliert erfolgen, dass ersichtlich ist, welche Portfoliostrategie das Unternehmen verfolgt beziehungsweise welche Märkte mit welchen Produkten adressiert werden sollen. Dazu ist es nützlich, wenn Themen wie Vision (Wo wollen wir zum Zeitpunkt X stehen?) und Mission (Was ist unsere Existenzberechtigung, warum gibt es unser Unternehmen?) klar festgelegt sind und dazu auch eine ausgearbeitete Strategie auf Firmenebene vorliegt (vgl. Kap. 4). Natürlich kann im Zuge der Planung eines Unternehmensportfolios deutlich werden, dass eine Schwerpunktsetzung auf das eine oder andere Thema nötig ist und es dahingehend Sinn macht, die Strategie anzupassen. Allerdings sollte der Korridor, in dem sich die Portfolioplanung abspielen muss, grundsätzlich festgelegt sein. Ist dies nicht der Fall, besteht die Gefahr, sich zu verzetteln und kein klares Unternehmensprofil zuwege zu bringen. Dies ist im Hinblick auf die Marktpositionierung, aber auch, was die interne Effizienz betrifft, entscheidend.

Erfolgt eine produktübergreifende Planung, sind an dieser Stelle auch die einzelnen Portfolioelemente in einer Granularität zu erfassen, die dem Geschäftsmodell Rechnung trägt. Bei Spezialunternehmen, die eine überschaubare Palette an Schlüsselprodukten in ihrem Portfolio führen, sollten diese explizit genannt und beschrieben werden. In Firmen, die mehrere hundert Erzeugnisse führen, wie etwa Unternehmen in der Konsumgüterbranche, ist es zielführender, eine Gruppierung zu Produktlinien vorzunehmen und eben diese genauer zu erläutern. Wie bei Geschäftsplänen für Einzelprodukte sind auch für die einzelnen Elemente des Portfolios die wichtigsten Eckpfeiler, Anwendungsfälle und zugehörigen Dienstleistungen zu nennen, sodass deutlich wird, wie die Marktanforderung beantwortet wird.

6.2.4 Marketingplan

Diese Sektion des Geschäftsplanes beschreibt die externe Relation des Vorhabens und geht dabei auf die Beziehung zwischen Unternehmen und Kunden ein. Dazu werden die relevanten Märkte herausgearbeitet und es wird dargestellt (s. dazu auch Kap. 3), wie die Beziehungen zu den Abnehmern aufgebaut werden und in welcher Form Zahlungen erfolgen. Nach der Executive Summary ist dies ein besonders wichtiger Aspekt eines Geschäftsplanes, der wesentliche Elemente des Geschäftsmodells dokumentiert.

6.2.4.1 Marktanalyse

Bevor eine Einschränkung auf spezifische Marktsegmente erfolgt, wird der gesamte potenzielle Markt dargestellt, der mit dem Portfolio adressiert werden könnte. Eine Analyse von Märkten, die aus verschiedensten Gründen definitiv nicht adressiert werden, ist nicht erforderlich. Beispielsweise könnte eine Firma aus strategischen Überlegungen bestimmte Regionen ausklammern oder gewisse Käuferschichten, welche, dementsprechend begründet, in diese Betrachtungen nicht einfließen. Umgekehrt macht es aber Sinn, die prinzipiell denkbaren Märkte zu hinterfragen, bevor eine Selektion der konkret anzusprechenden Marktsegmente durchgeführt wird. Selbst wenn der Adressat des Geschäftsplanes mit der Marktsituation vertraut ist, kann dies für den Ersteller eine wichtige Übung sein, um sich nicht vorschnell auf einzelne Teilmärkte zu spezialisieren, ohne hinterfragt zu haben, ob nicht andere Bereiche ähnliches oder größeres Potenzial aufweisen.

Je nach Umfang der im Geschäftsplan behandelten Portfolioelemente kann dies mitunter ein umfangreicheres Unterfangen werden, denn für jedes Produkt beziehungsweise für Produktgruppen gilt es eine Erhebung durchzuführen, die folgende Punkte umfasst (vgl. Kotler und Bliemel 2011, S. 157 ff.):

- **Marktsituation** (Größe, Wachstum des gesamten Marktes sowie nach Marktsegmenten gegliedert, Kundenbedürfnisse, Kundenwahrnehmungen, Käuferverhalten, gegebenenfalls Eintrittsbarrieren)
- **Produktsituation** (Umsätze, Kosten, Preise, Marketingaufwendungen, Deckungsbeiträge und Nettoerträge für die wichtigen Produkte in diesen Märkten, Skaleneffekte)
- **Wettbewerbssituation** (Größe, Ziele, Marktanteile, Produktqualität, Marketingstrategie und weitere relevante Informationen, falls verfügbar)
- **Distributionssituation** in den jeweiligen Märkten (Distributionskanäle, um die jeweiligen Kunden zu erreichen, und deren Bedeutung beziehungsweise Marktmacht)

- **Makroumfeld** (übergeordnete Entwicklungstrends wie etwa gesamtwirtschaftliche Veränderungen, technologische Trends, sozio-kulturelle Faktoren, die sich auf das Portfolio auswirken könnten)
- **Ergänzende relevante Informationen** (besondere Spezifika im jeweiligen Marktsegment wie etwa Innovationsaffinität der Kunden)

Jede stichtagsbezogene Erhebung bringt es mit sich, dass sie am Tag ihrer Fertigstellung bereits veraltet ist. Dieser Umstand ist unvermeidbar und gilt auch für die Marktanalyse im Kontext eines Geschäftsplanes. Das sollte aber nicht als Argument dafür dienen, die Analyse oberflächlicher oder gar nicht durchzuführen. Wenn die Ausgangsbasis solide ausgearbeitet ist, lassen sich auch Veränderungen in deren Konsequenz leichter einschätzen und mit überschaubarem Aufwand Aktualisierungen des Marktpotenzials beziehungsweise des adressierbaren Volumens erstellen. Darüber hinaus ist es aufgrund der zukunftsorientierten Natur von Geschäftsplänen unerlässlich, Aussagen über erwartete Entwicklungen anzustellen, indem neben der reinen Analyse des aktuellen Status auch die Trends und Dynamiken im Zielmarkt erläutert werden. Dabei sollten die Erhebungen zur Verdeutlichung veränderlicher Aspekte Entwicklungen der letzten Jahre beziehungsweise Prognosen für die kommenden Jahre einbeziehen. Die erforderlichen Daten können aus Studien, Kundenbefragungen, Benchmarks oder auch über Testkunden und Testmärkte in Erfahrung gebracht werden (vgl. Kap. 3).

Wichtig ist dabei nicht nur, dass die Zahlen vorhanden sind, sondern auch, dass nachvollziehbar ist, wie sie generiert wurden. Wir durften schon mehrere Präsentationen von umfassend und durchaus professionell ausgearbeiteten Geschäftsplänen miterleben, die wie ein Kartenhaus in sich zusammenfielen, als der Präsentator die Grundlage seiner Marktdarstellung nicht nennen konnte.

Da jede Markterhebung stark auf Annahmen und Schätzungen beruht, ist eine Ungenauigkeit von einigen Prozent unvermeidbar. Dies stellt auch kein Problem dar, solange klar ist, was solide erhobene Fakten sind, wie sie erhoben wurden und bei welchen Werten es sich um Annahmen und Schätzungen handelt. Ist dies nachvollziehbar, kann das Risiko, das hinter der Markterhebung steht, besser eingeschätzt werden und dies ist natürlich von essenzieller Bedeutung, was den Entscheidungsprozess betrifft.

An dieser Stelle sei auch angemerkt, dass Marktanalysen selten in einem Durchlauf erarbeitet werden können. In der Praxis zeigt sich, dass auch hier ein iteratives Vorgehen nützlich sein kann. Insbesondere wenn neue Portfolioelemente eingeführt werden sollen, hat es der zuständige Manager mit mehreren Unbekannten zu tun. Auf der einen Seite ist das erzielbare Volumen stark vom Funktionsumfang des Produktes abhängig. Umgekehrt kann der Funktionsumfang aber nur so weit realisiert werden, als das erzielbare Volumen eine Investition rechtfertigt. Um nicht in einem Henne-Ei-Dilemma gefangen zu sein, ist daher angeraten, den Osterhasen ins Spiel zu bringen, um das Ei zu bringen. Anders gesagt, ist eine qualifizierte Annahme zu treffen – egal ob hinsichtlich Marktvolumen oder Eigenschaften des betreffenden Portfolioelementes –, um, davon ausgehend, den anderen Aspekt ebenfalls noch ohne Anspruch auf Perfektion, aber durchaus qualifiziert einzuschätzen. Dies ist dann die Ausgangsbasis für eine Konkretisierung der initialen Annahme und so weiter.

Letztlich sollte die Marktanalyse eine so gute Erläuterung der aktuellen und erwarteten Marktsituation liefern, dass in Kombination mit der Darstellung von Produkten und Dienstleistungen eine nachvollziehbare Segmentierung im Hinblick auf Fokusmärkte für das jeweilige Produktportfolio ausgearbeitet werden kann.

6.2.4.2 Marktsegmentierung

„Bei der Bewertung der Marktsegmente muss das Unternehmen drei Aspekte beachten: 1) Größe und Wachstum des Segments, 2) strukturelle Attraktivität des Segments und 3) Zielsetzungen und Ressourcen des Unternehmens" (Kotler und Bliemel 2011, S. 452). Da jedes Unternehmen über begrenzte Kapazitäten verfügt, muss es sich fragen, in welchen Bereichen die eigenen Energien gut eingesetzt sind. Hierbei bieten sich vor allem größere Marktsegmente an, die noch stark wachsen und die noch nicht von einzelnen Anbietern beherrscht werden. Handelt es sich um neue, noch unbekannte Märkte, sind mitunter andere Segmentierungskriterien anzulegen, die regionaler Natur sind oder etwa demografische Aspekte berücksichtigen. In jedem Fall gilt es, den adressierten Zielmarkt so einzugrenzen, dass ein attraktives Segment für das jeweilige Portfolioelement identifiziert wird, in dem es potenziell eine Chance hat, eine marktbeherrschende Stellung zu erlangen. Durch eine gezielte Segmentierung ist dies selbst für kleine Unternehmen – wie etwa den lokalen Tischlereibetrieb der Ortschaft Steinakirchen am Forst – möglich. Nur wenn Kunden beziehungsweise eine Kundengruppe identifiziert werden können, für die aus verschiedensten Gründen das Produkt die beste (oder einzige) Wahl darstellt, macht es Sinn, es auch tatsächlich am Markt zu positionieren. Ist diese Festlegung nicht möglich, sollte das entsprechende Portfolioelement ernsthaft hinterfragt werden.

▸ Definieren Sie die zu adressierende Marktnische so konkret, dass Sie eine ernsthafte Chance sehen, darin Marktführer zu sein.

Um eine Aussage über potenziell erzielbare Volumina treffen zu können, ist auch die Größe der betrachteten Marktsegmente zu beziffern. Ein Fehler, der in diesem Kontext immer wieder vorkommt, ist die Beweisführung durch „große Zahlen", die anhand eines kleinen Beispiels illustriert werden soll: Der Portfoliomanager eines Computerherstellers möchte Tablet PCs in sein Portfolio aufnehmen. Dazu argumentiert er: „Heuer werden laut Studien 120 Mio. Tablet PCs verkauft. Der Markt ist noch nicht gesättigt und auch die Anbieter sind bis auf wenige Spitzenreiter noch nicht konsolidiert. Wenn wir uns auf ein bestimmtes Betriebssystem beschränken, sind das noch immer etwa 30 % und damit 36 Mio. potenzielle Geräte. Unter der Annahme, dass unsere Heimmärkte etwa 20 % des Weltmarktes darstellen, kommt man auf 7,2 Mio. Stück. Alleine wenn es uns gelingt, ½ % des Marktes zu gewinnen, wären das 36.000 Stück. Das bedeutet bei einem Preis von etwa 700 € pro Gerät einen Umsatz von über 25 Mio. € alleine im ersten Jahr – und das in einem rasant wachsenden Markt." Die Problematik wird rasch deutlich: In der falschen

Sicherheit, sehr defensiv geplant zu haben („nur" 30 % wegen der Einschränkung des Betriebssystems, davon „nur" 20 % wegen einer Fokussierung auf die Heimmärkte und davon wiederum „nur" ½ % ergibt 0,03 % des Marktes), wird gern ignoriert, dass es auch eine erhebliche Herausforderung darstellen kann, eine Größenordnung von lediglich 0,03 % eines enorm großen Marktes zu gewinnen. Selbst die 0,03 % werden etablierte Anbieter nicht so einfach Neuankömmlingen überlassen. Zudem wirken sich bei dieser Berechnungsweise minimale Schätzfehler dramatisch aus. Der Unterschied aus 0 %, ½ % oder 1 % mag nicht gravierend erscheinen, entscheidet in diesem Beispiel jedoch über keinen, 30 Mio. € oder 60 Mio. € Umsatz.

Es ist durchaus sinnvoll und notwendig, den größeren Kontext darzustellen. Die konkrete Potenzialbetrachtung sollte jedoch am adressierten Marktsegment ansetzen und von dort ausgehend verdichtet und gegebenenfalls extrapoliert werden. Eine Definition des Zielmarktes aus mehreren aneinandergereihten Näherungen ist hingegen gefährlich und zu vermeiden. Wenn das jeweilige Zahlenmaterial nicht generierbar ist, dann können auch Analogien aus ähnlich funktionierenden Märkten, Erfahrungen mit anderen Produkten oder Testmärkte für eine Näherungsbetrachtung herangezogen werden. Es sollte sich dabei jedoch um wirklich vergleichbare Phänomene handeln und die Marktdefinition nicht mehr als zwei Schätzwerte in Kette erfordern. Darüber hinaus ist in diesem Fall auch eine Bottom-up-Betrachtung nützlich, die eine Gegenrechnung zu einer Top-down-Analyse liefert. Im Falle der Tablet PCs könnten dies Befragungen der eigenen Kunden eines Landes sein, durch welche verifiziert wird, wie viele daran denken, sich ein solches Gerät anzuschaffen, und ob sie sich für ein Gerät der eigenen Firma entscheiden würden. Davon ausgehend, ist eine Hochrechnung denkbar, die sich hoffentlich mit der Top-down Betrachtung trifft.

▶ Zur Erhärtung einer, anhand vager Fakten erarbeiteten, Marktanalyse empfiehlt sich eine doppelte Bewertung in Form einer Top-down- und einer Bottom-up-Betrachtung, die annähernd dasselbe Ergebnis liefern sollten – falls nicht, ist Vorsicht geboten.

Als Grundregel gilt: Lieber kleinere Marktnischen herausarbeiten, in denen die Stärken des eigenen Unternehmens wirklich deutlich zur Geltung kommen und in denen man mit einem limitierten Budget auch etwas bewirken kann, als ein enormes Marktvolumen zu adressieren, das allerdings in keinem Verhältnis zur strategischen Leistungsfähigkeit des eigenen Unternehmens steht. In letzterem Fall ist die Gefahr groß, dass die eingesetzten Energien schlichtweg verpuffen oder – wenn es doch gelingt, einen Funken an Sichtbarkeit zu erzeugen – dies Reaktionen von Firmen provoziert, die in der entsprechenden Liga spielen und daher auch über mächtigere Mittel und Wege verfügen, mit Eindringlingen fertig zu werden, wie Abb. 6.4 zeigt. Damit wirken zwei Effekte, die sich mit der Größe der Märkte verstärken. Einerseits sind die Investitionen höher, um über die Wahrnehmungsschwelle zu gelangen und die, in einem breiteren Markt auch stärker divergierenden, Kundeninteressen anzusprechen. Andererseits ist mit einer intensiveren Gegenwehr etablierter

Abb. 6.4 Wirksamkeit in Abhängigkeit von der Größe des Zielmarktes

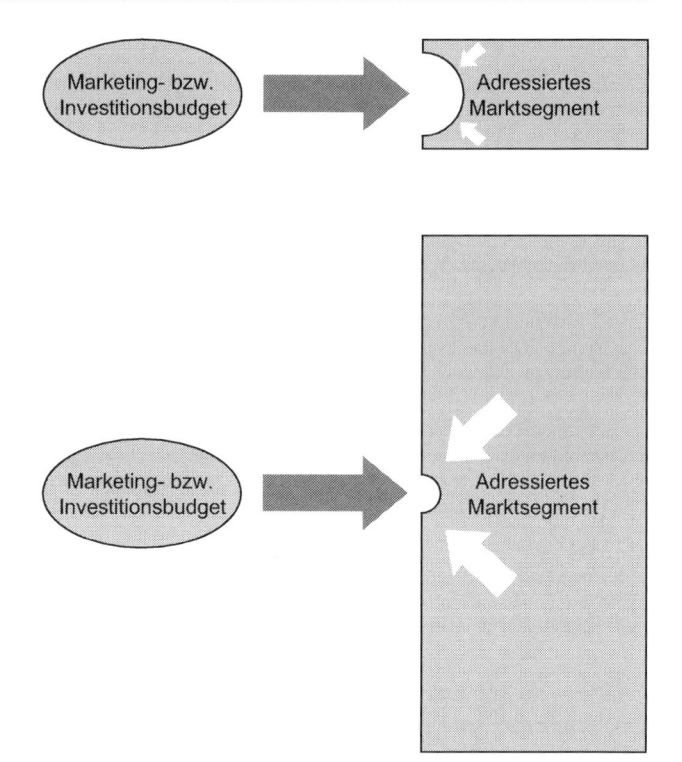

[Marketing- bzw. Investitionsbudget → Adressiertes Marktsegment]

[Marketing- bzw. Investitionsbudget → Adressiertes Marktsegment]

und neu eintretender Spieler zu rechnen, was den Erfolg der eigenen Anstrengungen zusätzlich dämpft. Ein Vergleich des verfügbaren Budgets je Marktvolumen mit jenem der drei größten Mitbewerber im jeweiligen Segment hilft hier, die Verhältnisse richtig einzuschätzen.

6.2.4.3 Portfoliostrategie und Abhängigkeiten

Aus der Darstellung, in welchen Segmenten welche Portfolioelemente positioniert werden sollen und welche marktbezogenen Ziele es damit zu erreichen gilt, wird die jeweilige Strategie für einzelne Produktlinien und Portfolioelemente abgeleitet. (Auf die Erarbeitung der Strategien wurde in Abschn. 4.5 bereits eingegangen.)

Abhängig von der unmittelbaren und mittelfristig angestrebten Positionierung, handelt es sich dabei um verschiedenste Vorgehensweisen, die von speziellen Investitions- und Weiterentwicklungsprogrammen bis hin zum Cash-out einzelner Produkte reichen können. Dabei sind auch die entsprechenden Strategien zu dokumentieren, welche aufzeigen, „[…] was *zur Zielerreichung getan werden muß und die operative Taktik […],* wie *es getan wird"* (Kotler und Bliemel 2011, S. 138).

Nach Porter (2013, S. 73) ist die Strategie für jedes Unternehmen eine einmalige Kombination. Auf einer übergeordneten Ebene formuliert er speziell im Umgang mit dem Mitbewerb folgende Strategietypen, um langfristig eine kompetitive Position sicherzustellen:

6.2 Inhalte eines Geschäftsplanes

- **Umfassende Kostenführerschaft**
- **Differenzierung**
- **Konzentration auf Schwerpunkte (Nischenstrategie)**

Aumayr (2009, S. 265 ff.) arbeitet diese Strategietypen speziell in Bezug auf Produkte konkret aus und definiert in diesem Zusammenhang mehrere Grundstrategieelemente, aus denen die jeweils optimale Kombination auszuwählen ist:

a. **Portfoliostrategien**
   - Marktwachstums-Marktanteils-Portfolio (Ausbauen, Ernten, Eliminieren, Halten)
   - Marktattraktivitäts-Wettbewerbsposition-Portfolio (selektiver Ausbau, Ausbau mit Investition, Position schützen, beschränkter Ausbau/Ernten, selektiver Ausbau/ Gewinnorientierung, Desinvestition, Gewinnorientierung, Portfolio schützen/ Neufokussierung)
b. **Marktsegmentstrategien**
   - Undifferenzierte Strategie
   - Differenzierte Strategie
   - Selektiv-differenzierte Strategie
   - Konzentrierte Strategie (Nischenstrategie)
c. **Produkt-Markt-Abdeckungsstrategien**
   - Spezialisierungsstrategie
   - Selektive Spezialisierungsstrategie
   - Marktsegmentspezialisierungsstrategie
   - Produktsegmentspezialisierungsstrategie
   - Vollständige Abdeckungsstrategie
d. **Produkt-Markt-Wachstumsstrategien**
   - Durchdringungsstrategie
   - Marktentwicklungsstrategie
   - Produktentwicklungsstrategie
   - Diversifikationsstrategie
e. **Preis-/Leistungsstrategie**
   - Preisstrategie
   - Qualitäts-/Leistungsstrategie
   - Zweimarkenstrategie
   - Mehrmarkenstrategie
f. **Strategien nach Bedarfsarten**
   - Neubedarfsstrategien
   - Ersatzbedarfsstrategien
   - Potenzialerweiterungsstrategien
   - Strategien zur Erhöhung der Verbrauchsrate

Je nach Kontext, in dem sich das jeweilige Unternehmen befindet, kann der Betrachtungshorizont dafür Zeiträume von drei, fünf oder zehn Jahren umfassen. Dabei ist eine dreistufige Darstellung nützlich, welche die Gegenwart, ein Geschäftsjahr und eine mittelfristige Perspektive in mehreren Jahren skizziert. Sind auf dem Weg dahin noch wichtige Ereignisse und Veränderungen in der Herangehensweise Voraussetzung, sollten die jeweiligen Zeitpunkte dieser Einflussfaktoren ebenfalls betrachtet werden.

Im Zusammenhang mit der Portfoliostrategie ist auch erneut die Frage nach Fokussierung versus Diversifikation von entscheidender Bedeutung (s. Abschn. 2.5). Die zugrunde liegenden Überlegungen produktübergreifender Synergien und Zusammenhänge im Kontext einer Strategie des im Geschäftsplan adressierten Portfolios sind hier darzulegen. So kann etwa ein Einstieg in einen parallelen Markt mit einem bereits vorhandenen Produkt angestrebt werden, ohne dies zu verändern, indem lediglich das Branding und der Vertriebskanal anders definiert werden. Damit könnte ein zusätzlicher Absatz eines bestehenden Portfolioelementes angestrebt werden, ohne die aktuell adressierten Märkte zu beeinflussen.

Die an dieser Stelle ausgeführten Synergien im Portfolio bilden die Grundlage für spätere finanzielle Betrachtungen im Kontext des Geschäftsplanes. Selbst wenn es sich um ein Vorhaben zu einem Einzelprodukt handelt, ist dies nicht isoliert von seiner Umwelt. In der Regel werden bestehende Komponenten wiederverwendet, Grundlagen für weitere Chancen geschaffen und Besonderheiten des Unternehmens verwertet. Allein um die Abhängigkeiten des geplanten Produktes zu unternehmensinternen Umwelten aufzuzeigen, ist eine Beschreibung von übergreifenden Zusammenhängen, die es betreffen, äußerst relevant. Darüber hinaus bildet diese Darstellung aber auch eine wichtige Basis, um die Planung der finanziellen Aspekte nachzuvollziehen, denn die Entwicklungskosten oder das erzielbare Volumen sind nur selten unabhängig von parallelen Anstrengungen im eigenen Haus beziehungsweise weiteren Portfolioelementen.

Handelt es sich um einen Geschäftsplan zu einem umfassenderen Portfolio oder dem Gesamtangebot des Unternehmens, so ist es von besonderer Wichtigkeit, sicherzustellen, dass das geplante Vorgehen auch zur Firmenstrategie passt. Eine entsprechende Darlegung im Rahmen des Geschäftsplanes dokumentiert dies und liefert eine nachvollziehbare Grundlage, falls zu einem späteren Zeitpunkt die Entscheidungsgrundlage hinterfragt werden sollte. Unabhängig davon ist der Erfolg eines Unternehmens enorm von dessen Portfoliostrategie abhängig, sodass ein schriftlicher Abgleich der beiden Strategien bewusst als Checkpoint genutzt werden kann, um etwaige Abweichungen in den Erwartungshaltungen der einzelnen Stakeholder, unterschiedliche Interpretationen oder schlicht Defizite in der Kommunikation der Firmenstrategie zu einem Zeitpunkt zu erkennen, zu dem noch keine größeren Summen in Produktvorhaben geflossen sind.

6.2.4.4 Value Proposition

Bezug nehmend auf die dargestellte Marktsituation wird in diesem Kapitel des Geschäftsplanes erläutert und begründet, welchen besonderen Wert jedes einzelne Portfolioelement für die potenziellen Abnehmer erwirkt. Dabei geht es um eine Profilierung der einzelnen

Produkte gegenüber anderen Anbietern, aber auch um eine konsolidierte Linie im Kontext des gesamten betrachteten Portfolios, denn auch aus der Kombination kann ein spezieller Wert generiert werden.

Vor allem sollen klar jene Alleinstellungsmerkmale zum Ausdruck gebracht werden, welche die eigenen Produkte speziell in den herausgearbeiteten Marktsegmenten vom Mitbewerb abheben. Deren Merkmale wurden bereits in Abschn. 3.6.1 ausgearbeitet. Dabei kann es sich um den günstigsten Preis, bestimmte Funktionalitäten oder auch um spezielle Aspekte des Verkaufsvorgangs handeln. Ein schönes Beispiel dafür ist der von Christian Mikunda (2002, S. 20 f.) beschriebene Prozess, wie der Kunde selbst einen Plüschteddy konfektioniert. Dabei wählt der Käufer zuerst das Tier und dazu ein passendes kleines Herz aus. Dieses drückt man in einem speziellen Ritual auf beide Augen und küsst es, bevor es mit der Füllung eingebracht und das Tier vernäht wird. Dann wird das Fell in einer Luftdruckbadewanne zurechtgemacht und anschließend gibt es noch die Möglichkeit, aus unterschiedlichster Bekleidung zu wählen. Obwohl es sich hier um ein Kunststoff-Spielzeug handelt, wird der Kaufprozess derart emotional aufgeladen, dass dieser den Teddy zu etwas Besonderem, etwas Unbezahlbarem macht. Im Gegensatz zu Tausenden anderen Stofftieren ist hier das Alleinstellungsmerkmal die Einbeziehung des Kunden in den finalen Herstellungsprozess.

Was auch immer der besondere Wert eines Portfolioelementes sein mag – wichtig ist, dass dieser vom Kunden wahrgenommen wird und im adressierten Zielsegment auch ein wesentliches – im Optimalfall das primäre – Kaufargument darstellt. Kann eine derartige Nutzenstiftung nicht gefunden werden, gilt es zu überlegen, ob die Marktsegmente adäquat gewählt wurden beziehungsweise ob das Produkt tatsächlich ernsthafte Chancen im Vergleich zu Erzeugnissen anderer Anbieter hat.

Dies gilt ebenso für das betrachtete Portfolio an sich. Natürlich ist von primärer Wichtigkeit, dass einzelne Produkte für sich am fokalen Markt als einzigartig wahrgenommen werden. Allerdings kann durch gezielte Kombination der Wert für den Kunden noch signifikant gesteigert werden und so auch Portfolioelemente, die mitunter für sich nur „Mittelmaß" sind, in Zusammenhang mit anderen Erzeugnissen aufwerten. Worin sich diese emergenten Werte begründen und wie sich dadurch das Portfolio vom Mitbewerb abhebt, ist ebenso an dieser Stelle anzuführen. So könnte etwa die Kombination von aufladbaren elektrischen Bohrmaschinen, Taschenlampen, Sägen und Schleifgeräten als Portfolio im speziellen Zielmarkt die Bedürfnisse des Hobby-Handwerkers vollends aus einer Hand befriedigen und den Vorteil mit sich bringen, dass Akkus und Ladegeräte kompatibel und untereinander austauschbar wären. Potenzielle Einsparungen und raschere Vertrautheit mit den jeweiligen Geräten wären weitere Werte für den Anwender.

6.2.4.5 Vertriebskonzept

Ein besonders wichtiger Aspekt in einem Geschäftsplan ist die Darlegung, wie die Beziehung zu Kunden aufgebaut und gehalten wird. Dazu ist zu klären, welche Absatzformen zur Anwendung kommen. Sie müssen an Kunden, Portfolioelemente und Leistbarkeit seitens des Unternehmens angepasst werden.

Abb. 6.5 Alternative Distributionsstrategien. (Aumayr 2009, S. 273)

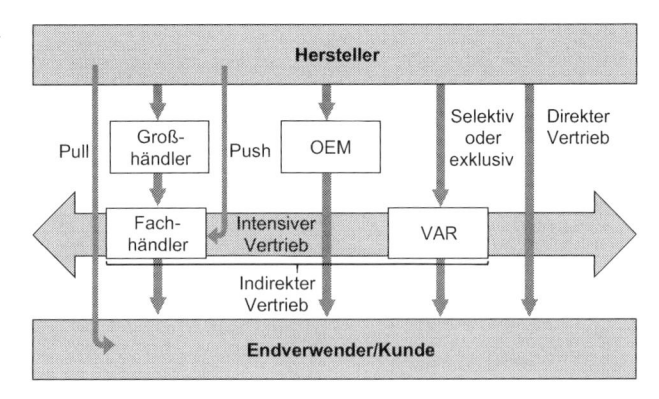

Prinzipiell bieten sich folgende Vertriebsstrategien an (vgl. Abb. 6.5):

- **Direkter** oder **indirekter Vertrieb** über Distributoren und Value Added Reseller
- **Push**-Strategie (Produkt in die Vertriebskanäle „drücken") oder **Pull**-Strategie (Nachfrage beim Kunden schaffen)
- **Personengebunden** oder **Selbstbedienung** durch Kunden wie etwa im Online-Shop
- **Intensive Distribution** (sämtliche verfügbaren Absatzkanäle), **selektive Distribution** (ausgewählte Absatzkanäle) oder **exklusiver Vertrieb** über einen Kanal

Ein Vertrieb über Partnerfirmen sollte dann überlegt werden, wenn

- das eigene Unternehmen in den Zielmärkten über **kein flächendeckendes Vertriebsnetz** verfügt.
- die **Natur des Produktes** eine Veredelung oder Integration durch Partnerunternehmen erfordert.
- Produkte dieser Art typischerweise über indirekte Kanäle abgesetzt werden und das auch der **Erwartungshaltung der Kunden** entspricht, wie es beispielsweise bei Konsumgütern der Fall ist.
- die **Kernkompetenzen** des Herstellers primär in der Erzeugung und **nicht im Absatz** liegen.

Prinzipiell bietet ein indirektes Vertriebsmodell den Vorteil, rascher eine breitere Kundenbasis zu erreichen, ohne selbst die dazu erforderlichen Strukturen oder Kompetenzen aufzuweisen. Allerdings gilt es zu berücksichtigen, dass dies einige Implikationen mit sich bringt. Der eigene Kunde ist im indirekten Modell der Vertriebskanal und nicht der Endkunde. Dementsprechend sind Unterlagen, Verkaufsmaterialien, Trainings und so weiter aufzubereiten und es gilt, die Absatzkanäle auf eine korrekte Positionierung des eigenen Erzeugnisses einzuarbeiten. Der damit verbundene Aufwand sollte nicht unterschätzt werden. Zudem ist der Erfolg erst dann sichergestellt, wenn zwei Instanzen – der Absatzkanal und der Kunde – vom jeweiligen Produkt überzeugt werden können. Ferner impliziert das

Fehlen einer direkten Kundenbeziehung, dass Informationen über Zielpreise, geforderte Funktionalitäten und Rückmeldungen zu eigenen Erzeugnissen nur aus zweiter Hand in Erfahrung gebracht werden können, was definitiv einen Nachteil darstellt. Darüber hinaus erwarten Partner naturgemäß für ihre vertriebliche Leistung auch einen gewissen Anteil am Umsatz. Spannen von 20 bis 40 % sind da keine Seltenheit. In größeren Unternehmen gibt es meist auch Vorschriften, wie viel für Manipulation, Vertriebsarbeit und Betreuung von Partnererzeugnissen aufzuschlagen ist. In der Praxis verteuert sich ein Produkt dadurch auf dem Weg zum Endkunden erheblich.

Umgekehrt senkt ein indirekter Absatz die eigenen Aufwände auf Anbieterseite. Dies wirkt sich vor allem in der Kaltakquise von Kunden und auf die Dauer des Verkaufsprozesses aus. Ein größerer Hersteller von Telekommunikationslösungen setzte etwa auf den Vertrieb über einen großen, international erfolgreichen Integrator. Obwohl dieser für seine Leistung grob 40 % auf die Produkte hinzurechnete, zahlte sich das Modell für den Hersteller aus. Aufgrund der internationalen Präsenz und der Tatsache, dass jede Anfrage schon vorqualifiziert war, konnten zahlreiche Kunden gewonnen werden und die Erfolgsquote von Angeboten lag in der Größenordnung von 80 %. Als sich der Vertriebspartner anderweitig orientierte und die indirekte Vertriebstätigkeit einstellte, fiel die Abschlussquote auf 40 % und die Vertriebsphasen wuchsen von drei auf zwölf Monate an. Der Anbieter musste erkennen, dass Partnervertrieb nach anderen Regeln funktioniert als Endkundenvertrieb. Partner kaufen ein funktionierendes Produkt, das ihnen im Wiederverkauf gute Margen bringt oder ihr Portfolio komplettiert. Endkunden suchen nach einer Sicherheit, dass das Erzeugnis den versprochenen Wert für den bezahlten Preis liefert. Im ersten Fall zählt neben dem Preis vor allem der Funktionsumfang, im zweiten Fall das Vertrauen in den Anbieter. Zusätzlich ist bei Vertrieb über Partnerunternehmen auch die Abhängigkeit von diesen zu berücksichtigen. Wenn möglich, empfiehlt sich eine Exklusivitätsvereinbarung, der zufolge der Partner keine Alternativprodukte einsetzt und dahingehend vom Verkaufserfolg ebenso abhängig ist wie der Hersteller. Allerdings akzeptieren nur wenige Vertriebspartner derartige Bedingungen. Bei wechselseitiger Exklusivität, die auch den Hersteller verpflichtet, rein auf diesen einen Partner zu setzen, ist sein Erfolg auch auf Gedeih und Verderb mit jenem seines Vertriebskanals verknüpft, was wiederum erhebliche Risiken birgt.

Neben der Selektion des Vertriebskanals stellt sich die Frage, ob es sich um ein Push- oder Pull-Verfahren handelt, wobei die Produkte entweder aktiv in den Markt gedrückt werden oder für Nachfrage seitens der Kunden gesorgt wird. Letzteres ist vor allem bei Online-Shops oder im Handel der Fall. Hingegen verfahren Firmen, deren Reputation noch überschaubar ist oder die sich in Nischen positionieren, in denen mitunter Kunden keinen Überblick über die Anbieter haben, gerne nach einem Push-Prinzip.

Je nachdem, welches Vertriebsmodell zur Anwendung kommt, sind Partnerschaften mit Distributoren aufzubauen oder eigene Infrastrukturen zu schaffen. Aus diesem Grund ist dessen Definition im Rahmen des Geschäftsplanes auch von großer Bedeutung. Setzt man auf Distributoren, ist die vertriebliche Reichweite vergrößert. Umgekehrt begibt sich das betroffene Unternehmen in Abhängigkeiten und hat Aufwände für den Wissensaufbau und die Schulung der Vertriebskanäle zu berücksichtigen. Darüber hinaus ist davon auszugehen, dass die jeweiligen Partner auch ihren Anteil am Kuchen einfordern werden, und dies schmälert wiederum den Profit. Bei Nutzung verschiedener Distributionsformen sind auch Kannibalisierungseffekte zu berücksichtigen, da mitunter dieselben Kunden über mehrere Wege adressiert werden.

Um die potenziell erzielbaren Marktvolumina und die Kosten des Vertriebsapparates bewerten zu können, ist es daher erforderlich, im Geschäftsplan zu definieren, über welche Kanäle die jeweiligen Kundensegmente angesprochen werden.

Insbesondere bei einem breiten Sortiment oder unterschiedlichen Kundengruppen kann es durchaus vorkommen, dass verschiedene Absatzmodelle parallel zum Einsatz kommen. Durch diese Form der Diversifikation lassen sich ebenfalls potenzielle Risiken reduzieren, da man nicht rein von einem Kanal abhängig ist. Allerdings hat dies auch seinen Preis, weil die Portfolioelemente auch an das entsprechende Vertriebsmodell angepasst werden müssen und die Betreuung jeweils Aufwand und Kosten verursacht. Es gilt auch in diesem Fall, dass eine Konzentration auf einige wenige Herangehensweisen die Wirkung in diese Kanäle erhöht und es damit wiederum leichter wird, Synergien zu nutzen. Im einfachsten Fall positioniert der Vertriebsmitarbeiter im Zuge eines Kundenbesuches mehrere Produkte des Unternehmens. Allerdings sind nicht alle Produkte über dieselben Kanäle verkaufbar. Im Investitionsgütersegment ist wohl eine personengebundene Direktvertriebsstrategie sinnvoll, um die Vorzüge des eigenen Produktes auch unmissverständlich vermitteln zu können. Bei hochwertigen Elektrogeräten macht vielleicht ein Absatz über spezialisierte Partner Sinn und im Konsumgüterbereich ist der Vertrieb über Distributoren und Handel das Mittel der Wahl.

In jedem Fall soll dieses Kapitel des Geschäftsplanes eine Einschätzung ermöglichen, welches Geschäftsvolumen durch die gewählten Vertriebskanäle adressiert werden kann und wie hoch die Kosten für dessen Betreuung sind.

6.2.4.6 Markteinführung

Bei einem einzelnen Produkt ist die Frage, wie es in den Markt eingeführt werden soll, bereits eine spannende Herausforderung. Im Falle eines umfassenderen Portfolios wird diese Thematik aber mitunter zu einer hochkomplexen Angelegenheit, da auch Wechselwirkungen zwischen den Portfolioelementen berücksichtigt werden müssen.

In jedem Fall gilt es im Geschäftsplan festzuhalten, wann und in welcher Form die Markteinführung vonstattengehen soll.

Letzten Endes muss die Einführung eines Produktes stark auf dessen Natur abgestimmt und gut geplant sein. Sobald es sichtbar wird, ordnen ihm Kunden Attribute zu, die in Online-Foren diskutiert, von Testinstituten verstärkt oder relativiert werden und zu Empfehlungen führen, das Erzeugnis zu kaufen oder davon Abstand zu nehmen. Dieser Prozess lässt sich nur schwer steuern und daher ist eine gute Planung der ersten Schritte entscheidend. Dahingehend ist es nützlich, breitenwirksame Ereignisse wie Messen, Fernsehshows oder Präsentationen vor großem Publikum für Einführungsveranstaltungen zu nutzen und die Wahrnehmung potenzieller Abnehmer von Beginn an in „die richtige Richtung" zu lenken. Steve Jobs wusste etwa seine Markteinführungen perfekt zu inszenieren und sorgte auf diese Weise für eine enorme Nachfrage nach dem iPhone, noch bevor genaue Analysen und Tests des Produktes öffentlich verfügbar waren, aufgrund derer sich die Kunden ein Urteil bilden konnten (vgl. Isaacson 2011, Kap. 35).

Positioniert ein Unternehmen ein breiteres Portfolio am Markt, so übertragen sich Erfahrungen aus bestehenden Produkten auf neue Portfolioelemente und diese wiederum haben eine Wechselwirkung mit dem Bestand zur Folge. Dahingehend ist es wichtig, das Portfolio und die Einführung an die strategische Positionierung des Unternehmens anzupassen. Mit jedem neuen Portfolioelement muss der Hersteller auch die Frage beantworten, warum er es am Markt positioniert und wie es zur Ausrichtung des Unternehmens passt. Ist das Portfolio zu breit angelegt und das Profil für Abnehmer zu schwammig, kann dies durchaus ein Grund sein, einzelne Erzeugnisse nicht zu erwerben. Eine unklare Strategie stellt auch für Kunden ein Risiko dar, da sie nicht sicher sein können, in welche Richtung sich das Unternehmen weiterentwickelt, ob das Portfolioelement mitunter einer Konsolidierung zum Opfer fällt beziehungsweise ob es auch in den nächsten Jahren noch unterstützt wird. Je größer die Investition, desto wichtiger die Beantwortung dieser Frage. Selbst bei Konsumgütern wie Zahnpasta oder Pizzakäse greifen viele Kunden gern zu bekannten Erzeugnissen, mit denen sie gute Erfahrungen gemacht haben, denn immer neue Produkte zu testen und zu vergleichen ist ein Aufwand, welchen nicht jeder gern auf sich nimmt. Kann man nicht davon ausgehen, dass ein bestimmtes Erzeugnis noch länger angeboten wird, so hat das natürlich auch negative Auswirkungen auf dessen Absatz.

In der Positionierung von Erzeugnissen, parallel zu bestehenden Produkten, werden verschiedene Strategien angewendet:

- **Ergänzung von Hauptprodukten** – etwa ein Objektiv für einen Fotoapparat oder eine Integrationsdienstleistung zu einer komplexen Unternehmenssoftware
- **Substitution bestehender Produkte** – indem Nachfolgeversionen oder Ersatzprodukte über einen gewissen Zeitraum hinweg parallel zu auslaufenden Portfolioelementen positioniert werden, um unterschiedliche Käuferschichten (Innovatoren wie Nachzügler) anzusprechen und die Umsätze zu maximieren
- **Ansprechen neuer Kundengruppen,** um zusätzliche Käuferschichten in anderen Preissegmenten oder in anderen Märkten zu adressieren
- **Direkte Konkurrenz zu bestehenden Produkten** zwecks Ausweitung der eigenen Marktanteile zulasten von Mitbewerbern, obwohl auch eigene bestehende Portfolioelemente dadurch beeinträchtigt werden; diese Strategie verfolgen einige bekannte Autohersteller, die unter mehreren Marken vergleichbare Modelle anbieten, um die Anzahl eigener Optionen im Auswahlprozess seitens des Kunden zu erhöhen
- **Unabhängige Positionierung von Produkten,** die mit anderen Erzeugnissen des Herstellers nur wenig zu tun haben; als Beispiel könnte ein Softwarehersteller genannt werden, der auch Computermäuse herstellt

Ein Hersteller sollte davon ausgehen, dass Kunden neue Portfolioelemente stets in Beziehung zum bestehenden Portfolio setzen. Wie schon erläutert, ist daher aber die Frage, wie ein neues Produkt zu verstehen sei, seitens des Anbieters bei der Markteinführung zu beantworten. Handelt es sich um eine Erweiterung erfolgreicher Produkte, ersetzt es ein bestehendes Produkt, welches nun als Auslaufmodell zu sehen ist, oder ist es als Zeichen zu interpretieren, dass sich das Unternehmen neu ausrichtet? Kunden beantworten diese Frage für sich in jedem Fall und daher sei empfohlen, ihnen dabei als Unterstützung eine Hilfestellung zu bieten, indem die Überlegungen und die damit verbundene Strategie aus Sicht des Herstellers vermittelt werden. Es versteht sich von selbst, dass dabei keine Betriebsgeheimnisse ausgeplaudert werden müssen, aber es sollte eine nachvollziehbare, stimmige Geschichte sein, die für den Abnehmer neutral oder positiv ist.

▶ Beantworten Sie bei der Einführung neuer Portfolioelemente die Frage, wie diese im Kontext der Unternehmensstrategie zu sehen sind. Ansonsten wird diese Frage durch Kunden beantwortet – mitunter nicht zu Ihrem Vorteil.

Dazu gehört aber nicht nur eine Aussage zum Produkt an sich und dessen Eingliederung in das Gesamtportfolio. Insbesondere bei höherwertigen Gütern muss auch die Frage beantwortet werden, wie die Betreuung nach dem Geschäftsabschluss gestaltet wird. Übernehmen etwa Partner die Integration und Wartung oder wird dies vom Hersteller selbst übernommen? Falls dieser auf Dritte setzt, dann muss der Kunde im Kaufprozess auch Überlegungen anstellen, welches Unternehmen idealerweise dafür in Frage kommt und ob dieses ein adäquater Geschäftspartner ist. Bei Integrationsprojekten ist das mitunter wichtiger als das Produkt an sich. Ob eine Buchhaltungssoftware reibungslos eingeführt werden kann und problemlos an die bestehende Infrastruktur angebunden wird, ist weniger eine Frage der Software als vielmehr eine Frage der Kompetenz des jeweiligen Integrators. Damit ist der Hersteller aber wieder mit der Entscheidung für den richtigen Absatzkanal konfrontiert.

Bei der Einführung eines Portfolioelementes gilt es daher auch Richtung Abnehmer zu kommunizieren:

- Bitte die Fettdrucke aus dem Manuskript übernehmen. Wie passt **das neue Portfolioelement zum bestehenden Angebot** und zur Unternehmensstrategie?
- Wie ist der **Ablauf, um das Produkt auch verwenden** zu können? (Sofern das nicht selbsterklärend ist, wie im Fall von Zahnpasta, bei der zugegebenermaßen auch nicht jedes Produkt offenkundig in seiner Anwendung ist.)
- An **wen kann man sich bei Problemen wenden** und wie ist der Ablauf bei nachträglichen Fragen?

Die Beantwortung dieser Fragen zieht eine Reihe von Auswirkungen auf andere Produkte im Portfolio sowie erforderlicher Partnerstrukturen nach sich. Zudem birgt sie Chancen und Risiken für bestehende Produkte, aber auch für das betroffene Erzeugnis. Damit ist es obligatorisch, im Geschäftsplan darauf einzugehen, Wechselwirkungen zu antizipieren und erwartete Effekte zu beschreiben. Eine Einführung eines Nachfolgeproduktes hat zwingend einen Einfluss auf dessen Vorgänger. Würde man rein das neue Produkt betrachten, wäre das eine unzulässige Verkürzung. Das Nachfolgeprodukt profitiert von der Marktpräsenz seines Vorgängers und lässt damit eine raschere Penetration erwarten, führt aber auch – und das ist wohl auch die Erwartungshaltung des Herstellers – zu einer Reduktion der Umsätze mit dem alten Erzeugnis. Ähnliches gilt für Erweiterungsmodule von eingeführten Produkten, die vom Erfolg der Hauptprodukte abhängen und so weiter.

Erst wenn der Geschäftsplan eine konsolidierte Darstellung des Gesamtportfolios widerspiegelt und Wechselwirkungen bestehender und neuer Elemente in der Einführung, aber auch in weiterer Folge auflistet, lässt dies eine qualifizierte Bewertung zu.

6.2.4.7 Absatzfördernde Maßnahmen/ Kommunikation

Abgestimmt auf das Portfolio sind die Wege, auf denen die potenziellen Abnehmer erreicht werden sollen, zu erarbeiten und im Geschäftsplan festzuhalten. Die Kommunikation kann auf verschiedene Arten erfolgen und hängt vor allem vom Vertriebskonzept (s. oben), von den Produkten an sich und der Erwartungshaltung beziehungsweise dem Kaufprozess der Kunden ab.

Nach Kotler und Bliemel (2001, S. 882 f.) stehen dafür folgende Möglichkeiten zur Verfügung:

- **Werbung:** Bezahlte Form der nichtpersönlichen Präsentation durch einen identifizierten Auftraggeber (z. B. Anzeigen in Printmedien, Verpackung, Beilagen, Kinowerbung, Zeitschriften, Plakate, Broschüren, Reklameschilder, …)
- **Direktmarketing:** Aktive nichtpersönliche Information ausgesuchter Kunden (z. B. Kataloge, Handzettel, Telemarketing, E-Mail, TV-Direktverkauf, …)
- **Verkaufsförderung:** Kurzfristige Anreize zum Kauf beziehungsweise Verkauf (z. B. Preisausschreiben, Sonderprogramme, Werbegeschenke, Muster, Ausstellungen, Vorführungen, Rabatt- und Sammelmarken, Verbundangebote, …)
- **Public Relations:** Indirekte Aufwertung des Images eines Unternehmens und seiner Produkte im Bewusstsein der Öffentlichkeit (z. B. Pressemappen, Vorträge, Veröffentlichungen, Spenden, Sponsoring, …)
- **Persönlicher Verkauf:** Verkaufsgespräche mit potenziellen Käufern (Verkaufspräsentation, Telefonverkauf, Fachmessen, …)

Aus der Vielzahl an Möglichkeiten wird rasch deutlich, dass sich ein Unternehmen auf gewisse Varianten beschränken muss, die es gut zu planen gilt, um das optimale Resultat zu erzielen. Speziell im Portfoliomanagement ist zu überlegen, wie die Wirksamkeit kombinierter Kommunikation gesteigert werden kann. Durch Kombination verschiedenster Produkte etwa in Form eines Themen-Kataloges für eine bestimmte Zielgruppe können die Marketingkosten einzelner Portfolioelemente gesenkt und die Wahrscheinlichkeit erhöht werden, dass zumindest eines davon den Bedarf des potenziellen Abnehmers adressiert und ihn zum Kauf motiviert. Ferner ist damit auch die Chance gegeben, dass er sich für weitere Produkte aus dem Angebot entscheidet, da der Aufwand, beim selben Anbieter mehrere Erzeugnisse zu erwerben, für ihn geringer ist als von Hersteller zu Hersteller sich die Produkte einzeln zusammenzusuchen und getrennt voneinander zu erwerben. Dies würde mehr Zeit für den Vergleich und die Auswahl der Waren, mehrfache Bezahlvorgänge, logistische Mehrkosten und so weiter implizieren.

Zur Definition eines Marketingprogramms ist folgende Vorgehensweise zielführend. Der Marketing-Kommunikator muss (ebd., S. 887)

1. das Zielpublikum und seinen Bezug zum Kommunikationsobjekt ermitteln,
2. die Wirkungsziele der Kommunikation bestimmen,
3. die Botschaft gestalten,
4. die Kommunikationswege auswählen,
5. das Gesamtbudget für die absatzfördernde Kommunikation festlegen,
6. über die Budgeteinteilung für den Absatzförderungsmix entscheiden,
7. die Ergebnisse messen und
8. die absatzfördernde Kommunikation durchführen und koordinieren.

All diese Aspekte können zum Zeitpunkt der Erstellung eines Geschäftsplanes noch nicht fixiert und vor allem nicht durchgeführt werden. Sie sind in späterer Folge zu planen und entsprechend dem Marketingplan umzusetzen. Allerdings sollte im Geschäftsplan dokumentiert und begründet werden, mit welchen absatzfördernden Maßnahmen die Kunden erreicht werden sollen. Dazu zählen vor allem die Festlegung der Kommunikationswege, über die jedes einzelne definierte Kundensegment (s. oben, Marktsegmentierung) angesprochen werden soll, und die Häufigkeit, in der die Kommunikation stattfinden wird. Dies ist nicht nur eine Basis zur Einschätzung, ob es überhaupt gelingen kann, die Zielgruppe auf diesem Wege zu adressieren. Vielmehr ist diese Ausarbeitung erforderlich, um das im Finanzplan darzulegende Budget zu ermitteln, das für absatzfördernde Maßnahmen aufgewendet werden muss.

6.2.4.8 Umsatzströme

Ziel der Realisierung eines Geschäftsplanes ist letztlich auch immer, entsprechende Einnahmen zu generieren. Je nach Vertriebs- und Preismodell gelangen die Einnahmen jedoch zu unterschiedlichen Zeitpunkten und auf unterschiedlichen Wegen zum Hersteller. Nur in den seltensten Fällen zahlen Kunden vor Lieferung. Das Online-Bestellwesen ist wohl eine der wenigen Ausnahmen, in denen sich diese Form der Verrechnung als selbstverständlich etabliert hat. Im Business-to-Business-Bereich oder bei höherwertigen Gütern ist dies bei weitem nicht so eindeutig. Allerdings hängt davon ab, ob eine Firma zwischenfinanzieren muss, bis sie das Geld vom Abnehmer erhält, oder mitunter ein Risiko eingeht, die Erlöse überhaupt zu erhalten. Es ist naheliegend, dass entsprechende Festlegungen wichtige Grundlagen für Liquiditätsrechnung und Finanzplanung darstellen.

6.2 Inhalte eines Geschäftsplanes

Zur Darstellung der Umsatzströme ist eingangs eine Preisstrategie zu definieren (s. dazu auch Abschn. 4.5.2), die vor allem von Nachfrage, Mitbewerb, Positionierung, Kosten und Kundenwert (vgl. Matys 2011, S. 236) beeinflusst wird. Viele Unternehmen – vor allem jene, die ihre Hausaufgaben im Hinblick auf Marktanalysen nicht gemacht haben – orientieren sich dabei vor allem an den Herstellungskosten. Dieser Wert hat jedoch meist nur wenig mit dem Marktpreis zu tun. Vielmehr sind Kundenwert und Preisgestaltung des Mitbewerbs erfahrungsgemäß die wesentlichen Faktoren. Wichtig ist, dass die Preispolitik im gesamten Sortiment stimmig ist und zur Positionierung des Unternehmens (Qualitätsanbieter oder Billiganbieter) passt. Diese Festlegung ist besonders wichtig, um auch die Einnahmen im Kontext der Finanzplanung einschätzen zu können.

▸ Ermitteln Sie den am Markt voraussichtlich erzielbaren Preis anhand des Kundennutzens und der Wettbewerbssituation, *bevor* Sie die internen Kosten beziffern. Dies schärft den Blick auf das Wesentliche.

Im nächsten Schritt wird dokumentiert, in welcher Form die jeweiligen Produkte beziehungsweise Leistungen verrechnet werden. Dahingehend bieten sich wiederum verschiedene Modelle an:

- Pauschalpreis für beschriebenes Leistungspaket
- Verrechnung einer Leistung auf Basis der Herstellungskosten beziehungsweise nach Aufwand
- Preis in Abhängigkeit von der Verwendung des Erzeugnisses (zum Beispiel Anzahl Betriebsstunden, Nutzer)
- Preis in Abhängigkeit von den Erlösen, die der Abnehmer damit erzielt, etwa in Form von „Revenue-Share-Modellen"
- Verrechnung für potenzielle Leistungserbringung auf Basis von Zeitperioden wie beispielsweise im Falle von Wartungsverträgen
- Preis in Abhängigkeit von externen, mitunter unbeeinflussbaren Ereignissen (beispielsweise bei Finanzprodukten oder Versicherungen)

Natürlich sind noch weitere Spielarten und Kombinationen denkbar und es haben sich in den letzten Jahren stetig „kreativere" Varianten am Markt etabliert, die vor allem dem Gedanken Rechnung tragen, dass der Abnehmer sein Risiko und die Höhe der Initialinvestition (CAPEX) möglichst reduzieren möchte beziehungsweise die Ausgaben an den tatsächlich erzielten Wert anzupassen bestrebt ist.

Dies gilt auch für den Zeitpunkt der Bezahlung, die vor Leistungserbringung beziehungsweise Lieferung, zu definierten Meilensteinen oder erst zu späteren Terminen erfolgt. In diesem Kontext findet man entsprechend ebenso stetig flexiblere Varianten vor, die davon geprägt sind, dass Endkunden möglichst spät zahlen möchten und bestrebt sind, dass die Zahlung mit einem selbst generierten Nutzen korreliert. Vor allem im Falle indirekter Vertriebsmodelle verlängert sich die Zeit vom Erwerb der Leistung seitens des Endkunden bis zum Eintreffen des Geldes auf dem Konto des Herstellers. Allerdings bieten solche Modelle umgekehrt auch Möglichkeiten, die Zahlungen zu beschleunigen, indem etwa ein Lizenzpaket im Vorhinein verrechnet wird, das der Vertriebspartner dann sukzessive selbst an seine Endkunden verkauft, wobei er entsprechende Erlöse erzielt. Allerdings ist ein allgemeiner Trend zu verzeichnen, dass vor allem mächtige Vertriebspartner dieses Risiko nicht selbst tragen wollen und auf den Hersteller abwälzen. In einem kompetitiven Umfeld ist dies vor allem in der Auswirkung auf den Liquiditätsplan zu berücksichtigen.

Besonders kleinere Unternehmen geraten rasch in Schwierigkeiten, wenn sie sich auf große Projekte einlassen, bei denen der Abnehmer späte Zahlungstermine vereinbart und diese an Leistungserbringungskriterien knüpft. Zögert der Kunde etwa aus formalen Gründen die Abnahme und damit die Bezahlung eines 700.000-€-Auftrages über mehrere Monate hinaus, kann dies für ein Unternehmen mit zehn Mitarbeitern zu existenzbedrohlichen Konstellationen führen, wie kürzlich ein Softwarehersteller in Wien erleben durfte. Noch heikler wird die Konstellation, wenn die Bezahlung von unbeeinflussbaren Ereignissen oder Erfolgen des Abnehmers abhängt. Ist dann noch ein Vertriebspartner zwischengeschaltet, so ist die Einflussnahme des Herstellers auf den Endkunden zusätzlich eingeschränkt und erschwert das Inkasso.

Für eine solide Bewertung des Geschäftes und des Portfolios eines Unternehmens ist es daher unabdingbar, auch die Modalitäten der Leistungsverrechnung der einzelnen Portfolioelemente oder Produktlinien zu kennen.

Der Kunde steht im Mittelpunkt der Überlegungen In sämtlichen Überlegungen zum Marketingplan ist es entscheidend, sich stets die anzusprechende Kundenklientel als primären Adressaten vor Augen zu halten. Sie bestimmt, ob Produktnutzen, Preisgestaltung, Vertriebskonzept, Kommunikationsmaßnahmen und Verrechnungsmodelle überhaupt anwendbar sind. Viele Kunden akzeptieren keine Vorauskasse, andere erwarten lokale Unterstützung seitens des Herstellers oder kaufen mitunter aufgrund der Komplexität des Erzeugnisses nur nach persönlicher Beratung. Natürlich ist es ausgeschlossen, alle Vorlieben und Wünsche zu hundert Prozent zu erfüllen. Wichtig ist aber bei der Erstellung des Geschäftsplanes, dass in der Auswahl der zu adressierenden Kundensegmente überprüft wird, ob diese auch über die gewählten Vertriebskanäle erreicht werden können und ob sie die Form der Leistungserbringung und Verrechnungsmodelle akzeptieren. Ist dies nicht der Fall, schränkt sich das adressierbare Marktvolumen entsprechend ein oder es gilt durch weitere, zusätzliche Formen sicherzustellen, dass man möglichst alle potenziellen Abnehmer erreicht. Dabei wird aber unmittelbar wieder die Kostenfrage aufgeworfen, die eine Bewertung erfordert, ob die Zusatzaufwände durch die erzielbaren Volumina infolge eines erweiterten potenziellen Kundenkreises auch abgedeckt werden können. Die Praxis zeigt, dass eine Fokussierung auf einige wenige Geschäftsmodelle in diesem Kontext durchaus sinnvoll ist, da sie zusätzlich zur Profilierung am Markt beiträgt und intern Kosten sowie Komplexität senkt.

6.2.5 Umsetzungsplan

6.2.5.1 Realisierungsplan

In einem Geschäftsplan ist zu erläutern, welche Schritte für die Umsetzung des Vorhabens erforderlich sind. Vor allem ist hier ein Terminplan entscheidend, der zur internen Synchronisation der verschiedensten Stakeholder und als Zeitleiste für den Entscheider dient. Dahingehend empfiehlt sich ein Meilensteinplan, der die terminlichen Eckpunkte des Vorhabens regelt.

Ein Beispiel für jene Zeitpunkte, die ein Meilensteinplan umfassen sollte, der entsprechend dem Adressatenkreis (interne Freigabe oder externer Investor) variieren kann:

- Bis wann haben die Zulieferungen etwaiger Wünsche an ein Produktvorhaben zu erfolgen?
- Ab wann sind keine Änderungen mehr möglich? (Feature-Freeze-Termin)
- Vertriebsfreigabe – ab diesem Zeitpunkt dürfen die jeweiligen Portfolioelemente verkauft werden
- Fertigstellung der Entwicklungen und damit Freigabe für die Testphase
- Produktfreigabe – Zeitpunkt der Fertigstellung des jeweiligen Produktes, wenn sämtliche Entwicklungen, Tests und die Dokumentation abgeschlossen sind
- Informationsereignisse und absatzfördernde Maßnahmen (etwaige Vorstellungen im Unternehmen, Presseaussendungen, Messen)
- Gegebenenfalls Übergabe von Aufgaben an andere Stellen im Unternehmen wie etwa die Wartungsverantwortung an das Support-Team
- Etwaige, bereits bekannte geplante Nachfolgeversionen (Grobplan, Roadmap)

Darüber hinaus ist zu diesem Zeitpunkt auch ein Übersichts-Projektplan zu erstellen, der den Bedarf an Mitarbeitern konkretisiert und die zu erledigenden Aufgaben terminiert. Das betrifft die Entwicklung von Portfolioelementen, etwaige bereits identifizierte Pilotprojekte und auch die parallel stattfindenden marktorientierten Maßnahmen. Da es sich bei einem Portfolioplan um eine sehr komplexe Aufgabe handelt, sollte an dieser Stelle darauf geachtet werden, nicht ins Mikromanagement abzudriften. Es gilt, sich einen Überblick darüber zu verschaffen, welche Aktivitäten erforderlich sind und wann beziehungsweise durch welche Teams diese erledigt werden sollten. Eine Auflistung von hunderten Einzelaufgaben verwässert den Blick für das Wesentliche und wird erfahrungsgemäß auch nicht im Detail verinnerlicht.

Bei firmen- oder standortübergreifenden Aufgaben kann es auch nützlich sein, diese explizit anzuführen, da eine Abstimmung mit externen Stellen, die nicht im Tagesgeschäft in das Vorhaben eingebunden und dahingehend ohnehin bestens informiert sind, in der Praxis häufig zu kurz kommt. Durch die konkrete Erfassung dieses Koordinationsbedarfs hat der Portfoliomanager auch ein Werkzeug, das sicherstellt, dass diese externen Stellen nicht übersehen werden, und anhand dessen er den Fortschritt verifizieren kann.

6.2.5.2 Leistungserbringung

In einem reinen Produktgeschäft, sollte man denken, sei die Leistungserbringung mit der Entgegennahme des Produktes durch den Abnehmer erfolgt. Dies lässt sich jedoch nicht so leicht verallgemeinern. Wie in Abschn. 2.2 beschrieben, handelt es sich bei Produkten nicht zwingend um vordefinierte Erzeugnisse, sondern es können darunter durchaus auch Dienstleistungen oder eine Kombination aus Erzeugnissen und zusätzlicher Wertschöpfung in Form von Dienstleistung verstanden werden. Je nach Art des Produktes genügt es, dies schlichtweg per Logistikunternehmen an den Kunden zu senden, oder es muss eine lokale Mannschaft vor Ort die Leistungserbringung durchführen. In diesem Zusammenhang sollte sich der zuständige Manager überlegen, ob das Unternehmen etwaige Leistungen selbst erbringen möchte und dies prinzipiell kostendeckend möglich ist oder ob etwa für lokal zu erbringende Dienstleistungen Partnerunternehmen eingebunden werden müssen. Die jeweilige Form ist im Geschäftsplan zu dokumentieren.

Viele Unternehmen konzentrieren sich auf die Herstellung von spezialisierten Produkten, die von lokalen Value-added-Resellern bezogen und im Rahmen von kundenspezifischen Integrationsprojekten an die jeweiligen Bedürfnisse von Kunden angepasst werden. Dies hat natürlich Implikationen auf die erforderlichen Strukturen im eigenen Haus, denn wenn die Integration von Kundenprojekten durch die eigene Mannschaft erbracht werden soll, muss diese zu einem gewissen Grad auch vorgehalten werden. Überlässt man hingegen die Integration Partnerfirmen, sind Schulungskonzepte zu erarbeiten, Maßnahmen zu etablieren, die eine Sicherstellung einer qualitativ adäquaten Leistungserbringung erlauben, und so weiter. Wie im Fall der Distributionsmodelle ist es auch in der Leistungserbringung ratsam, Channel-Konflikte zu vermeiden und nicht mit den eigenen Partnerunternehmen in direkte Konkurrenz zu gehen.

Ferner sollte das Modell der Leistungserbringung mit den Fähigkeiten des Unternehmens beziehungsweise dessen Strategie in Einklang stehen. Selbst wenn es für ein Produkt der Ebene 2 erforderlich ist, eine Anpassung der Einzelkomponenten vorzunehmen, um es beim Kunden einsetzen zu können, bedeutet dies bei weitem noch nicht, dass diese Leistung selbst erbracht werden muss. Mitunter ist dies aus geografischen Gründen oder aufgrund anders gelagerter Kompetenzen nicht zielführend. Der Geschäftsplan sollte daher darlegen, wie die Leistungserbringung erfolgt, um daraus etwaige obligatorische Rahmenbedingungen und Einschränkungen, Zusatzkosten oder den Bedarf an Geschäftspartnern einschätzen zu können.

6.2.5.3 Unterstützende Aktivitäten

Neben den direkten Leistungen, die erforderlich sind, um ein Produktportfolio zu etablieren, sind zahlreiche indirekte, unterstützende Aufgaben zu erledigen, die das interne Rahmenwerk bilden. Da diese durchaus nennenswerte Aufwände und Kosten nach sich ziehen können, sind sie auch im Geschäftsplan anzugeben. Je nach Geschäftsmodell, Organisation und Prozessen des Unternehmens sind sie mitunter in der Unternehmensplanung erfasst oder direkt den einzelnen Portfolioelementen in den spezifischen Geschäftsplänen zugeordnet. Falls nicht, sollten sie explizit im übergeordneten Portfolio-Geschäftsplan angeführt werden.

Unterstützende Aktivitäten sind unter anderem:

- Controlling
- Qualitätsmanagement
- Einkauf, Procurement
- Partnermanagement
- Vertrieb
- Marketing
- Aufwände und Kosten für Infrastruktur wie etwa Fertigung
- Personalmanagement und Organisation
- Aktivitäten und Kosten für Facility Management
- Kosten für Räumlichkeiten
- Administrative Aufwände wie Assistenz oder Management
- Trainings
- Kosten für Infrastruktur und Aufwände, um diese aufzubauen und zu betreuen (etwa Testanlagen)
- IT und interne Tools
- Weitere Zentralstellen, die nötig sind, um ein Portfolio zu etablieren und zu betreuen

Viele dieser Aspekte sind durchaus auch Teil der Unternehmensplanung. Allerdings zieht die Einführung und Betreuung eines Produktportfolios in der Regel maßgebliche Implikationen für das Unternehmen an verschiedensten Stellen nach sich. Werden neue Portfolioelemente eingeführt, erfordert das mitunter neue Partner, einen Ausbau der Fertigungsanlagen oder eine personelle Aufstockung. Sind diese mit der Realisierung des vorliegenden Geschäftsplanes verbunden, sollte der entsprechende Bedarf auch konkret angeführt werden und in die Kostenbetrachtung einfließen. Falls möglich, empfiehlt sich eine Aufschlüsselung und Zuordnung zu einzelnen Portfolioelementen oder diese Posten werden allgemein in einem gesammelten Punkt erfasst. Diese Darstellung ist insofern von Bedeutung, als die Realisierung des Geschäftsplanes Auswirkungen auf andere Stellen im Unternehmen dokumentiert. Damit sind diese greifbar und können zeitgerecht geregelt werden beziehungsweise ist es damit zum Planungszeitpunkt eher möglich, etwaige Konflikte zu erkennen und frühzeitig zu lösen. Für den Portfoliomanager bieten sie wiederum eine belastbare Bestätigung interner Rahmenbedingungen, die seinem Vorhaben zugrunde liegen.

In Abhängigkeit davon, in welchem Umfang diese Aktivitäten erforderlich sind, kann dieses Kapitel des Geschäftsplanes sehr kurz sein – etwa wenn es sich um die Fortschreibung des aktuellen Portfolios handelt oder eine neue Version eines bestehenden Produktes geplant wird – oder eben sehr umfangreich. Dies ist vor allem dann der Fall, wenn der Geschäftsplan mit der Gründung einer neuen Firma, dem Aufbau neuer Geschäftssegmente oder einer strategischen Neuausrichtung des Unternehmens einhergeht. Setzte die betroffene Organisation beispielsweise in der Vergangenheit auf die Realisierung kundenspezifischer Lösungen in Projektform und möchte nun eine saubere Produktstrategie etablieren, sind neben den fachlichen und operativen Themen auch begleitende Maßnahmen im Kontext von Organisationsentwicklung und entsprechende Trainings erforderlich, da sie einen großen Einfluss auf den Erfolg der Umsetzung haben.

6.2.5.4 Partnerschaften

Selten werden Portfoliostrategien rein durch Mitwirkung eigener Ressourcen und ausschließlich unter Einsatz eigener Produkte umgesetzt. Mit der zunehmenden Spezialisierung der Unternehmen geht der Bedarf an Zukauflösungen einher. Nahezu jedes Erzeugnis ist von Zulieferungen von Rohstoffen, Teilerzeugnissen oder Leistungen anderer Unternehmen abhängig. Nur wenige Schuhproduzenten gerben ihr Leder selbst oder bauen auch die für die Produktion erforderlichen Maschinen. Dies schafft Abhängigkeiten von anderen Unternehmen. Handelt es sich um „Single Sources" – besteht also keine Alternative zu diesen Firmen –, so ist das Vorhaben stark von deren Willen zur Kooperation abhängig. Im besten Fall kann eine solche Konstellation durch entsprechende Vereinbarungen geregelt werden. Allerdings besteht auch das Risikopotenzial des Ausfalls eines Partners oder die Gefahr, dass dieser seine Position in weiterer Folge ausnutzt und Druck auf das betroffene Unternehmen ausübt. So setzte etwa eine kleinere österreichische Firma auf die Zulieferung einer Sicherheitssoftware von einem etablierten, international agierenden Unternehmen. Als es der kleinen Firma gelang, ein großvolumiges Prestigeprojekt bei einer Großbank zu akquirieren, drehte der Zulieferer den Spieß um und verweigerte unter einem Vorwand die Auslieferung der Lizenzen mit dem Hintergedanken, das Unternehmen zu Fall zu bringen und es später kostengünstig zusammen mit dem Prestigeprojekt zu übernehmen. Diese feindliche Übernahme konnte nur durch exzellente Beziehungen der kleinen Firma zu ihrem Auftraggeber abgewendet werden, indem dieser seinerseits Druck auf den Zulieferer ausübte und sich hinter seinen Auftragnehmer stellte.

Partnerschaften sind meist unumgänglich und oft aus ökonomischen Gesichtspunkten sinnvoll. Allerdings sollten die damit verbundenen Risiken bewusst eingegangen und möglichst Alternativszenarien durchdacht werden. Unabhängig davon, in welchen Abschnitten der Wertschöpfungskette auf Partner gesetzt wird, ist im Geschäftsplan eine entsprechende Nennung und Begründung vorzunehmen beziehungsweise die Tätigkeit sowie die dafür zu kalkulierenden Kosten anzuführen. Letztere haben wiederum einen Einfluss auf die Profitabilität des Vorhabens, die im Finanzplan erfasst wird. Ferner ist die Art der Abhängigkeit darzustellen und im Falle eines Risikos sind mögliche Gegenmaßnahmen zu definieren. Diese können von Eigenleistung über alternative Lieferanten bis hin zu Substitutionsprodukten reichen. Darüber hinaus sind auch die relevanten Verbindlichkeiten zu erfassen, welche die einzelnen Partnerschaften wechselseitig implizieren. Dabei handelt es sich beispielsweise um Exklusivitätsvereinbarungen, Befristungen der Zusammenarbeit, besondere Rabattierungsmodelle oder Verpflichtungen zu bestimmten Leistungen wie etwa jährlichen Produkt-Releases, bei denen dem Partner ein Mitspracherecht im Hinblick auf den Funktionsumfang eingeräumt wird.

Im Geschäftsplan ist daher im Hinblick auf Partnerschaften Folgendes anzuführen:

- Nennung der Partner
- Tätigkeiten im Kontext des Vorhabens
- Begründung für die Zusammenarbeit
- Vertragliche Grundlage, Verpflichtungen
- Kosten im Kontext der Partnerschaft
- Second Sources oder Alternativen zum jeweiligen Partner

Im Zusammenhang mit Partnerfirmen, die enger eingebunden sind, sollten auch organisatorische und strategische Implikationen dargestellt werden. Vor allem innovative Technologieunternehmen haben häufig die Einstellung, selbst alle möglichen Anforderungen perfekt leisten zu können. Werden externe Firmen eingebunden, führt dies häufig zu Abstoßungsreaktionen und dem Versuch der Beweisführung, dass es besser wäre, die Leistung selbst zu erbringen. Ich (R.G.) konnte dahingehend mehrere Produktvorhaben in schwierigen Phasen begleiten, bei denen vor allem die Zusammenarbeit mit Partnerunternehmen die Ursache für Krisensituationen darstellte. So wurde etwa eine Teilkomponente einer Softwarelösung von einem externen Unternehmen entwickelt und das Produktteam des eigenen Hauses beschäftigte sich bei jedem Problem vor allem damit, nachzuweisen, dass der Partner für die Schwierigkeiten verantwortlich war. Erwartungsgemäß legten die Kollegen auf Partnerseite ein ähnliches Verhalten an den Tag. Wenn möglich, kann in solchen Konstellationen eine räumliche Zusammenführung der Teams nützlich sein. Eine gemeinsame tägliche Arbeit an denselben Herausforderungen stärkt unbestritten die soziale Integration und das „Wir-Gefühl" und damit die Effizienz des Teams. Zudem ist – wo immer möglich – darauf zu achten, die Ziele der Partner an die eigenen Zielen zu koppeln. Eine Erfolgsbeteiligung oder Pauschalbeträge, deren Auszahlung von der erfolgreichen Fertigstellung eines Portfolioelementes abhängig ist, sind definitiv Verträgen auf „Time & Material"-Basis vorzuziehen, bei denen der Partner davon profitiert, möglichst lange an einem Aufgabenpaket zu arbeiten. Ebenso ist es vorteilhaft, wenn Vertriebspartner nicht eine vom Erfolg entkoppelte Bezahlung erwarten dürfen, sondern sich deren Einkommen ebenso am gemeinsam erzielten Umsatz orientiert.

▶ Versuchen Sie stets, die Ziele Ihrer Partner mit Ihren eigenen Zielen zu koppeln.

6.2.6 Management und Organisation

Auf die unterschiedlichen Organisationsformen im Portfoliomanagement wurde in Kap. 5 bereits konkret eingegangen. Daraus ist abzuleiten, dass die Erfolgswahrscheinlichkeit eines Produktvorhabens stark davon beeinflusst wird, wie es im Unternehmen verankert ist. Selbst bei einem einzelnen Produkt ist es demnach schon bedeutend, Strukturen und Verantwortungen klar festzulegen. Noch wichtiger ist die Organisationsstruktur allerdings, wenn es sich um mehrere Produkte oder das gesamte Portfolio eines Unternehmens handelt. Sie muss dem Vorhaben Rechnung tragen und sich darüber hinaus auch an der Unternehmensstrategie beziehungsweise dem Geschäftsmodell orientieren. In Abhängigkeit davon, ob die jeweilige Firma ausschließlich auf Produktgeschäft setzt oder parallel Projekte abwickelt, ob sie Konsumgüter oder Investitionsgüter produziert, hat die für die Realisierung optimale Struktur zwingend eine spezifische Ausprägung. Insofern kann das Portfoliomanagement, wie in Abschn. 5.2 erläutert, in der Linienorganisation verankert sein oder rein als untergeordnetes Portfoliomanagement organisiert sein.

Da die Chance, sich im Haus durchzusetzen, die Prioritäten dem Vorhaben zuordnen zu können und die erforderlichen Ressourcen auch zugeteilt zu bekommen, stark von den Entscheidungsstrukturen abhängt, beeinflussen diese ihrerseits auch die Erfolgswahrscheinlichkeit der Portfoliostrategie. Daher ist ihre Erläuterung in einem Geschäftsplan auch von entsprechender Wichtigkeit. So kann jene Person, die diesen Plan beurteilt, ein Gefühl dafür entwickeln, wie realistisch dessen konsequente Umsetzung ist. Innerhalb des Unternehmens dient der Unternehmensleitung die Darstellung auch als Anhaltspunkt, um die Auswirkungen auf die restliche Organisation einzuschätzen. Darüber hinaus gibt sie dem zuständigen Manager ein definiertes Rahmenwerk, innerhalb dessen er sich bewegen kann. Für ihn ist die Festlegung der Struktur eine Absicherung dafür, dass ihm auch die erforderliche Entscheidungskompetenz zugeordnet wird.

Im Geschäftsplan sollte daher die intendierte Organisationsform für das beschriebene Vorhaben vorgestellt werden und darüber hinaus auch die Einbettung in die Linienorganisation des Unternehmens.

Da es sich um ein konkretes Vorhaben handelt, sei dringend angeraten, auch die Schlüsselpersonen namentlich zu nennen und Zuarbeiten von anderen, internen und externen Stellen klar zu bezeichnen.

Zu den Schlüsselpersonen zählen vor allem:

- Portfoliomanager
- Produktmanager (kommerziell beziehungsweise technisch, je nach Struktur)
- Architekt
- Teamleiter für einzelne Aufgabenpakete
- Wichtige Personen auf operativer Ebene innerhalb des Produktteams wie etwa Entwickler mit besonderen Fähigkeiten oder Kollegen, die Schnittstellen zu anderen Abteilungen darstellen
- Personen im Unternehmen, die zum Erfolg entscheidend beitragen, wie beispielsweise zugeordnete Vertriebsmitarbeiter oder Leiter von wichtigen Zentralstellen
- Kräfte in Partnerunternehmen, die Arbeitspakete koordinieren oder als Kommunikationsschnittstelle von besonderer Bedeutung sind

Für jede dieser Schlüsselkräfte ist auch die Verantwortung und Entscheidungskompetenz festzulegen. Ist dies von Anfang an klar geregelt, wird die Umsetzung erheblich erleichtert,

6.2 Inhalte eines Geschäftsplanes

da sich das Team nicht ständig mit Kompetenzfragen beschäftigt und sich in der Suche nach Leuten wiederfindet, die bei heiklen Fragen letztlich die Entscheidung zu treffen haben.

Neben der namentlichen Nennung des Schlüsselpersonals ist auch die Anzahl von Mitarbeitern inklusive einer Beschreibung der erforderlichen Qualifikation anzuführen. Das gilt für Mitarbeiter, die dem Portfolioteam direkt zugeordnet sind, ebenso wie für Kollegen, die aus anderen Abteilungen – etwa in einer Matrixorganisation – zuarbeiten. Dies ist nötig, um die Umsetzbarkeit zu beurteilen und die Kapazitätsplanung des Unternehmens dahingehend auszurichten.

Häufig führen die namentliche Nennung sowie die Bezeichnung einer gewissen Anzahl an Personen, die mitarbeiten sollen, zu intensiven Diskussionen. Nur selten sind diese Kollegen im Unternehmen frei verfügbar. Erfahrungsgemäß ist aber eine Klärung solcher Themen zu diesem Zeitpunkt noch möglich – sofern das auch durch den Finanzplan gedeckt ist – und bildet die Grundlage für die folgende Umsetzung. Wenn zu einem späteren Zeitpunkt, etwa dann, wenn ein Produkt zur Hälfte fertiggestellt wurde, erkannt wird, dass weitere Personen hinzugezogen werden müssen, ist das häufig mit größeren Schwierigkeiten verbunden, da die Kollegen in anderen Vorhaben eingesetzt und mitunter dort unabkömmlich sind.

Wie schon mehrfach ausgeführt, schwankt der Personalbedarf je nach Entwicklungsphase der Produkte. Natürlich ist es ökonomisch nicht sinnvoll, sämtliche Personen vorzuhalten, die potenziell erforderlich sind. Daher ist auch eine Planung, wann die jeweiligen Kollegen mitarbeiten sollen, von großem Nutzen, was die übergreifende Optimierung der Kapazitätsplanung betrifft.

Abgesehen von Organisationsstruktur und Schlüsselpersonen ist es auch hilfreich, im Geschäftsplan die Reporting-Struktur und die prinzipielle interne Kommunikation zu regeln. Vor allem bei komplexen Vorhaben ist der Aufwand, der für interne Abstimmungsmeetings, Information der Linie oder der betroffenen internen Stellen erforderlich ist, erheblich. Dies hat einerseits eine Auswirkung auf die Planung des Kapazitätsbedarfs und andererseits auch terminliche Konsequenzen, nach denen sich andere Abteilungen richten müssen. Solche Aspekte werden gerne vernachlässigt, sind aber für eine erfolgreiche Umsetzung zwingend erforderlich und nehmen in größeren Unternehmen einen signifikanten Anteil des Tagesgeschäftes ein. Nicht selten sind Produktmanager zu zwei Dritteln ihres Tages mit interner Abstimmung und Kommunikation beschäftigt. Ignoriert man diese Aufwände, kann dies zu einem bösen Erwachen führen, was die Kosten betrifft.

Die Definition dieser Aspekte darf sich dabei auch nicht rein auf die Realisierungsphase der Portfolioelemente beschränken. Vielmehr gilt es, auch die Markteinführung, Projektumsetzung und nachträgliche Kundenbetreuung zu berücksichtigen. Vertrieb sowie Projekt- und Wartungsteams müssen in das Produktportfolio eingearbeitet werden und ihrerseits die Kapazitäten vorsehen, um dieses später auch zu betreuen.

Kommt es im Zuge der Umsetzung des geplanten Vorhabens zu strukturellen Änderungen im Unternehmen – etwa wenn eine ehemals auf Projektmanagement ausgerichtete Struktur auf die Herstellung von Produkten umgestellt wird –, ist es durchaus sinnvoll, den aktuellen Status, den Zielzustand sowie jene Maßnahmen aufzulisten, die erforderlich sind, um diesen zu erreichen. Wiederum hilft dies, die Implikationen auf das Unternehmen zu antizipieren, das Vorhaben abzusichern und die Änderungen zu begleiten. Wenn das im Geschäftsplan geregelt wird, kann unangenehmen Überraschungen vorgebeugt werden beziehungsweise finden die dahingehenden Diskussionen zu einem Zeitpunkt statt, zu dem noch wirksame Maßnahmen beschlossen werden können.

Zusammengefasst sind in diesem Kapitel des Geschäftsplanes festzuhalten:

- Organisation des Portfolio- beziehungsweise Produktmanagementteams
- Einbettung in die Linienorganisation des Unternehmens
- Schlüsselkräfte und erforderliche Kapazitäten innerhalb des Teams
- Schlüsselkräfte und erforderliche Kapazitäten in Zentralstellen des Unternehmens
- Schnittstellenfunktionen
- Einbindung von Partnerfirmen
- Verantwortungen und Kompetenzen
- Planung der internen Kommunikation und der Berichterstattung
- Etwaige, mit der Realisierung des Vorhabens verbundene strukturelle Änderungen

6.2.7 Unternehmensstruktur und Kapitalisierung

Wenn ein Geschäftsplan erstellt wird, um externe Investoren etwa im Zuge eines Due-Diligence-Projektes oder im Kontext von Investitionsüberlegungen zu begeistern, dann darf eine Darstellung des Unternehmens nicht fehlen. Für rein interne Produkt- und Portfolioentscheidungen ist die grundsätzliche Beschreibung, die in Abschn. 6.2.2 vorgenommen wurde, in der Regel ausreichend, da wohl die Struktur und Kapitalisierung des eigenen Hauses bekannt sind. Gerade für externe Bewertende ist dies aber eine höchst relevante Information, die Aussagen über Substanz und Finanzkraft des Unternehmens liefert, die in Bezug zum später noch ausgeführten Finanzplan zu bringen beziehungsweise einzuschätzen sind.

Im Wesentlichen werden hier jene Punkte erfasst, die auch in einem Geschäftsbericht zu finden sind:

- Personen in der **Unternehmensleitung** und in Kontrollorganen
- **Gesellschaftsform** des Unternehmens
- Übersicht der **Beteiligungen** (etwaige verbundene Unternehmen oder Tochtergesellschaften)
- **Positionierung** des Unternehmens, spezielle Schwerpunktsetzungen
- Kurzdarstellung der **Unternehmensstrategie** beziehungsweise Vision und Mission
- **Rückblick** auf das vergangene Geschäftsjahr (Errungenschaften, Leistungen, gegebenenfalls auch Schwierigkeiten)

6.2 Inhalte eines Geschäftsplanes

- **Ausblick** auf das nächste Geschäftsjahr
- **Struktur** des Unternehmens (etwa Auflistung der Geschäftsfelder und der Organisationsstruktur)
- **Niederlassungen** und zugehörige **Anzahl der Mitarbeiter**
- **Finanzielle Eckdaten** des **Unternehmens** (Bilanz)
  - Langfristiges Vermögen (immaterielle Vermögenswerte, Sachanlagen, Beteiligungen, Wertpapiere, ...)
  - Kurzfristiges Vermögen (Kassenstand, Schecks, Guthaben, Forderungen, Vorräte, ...)
  - Eigenkapital
  - Langfristige Verbindlichkeiten (gegenüber Kreditinstituten, Einlagen stiller Gesellschafter, Rückstellungen, ...)
  - Kurzfristige Verbindlichkeiten (gegenüber Kreditinstituten, Anzahlungen, aus Lieferungen und Leistungen, Steuerschulden, ...)
- **Finanzielle Eckdaten** zur **geschäftlichen Tätigkeit** des Unternehmens (Gewinn-und-Verlust-Rechnung)
  - Gesamtleistung (Umsatzerlöse, aktivierte Eigenleistungen, ...)
  - Ergebnis der Betriebstätigkeit (Gesamtleistung abzüglich Materialaufwand, Personalaufwand, Abschreibungen, ...)
  - Ergebnis der Finanzierungstätigkeit (Zinsergebnis, Beteiligungsergebnis verbundener Unternehmen, weitere Finanzergebnisse)
  - Ergebnis der gewöhnlichen Geschäftstätigkeit (Ergebnis Betriebstätigkeit abzüglich Ergebnis der Finanzierungstätigkeit)
  - Steuern
  - Gewinn des Geschäftsjahres (Ergebnis der gewöhnlichen Geschäftstätigkeit abzüglich Steuern)
- Gegebenenfalls **finanzielle Eckdaten** zum Ergebnis **einzelner Geschäftsfelder**
  - Gesamtleistung des Geschäftsfeldes
  - Ergebnis der Betriebstätigkeit
  - Auftragseingang des Geschäftsfeldes

Vor allem bei Kenndaten, die Aufschluss über Größe, Erfolg und Substanz des Unternehmens geben können (Auftragseingang, Gesamtleistung, Profit, Eigenkapitalquote, Anzahl der Mitarbeiter), ist es für den Bewertenden hilfreich, wenn nicht nur der aktuelle Stand, sondern auch die Entwicklung über die letzten drei bis fünf Jahre dargestellt wird.

Abhängig vom Adressaten und Zweck des Geschäftsplanes werden diese Daten feiner gegliedert oder in aggregierter Form dokumentiert.

Handelt es sich um ein neu zu gründendes Unternehmen, das einen Investor für sich gewinnen möchte, so sind naturgemäß einige dieser Daten noch nicht vorhanden. Allerdings können meist Daten der Bilanz zum Gründungstermin und Mitarbeiteranzahl in geplanter oder bereits festgelegter Höhe erläutert werden. Je konkreter die Darstellung ist, desto besser ist die Entscheidungsgrundlage, und dies ist nicht nur für einen potenziellen Investor von Vorteil, sondern auch für den Unternehmer selbst, da Unklarheit stets einen Risikoaufschlag bedingt und er zudem ebenso über den Zustand der Firma Bescheid wissen sollte.

Falls bereits ein Geschäftsbericht vorliegt, genügt es, auf diesen zu verweisen und nur die Eckdaten im Geschäftsplan anzugeben.

6.2.8 Risiken und Chancen

6.2.8.1 Risiken

Genau genommen ist die Wahrscheinlichkeit, dass eine geplante Geschäftsentwicklung auch in der Praxis realisiert wird, verschwindend gering. Diese Kontingenz stellt ein Risiko dar, welches aber innerhalb einer gewissen Bandbreite bereits zum Zeitpunkt der Erstellung eines Geschäftsplanes eingeschätzt werden kann.

Für den verantwortlichen Manager, aber auch für den Geldgeber ist eine Aussage darüber, innerhalb welcher Grenzen sich die Realisierung aller Voraussicht nach bewegen wird, wie wahrscheinlich diese sind und welche Implikationen damit einhergehen, von entscheidender Bedeutung und damit unbedingter Bestandteil eines Geschäftsplanes. Daher ist eine solide Bewertung von Chancen und Risiken zum Zeitpunkt der Erstellung unumgänglich und sollte auch immer wieder aktualisiert werden, sobald neue Erkenntnisse evident werden.

Dazu ist für jedes Portfolioelement eine Liste zu erarbeiten, die Abhängigkeiten von externen Ereignissen und Rahmenbedingungen enthält und den Einfluss positiver beziehungsweise negativer Entwicklung des jeweiligen Faktors bewertet. Positive Entwicklungen sind als Chancen, negative als Risiken zu führen. Da einige der Rahmenbedingungen beeinflussbar sind und andere nicht, hat es sich bewährt, Maßnahmen zum Heben von Chancen und zur Reduktion von Risiken monetär zu beziffern und – unter Annahme von deren Umsetzung – eine erneute, zusätzliche Bewertung vorzunehmen.

Daraus ergibt sich eine Tabelle, welche die Bandbreite zwischen ungünstigstem und günstigsten Fall darstellt, monetär bewertet und darüber hinaus auch die Kosten für eine Verringerung dieser Bandbreite beziffert. Zur besseren Übersicht und Bewertung empfiehlt sich eine getrennte Auflistung von Chancen und Risiken.

Inhalte einer Risikobewertung:

- Beschreibung des Risikos
- Entdeckungswahrscheinlichkeit
- Eintrittswahrscheinlichkeit
- Kosten bei Eintritt
- Gegenmaßnahme
- Kosten für Gegenmaßnahme
- Entdeckungswahrscheinlichkeit nach Gegenmaßnahme
- Eintrittswahrscheinlichkeit nach Gegenmaßnahme
- Kosten bei Eintritt nach Gegenmaßnahme

Die Kunst dieser Übung ist das Finden der richtigen Granularität. Es sollen interne und externe Abhängigkeiten erfasst werden, die von organisatorischen Rahmenbedingungen bis hin zum Verhalten von Partnern und Mitbewerbern reichen. Dennoch muss der Umfang überschaubar bleiben und gleichermaßen die Realität möglichst gut widerspiegeln. Nicht selten findet man Risikolisten, die nur drei Zeilen umfassen oder mehrere Dutzend. Da jedes Risiko potenziell Geld kostet, besteht in letzterem Fall auch die Gefahr, dass deren Summe die Investitionskosten überschreitet, was in der Regel nicht der Realität entspricht. In der Praxis hat sich zwar eine Bewertung in Form einer Multiplikation von Eintrittswahrscheinlichkeit mit den Kosten bei Eintritt und deren Aufsummierung über sämtliche Risiken etabliert. Allerdings ist dabei zu beachten, dass sich auch Risiken gegenseitig beeinflussen und Kosten nicht zwingend mehrfach anfallen. Daher sollte diese Näherung mit Augenmaß betrachtet werden. Dennoch bietet sie eine gute Indikation für eine grundsätzliche Bewertung eines Unterfangens. Alleine die Auflistung bewirkt eine Sensibilisierung dahingehend, auf veränderliche Rahmenbedingungen zu achten. Dabei sind wiederum Wechselwirkungen mit anderen Portfolioelementen zu berücksichtigen, die sich als Risiko auswirken könnten.

Sehr nützlich ist die zusätzliche Erarbeitung von Gegenmaßnahmen, da im Bedarfsfall darauf zugegriffen oder – je nach Risiko – auch präventiv gegengesteuert werden kann. Besonders in Fällen, in denen die Entdeckungswahrscheinlichkeit des potenziellen Risikos gering, aber die Eintrittswahrscheinlichkeit und die Kosten bei Eintritt hoch sind, empfiehlt es sich, vorbeugende Maßnahmen zu veranlassen. Diese können vielfältiger Natur sein. Ein Freiluft-Konzertveranstalter könnte sich gegen Schlechtwetter durch entsprechende Formulierung seiner Geschäftsbedingungen, dass er Kartenpreise aufgrund Unwetters nicht rückerstatten werde, oder mittels einer Versicherung absichern. Fühlt sich ein Großkonzern bei der Markteinführung eines neuen Produktes von einem kleinen Unternehmen bedroht, mag dessen Übernahme überlegt werden, und so weiter.

Insbesondere bei den Maßnahmen sind das *Was* und das *Wie* konkret anzuführen. Oftmals findet man in Geschäftsplänen Aussagen wie „Umorganisation der Produktabteilung" oder „Entsprechende Verträge mit Partnern schließen". Ohne konkrete Beschreibung der Maßnahme ist deren Anführung jedoch wertlos, da weder eine Anweisung zur konkreten Umsetzung noch die Möglichkeit einer Ausführungsbewertung gegeben ist. Wird eine Gegenmaßnahme für ein Risiko nur abstrakt beschrieben, ist deren Umsetzung erst am Eintritt oder Nichteintritt des Risikos messbar und dann ist es zu spät.

▶ Führen Sie bei Gegenmaßnahmen zu potenziellen Risiken nicht nur das *Was* an, sondern definieren Sie auch das *Wie*.

Die Multiplikation aus Kosten und Eintrittswahrscheinlichkeit stellt dabei einen Indikator dafür dar, auf welche Risiken besonderes Augenmerk zu legen ist. Für jene, bei denen dieser Wert eine Größenordnung in Höhe des erwarteten Profits erreicht, sollte auf jeden Fall eine Maßnahme überlegt werden. Unabhängig davon, sind obligatorisch jene Risiken zu beachten, welche hohe Kosten verursachen, wenn sie schlagend werden. Es wird oft vernachlässigt, dass auch Ereignisse mit geringer Wahrscheinlichkeit tatsächlich eintreten können! Die Multiplikation mit der Eintrittswahrscheinlichkeit verwässert diese potenziell bedrohliche Aussage.

Für eine Bewertung, ob es sich lohnt, vorbeugende Maßnahmen zu ergreifen, hat sich bewährt, folgende Schlüsselindikatoren zu beziffern: Entdeckungswahrscheinlichkeit, Eintrittswahrscheinlichkeit und Kosten bei Eintritt nach Ergreifen der Maßnahme.

Auf Basis der Darstellung von Risiken wird eine Festlegung getroffen, welche Risiken bewusst getragen werden und für welche Gegenmaßnahmen ergriffen werden. Diese Entscheidung ist wiederum im Geschäftsplan zu dokumentieren und die damit verbundenen Kosten sind in den Finanzplan einzuarbeiten. Zudem sollte das Unterfangen auch dann noch lohnend sein, wenn die als wahrscheinlich eingestuften Bedrohungen tatsächlich eintreten.

Zur portfolioübergreifenden Erfassung von Risiken und Bewertung von deren Wechselwirkungen kann auch die in Abschn. 2.4 beschriebene Sensitivitätsanalyse herangezogen werden. Sie hilft, jene Faktoren zu identifizieren, die erfolgsentscheidende Auswirkungen auf mehrere Portfolioelemente haben, und deren Bedrohungspotenzial einzuschätzen. Neben einer Einzelbewertung gibt sie einen guten Überblick über die Anfälligkeit des Gesamtportfolios in Abhängigkeit von einzelnen Faktoren.

6.2.8.2 Chancen

Neben der Bewertung von potenziellen Bedrohungen sollen aber auch mögliche Chancen bewusst hinterfragt und deren Eintritt gegebenenfalls durch unterstützende Maßnahmen gefördert werden. Im Geschäftsplan darf daher auch eine Chancenbewertung nicht fehlen, die positive Entwicklungen von Einflussfaktoren beleuchtet:

Inhalte einer Chancenbewertung:

- Beschreibung der Chance
- Entdeckungswahrscheinlichkeit
- Eintrittswahrscheinlichkeit
- Gewinn bei Eintritt
- Maßnahme zur Förderung des Eintritts
- Kosten für Fördermaßnahme
- Entdeckungswahrscheinlichkeit nach Fördermaßnahme
- Eintrittswahrscheinlichkeit nach Fördermaßnahme
- Gewinn bei Eintritt nach Fördermaßnahme

Viele Unternehmen nehmen bewusst reale und potenzielle Kosten aus der Risikobewertung in den Finanzplan auf, führen aber Chancen nur als Möglichkeit an, ohne darauf auch in der Planung zu setzen. Selbst wenn diese Vorgehensweise eine leichte Verzerrung und Verschlechterung des wahrscheinlichen Ergebnisses darstellt, beugt sie vor, Risiken nicht durch eine lange Liste an Chancen zu neutralisieren, die in der Praxis aus verschiedenen Gründen nicht eintreten. Gerade wenn es darum geht, Finanzierungen für Portfoliopläne zu erwirken, werden Manager kreativ im Finden von Synergieeffekten und Marktchancen von „enormer Wirkung". Oftmals ist die Darstellung jedoch zu optimistisch und meistens liegt angesichts der in der Realität mit Sicherheit auftretenden Schwierigkeiten das Augenmerk eher auf dem Umgang mit Problemen als auf dem Heben von Potenzialen. Damit ist aber auch meist deren Eintrittswahrscheinlichkeit geringer als ursprünglich prognostiziert. Um auf der „sicheren Seite" zu sein, sollten daher die Investitionen für lohnende Chancen berücksichtigt und deren Umsetzung aktiv überprüft und gegebenenfalls auch realisiert werden. Es sei jedoch dringend davon abgeraten, die dadurch antizipierten, positiven Effekte mit den Risiken gegenzurechnen und Letztere rechnerisch zu neutralisieren.

▶ Vermeiden Sie ein „Schönrechnen" potenzieller Risiken durch Auflistung zahlreicher Chancen. Im Tagesgeschäft liegt der Schwerpunkt erfahrungsgemäß auf dem Umgang mit Schwierigkeiten und die Potenziale werden nur selten aktiv adressiert und gehoben.

In zahlreichen Unternehmen wird je Portfolioelement neben Chancen und Risiken auch die Darstellung von Stärken und Schwächen gefordert. Dahingehend hat sich die SWOT(Strengths, Weaknesses, Opportunities, Threats)-Analyse etabliert, welche eine verbale, qualitative Bewertung dieser Faktoren in einem Vier-Quadranten-Schema erfasst (s. Abschn. 3.2.4). Dieses Werkzeug vermittelt einen guten ersten Eindruck, wie wahrscheinlich der antizipierte und im Geschäftsplan beschriebene Weg ist. Allerdings zeigt nur eine monetäre Bewertung, wie hoch das Bedrohungspotenzial einzelner Risiken tatsächlich ist.

Auf die finanziellen Implikationen der Risiken wird im Kontext des Finanzplanes eingegangen. In diesem Abschnitt des Geschäftsplanes ist auf Basis der Chancen und Risiken ein Band zu skizzieren, innerhalb dessen sich das Portfolio bewegen wird. Es sollen die Faktoren genannt werden, die über Erfolg und Misserfolg entscheiden. Aus der Aggregation lassen sich auch Best- und Worst-Case-Szenarien ableiten, die jeweils den günstigsten und ungünstigsten Fall skizzieren. Nützlich ist es dabei auch, eine Darstellung mit und ohne Investition in risikominimierende und chancenfördernde Maßnahmen vorzunehmen. In Kombination mit der erwarteten Entwicklung, die dem Finanzplan zugrunde liegt, hat der Entscheider eine Basis, um die Bandbreite möglicher Szenarien und das mit der Investition verbundene Risiko zu beurteilen. Für den Portfoliomanager ist eine solche Liste ein wichtiges Werkzeug, um stets die Rahmenbedingungen und Erfolgsfaktoren im Auge zu behalten und entsprechende Maßnahmen für deren Absicherung zu treffen.

6.2.9 Finanzplan

Der Finanzplan deckt sämtliche monetären Aspekte ab, die mit der Realisierung des Vorhabens verbunden sind. Neben den Plänen für jedes einzelne Portfolioelement erfasst er auch übergeordnete Themen wie administrative Aufwände oder Gemeinkosten, die einzelnen Produkten nicht zugeordnet werden können. Zudem sind auch Kosten für Risiken sowie die Aufwände für zugehörige Gegenmaßnahmen aufzuschlüsseln.

Es ist naheliegend, dass es sich hier um eines der wesentlichen Kapitel eines Geschäftsplanes für Investoren und Entscheider handelt, das die aufzuwendenden Mittel, aber auch die erwarteten Rückflüsse dokumentiert. Entsprechend sorgfältig und nachvollziehbar sollte es auch gestaltet sein. Die Ausgaben und Einnahmen werden dazu periodenweise in Abhängigkeit vom Betrachtungshorizont dargestellt. Meist erfolgt eine Detailplanung für das erste Jahr beziehungsweise die Zeit bis zur Freigabe des jeweiligen Portfolioelementes und eine Übersichtsplanung der darauffolgenden zwei bis drei Jahre. Bei großvolumigen Investitionen oder längerfristigen Vorhaben kann sich der Betrachtungszeitraum durchaus auf fünf bis zehn Jahre erstrecken.

Zur besseren Übersicht sei empfohlen, Pläne für jedes einzelne Portfolioelement anzufertigen und anschließend übergreifende Aspekte zu behandeln. Letztlich gilt es die erarbeiteten Aspekte zu einem konsistenten Bild zusammenzuführen, welches das gesamte Vorhaben in finanzieller Hinsicht beschreibt.

6.2.9.1 Kosten

Direkte Kosten je Portfolioelement Für jedes Portfolioelement werden die zugehörigen direkten Kosten erfasst. Das sind jene Aufwände, die mit der Weiterführung bestehender oder dem Aufbau neuer Elemente verbunden und diesen direkt zuordenbar sind. Zu beachten ist dabei, dass durch Inflation Gehälter aller Voraussicht nach steigen werden und andererseits bestimmte Zukäufe aufgrund technischer Weiterentwicklungen im Preis sinken könnten. Dies ist in der zeitlichen Zuordnung der Ausgaben zu berücksichtigen.

Zu den direkten Kosten zählen:

- **Lohn- und Personalkosten**
  - Definition, Entwicklung und Produktion des Portfolioelementes inklusive begleitender Aktivitäten wie Qualitätssicherung, Controlling und Testphasen
  - Dokumentation
  - Aufwände für das Management des Portfolioelementes
  - Aufwände für die Akquise von Partnern und deren Betreuung
  - Aufwendungen zum Aufbau beziehungsweise Erhalt einer Umsetzungs- und Wartungsmannschaft
  - Personalkosten für Marketing und Vertrieb, sofern dem Portfolioelement direkt zuordenbar
  - Produktionskosten
  - Integrations- und Projektkosten, die zur Nutzung erforderlich sind
- **Zukäufe**
  - Erforderliche Zukäufe wie etwa Studien, Hardware, Lizenzen, Hilfsmittel und Infrastruktur
  - Etwaige, mit dem Portfolioelement direkt verbundene Ausweitungen der Produktionskapazität

– Zukäufe für Marketing und Vertrieb, sofern dem Portfolioelement direkt zuordenbar
- **Sonstige Kosten**
  – Mehraufwände für Projekte oder andere Stellen im Haus, die sich aus der Realisierung des Vorhabens ergeben (etwa wenn ein Projekt Mehraufwände für die „Reifung" eines Produktes trägt, das erstmals zum Einsatz kommt)
  – Kosten für Risiken und Gegenmaßnahmen
  – Kosten für Abschreibungen
  – Aufwände für interne begleitende Maßnahmen wie Aufbau von Personal, Organisationsentwicklungsmaßnahmen, Schulungen und Trainings

Obige Liste soll die wichtigsten Kosten und Aufwände darstellen, um einen Anhaltspunkt zu der Vielfalt an Positionen zu geben, die es zu berücksichtigen gilt. Abhängig vom Unternehmen, von dessen Geschäftsmodell und Produktportfolio kann es natürlich der Fall sein, dass einzelne der Punkte nicht zutreffend sind oder zusätzliche Aspekte erfasst werden müssen.

Für die Auflistung der Kosten ist zwingend eine Planung der abgesetzten Menge erforderlich, da diese fixe beziehungsweise sprungfixe Kosten etwa für Produktionseinrichtungen determiniert und zudem auch die variablen Kosten bestimmt. Je nach produzierter Menge variieren die Ausgaben für Personal und Zukäufe. Hinzu kommt mitunter der Integrations- und Projektaufwand, der erforderlich ist, um das Erzeugnis in der Praxis nutzen zu können, sofern diese Leistung vom eigenen Unternehmen erbracht wird. Daher ist es der Übersicht halber sinnvoll, die Kosten für die Produkterstellung und jene Kosten für die Produktion beziehungsweise die Integration in die Kundenumgebung getrennt anzuführen oder eine Trennung nach fixen und variablen Kosten vorzunehmen, wie Abb. 6.6 zeigt.

Indirekte Kosten Sind Aufwände oder Kosten nicht direkt einem Portfolioelement zuordenbar, so werden sie übergeordnet als indirekte Kosten erfasst. Sie erwachsen in der Regel aus dem Umstand, dass sie entweder tatsächlich nicht im Detail auf Produktbasis erfasst werden können (etwa der Aufbau von Vertriebspartnerschaften oder der Ankauf einer Maschine für die Produktion verschiedener Erzeugnisse) oder ihr Zustandekommen mit dem Gesamtportfolio verbunden ist (beispielsweise die Kosten für das Portfoliomanagement), oder es handelt sich um Leistungen und damit verbundene Gemeinkosten, die im Unternehmen von zentraler Stelle erbracht werden und über einen Verrechnungsschlüssel zugerechnet werden, wie etwa Raummieten, IT-Infrastruktur oder Zentralstellen. Im Finanzplan eines Produktportfolios werden diese Kosten entweder gesammelt über sämtliche Portfolioelemente erfasst oder anhand eines definierten Faktors, dem häufig die Herstellungskosten oder der erwartete Umsatz zugrunde gelegt werden, diesen direkt zugeordnet. Eine Zurechnung zu den Portfolioelementen liefert eine bessere Einschätzung einzelner Produkte mit dem Nachteil, die Summe aus dem Blick zu verlieren. Diese lässt sich jedoch einfach in Tabellenkalkulationsprogrammen errechnen und ausweisen.

Abb. 6.6 Direkte und indirekte Kosten für Portfolioelemente

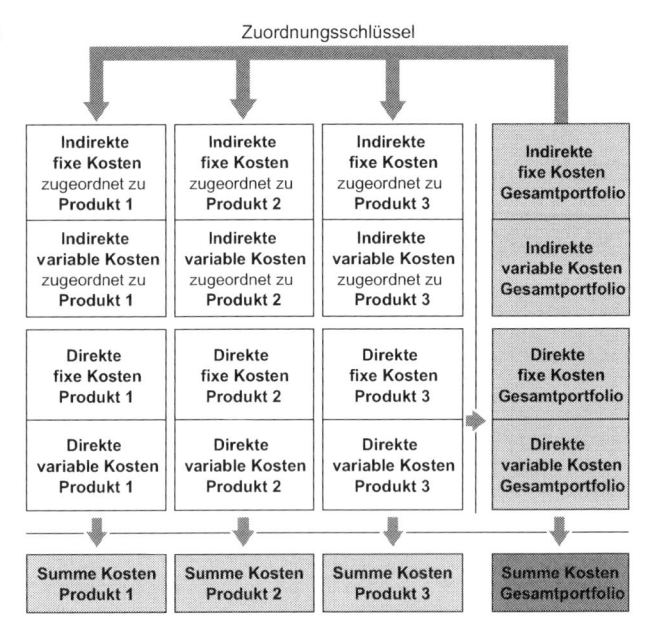

Indirekte Kosten sind etwa:

- Finanzierungskosten
- Opportunitätskosten (alternative Einnahmen, die infolge der Realisierung dieses Vorhabens nicht erzielt werden können)
- Kosten aufgrund negativer Wechselwirkungen zwischen Portfolioelementen (etwa Kannibalisierungseffekte)
- Aufwände für Administration und Management auf Ebene des Gesamtportfolios
- Gemeinkosten entsprechend der Unternehmensplanung wie etwa Verwaltung, Vertrieb, Facility Management
- Kosten aus obiger Liste (direkte Kosten), die im konkreten Fall einzelnen Portfolioelementen nicht zugerechnet werden können

Sämtliche Kosten werden periodengerecht ermittelt, aufgelistet und wiederum in variable beziehungsweise fixe Positionen aufgegliedert, um eine bessere Einschätzung der Skaleneffekte zu erhalten.

Die Summe aus direkten und indirekten Kosten gibt den Finanzbedarf für das Portfolio an, wobei die direkten Kosten unmittelbar aus der Kalkulation der einzelnen Produkte errechnet werden und die indirekten Kosten aus nicht direkt zuordenbaren Positionen stammen und entsprechend verteilt werden (s. Abb. 6.6). In diesem Kontext ist zu beachten, dass es sich bei einigen Kostenpositionen um nichtlineare Größen handelt. Vor allem bei indirekten Kosten kann dies durch stufenförmige Verläufe etwa von sprungfixen Kosten erhebliche Auswirkungen auf den Finanzbedarf haben. Eine entsprechende Angabe derartiger besonderer Effekte ist auch im Geschäftsplan nützlich. Vor allem dann, wenn es zu entscheiden gilt, einzelne Portfolioelemente umzusetzen oder nicht, ist die Information essenziell, ob infolge einer Elimination des einen oder anderen Produktes die Gemeinkosten signifikant reduziert werden können und der relative Profit letztlich deutlich ansteigt.

Ein gängiger Fehler in Unternehmen ist es, in der ersten Näherung einer Kostenschätzung eine reine Betrachtung der Herstellungskosten oder der direkten Entwicklungskosten vorzunehmen. Dabei handelt es sich um eine starke Verzerrung der Realität. Trotzdem findet man immer wieder – vor allem interne – Vorschläge zu Geschäftsplänen vor, die diesen Umstand ignorieren. Erfahrungen aus dem Kontext der IT-Branche zeigen beispielsweise, dass etwa ein Drittel der Aufwände und Kosten auf die Entwicklung entfällt, ein weiteres Drittel auf das Rahmenwerk, das notwendig ist, um ein Produkt zu erstellen (darunter fallen Aufwände wie Test, Dokumentation, Qualitätssicherung, Produktmanagement), und wiederum ein Drittel auf Gemeinkosten, Vertrieb und Marketing. Eine ausschließliche Betrachtung der Entwicklungskosten hätte daher eine massive Fehleinschätzung zur Folge und ist auch im Kontext einer Näherung unzulässig. Zumindest sollten Erfahrungswerte aus anderen Produkten herangezogen werden, was reale Aufschläge auf die Entwicklungskosten betrifft, um ein Gefühl für den gesamten Finanzbedarf zu erhalten, der mit einem Produkt verbunden ist.

Um die Kosten eines Produktes in Grenzen beziehungsweise evaluiert zu halten, hat sich auch die Methode des „Target Costing" (Zielkostenrechnung) bewährt. Dabei werden die Zielkosten festgelegt und der Umfang des Produktes so gestaltet, dass er in diesem Rahmen Platz findet. Dies zwingt die Verantwortlichen, sich auf die wesentlichen Aspekte zu konzentrieren und in einen aktiven Diskurs zu verschiedenen Aufwänden und Kosten zu gehen beziehungsweise diese zu reflektieren. Ist der Rahmen jedoch zu knapp, kann auch suboptimale Qualität oder ein unverkäufliches Produkt die Folge sein. Entsprechend sollte die Vorgabe realistisch definiert werden, und wie in vielen anderen Aspekten des Produktmanagements ist es mitunter zielführend, sich iterativ einem Optimum im Hinblick auf Kosten versus Funktionsumfang anzunähern.

6.2.9.2 Umsatz- und Einnahmenplanung

Da in der Regel Geschäftsplänen auch die Absicht zugrunde liegt, Einnahmen zu erzielen, dürfen auch diese in einem Finanzplan nicht fehlen.

So werden die Erlöse aus dem Verkauf der Portfolioelemente und gegebenenfalls der Projekte, um diese in die Kundenumgebung zu integrieren oder das Produkt zu veredeln, über den Betrachtungszeitraum geschätzt und Perioden beziehungsweise Portfolioelementen zugeordnet. Zudem sind weitere Einnahmen wie Fördergelder, Erlöse aus Lizenzverkäufen oder aus Schulungen anzuführen.

Verringern sich durch die Realisierung des Vorhabens auch Kosten in Projekten, da beispielsweise die Aufwände für die Installation beim Kunden sinken oder Entwicklungen bereits im Produkt erfolgen, die ansonsten die Projekte mehrfach tragen müssten, sind diese ebenso als „Einnahme" zu planen. In der Praxis werden derartige Einsparungen häufig als Produktrückführung gebucht und die einzelnen Projekte anteilsmäßig belastet.

Auflistung der wichtigsten Umsätze und Einnahmen:

- Verkaufserlöse
- Einnahmen für Projekte, die mit dem Verkauf eines Portfolioelementes verbunden sind
- Fördergelder und Zuschüsse
- Rückführungen aus Projekten durch Verwertung der Portfolioelemente

Ein heikler Punkt ist mit Sicherheit die Einschätzung der Verkaufserlöse als wesentliche Quelle zur Rückführung der Investitionen. Nicht selten wird diese in übertriebener Euphorie zu hoch oder aufgrund negativer Erfahrungen aus der Vergangenheit zu konservativ angesetzt. Um dem vorzubeugen, kann eine Darstellung von drei Szenarien gute Dienste leisten, indem der beste, schlechteste und wahrscheinliche Verlauf der Einkünfte über den Betrachtungszeitraum gezeigt wird. Der wahrscheinliche Fall setzt auf einer soliden Marktanalyse auf und berücksichtigt das Eintreten der identifizierten und gewichteten Risiken (s. Abschn. 6.2.8) nach Investition in Gegenmaßnahmen. Dieser sollte auch mit der Kostenplanung in Einklang stehen. Im schlechtesten Fall werden jene Risiken, die eine Auswirkung auf den Absatz der Portfolioelemente haben, als eingetreten angenommen. Für den besten Fall gilt es Chancen zu erarbeiten, die das Potenzial einer Übererfüllung des Planes bergen. Dazu zählen auch Synergien durch Wechselwirkung von Portfolioelementen, die zu höheren Umsätzen oder auch Kosteneinsparungen führen können. Sofern deren Realisierung nicht als garantiert angenommen werden kann, sollten sie nicht in die reguläre Planung aufgenommen, sondern als darüber hinausgehende Chance gezeigt werden. Dies verhindert eine „Schönrechnung" des Finanzplanes mittels einer Vielzahl in gutem Glauben aufgelisteter, aber nicht im Detail analysierter Möglichkeiten. Deren Realisierung kommt in der Praxis oft aufgrund von Herausforderungen des Tagesgeschäftes zu kurz oder hätte unerwartete Zusatzaufwände zur Folge, wie häufig beobachtet werden kann. Handelt es sich tatsächlich um eine hochattraktive Chance, lohnt es sich, diese im Detail zu betrachten und zugehörige Maßnahmen abzuleiten, die deren Realisierung sicherstellen. Damit muss aber umgekehrt das Risiko eines Nichteintritts ebenso bewertet und im Geschäftsplan aufgenommen werden. Alle anderen Chancen, die als Potenziale und valide, aber nicht abgesicherte Möglichkeiten im Raum stehen, sollten erfasst sein, um die Bandbreite der Planung besser einschätzen zu können, jedoch nicht in den wahrscheinlichen Fall einfließen. Prinzipiell ist allerdings eine sehr starke Abweichung der drei Szenarien voneinander ein Indiz dafür, dass die Einschätzungen noch großen Unsicherheiten unterliegen. Geringe Unterschiede können auf eine solide Analyse oder oberflächliche Chancen- und Risikobewertung hindeuten. Eine Verifikation der entsprechenden Auflistungen offenbart aber meist die Qualität der Planung.

In jedem Fall muss die Höhe der erwarteten Erlöse mit der dafür erforderlichen Menge an Produkten und Leistungen beziehungsweise Kosten zumindest für den wahrscheinlichen Fall abgeglichen sein.

Obwohl an dieser Stelle unterstellt werden darf, dass Produkt- und Portfoliomanager ihr Handwerk verstehen, sei darauf hingewiesen, dass vor allem die Planung der Kosten in

6.2 Inhalte eines Geschäftsplanes

Abb. 6.7 Liquiditätsplanung

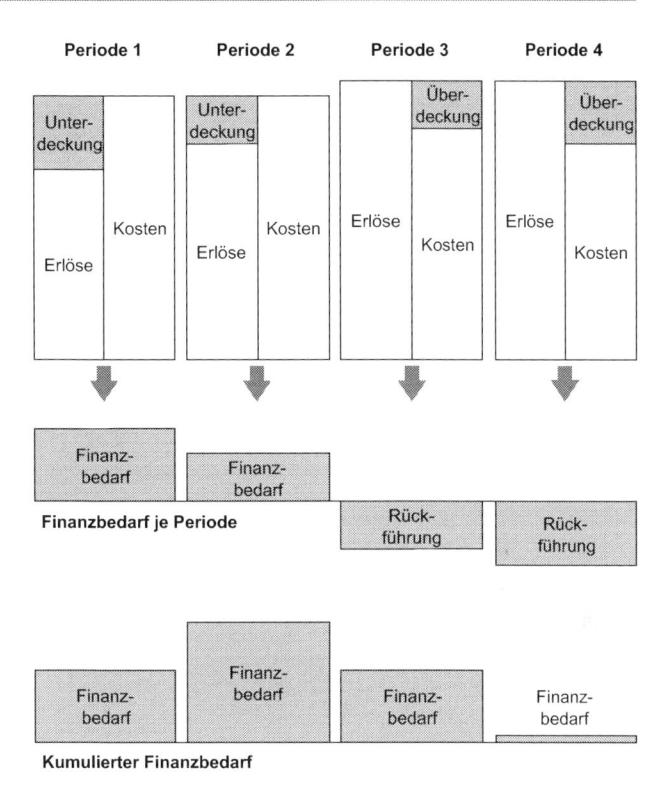

der Praxis gewöhnlich eingehalten beziehungsweise übertroffen wird. Bei den Erlösen ist das deutlich seltener der Fall. Daher sei empfohlen, Vergleichswerte und Erfahrungen aus früheren Produkteinführungen oder Benchmarks von anderen Unternehmen heranzuziehen, um die Validität der Umsatzplanung zu hinterfragen. Vor allem der Markteintritt gestaltet sich naturgemäß deutlich schwieriger als angenommen und wird oftmals auch von erfahrenen Managern unterschätzt, da Menschen geübt sind, linear zu denken, und irrational anmutende Effekte im Hinblick auf Marktentwicklungen oder Kundenentscheidungen nur schwer antizipieren können.

Für viele Produkte gilt, dass sie erst eine Chance auf Erfolg haben, wenn eine kritische Masse an Kunden gewonnen wurde. Damit ist die Angelegenheit – vereinfacht ausgedrückt – digital: Gewinnt man in einer bestimmten Zeit eine gewisse Anzahl an Kunden, ist eine lineare Denkweise und Extrapolation vielleicht angebracht. Darunter ist es ein Spiel um alles oder nichts und eine Planung von wenigen abgesetzten Einheiten, die sich sukzessive steigert, eine Illusion.

6.2.9.3 Liquiditätsplan und Finanzierungskosten

Liquiditätsplan Aus der Subtraktion der Kosten von den Einnahmen lassen sich direkt der Finanzbedarf der einzelnen Perioden sowie der erzielte Überschuss ermitteln. Das Resultat ist eine Über- oder Unterdeckung, die aus der jeweiligen Periode resultiert (vgl. Abb. 6.7).

Vor allem im ersten Jahr sollte dies auf Monatsbasis durchgeführt werden, um eine entsprechend genaue Planung für das aktuelle Geschäftsjahr zu erhalten. Die Schätzungen für die darauffolgenden Perioden sind in der Regel etwas schwieriger, da hier die Planungsunsicherheit bereits einen starken Einfluss hat, denn – wie mehrfach erwähnt – ein Plan wird selten unverändert realisiert. Daher werden die Betrachtungen der Folgeperioden eher auf Jahresscheiben durchgeführt und rollierend aktualisiert beziehungsweise verfeinert. Dies erfolgt in Form einer quartalsweisen Anpassung des Liquiditätsplanes, wobei nach jedem abgelaufenen Quartal ein zusätzliches auf Monatsscheiben aufzugliedern ist, sodass stets eine Planung der Über- und Unterdeckung für vier weitere Quartale gezeigt wird. Sofern aber bereits zur Erstellung des Geschäftsplanes bekannt ist, dass in späteren Perioden größere Investitionen zu tätigen sind, sollten diese ebenfalls genauer dargestellt werden, um den Finanzbedarf entsprechend einschätzen und planen zu können.

Je präziser die Finanzplanung erfolgt, desto kostengünstiger kann eine Unterdeckung durch Fremdkapital kompensiert werden, da weder unnötig Kreditzinsen für übermäßig hohes Fremdkapital noch erhöhte Kosten für kurzfristigen Bedarf anfallen. Zudem lassen sich Zahlungen und Bestellungen meist um ein paar Wochen, mitunter Monate vorziehen oder nach hinten schieben, was wiederum von Vorteil für das Liquiditätsmanagement ist.

Bei einzelnen, neu eingeführten Produkten sind die ersten Perioden meist durch signifikante Unterdeckung gekennzeichnet. Handelt es sich um einen Geschäftsplan für ein laufendes Portfolio, werden aller Voraussicht nach neben den Ausgaben auch Einnahmen erzielt. Nachdem sich die Verbindlichkeiten bei Bedarf an externer Finanzierung über mehrere Perioden addieren, hingegen Einnahmen auch zur Rückzahlung von geborgtem Kapital verwendet werden können, empfiehlt sich eine kumulierte Darstellung des Finanzbedarfs über die Laufzeit des Vorhabens (vgl. Abb. 6.7).

Nach Perridon und Steiner errechnet sich demnach der Finanzbedarf (2004, S. 658) wie folgt:

> Anfangsbestand an Zahlungskraft zu Beginn der Planperiode
> + Planeinzahlungen der Planperiode
> − Planauszahlungen in der Planperiode
> = Endbestand an Zahlungskraft am Ende der Planperiode

Wird diese Rechnung über mehrere Perioden durchgeführt, ist gut ersichtlich, wann beziehungsweise ob das Vorhaben letztlich kumuliert positive Rückflüsse bringt. Allerdings handelt es sich bei dieser Betrachtung zum Zwecke einer Rentabilitätsbewertung um eine grobe Näherung, da künftige Zahlungen aus aktueller Sicht weniger wert sind als gegenwärtige Transaktionen derselben Höhe. Für eine genauere Betrachtung dahingehend, ab wann sich ein Vorhaben tatsächlich rechnet, sollte der kumulierte Barwert (s. Abschn. 6.2.9.4) herangezogen werden.

6.2 Inhalte eines Geschäftsplanes

Finanzierungskosten Prinzipiell werden in vielen Unternehmen die Finanzierungskosten in den Gemeinkosten geführt und nicht direkt den Produktvorhaben zugeordnet. Allerdings sind sie oftmals nicht unerheblich und sollten durchaus im Finanzplan ausgewiesen werden, da sie ja direkt mit der Realisierung des Geschäftsplanes verbunden sind und daher auch einen maßgeblichen Einfluss auf die Unternehmensplanung haben. Dabei ist zu beachten, dass nicht nur Kosten für Fremdkapital zu berücksichtigen sind, sondern auch Ausgaben für Eigenkapital in Form von Dividenden und Ausschüttungen, die Eigenkapitalgeber als Renditen erwarten. In der Regel ist der damit verbundene Kostensatz sogar höher als der Zinssatz für Fremdkapital.

Um die Kosten für Kapitalbedarf zu ermitteln, bedient man sich eines kalkulatorischen Zinssatzes, zu welchem die Mittel infolge monetärer Unterdeckung beschafft werden können. Dieser wird in der Regel anhand der gewichteten Kapitalkosten (WACC = Weighted Average Cost of Capital) festgelegt (ebd. S. 232).

$$i = WACC = \frac{EK}{GK} \times k_{EK} + \frac{FK}{GK} \times k_{FK} \times (1-s) \tag{6.1}$$

EK = Marktwert des Eigenkapitals
FK = Marktwert des Fremdkapitals
GK = Marktwert des Gesamtkapitals (EK + FK)
k_{EK} = Eigenkapitalkostensatz
k_{FK} = Fremdkapitalkostensatz
s = Steuersatz auf Unternehmensebene

Hierbei sei der Vollständigkeit halber angemerkt, dass es sich bei der Berücksichtigung des Steuersatzes um eine Näherung handelt, da beispielsweise in Deutschland Dauerschulden bei der Gewerbeertragssteuer nur zur Hälfte abzugfähig sind und ausgeschüttete Zinsen und Dividenden unterschiedlich behandelt werden (vgl. ebd. S. 233).

Betrachtet man die Zinssätze für Fremdkapital, so sind diese meist sehr konkret quantifizierbar, da es sich um jene Faktoren handelt, die seitens Banken für Kredite berechnet werden. Sie werden in der Regel auf Basis eines Leitzinses und eines Aufschlages in Abhängigkeit von der Ausfallwahrscheinlichkeit errechnet.

Anders verhält es sich beim Eigenkapital. Hier resultiert der zu kalkulierende Kostensatz k_{EK} aus einer Kombination eines Zinssatzes einer risikolosen Investition zuzüglich einer Risikoprämie. Er kann auf unterschiedliche Arten ermittelt werden. In der Praxis werden typischerweise drei Verfahren – das Capital Asset Pricing Model (CAPM), die Arbitrage Pricing Theory (APT) sowie eine schlichte Extrapolation der Eigenkapitalkosten der letzten Jahre – verwendet, wobei das CAPM die größere Bedeutung erlangt hat. Für Näherungen wird jedoch auch häufig der reale Zinssatz vergangener Perioden herangezogen.

CAPM Das CAPM ist eine Methode zur Ermittlung der Eigenkapitalkosten und dahingehend der klassische Ansatz der Kapitalmarkttheorie (vgl. Gräfer et al. 2001, S. 343 ff. beziehungsweise im Original nachzulesen bei Sharpe 1964). Dem Modell entsprechend ist in den nachfolgenden Ausführungen von Wertpapieren die Rede, wenngleich dies im Unternehmenskontext einer Eigenkapitalinvestition gleichkommt.

CAPM geht von folgenden Prämissen aus:

- Wertpapierrenditen sind normalverteilt.
- Korrelationen zwischen Wertpapieren sind konstant.
- Alle Investoren maximieren ihre Nutzenfunktion.
- Alle Investoren handeln rational und risikoscheu.
- Alle Investoren haben jederzeit Zugang zu den gleichen Informationen.
- Transaktionskosten und Steuern bleiben unberücksichtigt.
- Alle Investoren sind Preisnehmer. (Deren Aktionen beeinflussen die Wertpapierpreise nicht.)
- Alle Investoren können unlimitiert Kredite zum risikolosen Zinssatz (r_f) aufnehmen.
- Alle Wertpapiere bleiben beliebig geteilt handelbar.

Aus dieser Auflistung wird deutlich, dass es sich beim CAPM zwangsläufig um eine Näherung handeln muss, da die Prämissen in der Realität nicht in dieser Form zutreffen. Dennoch erweist sich das Modell in den meisten Fällen als genau genug für eine Planung, da künftige Risikoaufschläge in keinem Fall präzise vorhergesagt werden können.

Bei der Berechnung des CAPM wird angenommen, dass sich das Risiko einer Investition aus einem systematischen Risiko (marktbezogenes Risiko des Wertpapieres) und einem unsystematischen Risiko (individuelles Risiko des Wertpapieres) zusammensetzt. Das unsystematische Risiko lässt sich durch Diversifikation „kostenlos" eliminieren und wird demnach in der Theorie eines vollkommenen Kapitalmarktes nicht in Form einer Risikoprämie abgedeckt. Deshalb kann der Anleger bei einer Investition nur den risikofreien Zins und eine Risikoabdeckung r_r des systematischen Risikos der Investition erwarten:

$$r_i = r_f + r_r \tag{6.2}$$

r_i = erwartete Rendite
r_f = risikoloser Zinssatz
r_r = Risikoabdeckung des systematischen Risikos

Das systematische Risiko einer Investition errechnet sich aus der marktbezogenen Risikoprämie, beaufschlagt mit dem Beta-Faktor (ß), welcher angibt, um wie viel höher das nicht durch Diversifikation eliminierbare Risiko der Investition im Vergleich zum Marktrisiko (ß=1) ist. Die entsprechende Risikoprämie wird ermittelt, indem man die erwartete Rendite für eine Veranlagung am Markt um den Zinssatz für ein risikoloses Investment redu-

6.2 Inhalte eines Geschäftsplanes

ziert (=Prämie für systematisches Marktrisiko) und das Ergebnis mit dem Beta-Faktor beaufschlagt:

$$r_r = \beta \times (r_m - r_f) \tag{6.3}$$

r_r = Risikoabdeckung des systematischen Risikos eines Wertpapieres
r_m = Rendite für Veranlagung am Markt
r_f = risikoloser Zinssatz

Dabei gilt:	ß = 1	Risiko ist gleich dem Marktdurchschnitt
	ß > 1	Risiko ist höher als Marktdurchschnitt
	ß < 1	Risiko ist geringer als Marktdurchschnitt

Aktuelle Beta-Faktoren bewegen sich bei deutschen DAX-Unternehmen in Größenordnungen von 0,4 bis 1,5 (s. Tab. 6.1), wobei hier das Finanzierungsrisiko der betrachteten Unternehmensgruppen inkludiert ist (Beta-raw). Bei rechnerischer Eliminierung des Verschuldungsgrades der Unternehmen würde der Beta-Faktor um einige Prozentpunkte geringer ausfallen. Zu beachten ist dabei jedoch, dass es sich mit Branchenfaktoren wie mit Fieberkurven im Krankenhaus verhält. Im Durchschnitt liegt die Körpertemperatur bei 37 °C, die Bandbreite der einzelnen Patienten weicht davon jedoch erheblich ab. Dahingehend ist, ausgehend vom Branchenbeta, auch unbedingt eine Anpassung an die Situation des eigenen Unternehmens durchzuführen.

Durch Addition der Prämie zur Abdeckung des systematischen Risikos (r_r) und der Rendite für eine risikofreie Investition (r_f) erhält man wiederum die erwartete Rendite für eine bestimmte Investition (r_i) aus Sicht des Anlegers. Nachdem diese Rendite umgekehrt auch die Kosten für die Überlassung von Eigenkapital darstellt, ist sie mit dem Kostensatz für Eigenkapital (k_{EK}) gleichzusetzen:

$$r_i = k_{EK} = r_f + r_r = r_f + \beta \times (r_m - r_f) \tag{6.4}$$

Aufgrund der zahlreichen, teils praxisfernen Prämissen, die dem CAPM zugrunde liegen, werden zunehmend auch angepasste Beta-Faktoren angegeben (etwa WollnyWP GmbH 2013), welche davon ausgehen, dass eine vollständige Eliminierung des unsystematischen Risikos nicht möglich ist. Entsprechend liegen diese in der Regel einige Prozentpunkte über dem jeweiligen Beta-raw.

APT Alternativ zum CAPM kommt als weiterer Ansatz für die Berechnung erwarteter Renditen mitunter auch die Arbitrage Pricing Theory (APT) zur Anwendung.

Diese nimmt die Bewertung des Risikos nicht wie das CAPM anhand eines einzelnen Faktors (ß) vor, sondern baut auf mehreren, explizit ausgewiesenen Faktoren auf. Dazu wird unterstellt, dass sich die Wertpapierrenditen durch ein lineares Mehrfaktorenmodell beschreiben lassen (vgl. Perridon und Steiner 2004, S. 288 ff.). Der Einfluss der Risikofak-

Tab. 6.1 Branchenbetas. (Nach WollnyWP GmbH 2013)

DAXsector Prime-Standard-Sektoren	Beta-raw
DAXsector Banks	1,46
DAXsector Automotive	1,31
DAXsector Insurance	1,19
DAXsector Construction	1,17
DAXsector Basic Resources	1,15
DAXsector Technology	1,09
DAXsector Utilities	1,07
DAXsector Chemicals	0,97
DAXsector Industrial	0,93
DAXsector Transportation & Logistics	0,93
DAXsector Financial Services	0,75
DAXsector Software	0,74
DAXsector Media	0,71
DAXsector Retail	0,66
DAXsector Consumer	0,63
DAXsector Telecommunication	0,48
DAXsector Pharma & Healthcare	0,40
DAXsector Food & Beverages	0,17

toren des Marktes auf das spezifische Investment wird durch Sensitivitätswerte (b_{i1} bis b_{ik}) bestimmt, welche in der Regel aus empirischen Vergangenheitsanalysen ermittelt werden.

Die APT geht von folgenden Prämissen aus:

- Wertpapierrenditen folgen einem linearen Faktorenmodell.
- Die Einflussfaktoren des Marktes und der Wertpapiere an sich sind voneinander unabhängig.
- Es herrscht Arbitragefreiheit am Kapitalmarkt.
- Alle Investoren handeln rational.
- Transaktionskosten und Steuern bleiben unberücksichtigt.

Nicht explizit in der APT gefordert, aber zu deren Anwendung dienlich sind folgende Annahmen:

- Alle Investoren haben jederzeit Zugang zu den gleichen Informationen.
- Alle Investoren sind Preisnehmer. (Deren Aktionen beeinflussen die Wertpapierpreise nicht.)
- Alle Investoren können unlimitiert Kredite zum risikolosen Zinssatz (r_f) aufnehmen.
- Alle Wertpapiere bleiben beliebig geteilt handelbar.

6.2 Inhalte eines Geschäftsplanes

Im Gegensatz zum CAPM ist die APT weniger voraussetzungsvoll. Demnach wird etwa nicht gefordert, dass es sich um risikoscheue Investoren handelt, die ihre Investitionen anhand einer quadratischen Nutzenfunktion optimieren. Ferner wird eine Normalverteilung der Wertpapierrenditen nicht unterstellt.

Folgende Formel beschreibt die anhand der APT errechnete Rendite einer Investition.

$$r_i = r_f + \sum_{k=1}^{K} \left\{ \left[r_{pk} - r_f \right] \times b_{ik} \right\} \qquad (6.5)$$

r_i = erwartete Rendite der Investition zu Beginn der Periode
r_f = risikoloser Zinssatz
r_{pk} = Rendite eines Portfolios, das bezüglich des Faktors k eine Sensitivität von eins aufweist und von möglichen Bewegungen anderer Faktoren unbeeinflusst ist
b_{ik} = Sensitivität der Investition gegenüber der Ausprägung des Faktors k

Wiederum gilt:

$$r_i = k_{EK} \qquad (6.6)$$

Bewertung der Eigenkapitalkosten auf Basis von Erfahrungswerten Obwohl CAPM und APT durchaus bekannte Verfahren zur Errechnung der Eigenkapitalrendite darstellen, handelt es sich in beiden Fällen um Näherungen, deren Faktoren auf Daten aus der Vergangenheit beruhen. Vor allem im unternehmerischen Kontext interner Portfolioentscheidungen haben sie daher eher akademischen Wert.

Sofern das Unternehmen bereits eine gewisse Zeit besteht, sind die direkte Betrachtung der Eigenkapitalkosten und deren Extrapolation eine vergleichsweise ebenso gute Näherung. Die Eigenkapitalkosten lassen sich aus den Geschäftsberichten der letzten Jahre einfach ermitteln und sind in der Regel auch für die folgenden ein bis zwei Jahre durchaus planbar, da Investoren ihrerseits Einfluss auf unternehmerische Entscheidungen nehmen. In vielen Firmen sind damit auch bereits Rechengrößen für die Eigenkapitalkosten verfügbar.

Wie auch immer die Eigenkapitalkosten ermittelt werden – in Kombination mit den Zinssätzen für Fremdkapital liegen die Parameter für den WACC auf Unternehmensebene vor. Aktuell bewegen sich typische Fremdkapitalkosten stabiler mittelständischer Unternehmen in Zentraleuropa in einem Bereich von 5–6 % beziehungsweise Eigenkapitalkosten in einem Rahmen von 6–8 %. Damit liegen Werte des WACC in Größenordnungen von 6–7 %, variieren jedoch stark je nach Eigenkapitalquote und Risikobewertung. Sofern es sich im Kontext des vorliegenden Geschäftsplanes um größere Investitionen handelt, welche die Finanzierungsstruktur des Unternehmens durch zusätzlichen Kapitalbedarf oder Verschiebung der Eigenkapitalquote maßgeblich verändern, sollte daher selbst bei intern vorhandenen Rechengrößen eine neuerliche Bewertung auf Basis der nunmehr geltenden Prämissen durchgeführt werden.

In jedem Fall sind Vorfinanzierungen, die mit dem Vorhaben verbunden sind, über die Perioden zu ermitteln und entsprechend deren Höhe die zugehörigen Finanzierungskosten im Finanzplan (s. Abschn. 6.2.9.1) anzuführen. Dabei kann es durchaus vorkommen, dass mit den Finanzierungskosten eine Erhöhung des Kapitalbedarfs einhergeht.

6.2.9.4 Bewertung der Investition

Letztlich stellt sich die Frage, ob der Geschäftsplan in Summe auch gewinnbringend umgesetzt werden kann. Diese Rechnung wird im Zuge einer Umsetzungsentscheidung in jedem Fall angeführt und es erleichtert die Arbeit des Bewertenden, wenn die Fakten bereits dargelegt werden. Ferner ist es auch für den Ersteller des Planes eine essenzielle Information, den potenziellen finanziellen Erfolg zu ermitteln.

Wie in Abschn. 6.2.9.3 bereits angedeutet, sind künftige Zahlungsströme weniger wert als gegenwärtige Zahlungen gleicher Höhe. Der Grund dafür ist neben der Inflation die Tatsache, dass für jedes Vorhaben Kapitalkosten zu berücksichtigen sind, die sich aus Kreditzinsen und Eigenkapitalrenditen ergeben. Dieser Umstand lässt sich mit Hilfe des Barwertes abbilden. Bedenkt man, dass bei einem Zinssatz von 15 % eine Zahlung, die nach 5 Jahren eintritt, aus aktueller Sicht nur noch etwa die Hälfte wert ist, wird rasch deutlich, dass selbst in einem Kontext überschaubaren Risikos die Berechnung des Barwertes unumgänglich ist. Dennoch agieren viele Portfoliomanager in der Praxis so, als wären Zahlungen in künftigen Perioden gleichwertig mit aktuellen.

Berechnung des Barwertes Der Barwert von einzelnen Ausgaben und Einnahmen wird ermittelt, indem künftige Geldflüsse mit einem internen Zinssatz i abgezinst werden. Nachdem dies für jede Periode zu erfolgen hat, reduziert dies den Effekt einer Zahlung umso stärker, je ferner sie in der Zukunft liegt. So werden Beträge in der Periode n mit dem Faktor $1/(1+i)^n$ multipliziert (vgl. Perridon und Steiner 2004, S. 59 ff.).

Für die Berechnung des Barwertes einer Investition sind die Barwerte sämtlicher damit verbundener Zahlungsflüsse aufzusummieren.

Die Festlegung des internen Zinssatzes hängt stark vom Risiko der Investition ab. Je höher das Risiko, desto unsicherer sind künftige Zahlungsströme und entsprechend geringer ist deren Einfluss auf den Barwert.

In der Praxis findet man häufig folgende zwei Varianten zur Zinssatzermittlung in Abhängigkeit von der Risikoeinschätzung vor:

1. Sind die **Risiken vollständig erfasst** und die potenziellen Kosten benennbar, können diese bereits in die Profitermittlung des Geschäftsplanes einfließen. Damit ist es nicht mehr erforderlich, dem internen Zinssatz eine zusätzliche Risikoprämie hinzuzurechnen. Die Abzinsung erfolgt mit dem **WACC** (i = WACC).
2. Sofern die **konkreten Risiken schwer zu benennen** beziehungsweise zu beziffern sind, erfolgt ein **Risikoaufschlag auf den WACC,** der der Natur des Unterfangens Rechnung trägt (i = WACC+ = WACC + i_r). Tabelle 6.2 zeigt Richtwerte für die Einschätzung der Zinssätze (i) nach Risikokategorien. Je breiter das im Geschäftsplan berücksichtigte

6.2 Inhalte eines Geschäftsplanes

Tab. 6.2 Zinssätze nach Risikokategorien. (vgl. Perridon und Steiner 2004, S. 102)

Situation	Zinssatz
Vorhandener Markt und bekannte Produkte	10 %
Vorhandener Markt und neues Produkt	15 %
Neuer Markt und bekanntes Produkt	25 %
Neuer Markt und neues Produkt	30 %

Portfolio diversifiziert beziehungsweise je höher der Anteil der betrachteten Produkte am Gesamtportfolio des Unternehmens ist, desto stärker nähert sich der WACC+ an den WACC des Gesamtunternehmens an.

Auf Basis des internen Zinssatzes erfolgt die Ermittlung des Barwertes nach folgender Formel:

$$C_o = \sum_{t=0}^{n}\left[(E_t - A_t) \times \frac{1}{(1+i)^t}\right] \quad (6.7)$$

C_0 = Barwert zum aktuellen Zeitpunkt (NPV = Net Present Value)
E_t = Summe der Einnahmen in der Periode t
A_t = Summe der Ausgaben in der Periode t
i = interner Zinssatz (= WACC beziehungsweise WACC+)
n = Anzahl der Berechnungsperioden
t = einzelne Periode (von 0 bis n)

Nachdem jedes Produkt infolge seines Lebenszyklus auch ein Ablaufdatum hat und der Betrachtungshorizont einer Barwertberechnung nur bis zu einem bestimmten Zeitpunkt in der Zukunft reicht, stellt sich die Frage, wie die Perioden danach zu berücksichtigen sind. Zu diesem Zweck erfolgt eine Bewertung des Terminal Value (Restwert am Ende des Betrachtungszeitraumes, vgl. Abschn. 7.3), der ebenfalls abgezinst wird. Der Restwert errechnet sich aus der geplanten Verwertung des Portfolioelementes nach der letzten Periode und reicht von einer Weiterführung oder Veräußerung bis hin zur Einstellung ohne weitere Erlöse. Üblicherweise konzentrieren sich Unternehmen jedoch vor allem auf die Rückflüsse innerhalb des Betrachtungszeitraumes. Der Terminal Value ist insbesondere dann von Interesse, wenn geplant ist, einzelne Portfolioelemente innerhalb des Planungszeitraumes zu veräußern oder Investoren zu gewinnen und dahingehend den Wert aus aktueller Sicht zu beziffern.

Neben der Berechnung des Barwertes über die Laufzeit ist auch eine periodenweise Abzinsung der Über- und Unterdeckung nützlich. Erst durch eine solche Berechnung kann mit einiger Gewissheit Auskunft darüber gegeben werden, wann sich eine Investition amortisieren wird. Wie Abb. 6.8 eindrucksvoll zeigt, wäre es demnach eine falsche Annahme, davon auszugehen, dass ein Unterfangen, das in den ersten drei Jahren jeweils 500.000 € kostet und in den darauffolgenden vier Jahren jeweils 500.000 € rückführt, nach

Abb. 6.8 Beispiel Barwertberechnung

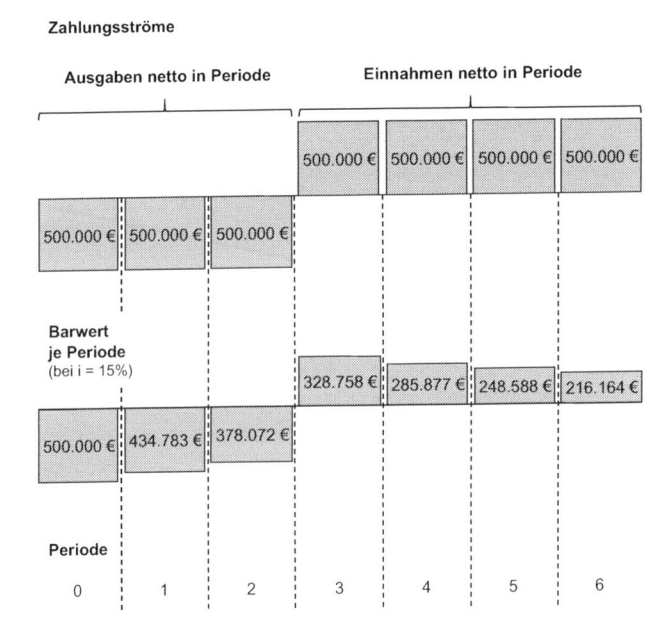

Zahlungsströme

Ausgaben netto in Periode | Einnahmen netto in Periode

500.000 € | 500.000 € | 500.000 € | 500.000 € (Perioden 3–6)

500.000 € | 500.000 € | 500.000 € (Perioden 0–2)

Barwert je Periode (bei i = 15 %)

328.758 € | 285.877 € | 248.588 € | 216.164 €

500.000 € | 434.783 € | 378.072 €

Periode 0 | 1 | 2 | 3 | 4 | 5 | 6

Barwert des gesamten Vorhabens nach 6 Perioden: −233.468 €
(bei i = 15 %)

sechs Jahren positiv bilanziert, da die späteren Zahlungseingänge aus aktueller Sicht weniger wert sind.

Je ferner die Zahlungsströme in der Zukunft liegen, desto weniger wirken sie sich im Barwert aus gegenwärtiger Sicht aus. Umgekehrt bedeutet das aber auch, dass bei kurzen Betrachtungsperioden der Einfluss der Abzinsung gering ist. Bei Bewertungen von Geschäftsplänen, welche sich in ein oder zwei Jahren amortisieren müssen, ist es daher eine zulässige Näherung, die Barwertberechnung auszusparen, sofern der Betrachtungshorizont nicht signifikant über diesen Zeitraum hinausgeht.

Entscheidungsgrundlage Der Barwert eines Vorhabens ist ein wesentliches Indiz dafür, ob ein Geschäftsplan umgesetzt werden soll oder nicht. Ist er positiv, so bringt er einen Wertebeitrag und es ist naheliegend, die Realisierung des Geschäftsplanes zu beschließen. Allerdings ist das eine sehr kurz gegriffene Bewertung. Parallel sollten alternative Investitionen bewertet werden, denn die Ressourcen und Mittel jedes Unternehmens sind limitiert und es könnte durchaus der Fall sein, dass mit ähnlichen Aufwänden andere Projekte mit höheren Renditen umgesetzt werden können. Zudem sollte das Risiko genauer betrachtet werden, das mit dem Vorhaben verbunden ist. Vor allem hohe potenzielle Renditen können beträchtliche Risiken verschleiern. Im Vergleich mit einer alternativen Investition sollte dies jedoch Beachtung finden. Naturgemäß sind Vorhaben mit geringerem Risiko solchen mit höheren Risiken bei vergleichbaren Renditen vorzuziehen.

6.2 Inhalte eines Geschäftsplanes

Insbesondere im Vergleich mit alternativen Investitionen ist die Methode der Rückrechnung des internen Zinssatzes (IRR, Internal Rate of Return) nützlich (vgl. ebd., S. 65). Dabei wird der Kapitalwert (nicht abgezinste, kumulierte Einnahmen abzüglich Ausgaben) gleich 0 gesetzt und jener fiktive interne Zinssatz (r=IRR) errechnet, der zu einem Barwert von 0 führen würde.

$$0 = \sum_{t=0}^{n}\left[(E_t - A_t) \times \frac{1}{(1+r)^t}\right] \quad (6.8)$$

E_t = Summe der Einnahmen in der Periode t
A_t = Summe der Ausgaben in der Periode t
r = interner Zinssatz (=fiktiver WACC)
n = Anzahl der Berechnungsperioden
t = einzelne Periode (von 0 bis n)

Der IRR kann mit Hilfe von iterativen Methoden ermittelt werden und ist ein Indiz für die Rendite des Vorhabens, da er angibt, wie hoch die Kapitalkosten sein dürfen, damit sich das Vorhaben gerade noch rechnet. Er sollte in jedem Fall höher als der WACC sein, denn anderenfalls wäre der auf Basis des WACC berechnete Barwert negativ. Die Differenz zwischen IRR und WACC ist implizit auch die unternehmensinterne Risikoprämie, die mit der Realisierung des Vorhabens verbunden wäre.

Neben der Bewertung des Gesamtportfolios leistet eine Einzelbetrachtung der Portfolioelemente für sich gute Dienste, um „hinter die Kulissen" zu blicken. Mitunter ist ein Produkt dabei, das ein hohes Risiko birgt oder eine äußerst geringe Rückführung erwarten lässt. Dann ist zu überlegen, ob eine Umsetzung des Vorhabens ohne dieses Produkt nicht vorteilhaft wäre.

Für eine qualifizierte Erstbewertung bietet sich daher folgende Vorgehensweise an:

1. Ermittlung des **Barwertes** des Vorhabens und Prüfung, ob dieser positiv ist.
2. Berechnung, wie hoch die **erwartete Rendite im Verhältnis zur erforderlichen Investition** ist; dazu kann der interne Zinssatz herangezogen werden. Um einen positiven Wertebeitrag zum Unternehmen zu liefern und als Voraussetzung für einen positiven Return on Investment (ROI) sollte dieser deutlich über dem WACC liegen.
3. Erhebung, **ab wann das Vorhaben** (entsprechend der periodenweisen Barwertermittlung) **kumuliert positiv ist** und Vergleich mit dem Planungshorizont des Unternehmens beziehungsweise der Branche; das Vorhaben sollte sich spätestens nach etwa zwei Dritteln einer typischen Produktlebensdauer amortisieren.
4. Betrachtung **einzelner Portfolioelemente** und etwaige Streichung aus dem Vorhaben, falls sie den Erfolg des Geschäftsplanes signifikant beeinträchtigen.

5. Sofern Daten für eine monetäre Bezifferung der Risiken vorhanden sind, Durchführung einer **Risikobewertung** anhand eines Vergleiches der Barwerte des wahrscheinlichen und des ungünstigsten Falles:
   – Abweichung < 10 %: Geringes Risiko, Umsetzung sinnvoll
   – Abweichung < 30 %: Vertretbares Risiko, Umsetzung vertretbar
   – Größere Abweichung: Hohes Risiko, Umsetzung nur mit Risiko-Hedging oder aus triftigen, strategischen Gründen
6. **Vergleich mit alternativen Investitionen** oder Konzepten entsprechend den oben genannten Kriterien. Das im Geschäftsplan vorgeschlagene Vorgehen muss eine bessere Bewertung erwirken.

Sind die genannten Fragen entsprechend positiv beantwortet und fällt das Ergebnis merklich besser aus als bei alternativen Möglichkeiten, so spricht das für die Umsetzung des Geschäftsplanes in finanzieller Hinsicht. Natürlich sind für die Entscheidung auch die anderen Kriterien wie Passung zur Strategie, Umsetzbarkeit und organisatorische Implikationen zu berücksichtigen. Allerdings ist eine hohe Wahrscheinlichkeit monetären Erfolges eine der wesentlichsten Grundlagen für eine positive Entscheidung.

6.2.10 Konklusion

Als abschließendes Kapitel findet sich im Geschäftsplan eine konsolidierende Zusammenführung der zuvor ausgeführten Darstellungen mit einer Empfehlung zur weiteren Vorgehensweise. Falls im Geschäftsplan verschiedene Wege oder Optionen aufgezeigt werden, sind diese mit deren Implikationen nochmals überblicksweise zu nennen. Darüber hinaus sollten auch etwaige Konsequenzen einer abschlägigen Entscheidung erläutert werden.

Auf diese Weise fasst die Konklusion die wichtigsten Prämissen für eine Entscheidung beziehungsweise Bewertung des beschriebenen Vorhabens zusammen und legt begründeterweise eine bestimmte Richtung nahe. Wie bei der Executive Summary ist es auch beim Verfassen der Konklusion von großer Wichtigkeit, sich in den Adressaten des Dokumentes hineinzuversetzen und jene Aspekte anzuführen, die für ihn von Relevanz sind. Da ein Geschäftsplan nicht erstellt wird, nachdem seine Umsetzung beschlossen wurde, sondern er vielmehr als Grundlage für derartige Entscheidungen dient, sollte die intendierte Richtung zwar klar zum Ausdruck gebracht werden. Allerdings sei empfohlen, davon Abstand zu nehmen, dem Adressaten einen bestimmten Weg aufzudrängen oder ihn zu einer Entscheidung zu nötigen. Dies löst häufig Reaktanz aus und angesichts der Fülle an Aspekten und Annahmen, die ein Geschäftsplan beinhaltet, findet sich unter Garantie der eine oder andere Punkt, um eine bestimmte Bewertung – egal, wie sie aussehen mag – argumentativ zu begründen. Hier ist mit Augenmaß vorzugehen, um die Gratwanderung zwischen einer gut ausgearbeiteten Empfehlung und einer Bevormundung des Entscheiders zu meistern. Obwohl es sich um das abschließende Kapitel des Geschäftsplanes handelt, macht es sich bezahlt, auch in dessen Erarbeitung ausreichend Zeit zu investieren.

6.3 Zusammenfassung

Ein Geschäftsplan dient im Wesentlichen als Bewertungsgrundlage für Investoren und interne Entscheider, aber auch dem Portfoliomanager als Leitlinie zur umfassenden Betrachtung des intendierten Vorhabens. Vor seiner Erstellung sollte ein solides Geschäftsmodell vorliegen, welches die Eckpfeiler des Vorhabens behandelt sowie dessen Plausibilität und Sinnhaftigkeit nachvollziehbar darlegt. Wie beim Geschäftsmodell, so ist auch für die eigentliche Ausarbeitung des Geschäftsplanes ein iteratives Vorgehen vom Groben ins Detail angeraten, nachdem die zahlreichen Elemente voneinander abhängen und dahingehend nicht isoliert betrachtet werden können.

Im Kontext der Ausgestaltung eines Geschäftsplanes ist vor allem die Executive Summary als knappe Zusammenfassung des gesamten Inhaltes entscheidend, da der Adressat anhand dieser Ausführungen darüber befindet, ob er den Rest des Dokumentes liest oder nicht. Zu den weiteren inhaltlichen Elementen zählen eine Beschreibung des Unternehmenskontextes sowie der mit dem Vorhaben verbundenen Produkte und Dienstleistungen, die speziell auch in inhaltlicher und fachlicher Hinsicht zu erläutern sind. In der Form eines Marketingplans werden Themen wie Marktanalyse, Portfoliostrategie, Value Proposition, Vertriebskonzept, Markteinführung, absatzfördernde Maßnahmen und erwartete Umsatzströme dargelegt. Die eigentliche Realisierung des Vorhabens inklusive Leistungen, die zur Anwendung der Produkte durch den Kunden erforderlich sind, bis hin zu unterstützenden Aktivitäten und Partnerschaften sind als Umsetzungsplan ebenfalls zentrale Bestandteile eines Geschäftsplanes. Weitere Kernelemente stellen die Kapitel Management und Organisation, Unternehmensstruktur und Kapitalisierung sowie die mit dem Vorhaben verbundenen Chancen und Risiken dar. Vor allem im Hinblick auf monetäre Größen als wesentliche Kriterien in der Beurteilung von Geschäftsplänen sind die Inhalte des Finanzplanes wie Kosten- und Umsatzplanung, Liquiditätsbetrachtungen sowie eine monetäre Bewertung des Vorhabens entscheidend.

Abgesehen von einem gut ausgearbeiteten Geschäftsmodell sollte in den Ausführungen vor allem auf die Nachvollziehbarkeit der Inhalte und die Abstimmung des Dokumentes auf den Adressaten geachtet werden. Besonders wichtig ist dies im Kontext der Executive Summary und einer abschließenden Empfehlung in Form einer Konklusion.

Typische Fehler und Stolperfallen in diesem Kontext
1. Fehlende Grundlage in Form eines soliden Geschäftsmodells
2. Lineare Erstellung eines Geschäftsplanes ohne Iteration mit betroffenen Stellen und Stakeholdern
3. Verzettelung in Details oder zu oberflächliche Darstellung
4. Behauptungen ohne fundierte Belege
5. Beweisführung durch „große Zahlen" ohne konkrete Analyse der jeweiligen Marktsegmente
6. Zu breite Aufstellung (vor allem im Hinblick auf Portfolio und Zielmärkte)
7. Isolierte Betrachtung der Produkte ohne Rücksicht auf Prozesse, die zu deren Anwendung durch Kunden erforderlich sind

8. Unterschätzung des Aufwandes im Partnermanagement
9. Errechnung von geplanten Preisen und Umsätzen rein auf Basis der Entwicklungskosten, ohne begleitende Aufwände und indirekte Kosten zu berücksichtigen
10. Neutralisierung von Risiken durch eine Vielzahl an Chancen und Potenzialen
11. Unterschätzung der Anlaufphase (Markteintritt) neuer Produkte
12. Chronische Überschätzung von Umsätzen und Vernachlässigung von Kosten in Folgeperioden beziehungsweise die daraus resultierende, meist fehlerhafte Annahme, dass der Profit nach einem anfänglich flachen Verlauf steil ansteigt („Hockey Stick"-Effekt)
13. Vernachlässigung der Abzinsung künftiger Geldflüsse
14. Vernachlässigung organisatorischer Implikationen
15. Ausblendung von Unklarheiten oder potenziellen Konfliktfeldern

Weiterführende Literatur

Bücher und Zeitschriften

Aumayr KJ (2009) Erfolgreiches Produktmanagement: Tool-Box für das professionelle Produktmanagement und Produktmarketing, 2. Aufl. Gabler, Wiesbaden

Gräfer H, Beike R, Scheld AG (2001) Finanzierungw, Grundlagen, Institutionen, Instrumente und Kapitalmarkttheorie, 5. Aufl. Erich Schmidt Verlag, Berlin

Hofbauer G und Sangl A (2011) Professionelles Produktmanagement: Der prozessorientierte Ansatz, Rahmenbedingungen und Strategien, 2. Aufl. Publicis, Erlangen

Kotler P und Bliemel F (2001) Marketing-Management: Analyse, Planung und Verwirklichung, 10. Aufl. Schäffer-Poeschel, Stuttgart

Matys E (2011) Praxishandbuch Produktmanagement: Grundlagen und Instrumente. 5. Aufl. Campus, Frankfurt a. M.

Mikunda C (2002) Marketing spüren: Willkommen am Dritten Ort. Wirtschaftsverlag Karl Ueberreuter, Frankfurt a. M.

Perridon L und Steiner M (2004) Finanzwirtschaft der Unternehmung, 13. Aufl. Vahlen, München

Porter ME (2013) Wettbewerbsstrategie: Methoden zur Analyse von Branchen und Konkurrenten, 12. Aufl. Campus, Frankfurt a. M.

Sharpe W (1964) Capital Asset Prices: a Theory of Market Equilibrium under Conditions of Risk. J Finance 19(3):425–442

eBooks

Isaacson W (2011) Steve Jobs: Die autorisierte Biografie des Apple-Gründers. C.Bertelsmann, München

Online-Quellen

WollnyWP GmbH (2013) Branchenbetas und -eigenkapitalkosten (monatlich): April 2013. http://www.wollnywp.de/wp-content/uploads/2013/05/2013-04-Branchenbetas-und-eigenkapitalkosten.pdf. Zugegriffen: 12. Juni 2013

Die Sicht des Investors 7

In diesem Kapitel werden etablierte Portfoliomanagement-Prinzipien am Finanzmarkt vorgestellt. Dahingehend sei in diesem Kontext auch der Portfoliobegriff aus Investorensicht verstanden. Die Darstellung dient als Näherungsweise, der zufolge eine optimale Allokation von Produkten in Unternehmen an den Erfahrungen im Management unterschiedlicher Assetklassen Anleihe nehmen könnte.

Bevor auf die Bedeutung von Investmentbanken und die Bewertung von Portfolios eingegangen wird, sei ein Ausflug in die Geschichte des Portfoliomanagements gestattet. Die historische Aufarbeitung ist nach Meinung der Autoren insbesondere in einem Buch für Unternehmenslenker von Relevanz, weil sie die Wandlung der Optimierungsansätze – weg von statischen, realitätsfernen Modellen hin zu dynamischen, komplexitätsbindenderen Methoden – zeigt. Im Verlauf der historischen Zeitreihe werden dazu Essenzen für das Optimieren von Unternehmensportfolios an Produkten und Services gezogen. Gleichzeitig bleibt jedoch eine Einsicht konstant: Selbst am Finanzmarkt, dem weltweit integriertesten aller Märkte für Transaktionsbeziehungen, walten „Animal Spirits" (vgl. Shiller 2009) im Hinblick auf die Allokationsentscheidungen.

7.1 Historie des Portfoliomanagements

Nach mehr als 10.000 Jahren zivilisatorischer Menschheitsgeschichte und all den Ressourcen, die seit dem neuzeitlichen Begriff des Eigentums aufgewandt wurden, um Asset Allocation zu betreiben, sollte man meinen, eine praktikable Handhabe gefunden zu haben. Eine einfache Internetsuche liefert fast 10 Mio Einträge zu diesem Thema und dennoch ist eine allgemeine Definition schwierig.

Der Versuch einer Bestimmung Was ist Asset Allocation? Es handelt sich dabei um den Prozess der Allokation von Assets unter Einbeziehung der Zukunftserwartung zu Ertrag und Risiko innerhalb eines Universums an regulatorisch akzeptierten Investitionsvehikeln.

Es gibt bis heute kein Modell, das sämtliche Formen individueller Risikotoleranz umfasst. Selbst die Definition von Risiko bleibt uneinheitlich. Etablierte Methoden konzentrieren sich hauptsächlich auf statistikbasiertes Risikomanagement, da dieses auf Erwartungswerten von Wahrscheinlichkeiten basiert und damit mess- beziehungsweise berechenbar ist. Sie meiden hingegen Konzepte unbestimmter Zukunft (Possibility Management). Zu letzterem können die traditionellen, empirisch getriebenen Asset-Allocation-Modelle wenig aussagen.

Die Anfänge In der ersten Hälfte des 20. Jahrhunderts waren die Portfoliomanagementtechniken intuitiv, undiszipliniert und inakkurat in der Zielerreichung. Zwar wurde die Relevanz von Diversifikation vermutet. Ihre Umsetzung folgte aber „Pi mal Daumen"-Schätzungen ohne systematische Evaluation. Risiko war stets erwogen, aber nicht determiniert. Es lag Portfoliomanagern bis 1950 keine quantifizierbare Nennung von Investmentrisiken vor. Performance-Messung erfolgte im Vergleich zum Verlauf des Dow Jones Industrial. Viele Privatinvestoren verstauten ihre Wertpapiere in ihren eigenen Tresoren anstatt bei Brokern – ein risikoreiches Unterfangen – oder in Aufbewahrungsstellen – ein teures Vergnügen. In beiden Fällen stellte dies einen Hinderungsgrund dafür dar, eine zügige Re-Allokation in Portfolios durchführen zu können. Aktien wurden ge- und verkauft auf Basis einer nicht quantifizierten Einschätzung von teuer oder billig.

7.1.1 Moderne Portfoliotheorie (MPT)

Mit der Doktorarbeit des US-Ökonomen Harry M. Markowitz begann das moderne Zeitalter der Portfolio-Optimierungstechniken. Seine Publikationen „Portfolio Selection" (Markowitz 1952) und „Portfolio Selection: Efficient Diversification of Investments" (Markowitz 1959) werden auch heute noch als Standardwerke an führenden Universitäten gelistet. Zwei Ziele wurden von ihm verfolgt. Er wollte

1. die Entscheidung zur Diversifikation der Anleger wissenschaftlich begründen und quantifizieren sowie
2. ermitteln, welche und wie viele Wertpapiere in ein Portfolio aufgenommen werden müssen.

Neu war an Markowitz' Ansatz, dass für eine optimale Portfolio-Zusammensetzung nicht nur Ertragsaussichten einer Investition, sondern auch die damit verbundenen Risiken in Betracht gezogen wurden. Er führte also erstmals einen wissenschaftlichen Nachweis über die positive Auswirkung von Diversifikation auf das Risiko-Return-Verhalten des Gesamtportfolios durch. Seine Erkenntnisse waren zur damaligen Zeit bahnbrechend.

7.1 Historie des Portfoliomanagements

Abb. 7.1 Diversifizierbare Risiken. (Nach Investopedia 2006)

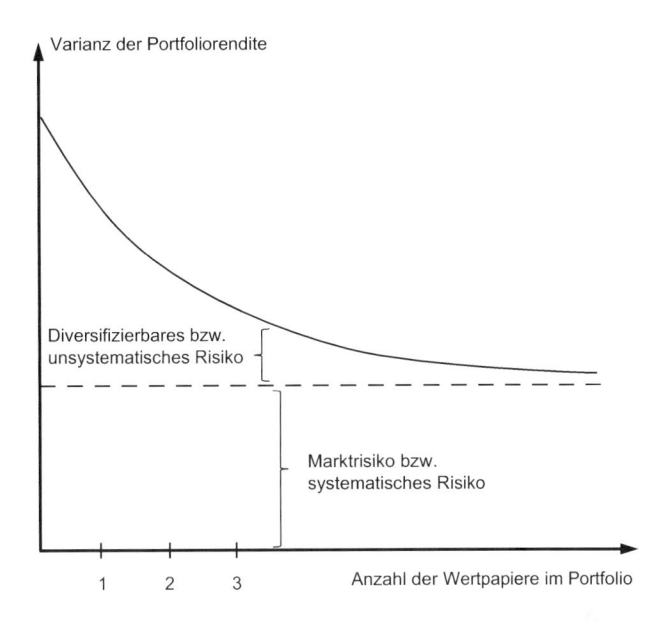

Mit seiner mathematischen Methode zur Bestimmung des Mittelwert-Varianz-Portfolios entlang des effizienten Rands – also jener Allokation von verschiedenen Investments, die bei gegebener erwarteter Rendite keine anderen Portfolios mit geringerem Risiko bilden kann – gab er Praktikern und Akademikern ein auch heute noch beliebtes Optimierungsinstrument in die Hand. Es ist relativ leicht verständlich und flexibel anzuwenden bei zugleich moderatem Datenbedarf in seiner ursprünglichen Form.

Bei Anwendung von Markowitz' Methode lässt sich – so die Annahme – das unsystematische Risiko gegen null diversifizieren, das systematische Risiko hingegen, also das Marktrisiko, welches auf jene Faktoren zurückzuführen ist, die alle Wertpapiere in gleichen Maßen betreffen, bleibt bestehen. Man denke dabei an Inflation, Naturkatastrophen oder Ähnliches. Abbildung 7.1 visualisiert den Teil unsystematischer, diversifizierbarer Risiken in Markowitz' Modell.

Tobin-Separation Darauf aufbauend wurde Markowitz' Ansatz verfeinert. 1958 steuerte der US-amerikanische Ökonom James Tobin mit seinem Paper „Liquidity Preference as Behaviour Towards Risk" (Tobin 1958, S. 65 ff.) die Tobin-Separation bei. Dabei handelt es sich um die Annahme, dass der Investmentprozess in zwei Teile separiert werden kann. Im ersten Schritt wird ein effizientes Portfolio nach Markowitz konstruiert, im zweiten wird das effiziente Portfolio mit einem risikolosen Zinssatz kombiniert. Die finale Bestimmung der Gewichtung aus effizientem Portfolio (an risikoreichen Wertpapieren) und dem risikolosen Zinssatz wird mittels der Nutzenfunktion des Investors eruiert – also dem individuellen Risikoprofil. Der risikolose Zinssatz wird heutzutage von den MPT-Anwendern zum Beispiel mit T-Bills (kurz laufenden US-Staatsanleihen) angenommen. James Tobin

Abb. 7.2 MPT Effizienzgrenze

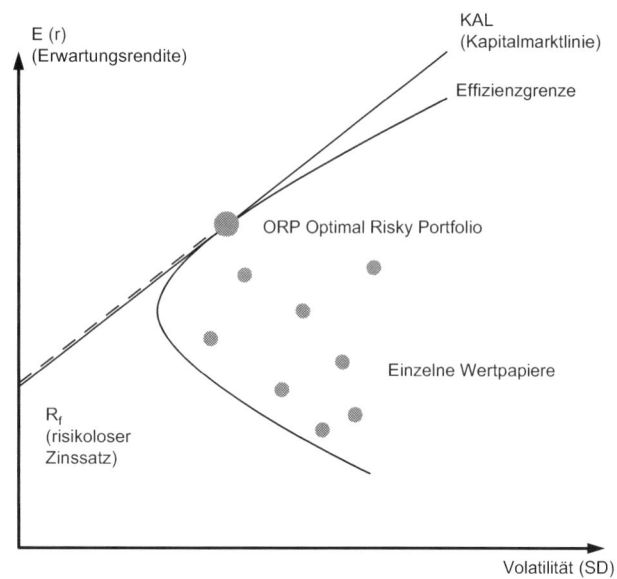

erhielt 1981 unter anderem für sein Separationstheorem den Nobelpreis für Wirtschaftswissenschaften. Abbildung 7.2 visualisiert den Ansatz von Tobin und Markowitz:

Effizienzgrenze (Efficient Frontier) Entlang dieser Kurve findet sich die jeweils optimale Zusammenstellung der Einzelinvestitionen, da sie die höchste zu erwartende Rendite für jedes Risikolevel beziehungsweise das geringste Risiko für jedes Renditelevel aufzeigt. Welche dieser Kombinationen im Einzelfall in Frage kommen, hängt vom individuellen Risikoprofil des Investors ab und wird in seiner Nutzenfunktion ausgedrückt.

Risikoloser Zinssatz (Risk-Free Rate) Der risikolose Zinssatz ist die Rendite, bei der das Fehlen jeglicher Risiken unterstellt wird und die sich mit absolut sicheren Anlagen erzielen lässt. (Finance Wiki 2013)

Kapitalmarktlinie KML (Capital Market Line) Die KML verbindet den risikolosen Zinssatz mit dem effizienten Rand. An diesem Rand bildet sich ein Tangentialpunkt. Alle effizienten Portfolios – zusammengesetzt aus einer Mischung von risikolosen und risikoreichen Bestandteilen – liegen nun auf dieser KML. Diese definiert sich als Abschnitt zwischen risikolosem Zinssatz und dem Optimal Risky Portfolio (ORP-Definition siehe nachstehend).

Optimal Risky Portfolio Der Tangentialpunkt, gebildet aus KML und dem effizienten Rand, ergibt das Optimal Risky Portfolio. Dabei handelt es sich um die optimal diversifizierte Konstellation an risikoreichen Veranlagungen bei gegebenem risikolosen Zinssatz.

7.1 Historie des Portfoliomanagements

Erwartungsrendite $E_{(r)}$ Auf der Y-Achse wird die künftig erwartete Rendite eines Wertpapiers aufgetragen. Meist wird ein historischer Mittelwert an Renditen herangezogen.

Volatilität Auf der X-Achse wird die künftig erwartete Volatilität eines Wertpapiers aufgetragen. Meist wird ein historischer Mittelwert von Standardabweichungen herangezogen.

Interpretation Die Mittelwert-Varianz-Optimierung errechnet aus den gewählten Wertpapieren je nach deren Gewichtung ein Verhältnis zwischen Risiko (Volatilität) und Return (Erwartungsrendite) – die Effizienzgrenze. Mit Hilfe von Tobins risikolosem Zinssatz kann das Optimal Risky Portfolio bestimmt werden. Nun hat der Investor die Wahl zwischen einer Allokation in 100 % risikolosen Zinssatz oder 100 % Optimal Risky Portfolio – einer effizienten Zusammenstellung aus risikoreichen Wertpapieren – oder eben einem Mischverhältnis aus beiden Extrema. Aufschluss über das final ausgewählte Mischverhältnis gibt die Nutzenfunktion des Investors, die seinen Grad an Risikoaversion ausdrückt. Je höher die Aversion, desto mehr risikolose Wertpapiere wird der Investor halten wollen.

7.1.2 CAPM (Capital Asset Pricing Model)

Noch fehlen zwei weitere Säulenheilige des traditionellen Portfoliomanagements – das Capital Asset Pricing Model und die Effizienzmarkthypothese.

Markowitz und Tobin nehmen keine Einschätzung eines Wertpapiers hinsichtlich seines fairen Wertes vor. William Sharpe, ein Student von Harry Markowitz an der Universität von Chicago, ergänzte 1964 mit dem CAPM als Gleichgewichtsmodell diese Komponente (Sharpe 1964, S. 425 ff.). Sharpe versucht, ein Gleichgewicht zwischen mehreren Marktteilnehmern zu ermitteln. Die zuvor beschriebene Kapitalmarktlinie (KML) dient dabei als Baustein des CAPM und ist damit viel mehr als eine Vorstufe. Die Wertpapiermarktlinie (Security Market Line, SML) bildet das eigentliche Kernmodell. Sharpe nimmt an, dass im Marktgleichgewicht alle Investoren ein in gleicher Weise zusammengesetztes Portfolio an risikoreichen und risikolosen Wertpapieren halten – unabhängig von ihrer Risikopräferenz. Dieser Teil wird auch „Marktportfolio" genannt und hat ein Beta (β = individuelles Wertpapierrisiko) von eins zu sich selbst.

Dabei baut das CAPM in seinen Basisannahmen auf der MPT – also den Modellen von Markowitz und Tobin – auf und erweitert diese um die Frage, welches das relevante Risikomaß für einzelne Anlageobjekte im Rahmen eines vollständig diversifizierten Portfolios ist.

Das CAPM basiert auf folgenden Ausgangsfragen:

- Wie sind einzelne risikobehaftete Vermögenswerte, also „risky assets", zu bewerten?
- Welche risikoadjustierte Rendite ist im Marktgleichgewicht zu erwarten beziehungsweise welche risikoadjustierte Rendite kann gefordert werden?

Ergebnis dieser Überlegungen ist eine Praktikerformel, die sowohl am Finanzmarkt als auch im Corporate Finance – also in der Unternehmensfinanzierung – regen Gebrauch findet.

$$E_{(r)} = r_f + \beta \times (r_m - r_f) \quad (7.1)$$

Der erwartete Return setzt sich aus dem risikolosen Zinssatz (r_f), dem Marktrisiko ($r_m - r_f$) und dem individuellen Wertpapierrisiko (β) zusammen.

Daraus ergibt sich folgendes Problem: Obwohl das CAPM die Frage beantwortet, ob sich erwartete und benötigte Rendite im Gleichgewicht befinden, und damit als Bewertungsmodell eingesetzt wird, erschließt es keinen Preis, sondern ausschließlich ein Rendite/Risiko-Profil. Das CAPM entzieht sich in seiner Rendite/Risiko-Einschätzung einer empirischen Überprüfung, weil sich das Marktportfolio aller risikoreichen Wertpapiere (r_m) nicht eindeutig bestimmen lässt. Zwar wird in der Praxis eine Schätzung des Marktrisikos mittels Verwendung von namhaften Aktienindizes vorgenommen. Um dem Modell gerecht zu werden und folglich seine Aussagekraft zu erhöhen, ist diese Näherung jedoch unzureichend. Zudem treffen sämtliche Kritikpunkte der MPT auch auf das CAPM zu, weil es ebenfalls auf deren Grundannahmen basiert.

7.1.3 Effizienzmarkthypothese (EMH)

Zu guter Letzt soll der dritte Säulenheilige, die Effizienzmarkthypothese, genauer betrachtet werden. 1970 von Eugene Fama postuliert (Fama 1970, S. 383 ff.), bildet sie den philosophischen Kontext des traditionellen Portfoliomanagements. Sie fußt auf der Idee des „Random Walk" – also einer völligen Unvorhersagbarkeit von Kursverläufen.

Der Begriff wurde bereits 1900 von Louis Bachelier in seiner bemerkenswerten Doktorarbeit „La Théorie de la Spéculation" (Bachelier 1900, S. 21 ff.) eingeführt und von Karl Pearson (1905) in einem Brief an das Nature-Magazin geprägt. Im gleichen Jahr publizierte Albert Einstein eine Seminararbeit zu Brownian-Motion-Prozessen von Staubpartikeln in der Luft auf Basis der Random-Walk-Hypothese (Einstein 1905, S. 549 ff.). Um die Jahrhundertwende war das Gedankenkonstrukt eingeführt, fand aber erst gut 60 Jahre später Eingang in ein umfassenderes Kapitalmarktmodell, nämlich jenes der EMH.

Unabhängig von der starken, mittelstarken oder schwachen Effizienzannahme der EMH sagt diese aus, dass vorhandene Information bereits eingepreist ist und somit eine dauerhafte Outperformance eines Marktteilnehmers unmöglich sei. Kurz, der Markt kann nicht geschlagen werden.

Diese drei Säulen MPT (Markowitz, Tobin), CAPM (Sharpe) und EMH (Fama), dargestellt in Abb. 7.3, bilden die Grundlage der ersten Generation von Asset-Allocation-Modellen.

Abb. 7.3 Säulenheilige der ersten Generation von Asset-Allocation-Modellen

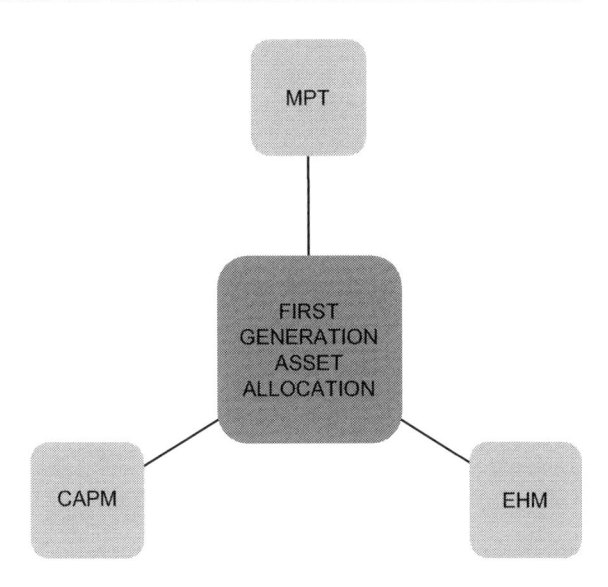

[Diagramm: FIRST GENERATION ASSET ALLOCATION mit den drei Säulen MPT, CAPM, EHM]

7.1.4 Asset Allocation 1. Generation

Diese erste Generation kann auch mit folgender Überschrift charakterisiert werden: Siegeszug der Publikumsfonds-Industrie. (Unter Publikumsfonds versteht man in der Regel „Long Only"-Aktien-, Renten-, Misch- oder Geldmarktfonds.) Abb. 7.4 zeigt die drei Asset-Allocation-Generationen im Überblick.

Mit dem Versprechen, via aktiv gemanagten Aktien-, Anleihen- oder Mischportfolios den Markt – also den Vergleichsindex – schlagen zu können, wuchs die Publikumsfonds-Industrie mit Ende 2011 weltweit auf beeindruckende 23,5 Billionen $ an. Abbildung 7.5 verdeutlicht diese Erfolgsgeschichte.

Das Glaubwürdigkeitsproblem der Säulenheiligen der ersten Generation Bereits Anfang der 1960er Jahre kamen erste Zweifel auf, ob eine mittels MPT errechnete Portfolio-Allokation die Realität des Finanzmarktes ausreichend widerspiegelt. Der 2010 verstorbene renommierte Mathematiker Benoît Mandelbrot wies Anfang der 1960er Jahre als einer der Ersten auf die Limitierung der MPT hin. In seinem letzten Buch „The Misbehaviour of Markets" (Mandelbrot 2006, S. 79) fasste der Begründer der fraktalen Geometrie seine jahrzehntelange Kritik an den Grundannahmen der ersten Generation eindringlich und ausdrücklich zusammen. Mandelbrot fand in Nassim Taleb einen Nachfolger in seiner fundamentalen MPT-Kritik. Es wird von Seiten der MPT-Bewahrer versucht, das Modell in den Kontext des 21. Jahrhunderts zu retten, indem sie die unrealistischen Annahmen zwar eingestehen, deren approximative Erklärungskraft jedoch verteidigen (Malkiel 2003, S. 80). Durch diesen Rettungsversuch entwickelte sich die zweite Generation.

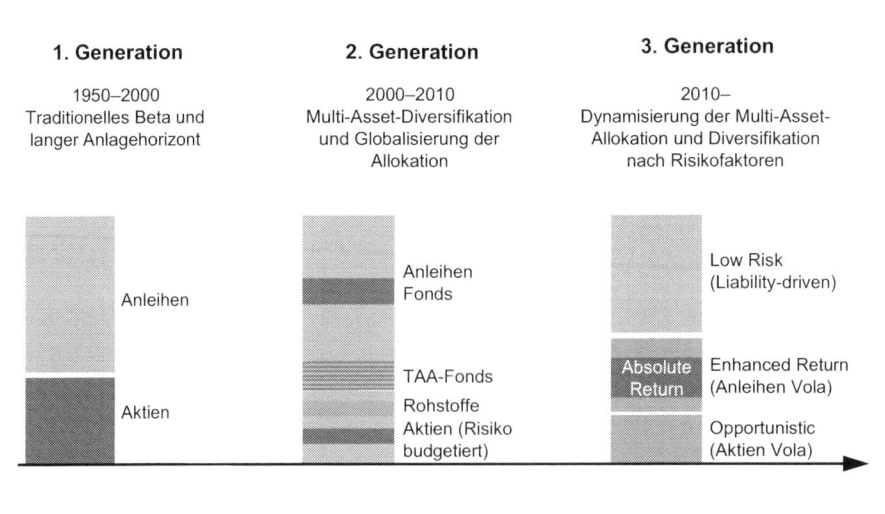

Asset-Allocation-Generationen

1. Generation
1950–2000
Traditionelles Beta und langer Anlagehorizont

- Anleihen
- Aktien

2. Generation
2000–2010
Multi-Asset-Diversifikation und Globalisierung der Allokation

- Anleihen Fonds
- TAA-Fonds
- Rohstoffe
- Aktien (Risiko budgetiert)

3. Generation
2010–
Dynamisierung der Multi-Asset-Allokation und Diversifikation nach Risikofaktoren

- Low Risk (Liability-driven)
- Absolute Return
- Enhanced Return (Anleihen Vola)
- Opportunistic (Aktien Vola)

Dominante Merkmale der 1. Generation

- Quantitative Optimierung durch Mean Variance
- Überthema Diversifikation: Publikumsfonds gewinnen an Popularität
- Diversifikation durch traditionelle Assetklassen: Aktien, Anleihen, Immobilien, Cash
- Ein-Faktoren- und Ein-Perioden-Modelle
- Home Bias
- Kein Einsatz von Risiko-Budgets

Dominante Merkmale der 2. Generation

- Quantitative Optimierung durch Mean Variance und Minimum-Variance (für Aktien-Exposure)
- Diversifikation durch traditionelle und alternative Assetklassen
- Mehr-Faktoren- und Mehr-Perioden-Modelle
- SAA- & TAA-Unterscheidung
- Aktives Management: Assetklassen überwiegend von Spezialisten gemanagt
- Einzelne Mandate mit Risikobudgets

Dominante Merkmale der 3. Generation

- Strategische Asset-Allokation gemäß Risikofaktoren-Diversifikation
- „Echte" aktive Manager bekommen größere Freiheiten
- Emanzipation von MPT-Familie
- Erste hochsophistierte Allokationen (z.B. Norwegens Staatsfonds, CalPERS) strukturierten Portfolios nach 3. Generation

Abb. 7.4 Asset-Allocation-Generationen

Sehen wir uns auszugsweise zwei dieser Annahmen an:

Beispiel 1 Markowitz geht davon aus, dass Renditen von Investments normalverteilt sind, sprich eine Tagesrendite häufig nahe +/− 0 % liegt und flach in beide Extreme hin abfällt. Die Realität zeigt uns deutlich, dass diese Annahme inkorrekt ist. Speziell in Krisenzeiten verhalten sich Renditen nicht normalverteilt. Augenscheinlich wird dies bei den sogenannten „Fat Tail Events" (Marktbewegungen am linken Rand der Verteilungskurve, die gemäß Normalverteilung äußerst selten eintreffen dürften, tatsächlich aber in höherem Maße vorkommen).

Beispiel 2 Markowitz geht davon aus, dass das Ausmaß künftiger Preisschwankungen eines Wertpapiers nicht von den Preisschwankungen in der Vergangenheit abhängt, und folgt damit der „Random-Walk-Hypothese" (Annahme der Zufallsbewegung). Das

7.1 Historie des Portfoliomanagements

Abb. 7.5 AuM Publikumsfonds-Industrie. (Nach TheCityUK 2012, S. 6)

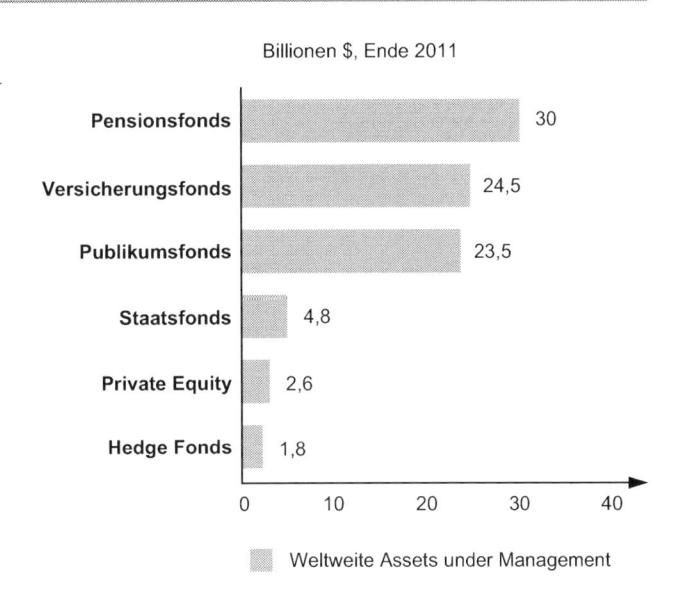

Billionen $, Ende 2011

Pensionsfonds	30
Versicherungsfonds	24,5
Publikumsfonds	23,5
Staatsfonds	4,8
Private Equity	2,6
Hedge Fonds	1,8

Weltweite Assets under Management

noch junge Fachgebiet der Behavioural Finance (Verhaltensökonomik) widerlegte in den 1990ern auch diese Annahme.

Die Liste an fragilen beziehungsweise erwiesenermaßen falschen Annahmen der MPT ließe sich fortsetzen. Auf gezählte neun Basisannahmen stützen sich Markowitz und Tobin. Wie zuvor gezeigt, etablierten sich auf Basis jener Annahmen weit verbreitete Modelle wie CAPM und die Effizienzmarkthypothese. Beim CAPM ist noch die problematische empirische Überprüfung anzuführen, weil es sich dabei prinzipiell um ein Ex-ante-Modell handelt. Die Validierung erfolgt beim CAPM hingegen mit Ex-post-Daten. Die Selektionsbias erschweren zusätzlich einen Falsifizierungsversuch mit Echtdaten.

Das Ergebnis: Als Konsequenz des Einsatzes dieser traditionellen Modelle wird das Risiko am Finanzmarkt systematisch unterschätzt.

▷ Vermeiden Sie die Verwendung falsifizierter Modelle. Diese verzerren die Wahrnehmung von Marktrealitäten.
Je weniger die Basishypothesen eines Modells die empirische Realität widerspiegeln, desto größer ist das Zerrbild von Marktrealitäten. Bleiben Sie wachsam gegenüber diesen Red Flags und geben Sie der kognitiven Dissonanz, die Sie umso stärker zum Festhalten an einem falsifizierten Modell animiert, je weniger die Basishypothesen der empirischen Realität entsprechen, keine Chance.

Trotzdem setzten die Publikumsfonds als Ausdruck der ersten Generation zum Siegeszug an. Die schiere Größe ist beeindruckend. Laut dem 2013 Factbook des Investment Company Institute (ICI 2013, S. 201) verwalten Publikumsfonds mit Ende 2012 weltweit 26,8 Billionen $ in 73.243 Fondsstrukturen. 48 % dieser Assets werden in den USA gemanagt.

Das Glaubwürdigkeitsproblem der Publikumsfonds-Industrie Die Existenzgrundlage für Publikumsfonds liegt in der Aussicht auf Outperformance gegenüber der jeweiligen Benchmark. Man spricht dabei vom „Erzielen von Alpha". Dazu muss die Brutto-Outperformance im Vergleich zum Index groß genug sein, um nach operativen Managementkosten, Transaktionskosten, Strukturkosten und Vertriebskosten immer noch Alpha in das Portfolio des Investors zu liefern. So lautet die Annahme.

Wie gut gelingt es der Industrie, die eigenen Ansprüche zu erfüllen? Nun, nicht allzu gut. Mit steter Regelmäßigkeit belegen Studien die Underperformance von Publikumsfonds. Einige Beispiele seien aufgelistet:

- Edelen R (2007) Scale Effects in Mutual Fund Performance: The Role Of Trading Costs
- Philips C, Kinnery F (2010) Mutual Fund Ratings and Future Performance
- Lee M (2009) Is there skill among active bond managers?
- Swedroe L (2011) The Quest for Alpha: The Holy Grail of Investing
- Malkiel B (1996) A Random Walk Down Wall Street
- Carhard M (1997) On Persistence in Mutual Fund Performance
- Carhart M und Carpenter J (2002) Mutual Fund Survivorship

Die Liste ließe sich noch lange fortsetzen, egal ob es sich um kurze oder lange Zeiträume, Aktien oder Rentenfonds, erfahrene oder aufstrebende Manager handelt. Das Muster der chronischen Underperformance von Publikumsfonds kann seit Mitte des 20. Jahrhunderts als stabil angenommen werden.

Alles beim Alten Sollte man nun einwerfen wollen, dass sich die Industrie seit geraumer Zeit mit Innovationen zu bessern versucht – Stichwort 130/30-Fonds oder Absolute/Total-Return-Publikumsfonds auf Basis der traditionellen Assetklassen –, sei folgende Statistik gegenübergestellt: Laut 2011 Factbook hielten Aktienfonds inklusive etwaiger Mutationen weltweit Ende 2010 zu 95,2 % Aktien und zu 3,5 % Cash.

Ein altes Finanzmarkt- Sprichwort sagt: „Mutual Funds are sold, Exchange Traded Funds (ETFs) are bought." Es verweist also auf die – trotz bescheidener Leistungsschau – immer noch gut funktionierenden Vertriebswege der Publikumsfonds-Initiatoren. Doch liegt das strukturelle Problem der Publikumsfonds nicht an den Kosten (TER) oder am Underperformance-übertönenden Vertrieb.

Das Ende der Klassiker Im Kern liegt es an den finanztheoretischen Basisannahmen, auf deren Grundpfeilern die Industrie ihren kommerziellen Erfolg aufbaute. Dabei handelt es sich um quantitative und qualitative Optimierungsmethoden auf der Basis von Harry Markowitz' Modern Portfolio Theory (MPT), William Sharpes Capital Asset Pricing Model (CAPM) und Eugene Famas Effizienzmarkthypothese. Wie zuvor gezeigt, waren deren Ansätze zwar in der damaligen Zeit ein Fortschritt in der Erklärung von Marktzusammenhängen. In einer globalisierten Welt erzeugen Strategien auf Basis der genannten Modelle jedoch mehr Instabilität denn Robustheit in den angestrebten Diversifikationseffekten, weil diese Methoden einer dynamisch steigenden Marktkomplexität nicht weiter gewachsen sind.

7.1 Historie des Portfoliomanagements

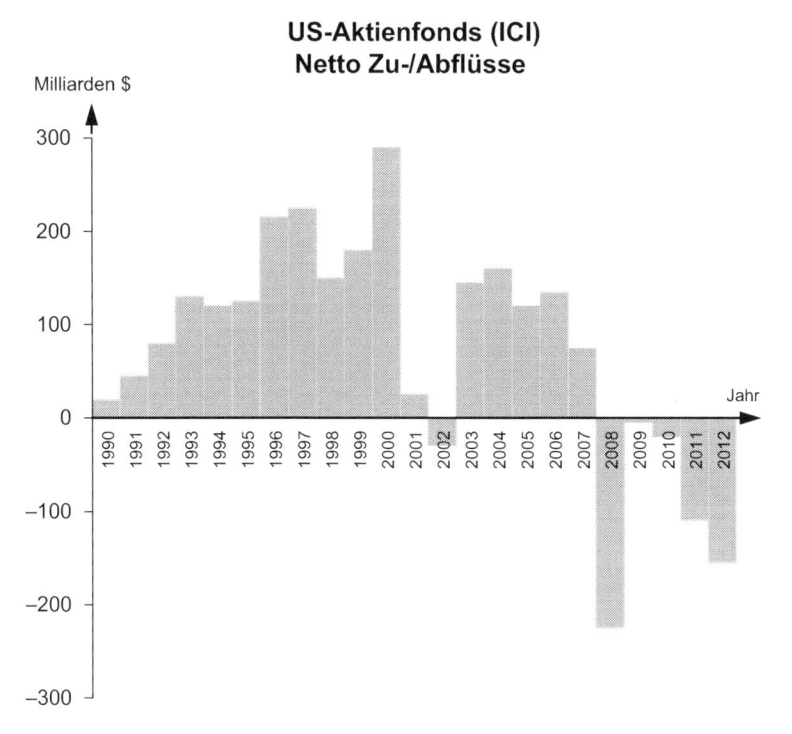

Abb. 7.6 US Equity Fund Flow. (Nach ICI 2013, S. 28)

Weshalb werden weiterhin knapp 27 Billionen $ in Publikumsfonds gemanagt? Wie zuvor gezeigt, werden diese Fonds verkauft, nicht aber gekauft. Sprich, in der Dreierbeziehung aus Produktanbieter, Produktverkäufer und Produktkäufer profitieren die ersten beiden weiterhin in hohem Maße, wodurch sich eine rasche Abkehr von Produkten der ersten Generation nicht initiieren lässt.

▶ Unterschätzen Sie nie die Trägheit sozialer Systeme. Falsifizierte, aber gut etablierte Modelle genießen eine lange Halbwertszeit.

Dennoch wandelt sich die Branche. Wie Abb. 7.6 zeigt, verliert die Publikumsfonds-Industrie seit Krisenausbruch kontinuierlich an „Assets under Management", also an verwaltetem Fondsvermögen.

Bereits mit dem Platzen der Technologieblase und dem Manifestieren der Globalisierung und ihrer Implikationen auf das Portfoliomanagement begann eine Transformation von Generation eins auf Generation zwei. Die erste Generation war geprägt von den Optimierungsmethoden der zuvor beschriebenen Säulenheiligen. In der Form von Portfoliomanagement-Stilen drückte sie sich durch Long-Only- und Buy-Hold-Strategien aus, die in Balanced Portfolios – also Allokationen im klassischen „60 % Aktien und 40 % Anleihen"-Verhältnis – umgesetzt wurden. Abbildung 7.7 arbeitet die einzelnen repräsentativen Strategien pro Generation heraus.

Abb. 7.7 Asset-Allocation-Strategien je Generation

1. Generation

Dominante Portfolio-
management-Strategien
der 1. Generation

Long Only Portfolio
Buy Hold Portfolio
Permanent Portfolio
Balanced Portfolio

2. Generation

Dominante Portfolio-
management-Strategien
der 2. Generation

Risk Parity Portfolio
Yale-Modell
Most Diversified Portfolio
Best-of-two Portfolio

3. Generation

Dominante Portfolio-
management-Strategien
der 2. Generation

Risk Factor Diversification
Risk Premia Diversification
Rule-based Allocation Process
Anti-cyclicality

Balanced Portfolio Ein Balanced Portfolio besteht aus drei Assetklassen: Aktien, Anleihen und Cash. Ein deutscher Investor mit „home bias" (einer Heimmarktneigung) würde beispielsweise einen Aktienteil aus DAX-30-Werten formen, den Anleihenteil aus deutschen Staatsanleihen und ein paar Unternehmensanleihen von Daimler, Deutsche Telekom und BASF. Zudem würde er zwischen null und fünf Prozent Cash halten. Bei einer klassischen Aufteilung im Balanced Portfolio würden 60 % in Aktien und 40 % in Anleihen investiert.

Long Only Portfolio Der Begriff „Long" bezieht sich auf die Richtung des Kursverlaufs eines Wertpapiers, mittels der man seine Rendite erzielen will. Long steht dafür, dass man an steigenden Kursen verdienen will. Der Investor kauft die Aktie beispielsweise bei 10 € und verkauft bei 12 €. Das Gegenteil wäre der Fall, wenn ein Investor an fallenden Kursen partizipieren will. Hier spricht man von „Shorting". Der Investor würde zuerst die Aktie bei 12 € verkaufen und sie bei 10 € zurückkaufen. In Summe hätte er ebenfalls bei 10 € gekauft und bei 12 € verkauft, aber in zeitlich umgekehrter Reihenfolge. Bei einem Long Only Portfolio kommt diese „Shorting"-Variante nicht zum Einsatz. Der Investor will ausschließlich am steigenden Kursverlauf partizipieren.

Fundament der zweiten Generation In der zweiten Generation wurde weiterhin auf die Säulenheiligen als Fundament der Asset Allocation vertraut. Zugleich versuchte man, die gravierendsten Nachteile durch Einbeziehung alternativer Assetklassen und Allokationsmuster zu kompensieren. So wurde der Einsatz von Hedge Funds und Private Equity Funds als Satelliten-Allokation in Form einer Beimengung populär.

Als Paradebeispiele für die zweite Generation können das Risk Parity Portfolio und das Yale-Modell genannt werden. Diese werden im Folgenden genauer betrachtet.

7.1.5 Asset Allocation 2. und 3. Generation

7.1.5.1 Risk Parity Portfolio

In einem gemeinsamen Artikel mit Göhkan Kula (MYRA Capital) unterzog ich (M.S.) Ende 2012 das Thema einer kritischen Würdigung (Kula und Schuller 2012). Auszugsweise wird anschließend der Risk-Parity-Ansatz vorgestellt.

Verstärkt durch die Finanzkrise und deren Nachwirkungen standen insbesondere institutionelle Kapitalanleger vor schwerwiegenden Entscheidungen bei ihrer Kapitalanlage. Durch rekordtiefe Zinsniveaus und hohe Drawdown-Risiken an den Kapitalmärkten sind Investoren in der aktuell unsicheren Zeit auf der Suche nach funktionierenden Investmentkonzepten.

Risk-Parity-Strategien haben ihren Ursprung im angloamerikanischen Raum. Obwohl das Konzept seit 50 Jahren existiert, wurde es erst 1996 durch den bekannten Hedge-Fonds-Anbieter Bridgewater mit seinem All-Weather-Fonds etabliert und tragfähig gemacht. Zu größerer Verbreitung gelangte es zwischen 2000 und 2010 dank zahlreicher Nachahmerprodukte.

Durch die strukturell höhere Aktienquote, die von US-amerikanischen beziehungsweise britischen institutionellen Investoren umgesetzt wird, hat sich die Problemstellung ergeben, dass beispielsweise bei einem traditionellen „60 % Aktien und 40 % Anleihen"-Portfolio die Aktienperformance die Portfolioperformance und das Risikoergebnis maßgeblich beeinflusst und die verbliebenen 40 % Anleihen keinen weitreichenden Portfolioeinfluss haben. Durch die Betrachtung und optimierte Gleichsetzung der Risikobudgets kann diese Schwachstelle beseitigt werden (Hurst, Johnson and Hua Ooi 2010, S. 8).

Im deutschsprachigen Europa hat Aquila Capital als erster Anbieter eine Risk-Parity-Strategie mit kombiniertem Risikomanagement vorgestellt. Durch die exzellente historische Performance – vor allem während der Finanzkrise 2008/09, bei der viele traditionelle Anbieter beziehungsweise Strategieansätze Schwächen zeigten – haben weitere Marktteilnehmer wie beispielsweise Invesco und auch Raiffeisen Capital Management (RCM) das Angebot an Risk-Parity-Konzepten erweitert und angereichert (Institutional Money 2011). Sowohl institutionelle als auch Privatanleger sind diesem Ruf und der Performance gefolgt und haben Allokationen im Bereich Risk Parity umgesetzt – die Mittelzuflüsse sprechen eine eindeutige Sprache, vor allem, wenn bedacht wird, dass der Markt in Summe stagniert.

Risk Parity verwendet bekannte Optimierungsmethoden: Efficient Frontier, Risk Budgeting und Szenarienanalyse. Es gehört zur Familie der Balanced-Portfolio-Modelle und baut auf den Ansätzen von Markowitz, Tobin und Sharpe auf (Moderne Portfoliotheorie, MPT). Als solches stellt Risk Parity eine Weiterentwicklung des Balanced-Portfolio-Gedankens – also des klassischen 60/40-Portfolios an Aktien und Anleihen – dar. Ergebnis ist nicht ein Balanced Asset Class Portfolio, sondern ein Balanced Risk Portfolio.

Risk-Parity-Strategien können in der MPT-Familie unter dem Subsegment der Return-prognosefreien und risikobasierten Asset-Allocation-Modelle geführt werden. Dies bedeutet, dass im Rahmen des Investmentprozesses und der Asset-Allocation-Steuerung keine expliziten Return-Prognosen verwendet werden müssen und somit Schwächen von Return-prognosebasierten Investmentstrategien ausgeschaltet werden können (Schachter und Thiagarajan 2011, S. 4 sowie Maillard, Roncalli und Teiletche 2008, S. 11). Analog der klassischen MPT-Portfoliooptimierung sind auch für die Risk-Parity-Strategie Schätzungen und Prognosen zu Risikokennzahlen wie beispielsweise Volatilität (Varianz/Standardabweichung) sowie zur Korrelation notwendig.

Als Hauptunterscheidungsmerkmal zu traditionellen Asset-Allocation-Modellen wird explizit das Risiko beziehungsweise der Risikobeitrag je Anlageklasse im gleichgewichteten Verhältnis (1/n) auf die entsprechenden Anlageklassen im Portfolio verteilt. So werden Anlageklassen wie Staatsanleihen mit geringerer Volatilität, diesem Ansatz folgend, übergewichtet. Dementsprechend wird ein geglätteter Portfolioverlauf angestrebt, da sich dann die Korrelationseigenschaften positiv bemerkbar machen. Eine weitere zentrale Annahme der Risk-Parity-Ansätze ist, dass alle Anlageklassen langfristig die gleiche risikoadjustierte Rendite erzielen. Nur wenn das der Fall ist, ist eine Gleichverteilung des Risikos optimal. Anderenfalls gibt es effizientere Möglichkeiten, das Kapital zu allokieren (Asness, Frazzini und Pedersen 2011, S. 12).

Die Schwächen von Risk Parity Die Schwächen von Risk Parity sind zugleich auch die Schwächen der zweiten Generation.

Die konzeptinhärente Höhergewichtung volatilitätsarmer Anlageklassen wie Geldmarkt oder Staatsanleihen führt zu einer entsprechenden Hebelung der betroffenen Anlageklassen. Für die Zukunft gerichtete Investitionsentscheidungen ist es somit von grundlegender Bedeutung, eine positive zukünftige Zinsmeinung umsetzen zu wollen beziehungsweise zumindest, dass von Seiten der Staatsanleihen keine allzu große Rückbildung zu erwarten ist. In diesem Lichte ist die sehr positive Wertentwicklung vieler Risk-Parity-Strategien nicht mehr wirklich überraschend, da von der positiven Wertentwicklung liquider Staatsanleihen-Futures (dt. Bund, US Treasury etc.) gehebelt partizipiert werden konnte und somit die seit der Finanzkrise zu beobachtende Flucht zu „Safe Haven"-Investments genutzt wurde.

Darüber hinaus sind funktionierende Korrelationseigenschaften bei Risk-Parity-Konzepten entscheidend. An den Finanzmärkten ist jedoch insbesondere in Krisenphasen – in denen den Märkten massenhaft Liquidität entzogen wird – oftmals ein Gleichlauf vieler Anlageklassen zu beobachten, sodass bei gleichzeitig schwachen Aktien- beziehungsweise Rohstoffmärkten sowie Zinsanstiegen bei sicheren Anleihen der Investor getroffen werden könnte. Die negative Korrelation von Anleihen zu Aktien im Herbst 2008 stellt keine Naturkonstante dar. Zwischen 1941 und 1986 verloren Anleihen 56 % an realem Wert durch eine anhaltende Phase negativer Realzinsen (Jones 2011, S. 11). Das gleiche Muster einer finanziellen Repression bildet sich heute in Europa aus.

7.1 Historie des Portfoliomanagements

Der Stein der Weisen wurde mit Risk Parity nicht gefunden. Es stellt gegenüber der naiven, traditionellen Anwendung der MPT – also einer Diversifikation auf Ebene von Anlageklassen, Regionen und Währungen – durchaus eine Verbesserung dar. Jedoch kann sich auch eine Weiterentwicklung der MPT nicht den risikoverzerrenden Basisannahmen entziehen. Drei seien an dieser Stelle beispielhaft genannt:

1. Die Reduktion von Risiko auf Volatilitätsmaße, so sophistiziert (symmetrisch, asymmetrisch, pfad-abhängig) diese auch ausgestaltet sein mögen
2. Der Einsatz von Leverage (Hebelwirkung durch Fremdkapitalaufnahme) im Ausmaß des Zwei- bis Sechsfachen
3. Die Annahme, Volatilität und Korrelation schätzen zu können beziehungsweise dass diese ermittelten Risikoeinschätzungen („Risikoschätzer") sich nicht im Zeitablauf verändern (Stationarität)

Risk-Parity-Fondsmanager versuchen den Modellschwächen mit Abweichungen vom strikten Risk-Parity-Ansatz entgegenzuwirken. Das beschreibt auch das Zitat einer Kapitalanlagegesellschaft (KAG), die die Risk-Parity-Strategie umsetzt, deutlich: *„Wir sind kein purer Risk Parity Fonds, sondern weichen oft stark von einer paritätischen Gewichtung ab"* (Portfolio International 2012, Ausgabe 6). Es darf die Kritik erlaubt sein, dass sie sich damit kaum noch von den klassischen Balanced-Portfolio-Managern unterscheidet. „Zurück zum Reißbrett", darf empfohlen werden.

Als zentrale Lehre aus der Finanzkrise ist zu erkennen, dass eine „naive, traditionelle" Diversifikation auf Ebene von Anlageklassen, Regionen und Währungen nicht ausreichend ist. Stildiversifikation innerhalb der MPT-Familie kann einen diversifizierenden Beitrag insbesondere in Krisenzeiten liefern, in denen den Kapitalmärkten Geld entzogen wird und Korrelationen gegen eins tendieren. Als eine dieser Stilbeimischungen bietet sich das Risk-Parity-Konzept an. Dennoch bleibt auch dieses lediglich ein Multi-Asset-Ansatz der zweiten Generation. Die sich derzeit ausbildende dritte Generation an Risikofaktoren-diversifizierenden Modellen lässt eine sowohl akademisch kohärentere als auch in ihrer praktischen Anwendung robustere Asset Allocation erwarten.

Eine Stildiversifikation innerhalb der MPT-Familie via Risk Parity entspricht dem typischen, Karriererisiko-minimierenden Gedanken der kleinen Schritte vorwärts. Doch will man wirklich Anleihen nach einem 30-jährigen Bullenmarkt mit dem bis zu Sechsfachen hebeln, weil einem das Risk-Parity-Modell dies vorgibt? Es ist Zeit, auch bei diesem Ansatz gesunden Menschenverstand über seine Anwendungsgrenzen walten zu lassen.

7.1.5.2 Yale-Modell

David Swensen begann als CIO bereits 1985 den Yale Endowment Plan nach seinem Multi-Asset-Konzept umzustrukturieren. Ausgangsbasis des Yale-Modells ist die Annahme, dass Liquidität vermieden werden soll, weil damit hohe Opportunitätskosten und folglich Performanceminderungen entstünden.

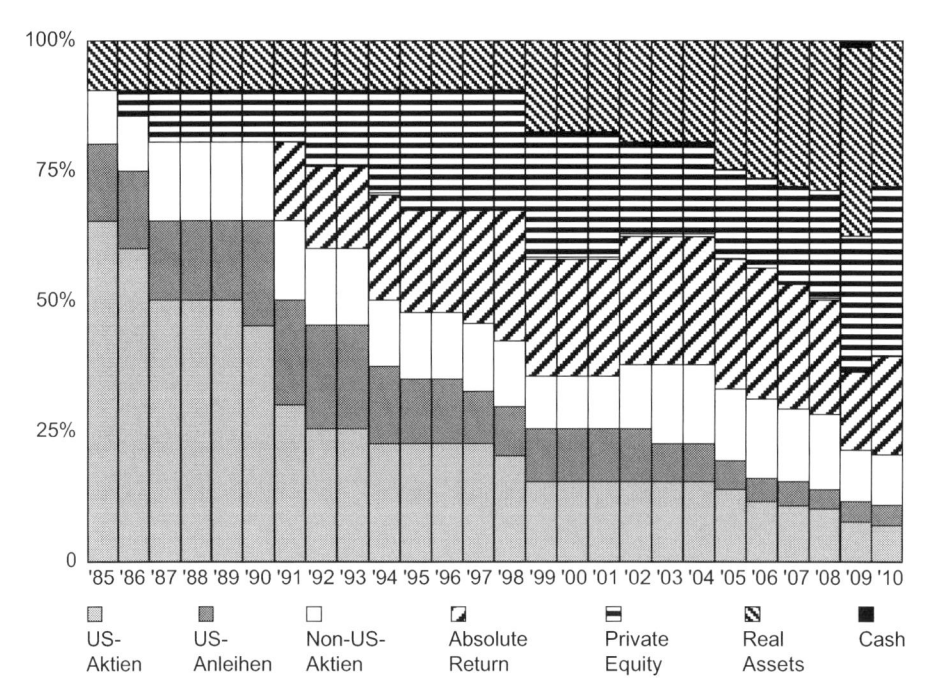

[Diagramm: Gestapeltes Balkendiagramm der Yale-Portfolio-Allokation von 1985 bis 2010, Y-Achse 0–100 %, mit Legenden-Kategorien: US-Aktien, US-Anleihen, Non-US-Aktien, Absolute Return, Private Equity, Real Assets, Cash]

Abb. 7.8 Diversifikation des Yale-Portfolios Mitte der 1990er Jahre. (Nach Yale Yearbook 2010, S. 12)

Als Konsequenz setzt Swensen (Swensen 2000, S. 52) auf eine breite Diversifikation bei gleichzeitigem Equity Bias – speziell Private Equity – und vermeidet Assetklassen mit geringem $E_{(r)}$, wie Anleihen und Rohstoffe. Die Asset Allocation im Zeitverlauf zeigt den Wandel von einem klassischen Balanced Portfolio 1985 hin zu einem Multi-Asset-Portfolio auf Basis von Alternative Assets und Illiquidität. Dabei wird der transformative Charakter des Wandels deutlich. Die Multi-Asset-Struktur führte Swensen nicht mittels eines radikalen Schnitts, sondern in Form einer sanften Überleitung durch. Er erkannte frühzeitig die Wirksamkeit von Anti-Zyklizität. Deshalb ist er darauf bedacht, nicht der Mehrheitsmeinung bei Investment-Themen zu folgen, die lediglich überlaufene Transaktionen zur Folge haben. Wie in Abb. 7.8 verdeutlicht, ist das Ziel ein evidenzbasiertes Investieren bei möglichst direktem Zugang zur wertschöpfenden Renditequelle.

Mit den Worten des Yale Endowment Offices ausgedrückt (Yale Endowment Office 2011, S. 8), lässt sich dieser Ansatz folgendermaßen zusammenfassen:

> Over the past two decades, Yale dramatically reduced the Endowment's dependence on domestic marketable securities by reallocating assets to nontraditional asset classes. In 1992, over half of the Endowment was committed to U.S. stocks, bonds, and cash. Today, foreign equity, private equity, absolute return strategies, and real assets dominate the Endowment, representing almost 90 % of the target portfolio.
>
> The heavy allocation to non-traditional asset classes stems from their return potential and diversifying power. Today's actual and target portfolios have significantly higher expected returns and lower volatility than the 1992 portfolio. Alternative assets, by their very nature,

7.1 Historie des Portfoliomanagements

Tab. 7.1 Asset Allocation bei steigender Illiquidität. (Nach Yale Investments Office 2012, S. 7)

Fiscal year	2012	2011	2010	2009	2008
Absolute return	14,5 %	17,5 %	21 %	24,3 %	25,1 %
Domestic equity	5,8 %	6,7 %	7 %	7,5 %	10,1 %
Fixed income	3,9 %	3,9 %	4 %	4 %	4 %
Foreign equity	7,8 %	9 %	9,9 %	9,8 %	15,2 %
Natural resources	8,3 %	8,7 %	8,8 %	11,5 %	10,4 %
Private equity	35,3 %	35,1 %	30,3 %	24,3 %	20,2 %
Real estate	21,7 %	20,2 %	18,7 %	20,6 %	18,9 %
Cash	2,7 %	−1,1 %	0,4 %	−1,9 %	−3,9 %
Domestic equity	5,8 %	6,7 %	7 %	7,5 %	10,1 %

Stand jeweils zum 30. Juni

> tend to be less efficiently priced than traditional marketable securities, providing an opportunity to exploit market inefficiencies through active management. The Endowment's long time horizon is well suited to exploiting illiquid, less efficient markets such as venture capital, leveraged buyouts, oil and gas, timber, and real estate.

Das Yale-Modell steht als Beispiel für den Übergang der zweiten zur dritten Generation an Asset-Allocation-Optimierungsverfahren. Es hebt sich mit seinem konsequenten Multi-Asset-Ansatz deutlich von „Balanced Portfolio+"-Varianten ab und versucht, alternative Risiko-Rendite-Quellen möglichst direkt umzusetzen. Deutlich wird dies an der Reaktion auf den relativ hohen Verlust von 24,6 % im Fiskaljahr 2009. Anstatt defensiv zu agieren und die illiquiden Positionen abzubauen, verstärkte Swensen mit seinem Team das High Conviction Play. Wie Tab. 7.1 zeigt, erhöhte er also seinen Einsatz in Bezug auf Illiquidität.

Die traditionellen Assetklassen Domestic Equity, Fixed Income und Foreign Equity reduzierten sich von Mitte 2008 (Ende Fiskaljahr 2008) bis Mitte 2012 (Ende Fiskaljahr 2012) von 29,3 % auf 17,5 %. So wurden auch Beta-beladene Hedge Funds aus dem Absolute Return Pocket genommen. Verstärkt wurden hingegen im gleichen Zeitraum illiquide Anlagen wie Natural Resources, Real Estate und Private Equity von 49,5 % auf 65,3 %.

▶ Der Finanzmarkt wird Sie einladen, kostspieligen Modethemen zu folgen. Sobald Sie Ihren evidenzbasierten, regelgebundenen Allokationsprozess gefunden haben und dieser in seinen Basisannahmen nicht falsifiziert ist, bleiben Sie Ihren Stärken treu und arbeiten Sie sauber weiter.
Anti-Zyklizität in Allokationsentscheidungen ist primär eine Kulturfrage. Regelbasierte Prozesse dienen als Unterstützung.

Trotz aller Unorthodoxie in der Invertierung von Core-Satellite-Allokationsblöcken brechen Swensen und sein Team nicht zur Gänze mit traditionellen Optimierungstechniken. Sie verwenden MPT als Orientierungsgröße, aber nicht als determinierendes, quantitatives Werkzeug und setzen weiterhin auf Assetklassen-Diversifikation – wenn auch durchaus innovativ in der Grenzziehung von Assetklassen-Grenzen.

Tab. 7.2 Asset Allocation von Asset Manager je Assetklasse. (Nach IWF 2011)

Fiscal year	2006	2008	2010
Traditional asset classes			
Cash	6,9 %	8,9 %	6,5 %
Equity	39,7 %	31,2 %	34,5 %
Bonds	41,9 %	46,6 %	46,7 %
Subtotal	88,5 %	86,7 %	87,7 %
Alternative asset classes			
Real estate	4,4 %	5,2 %	4,7 %
Hedge funds	1,7 %	2,1 %	1,4 %
Private equity	0,5 %	0,6 %	0,6 %
Commodities	0,1 %	0,1 %	0,1 %
Other	4,8 %	5,4 %	5,5 %
Subtotal	11,5 %	13,3 %	12,3 %

Asset Allocation je Assetklasse in Prozent

Tab. 7.3 Asset Allocation von Pensionsfonds je Assetklasse. (Nach IWF, 2011)

Fiscal year	2006	2008	2010
Traditional asset classes			
Cash	1,7 %	2,1 %	2,4 %
Equity	51,4 %	40,3 %	44,9 %
Bonds	36 %	41,9 %	37,1 %
Subtotal	89,1 %	84,3 %	84,4 %
Alternative asset classes			
Real estate	5,2 %	6,7 %	5,6 %
Hedge funds	1,5 %	2,2 %	2,2 %
Private equity	2,7 %	4,5 %	4,6 %
Commodities	0,4 %	0,6 %	1,0 %
Other	1,0 %	1,7 %	2,1 %
Subtotal	10,9 %	15,7 %	15,6 %

Asset Allocation je Assetklasse in Prozent

In Summe ergibt sich daraus ein Übergangsmodell von der zweiten auf die dritte Generation.

Wie langsam sich selbst diese erprobte Näherungsweise international als Standard durchsetzt, zeigen Tab. 7.2 und Tab. 7.3 entsprechend der IWF-Studie „Long-Term Investors and Their Asset Allocation: Where Are They Now?" (IWF 2011, S. 26).

7.1.5.3 Wo liegen die Schwächen der zweiten Generation?

Da die akademischen Annahmen kongruent mit jenen der drei Säulenheiligen der ersten Generation sind, verbinden sie folglich auch die gleichen theoretischen Unzulänglich-

7.1 Historie des Portfoliomanagements

Abb. 7.9 UOBAM Investment Clock. (UOBAM 2009, S. 5)

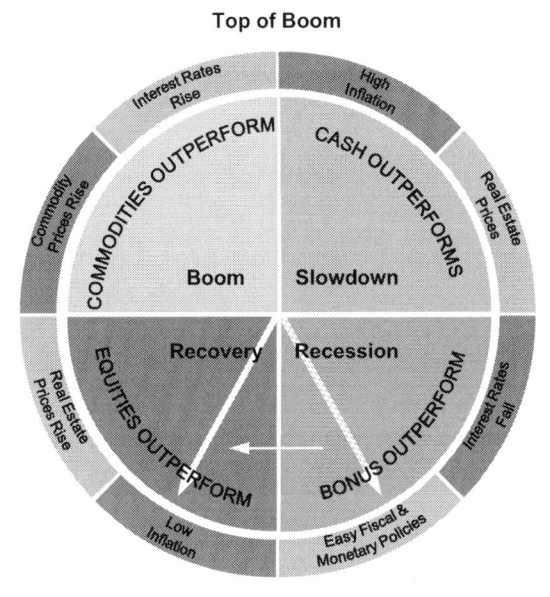

keiten. Die zweite Generation versucht nun, durch Multi-Assetklassen-Diversifikation Robustheit zu erzeugen. Dabei sollen die Multi-Perioden- und Multi-Faktoren-Modelle behilflich sein, die sich in den 1980er und 1990er Jahren etablierten. Zwar ist ein Multi-Faktoren-Modell wie etwa das Drei-Faktoren-Modell von Fama und French (Fama und French 1993, S. 51) in seiner Erklärungskraft einem Ein-Faktoren-Modell aus den 1950ern überlegen, dennoch wirkt es risikoverzerrend, weil es nicht ausreichend auf die durch die Globalisierung entstandene Komplexität antwortet.

Die folgenden beiden Beispiele sollen diesen Umstand skizzieren:

Beispiel 1 Teil der Allokationsimplikationen der zweiten Generation war die Unterscheidung zwischen strategischer und taktischer Asset Allocation. Dies ist eine Weiterführung der Idee des 20. Jahrhunderts, der zufolge Märkte „getimt" werden können. Darunter ist zu verstehen, dass das Risiko-Return-Verhalten eines Portfolios optimiert werden kann, indem sektoral und geografisch rotiert wird. Damit könnte ein Portfolio sowohl von volkswirtschaftlichen Expansionsphasen als auch von rezessiven Phasen profitieren. Kurz gesagt: Man versucht, entlang eines Wirtschaftszyklus das Portfolio antizipativ auf die nächste Phase (zum Beispiel eine Rezession) vorzubereiten. UOBAM fungiert hier, wie in Abb. 7.9 gezeigt wird, als idealtypisches Beispiel.

Diese Annahme hält der Realität jedoch nur bedingt stand. Wir wissen bereits aus einer Vielzahl von Studien, dass die Prognosefähigkeit von Ökonomen und Asset-Managern hinsichtlich der Zyklenbestimmung stark limitiert ist. Beispielhaft seien hier William Sherdens „The Fortune Sellers" (Sherden 1998, S. 85) und Michael McCracken mit dem

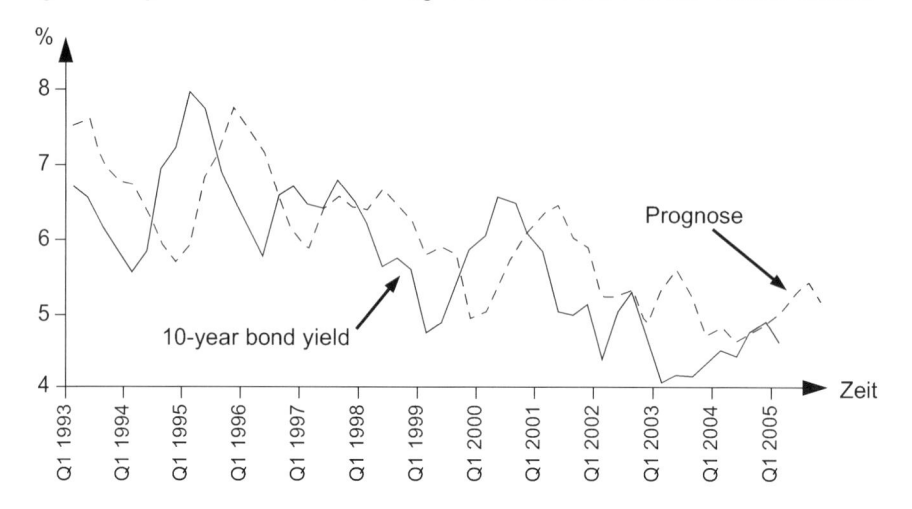

Vergleich 10y-Anleihen-Rendite Prognose 1 Jahr im Voraus versus aktuell

Vergleich S&P500 Level Prognose 1 Jahr im Voraus versus aktuell

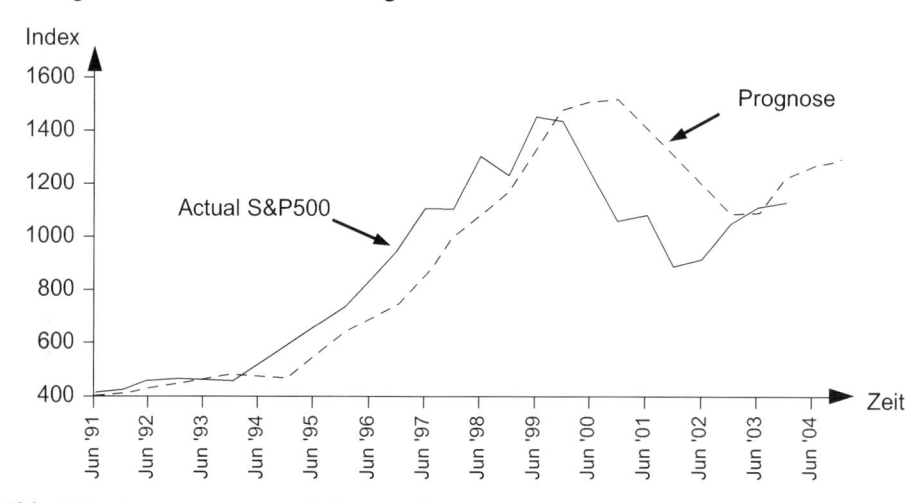

Abb. 7.10 Consensus Forecast. (Behavioural Investing 2007, S. 97)

Werk „How Accurate are forecasts in a recession" (McCracken 2009, S. 1) genannt. James Montier fasst die Unfähigkeit von Ökonomen und Analysten, Wirtschaftszyklen oder Marktbewegungen zu antizipieren, in „Behavioural Investing" (Montier 2007, S. 97) augenscheinlich zusammen. Anspruch beider Gruppen ist es, die Antizipation als vorlaufenden Indikator zu positionieren. Tatsächlich, wie in beiden Charts der Abb. 7.10 ersichtlich, folgen die Konsensprognosen zeitversetzt den realen Kursverläufen.

7.1 Historie des Portfoliomanagements

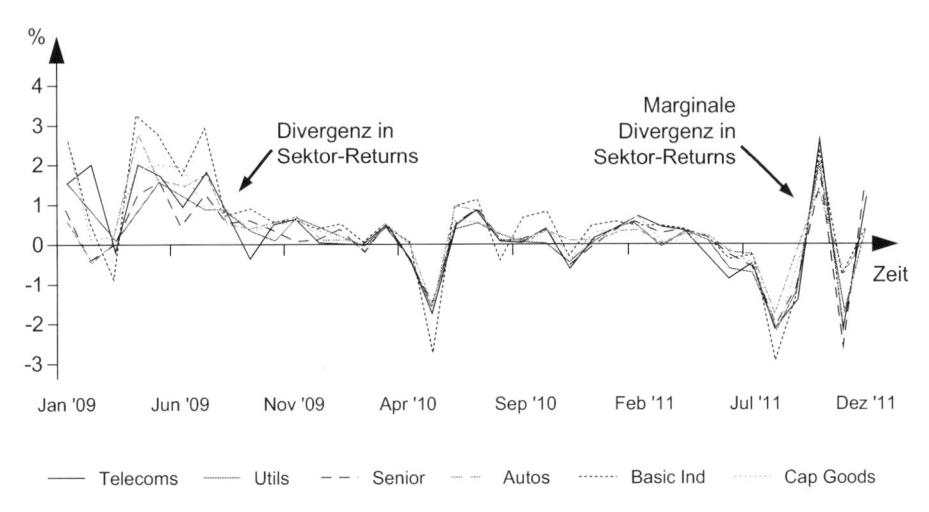

Abb. 7.11 Sektoraler Gleichklang. (Nach Merrill Lynch 2012)

Beispiel 2 Rückgrat der wachsenden Globalisierung war ein sich rasch entwickelndes Finanzsystem, mittels dessen Kapitalströme in zuvor geschlossene Volkswirtschaften umgelenkt werden konnten. Diese Öffnung von Emerging und Frontier Markets für internationales Kapital legte das Fundament für realwirtschaftlich relevante Investition in Infrastruktur und Produktionskapazitäten. Als Nebeneffekt ergab sich aber auch eine steigende Interdependenz der Handel treibenden Volkswirtschaften. Im Portfoliomanagement ist diese Entwicklung anhand der steigenden Korrelationen zwischen Assetklassen und der steigenden Fragilität von Wirtschaftszyklen einer Volkswirtschaft zu erkennen. Das Letztere führte auch zu einer Kopplung von Sektorbewertungen (s. Abb. 7.11).

Selbst alternative Assetklassen konnten sich nicht dem Trend steigender Korrelationen entziehen. Waren sie zu Beginn der zweiten Generation (rund um das Millennium) noch als Quelle von Non-Korrelation geschätzt, führte das Volumenwachstum von Hedge Funds zu einem Main-Stream-Effekt und dementsprechend zu steigender Korrelation mit Aktienmärkten. Abbildung 7.12 verdeutlicht den Korrelationsanstieg im Zeitverlauf.

In Summe ergibt sich für die zweite Generation folgende Problemstellung: Aufgrund kongruenter Basisannahmen zur ersten Generation wird Risiko künstlich auf Volatilitätsmaße reduziert. Selbst unter Zuhilfenahme von komplexeren mathematischen Modellen, umgesetzt durch computergestützte Algorithmen, ergaben sich blinde Flecken in der Risikowahrnehmung. Man denke an Value-at-Risk-optimierte Portfolios als eine der Fehlentwicklungen (Schuller 2012, S. 18). Zusätzlich ergab sich durch die rasch fortschreitende Globalisierung eine Heterogenität in der Definition von Assetklassen aus Strategien, Strukturen und Geografien, sodass eine Diversifikation auf Basis von Assetklassen keine ausreichende Robustheit ermöglichte. PIMCO zeigte 2011 das Problem eines oberflächlich „gut diversifizierten" Multi-Asset-Portfolios (dargestellt in Abb. 7.13 und Abb. 7.14), das bei näherer Analyse von einer Risikoquelle, nämlich dem Global Equity Risk, dominiert wird.

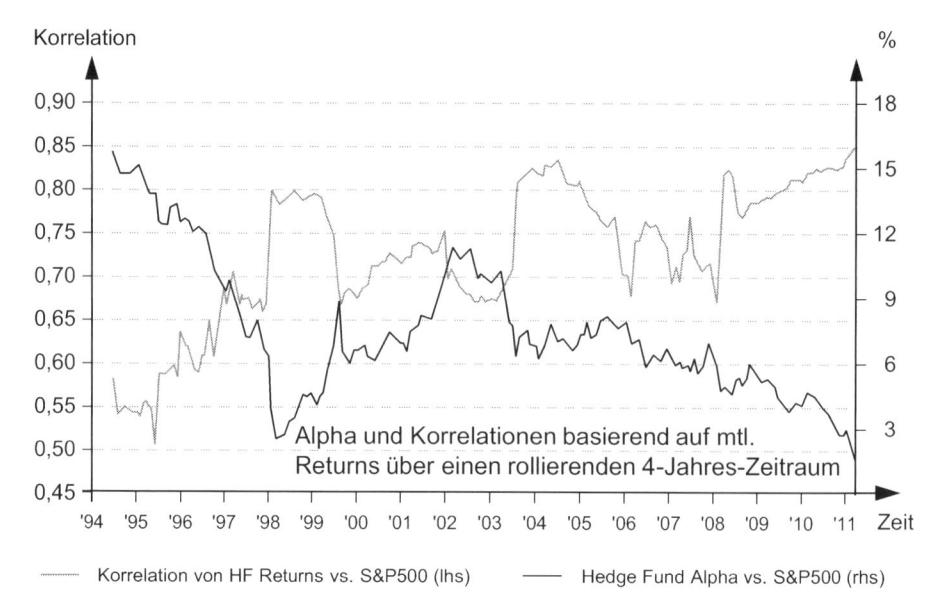

Abb. 7.12 Hedge-Funds-Korrelation. (Jones B 2011)

Abb. 7.13 Asset Class Allocation. (Nach PIMCO 2011, S. 5)

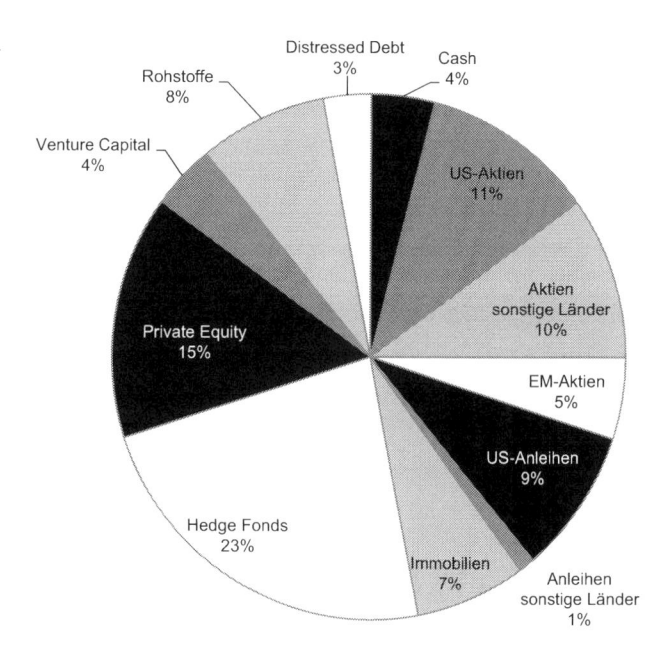

Abb. 7.14 Risk Allocation. (Nach PIMCO, 2011, S. 5)

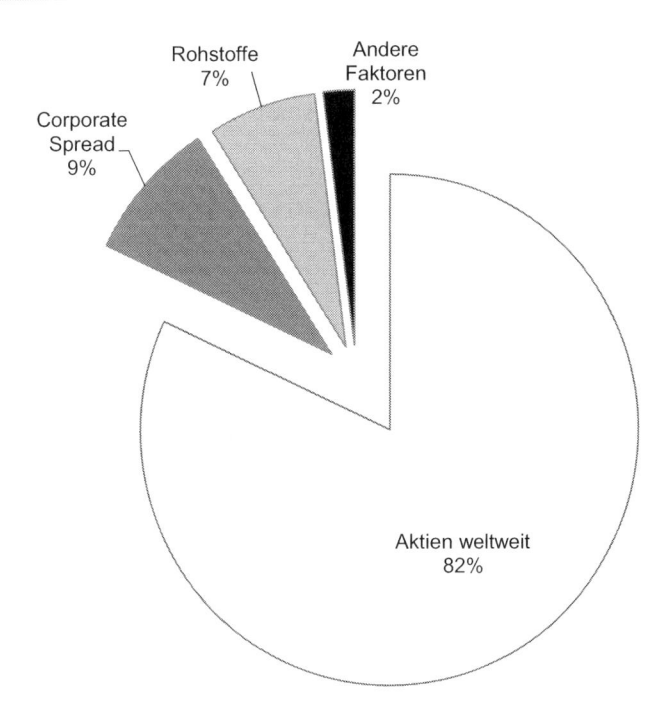

- Rohstoffe 7%
- Andere Faktoren 2%
- Corporate Spread 9%
- Aktien weltweit 82%

Bei all den dekonstruierten Mythen der ersten beiden Generationen drängt sich die Frage nach den Alternativen auf. Sehen wir uns daher die sich derzeit ausbildende dritte Generation an Asset-Allocation-Prinzipien an.

▶ Wer glaubt, der heutige Stand der Globalisierung lässt statische Produktportfolio-Entscheidungen zu, irrt. Prüfen Sie regelmäßig die Basishypothesen Ihres Allokationsprozesses. Ändern sich diese, müssen Sie Ihr Portfolio dementsprechend anpassen.

7.1.5.4 Die dritte Generation
Das Problem der Annahmen Grundsätzlich sind alle Theorien als epistemologische Annäherungen an eine ontologische Wahrheit zu verstehen. Die Zweckmäßigkeit und Dauerhaftigkeit einer Finanztheorie hängt von einer Vielzahl an Annahmen hinsichtlich des Risiko-Ertrags-Verhältnisses ab. Jene der ersten Generation werden nun auszugsweise angeführt:

1. Das Verhältnis ist linear.
2. Das Verhältnis ist statisch im Zeitverlauf.
3. Die das Verhältnis determinierenden Parameter können akkurat geschätzt werden.
4. Investoren haben rationale Erwartungen.
5. Asset-Renditen sind „stationary". Zum Beispiel bleibt deren gemeinsame Wahrscheinlichkeitsverteilung im Zeitverlauf konstant.
6. Märkte sind effizient.

Jede einzelne dieser Annahmen kann theoretisch, empirisch und experimentell in Frage gestellt werden. Dennoch darf nicht außer Acht gelassen werden, dass alle theoretischen Modelle per definitionen Abstraktionen auf der Basis von vereinfachenden Annahmen darstellen.

Die relevante Frage ist also nicht, ob diese Annahmen wahr sind und dauerhaft einem Realitätscheck standhalten. Sie tun es nicht, wie bereits gezeigt wurde. Die relevante Frage ist, ob die von den vereinfachenden Annahmen verursachten Schätzfehler gering genug sind, um sie als vernachlässigbar einzustufen.

Bis Anfang des vergangenen Jahrzehnts ging die Lehrmeinung noch davon aus, dass die oben auszugsweise angeführten Annahmen zumindest einen guten Ausgangspunkt darstellen (Beechy 2000, S. 21), der nicht grundsätzlich falsch ist (Malkiel 2003, S. 80).

Ist „nicht grundsätzlich falsch" gut genug füreine Industrie, die Billionen € weltweit allokiert? Andrew Lo, Professor an der MIT Sloan School of Management, gab 2004 mit seinem Aufsatz „The Adaptive Markets Hypothesis: Market Efficiency from an Evolutionary Perspective" (Lo 2004, S. 24) eine klare Antwort. In seinen Worten lautet die Zusammenfassung: *„The old model is not wrong, it's just incomplete."* Lo führt dankenswerweise ein realistisches, evolutionsbasiertes Menschenbild als Grundannahme für Marktteilnehmer ein. Er gibt seinem Ansatz den Namen „Adaptive Market Hypothesis" (AMH). Die ersten Gehversuche auf diesem Gebiet wurden lange vor Lo von Joseph Schumpeter in „Mutual Vituperation" (Schumpeter 1954, S. 24) und von Gary Becker (1978, S. 153) gewagt, doch Los Kombination aus Neurowissenschaft, Evolution und Finanzökonometrie ist originell und hat weitreichende Konsequenzen für das Portfoliomanagement.

Welche AMH-Implikationen ergeben sich für die Asset Allocation?

- Eine Beziehung zwischen Risiko und Ertrag existiert. Diese ist aber im Zeitverlauf instabil.
- Märkte sind nicht immer rational, sondern pendeln zwischen Angst und Gier sowie Rationalität.
- Arbitrage-Möglichkeiten existieren, aber Märkte passen sich an.
- Investmentstrategien „wax & wane" – sie kommen und gehen also. Long-only ist gefährlich.
- Der Primärfokus liegt auf dem Überleben. Profit und Nutzenmaximierung sind sekundär.
- Der Schlüssel zum Überleben liegt in der Innovation. Aufgrund der instabilen Risiko-Ertrags-Beziehung ist eine Anpassung bei wechselnden Marktbedingungen notwendig, will man einen konstanten Erwartungswert erzielen.

Extrahieren wir nun aus den AMH-Implikationen praktische Allokationshilfen. Andrew Lo selbst nennt die folgenden auf einer CFA-Konferenz (Lo 2010, S. 19):

- Long/Short-Strategien verwenden, Long-only verringern.
- „Buy & Hold"-Strategien meiden.

7.1 Historie des Portfoliomanagements

- Diversifikation über mehrere Assetklassen und Strategien.
- Passives Investieren bevorzugen.
- Normalerweise zahlt sich Risiko aus. In Krisenzeiten werden Anleger aber durch ein sich ausweitendes Ungleichgewicht der Risiko-Ertrags-Beziehung dafür bestraft.
- Alphas werden zu multiplen Betas – Alpha existiert damit lediglich temporär.

Ein Einsatz der genannten Allokationshilfen hätte viele Portfoliomanager die große Rezession der Finanzbranche seit 2007 unbeschadeter überstehen lassen, weil der dadurch erzielbare Diversifikationseffekt eine robustere Portfoliostruktur ermöglichen hätte.

▶ Die AMH-Implikationen sind für Unternehmer und Manager gleichermaßen relevant.
- Der Schlüssel zum Überleben liegt in der Innovation.
- Die dabei eingegangenen Risiken werden vom Markt je nach Marktphase unterschiedlich bewertet.
- Sobald ein gehobenes Innovationspotenzial in Anwendung steht, beginnt es sich zu verringern, weil der Markt adaptierend tätig wird.

7.1.5.5 Gewonnene Einsichten

Die Zeiten sollten vorbei sein, in denen der Einsatz von neuen, fundierten, aber nicht dem Mainstream entnommenen Erkenntnissen als Karriererisiko galt. Bisher darf dies als Wunschdenken kategorisiert werden. Die folgenden drei Betrachtungen sollen dies verdeutlichen:

Betrachtung 1 Sales bleibt Sales. Dies gilt auch bei Finanzprodukten. Man muss nicht Niklas Luhmann (1987) und Humberto Maturana (1990) studiert haben, um die auf Selbstreferentialität bauende Trägheit sozialer Systeme zu erkennen. Mitte Februar veröffentlichte das Handelsblatt eine Umfrage des Privat Finance Institute der EBS Business School (EBS 2012), in der mehr als tausend Bankberater befragt wurden. Sie zeigt, wie frustriert die Berater der konventionellen Banken sind und warum Provisionen bei der Kundenberatung nach wie vor entscheidend sind.

Darunter leiden müssen häufig die eigenen Kunden: Vier von zehn Beratern geben an, dass ihre Vertriebsvorgaben dem Kundeninteresse „häufig" oder „fast immer" widersprechen. Doch der Vertriebsdruck der Provisionsbanken belastet die Berater auch selbst, wie ebenfalls vier von zehn bestätigen. Die Belastung sei so stark, dass jeder vierte sogar in den nächsten drei Jahren seinen Job wechseln wolle.

Zusammengefasst bilden Privatanleger weiterhin eine beliebte Schafherde, die darauf wartet, geschoren zu werden.

▶ Sobald Ihnen jemand etwas verkauft und Sie das Schaf, das dabei geschoren werden soll, nicht ausmachen können, sind Sie es selbst. Vermeiden Sie diese Situationen.

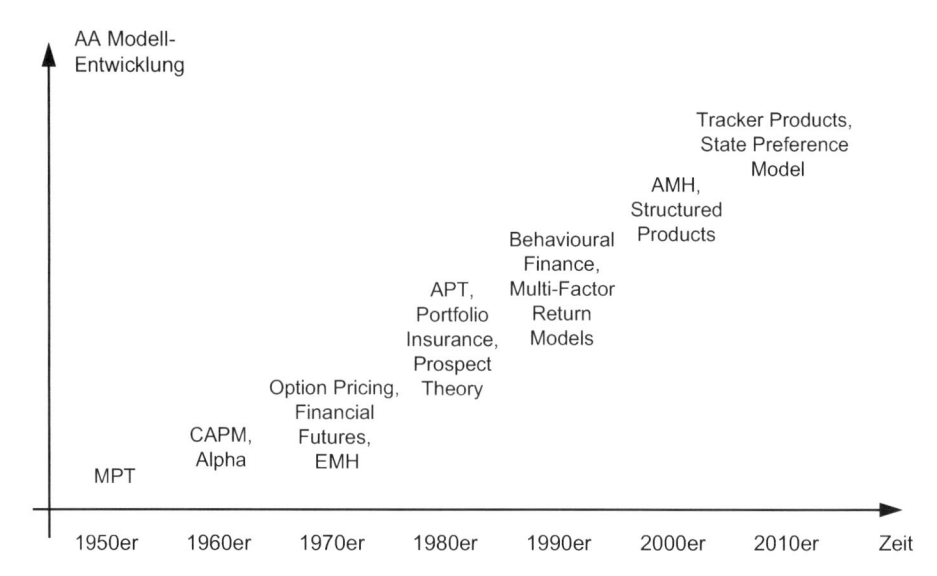

Abb. 7.15 Asset-Allocation-Modell-Historie

Betrachtung 2 Klassische Asset Manager – also jener Teil der Value Chain, der interne wie externe Vertriebsstrukturen mit neuen Publikumsfonds-Produkten versorgt – bleiben ebenso der Tradition verschrieben. Sie verharren in veralteten Allokationsmethoden – mit unterdurchschnittlichem Erfolg. Um neue Stories für ihre Vertriebskanäle zu schaffen und die eigene Funktion als „actively managed"-Bestandteil des Portfolios zu sichern, zeigen sie durchaus Kreativität in der Schaffung neuer Trends.

Doch bleibt zum Beispiel die Nachhaltigkeit von Nachhaltigkeitsfonds noch ein großes Fragezeichen, wie eine kürzlich erschienene Aufstellung aus dem Hause Feri Eurorating (Feri 2012) zeigt. Themenfonds oder auf Sektorrotation basierende Strategien (Roche 2012) stellen ebenso alten Wein in neuen Schläuchen dar. Der damit erwirkte Diversifikationseffekt ist ungenügend.

Zusammengefasst, stellen die gegenwärtigen Reformversuche am Geschäftsmodell im klassischen Portfoliomanagement Symptombehandlungen dar.

Betrachtung 3 Wir kochen alle nur mit Wasser. Der derzeitige „Mutualfundization"-Effekt bei Hedge-Fonds zeigt dies deutlich. Deshalb gilt für institutionelle wie private Investoren: Klingt eine Strategie, eine Performance-Reihe, eine Produktstruktur zu gut, um wahr zu sein, ist sie es auch. Für Wunder sind andere Institutionen zuständig und selbst diese haben ihre Schwierigkeiten damit. Die Gesetze der Schwerkraft in der Asset Allocation – wie zum Beispiel ein relativ stabiler Zusammenhang zwischen Risiko und Return – können nicht außer Kraft gesetzt werden.

Zusammenfassung Die Portfoliomanagement-Strategien der ersten und zweiten Generation, in Abb. 7.15 im Zeitverlauf dargestellt, erzeugen in abnehmendem Maße

Diversifikation und Robustheit. Sie verzerren Risiken und führen zu fehlerhaften Anlageentscheidungen.

7.2 Umgang mit Investmentbanken

Ob börsengelistet oder privat gehalten, CEOs und CFOs stehen in regelmäßigem Austausch mit Investmentbanken oder Geschäftsbanken, die Investment-Banking-Services anbieten, wie im europäischen Universalbankensystem gängig. Die am häufigsten in Anspruch genommenen Services sind Eigen- und Fremdkapitaltransaktionen.

Dieses Kapitel soll daher Seniormanagern von Unternehmen Wege zu einem optimierten Umgang mit den Investment-Banking-Serviceanbietern zeigen.

7.2.1 Eine (sehr) kurze Geschichte von Investment-Banking-Services

Investmentbanken (IB) entstanden, um mit Lord Rothschild zu sprechen, um Geld von Punkt A, wo es gehalten wird, zu Punkt B, wo es gebraucht wird, zu bewegen. Bereits im alten Babylon und im antiken Rom folgte man diesem einfachen Prinzip, das Kapital zu bündeln und dorthin zu bewegen, wo es Verwendung fand. Anfang des 19. Jahrhunderts begann die moderne Zeitrechnung des Investment Banking mit dem berühmten „Louisiana Purchase" von 1803, dem Verkauf von Louisiana an die 13 Gründerstaaten der USA durch Napoleon Bonaparte. Dieser benötigte Geld, um den kostspieligen Krieg gegen Großbritannien finanzieren zu können. Die Verhandlungspartner vereinbarten einen Kaufpreis von 15 Mio $, davon 3 Mio $ in Gold als Anzahlung. Zur Bereitstellung der restlichen 12 Mio $ wurde die britische Bank Baring Brothers engagiert, obwohl der Transaktionserlös zum Krieg gegen das Heimatland der Bank verwendet werden sollte. Bereits diese symbolträchtige Transaktion zu Beginn des modernen IB-Zeitalters steckte voller Interessenkonflikte auf Seiten der involvierten Bank. Daran hat sich bis zum heutigen Tag nichts geändert. Darauf wird später in Abschn. 7.2.3 noch genauer eingegangen. Gemeinsam mit der Amsterdamer Hope & Co. überzeugte Francis Baring den Käufer, Anleihen in der Höhe von 12 Mio $ zu emittieren. Napoleon verkaufte die Papiere zu einem diskontierten Kurs von 87,5 $ pro 100 $ Nominale an Baring Brothers und Hope & Co. weiter. Die beiden Investmentbanken erzielten einen substanziellen Gewinn und das internationale Investment Banking war geboren.

Die zweite Hälfte des 19. Jahrhunderts bis zum Ausbruch der Great Depression 1929 galt als Eldorado für Investmentbanken in den USA und Europa. Zuerst wurden beide Märkte von europäischen Geschäftsbanken wie Lazard, Warburg und Rothschild dominiert. Im Zuge des Aufbruchs gegen Westen etablierten sich in den USA auch nationale Champions wie Goldman Sachs, Salomon Brothers und Lehman Brothers durch die Finanzierungen von benötigter Infrastruktur. Gemeinsam füllten sie die Emissions-Pipeline an der New York Stock Exchange. Die Great Depression erlaubte eine Aufarbeitung manch liebgewonnener, aber unethischer Praktiken seitens der Investmenthäuser. Die legendäre Pecora Commission begann den Augiasstall auszumisten, also die missliebigen Zustände zu beseitigen. Mit dem Glass-Steagall Act (GSA) von 1933 wurden in den USA demnach Investment-Banking-Services und das reine Geschäftsbankenwesen (etwa Einlagengeschäft) getrennt. In Europa hingegen war und ist das Universalbankensystem tief verankert. Es kam zu keiner Aufspaltung von Risikofinanzierung und dem Brot-und-Butter-Geschäft an Einlagen und Ausleihungen.

Mit zunehmender Globalisierung in den 1980er Jahren fand das Lobbying der US-Investmentbanken immer fruchtbareren Boden in Washington. Sie argumentierten über viele Jahre, international an Konkurrenzfähigkeit zu verlieren, sollte der GSA nicht aufgehoben werden, und gewannen letztendlich. 1999 kam es zur Aufhebung des Glass-Steagall Act durch den Gramm-Leach-Bliley Act. Der GSA war in den Jahren zuvor bereits von regulatorischer Seite ausgehöhlt worden. So stimmte 1998 das Federal Reserve Board dem Merger von Citicorp und Travelers zu, obwohl dieser unter dem damals noch gültigen GSA zu einem Cross-over von Investmentbanken- und Geschäftsbankenservices führte. Die Aufweichung des GSA war auch politisch gedeckt. Präsident Clinton bezeichnete 1999 die Trennung als nicht mehr zeitgemäß: *„It is true that the Glass-Steagall [...] law is no longer appropriate for the economy in which we live"* (Clinton 1999). Die Folge war ein noch entfesselterer Umgang im Einsatz von komplexen Finanzprodukten und Leverage, als es ohnehin seit den frühen 1980er Jahren mit den Deregulierungsbemühungen unter Präsident Reagan in den USA und Premierministerin Thatcher in Großbritannien bereits gängig war. Als Beispiel der Entfesselung kann das Börsenlisting von Goldman Sachs im Jahr 1999 angeführt werden. Die Partner hielten zwar weiterhin die Mehrheit, die tendenzielle Trennung von Handlung und Verantwortung ist jedoch deutlich erkennbar. Nassim Taleb würde von einem Fehlen von „skin in the game" sprechen, einem verantwortlichen Einstehen für die Konsequenzen eigenen Handelns.

Im Herbst 2008 änderte sich die Situation schlagartig. Um Zugang zu verzweifelt benötigten Liquiditätsinjektionen aus dem 700 Mrd $ schweren Troubled Asset Relief Program (TARP) des US Treasury Department zu erhalten, wandelten sich die zu dem Zeitpunkt noch existierenden „Big Five"-Investmentbanken zu Bank Holding Companies um. Goldman Sachs und Morgan Stanley waren ab diesem Zeitpunkt also keine Investmentbanken mehr, sondern Financial Holding Companies unter der Supervision der Federal Reserve. Sie dürfen mit diesem Status aber weiterhin Investment-Banking-Services anbieten.

Dies ist der entscheidende Punkt. In den letzten mehr als 200 Jahren des modernen Investment Banking kam es zu zahllosen Zusammenschlüssen, Namensänderungen, Lizenz- und Besitzwechseln innerhalb des Sektors. Eines blieb jedoch gleich: Damals wie heute gehören Aktien und Anleihenemissionen zum Kerngeschäft von Investmentbanken. Alle anderen Services fluktuieren mit der Marktgegebenheit. So war Asset Management lange Zeit kein Betätigungsfeld der IBs. Zu geringe Margen ließen es unattraktiv erscheinen. Doch seit 2008 ist der Aufbau von Asset Management und Wealth Management Divisions wieder populär. Beide erlauben kalkulierbaren Umsatz und diversifizieren die transaktionsabhängigen Departments des Kerngeschäfts.

Abb. 7.16 IB Service-Tree

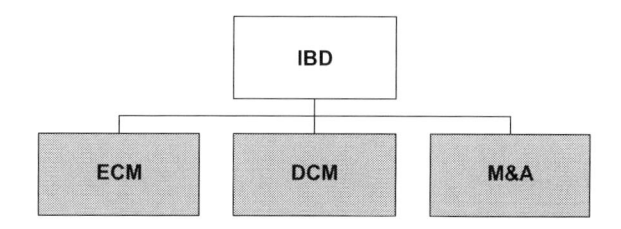

Interessant wird es sein, zu beobachten, wie Investmentbanken auf die noch kleine, sich aber dynamisch entwickelnde Refinanzierungsmethode des Crowd-Fundings reagieren werden, stellt diese doch das Kerngeschäft als Mittler im Emissionsgeschäft in Frage.

▶ Das Geschäftsmodell von Investmentbanken ist simpel und austauschbar. Es ist seit jeher durch implizite Interessenkonflikte in der Durchführung gekennzeichnet. Stellen Sie sich darauf ein, bevor Sie einen Investment-Banking-Service in Anspruch nehmen. Der Kunde sollte es nicht persönlich nehmen.

7.2.2 Klassische Investment-Banking-Services

Sehen wir uns mit Abb. 7.16 den klassischen Serviceaufbau im Investment Banking an.

In einer Investment Banking Division (IBD) laufen die zwei Kernbereiche Equity Capital Markets (ECM) und Debt Capital Markets (DCM) parallel zueinander. Der Bereich Mergers & Acquisitions (M&A) existiert sozusagen als Querschnittsfunktion innerhalb der IBD und greift anlassbezogen auf ECM- und DCM-Services zurück.

7.2.2.1 ECM (Equity Capital Markets)

Hier beraten Experten für Eigenkapitalfinanzierung große Unternehmen und sogar Regierungen. Grundsätzlich ist ein Banker im Bereich Equity Capital Markets in alle Facetten der drei wesentlichen IBDs eingebunden, das heißt ECM, DCM und M&A. Dies ist notwendig, um den Kunden einen ganzheitlichen Beratungs- und Lösungsansatz für ihre Corporate-Finance-Fragestellungen bieten zu können (e-fellows 2013).

Schwerpunkt: Eigenkapitalfinanzierung Schwerpunktmäßig liegt der Aufgabenbereich jedoch in der Eigenkapitalfinanzierung. Üblicherweise ist das ECM-Team somit eine „Produktabteilung" innerhalb der Investmentbank, mit Experten für alle Fragen im Zusammenhang mit Eigenkapitalfinanzierungen.

Die Kunden: Unternehmen, Regierungen, Investoren Kunden sind in der Regel börsengelistete Unternehmen aller Größenklassen von kleineren und mittleren Unternehmen bis hin zu Large Caps. Daneben gibt es allerdings auch Produkte im Rahmen des ECM-Geschäfts, die für nicht gelistete Unternehmen geeignet sind. Das sind zum Beispiel ein Börsengang (Initial Public Offering, IPO) oder bestimmte Derivate. Darüber hinaus zählen

Finanzinvestoren (etwa Private-Equity-Gesellschaften) sowie Regierungen (im Rahmen von Privatisierungen) regelmäßig zu den Kunden, die Lösungen der ECM-Abteilung in Anspruch nehmen.

Produkte im ECM Die Produkte beziehungsweise Transaktionen, die im Hauptaufgabenbereich des ECM-Teams liegen, umfassen

- Initial Public Offerings,
- Secondary Public Offerings,
- Platzierungen größerer Aktienpakete (Block Trades),
- Wandel- und Umtauschanleihen (Equity-linked Produkte) sowie
- private Aktienderivate-Transaktionen und Aktienrückkäufe.

Die oben genannten Produkte beziehungsweise Transaktionsarten sind in verschiedenen Variationen beziehungsweise Strukturen denk- und teilweise miteinander kombinierbar – je nach Bedarf des Kunden und abhängig vom vorherrschenden Marktumfeld.

7.2.2.2 DCM (Debt Capital Markets)

Während in Europa die Finanzierung über Bankkredite eine sehr viel längere Tradition hat, ist der Anteil an Finanzierungen, in deren Rahmen Unternehmen direkt an den Kapitalmarkt herantreten, erst in den vergangenen Jahren stark gestiegen. Dabei handelt es sich um Finanzierungstransaktionen, bei denen sich Unternehmen direkt an den Finanzmarkt wenden und damit an institutionelle Investoren wie zum Beispiel Versicherungen und Pensionsfonds. Das Hauptunterscheidungsmerkmal ist die Bonität beziehungsweise das Kreditrating des ausgebenden Unternehmens. Handelt es sich um ein Unternehmen mit einem Rating zwischen AAA und BBB, was allgemein eine gute bis sehr gute Kreditwürdigkeit beschreibt, spricht man von High-Grade-Anleihen, die das Unternehmen ausgibt.

Ein solcher Fall wird typischerweise im Bereich Debt Capital Markets (DCM) bearbeitet. Wenn das Unternehmen ein Kreditrating von BB oder schlechter hat, spricht man – je nachdem, ob es sich um eine verbriefte Transaktion handelt oder nicht – von sogenannten Leveraged Loans oder High Yield Bonds. Diese werden von der Leveraged-Finance-Abteilung betreut. Die Übergänge sind aber mitunter auch fließend.

In beiden Fällen arbeiten Unternehmen typischerweise mit einer oder mehreren Investmentbanken zusammen, die als Intermediäre zwischen Investoren und Unternehmen auftreten. In manchen Fällen garantiert die Investmentbank eine Finanzierungstransaktion, in anderen tritt sie als reiner Vermittler auf. In allen Fällen nimmt die Bank einen bestimmten Prozentsatz an den Transaktionen ein (e-fellows 2013).

Underwriting als Core Service in ECM und DCM Mit Underwriting wird die aktive Beteiligung von Banken an einer Emission bezeichnet. Damit ist die Verpflichtung verbunden, einen bestimmten Teil der zur Zeichnung angebotenen Papiere selbst zu übernehmen, falls beim Publikum die volle Unterbringung nicht gelingt. Die Konsortialmitglieder

Abb. 7.17 FICC Service-Tree

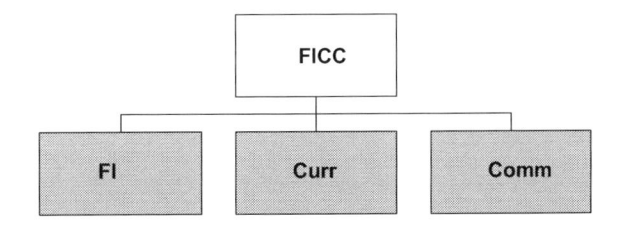

verpflichten sich also gegenüber dem Emittenten, einen bestimmten Betrag beziehungsweise eine definierte Quote zu einem festgelegten Preis zu übernehmen und zu platzieren.

7.2.2.3 M&A (Mergers & Acquisitions)

Egal ob Kauf, Verkauf oder Börsengang, eigenkapital- oder fremdkapitalfinanziert – das Projektmanagement, die Koordination aller Beteiligten und die Bewertung des Targets oder Börsenaspiranten sind dabei die wesentlichen Aufgaben des M&A-Bankers. Dieser Service stellt sich dementsprechend als Querschnittsfunktion aus ECM- und DCM-Angeboten dar.

7.2.2.4 Fixed Income, Currencies, Commodities

Als zweiter großer Service-Block neben der IBD etablierten sich Angebote rund ums Trading. In der FICC (Fixed Income, Currencies, Commodities) genannten Abteilung sind, wie in Abb. 7.17 gezeigt, die Aktivitäten zum Handeln, Bepreisen und Analysieren von Wertpapieren gebündelt. Die Grafik von Macquarie (s. Abb. 7.18) dient als Beispiel zur Illustration.

Der Fokus in der weiteren Betrachtung liegt auf ECM, DCM und M&A, da diese seitens des Seniormanagements von Unternehmen die am häufigsten beanspruchten Services darstellen.

▶ Abgesehen von der widersprüchlichen Ausgestaltung des Geschäftsmodells sind die Funktionen, die eine Investmentbank erfüllt, sinnvoll für die Realwirtschaft.
Somit gilt es nicht, Investment Banking Services zu vermeiden, sondern mit Investmentbanken möglichst auf Augenhöhe zusammenzuarbeiten.

7.2.3 Schein und Sein

In diesem Abschnitt werden die zu beachtenden Mythen bei IBD-Services behandelt.

7.2.3.1 Mythos Finanzanalyst – Bitte sprechen Sie langsam!

Seniormanager werden bei Telefonkonferenzen zu Quartalsberichten, Hintergrundgesprächen oder im Zuge von Due-Diligence-Prozessen mit Analysten in direkten Kontakt kommen. Insbesondere handelt es sich dabei um die „Spezies" der Sell-Side-Analysten.

Abb. 7.18 FICC. (Nach Macquarie 2012)

Fixed Income, Currencies and Commodities

Group contribution to profit
Based on internal management accounts before tax and profit share

Half year to 30 September 2010: 21 per cent
Half year to 30 September 2011: 1 per cent

Staff: 949 (at 20 September 2012)

Activities: Fixed Income, Currencies and Commodities (FICC) provides a variety of trading, risk management, sales, structuring, financing, market analysis and strategy services across the globe with underlying specialisation in interest rate, commodity or foreign exchange-related institutional trading, marketing, lending, clearing or platform provision

Activities: Australia, Brazil, Canada, China, Hong Kong, India, Indonesia, Japan, Singapore, South Korea, Switzerland, the UAE, the UK and the US

Ein Sell-Side-Analyst arbeitet an der Vermarktung seiner Investmentideen. Er tritt damit an sophistizierte Investoren heran, um diesen den Erwerb von Wertpapieren eines Emittenten nahezulegen. Als Beispiel sei der Kauf einer Aktie eines Unternehmens genannt. Typische Methoden, mit denen der Analyst seine Ideen kommuniziert, sind Kurzkommentare, ausgedehnte Unternehmensanalysen oder Buy-Hold-Sell-Ratings.

Zudem vermarktet er seine Ideen auf sogenannten Analysten-Roadshows, auf denen eine Reihe von Sell-Sidern zu Investoren spricht. Sie spielen auch eine relevante Rolle auf der Primärmarktseite – also bei der Emission von Aktien oder Anleihen –, indem sie ihre Meinung zu möglichen Equity Stories künftiger Börsenkandidaten abgeben oder bei IPO Pitches mitwirken. Üblicherweise kauft sich ein Emittent eine Sell-Side-Coverage für die Zeit nach dem IPO durch das angeheuerte Syndikat an Underwritern – also von jenen Investmentbanken, die das Unternehmen an die Börse führten.

In einer idealen Welt funktionieren Chinese Walls zwischen den Sell-Side-Analysten und dem ECM-Team in einer Bank. Dadurch sollen Gefälligkeitsanalysen vermieden werden. In den USA wurden diese Walls mit dem Sarbanes-Oxley Act verstärkt. Darauf verlassen sollte man sich als Kunde oder Investor allerdings nicht. Als Konsequenz verließen die Stars unter den Sell-Sidern ihre Bankhäuser und eröffneten eigene Shops. Durch diese formale Trennung wurde versucht, die Qualität und Integrität von Analysen zu erhöhen. Sterling Wong interviewte Professor Aswath Damodaran (New York University) zum Thema. Hier ein Auszug (Wong 2013):

Should We Ignore Stock Research From Big Bank Analysts?

When asked about the Chinese wall, Aswath Damodaran, a finance professor at the Stern School of Business at New York University, acknowledged its presence but said that it did not make a difference in ensuring independent stock coverage. „The bias of an equity research analyst comes from having to maintain good relations with the firms they cover, since they can

Abb. 7.19 Karriereverlauf Analyst

Karriere-verlauf	
	Analyst (3 Jahre)
	Associate (3–5 Jahre)
	Director/Vice President (3 Jahre)
	Executive Director/Senior Vice President
	Managing Director

be shut out entirely from the process if they are viewed unfavorably by these firms," Damodaran told Minyanville in an email interview.

„It's been well-understood for years in asset management that if a company has a Hold recommendation, that actually means Sell, and if it has a Buy it means Hold and if it has a Strong Buy, it means Buy", he explains.

Sehen wir uns an, ob dies gelungen ist:

Wo steht ein Sell-Side-Analyst auf seiner Karriereleiter? Abbildung 7.19 zeigt die Hierarchieebenen im Karriereverlauf. Ein Großteil der Finanzanalysten steht also am Beginn seiner Karriere in einer Investmentbank. Wenige bleiben während ihres Aufstiegs der Analyse treu, die meisten wechseln in die Primärmarkt-Services oder das Asset- und Wealth-Management.

Sehen wir uns zwei typische Job-Profile von Equity-Analysten an.

Global Equity Analyst (efinancialcareers.com 2012a)

A rare opportunity for an Analyst to join a leading Hedge Fund to work in an award winning long short global equity team.

The successful candidate will be responsible for researching and identifying potential investment opportunities for the firm's Portfolio Managers whilst supporting and modeling the positions within the portfolio across equity markets with a global reach.

Responsibilities include:
- Coverage of a portfolio of stocks to generate investment recommendations
- Development of long/short investment decisions based on fundamental analysis
- Managing relationships with investors and other counterparties
- Contributing to determining overarching investment strategy for Europe
- This fund is one of the world's leading names and prides itself on employing the strongest analysts within the market. The ideal candidate will currently be an Equity Analyst within a buy side platform that has focused on stock picking for around 18 months and has developed a real passion for investing. If you feel you match the below criteria, please apply;
- Currently working at a reputable buy side platform (Either Long Only or Long/Short)
- Exceptional academics from a top tier University
- 18 months as an Analyst within an equity fund
- A passion and desire to work for a leading fund and develop as an analyst is essential
- Strong modeling skills
- Fluency in foreign languages is highly desirable

Equity Analyst (efinancialcareers.com 2012b)

Excellent opportunity to join a top tier firm with a strong reputation
Our client is a top tier global asset management firm. They are one of the most successful firms in the market, and they are now looking to hire an Equity Research Analyst to join their team.
The role will focus on the identification and analysis of investment opportunities. Your role within the team will be a very important one as you will be working with Portfolio Managers and the Head of Research. This role is a generalist role covering European equities.
Who we're looking for are buy side or sell side analysts from another top tier firm with
- a good academic background with a minimum of 2.1 for degree
- a solid track record covering multiple sectors
- ideally have the CFA qualification

▶ Ein Muster zeichnet sich ab. Unternehmer werden in der Regel jungen, sehr gut ausgebildeten Analysten gegenübersitzen, die weder viel Markt- noch Lebenserfahrung mitbringen.
Unternehmer sollten deren Analysen keine allzu große Bedeutung beimessen und sich in etwaigen Gesprächen durch Fachjargon nicht blenden lassen. Stattdessen gilt es, größtmögliche Qualität einfordern, die dann geboten wird, wenn Analysten den Eindruck gewinnen, jemand begegne ihnen auf Augenhöhe.

7.2.3.2 Track Record

Wie sieht der Track Record von Analysten aus? Sind deren Analysen und Empfehlungen von hoher Vorhersagequalität?

Bereits 2002 zeigte Dean Baker im Paper „Dangerous Minds?" (Baker 2002, S. 16), wie negativ Ökonomen und Analysten zur Bildung der Tech-Bubble beitrugen, indem sie die Gefahren einer Blasenbildung nicht erahnten respektive wahrhaben wollten.

James Montier legte 2007 in dem Buch „Behavioural Investing" (Montier 2007) nach und machte deutlich, wie stabil Analysten mit ihren Empfehlungen einen nachlaufenden Indikator ausbilden und Trendbrüche im Untersuchungsgegenstand erst dann erkennen, wenn sie bereits geschehen sind. Eines seiner Beispiele ist in Abb. 7.10 dargestellt.

Barry Ritholtz, CEO von Fusion IQ in New York, analysierte aus Bloomberg-Daten, dass im Mai 2008 nur fünf Prozent aller Wall-Street-Empfehlungen Verkaufsempfehlungen waren (Ritholtz 2008). Kurz vor dem Platzen der Technologieblase im Jahr 2000 waren es ganze zwei Prozent. Immerhin stellt dies eine „Verbesserung" dar. Ob die ausreichend war, liegt im Auge des wohlwollenden Betrachters. Aktienanalysten neigen – wie alle anderen Marktteilnehmer – zum „Herding". In diesem Fall bedeutete das, eine deutlich zu optimistische Zukunftserwartung in Bezug auf Kursverläufe einzunehmen.

Michael McCracken, ein Ökonom der Federal Reserve Bank of St. Louis, leuchtete im Jahr 2009 aus, ob die Vorhersagequalität über einen Wirtschaftszyklus gleich verteilt ist. Er fand für den Untersuchungszeitraum von 1981 bis 2007 heraus, dass Vorhersagefehler von Ökonomen über die künftige Entwicklung von Volkswirtschaften viermal größer sind, wenn sich diese in einer Rezession befinden (McCracken 2009, S. 1).

S&P500-Unternehmen

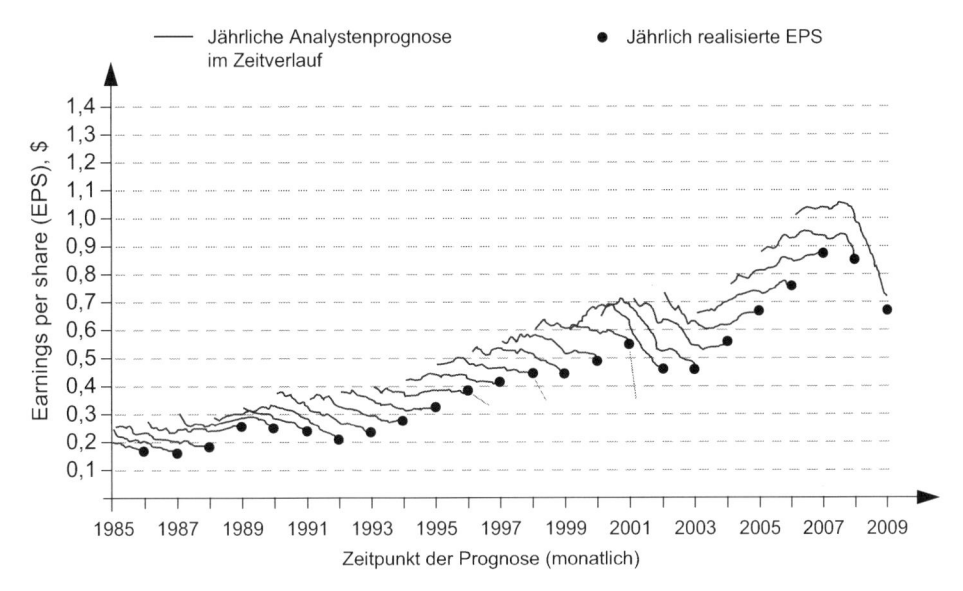

Abb. 7.20 Forecast Korrekturen. (McKinsey 2010, S. 15)

In einer Anfang 2010 von McKinsey publizierten Studie über die Analysequalität von S&P-500-Earnings-per-Share-Vorhersagen kamen die Autoren zu dem Schluss, dass Sell-Side-Analysten a) weiterhin überoptimistisch prognostizieren. Sie sind b) zudem langsam in ihren Revisionen und werden c) inakkurater während Trendbrüchen hin zur Wachstumsverlangsamung. McCracken darf sich in seiner Conclusio bestätigt fühlen. Dies sollte nicht überraschen, sprechen wir doch bei a) bis c) von einem historisch stabilen Muster. Die Aufzeichnung von 1985 bis 2009 visualisiert dies in Abb. 7.20 eindrücklich.

Wie dominant die überoptimistischen Prognosen sind, zeigt Abb. 7.21. Ganze zwei Mal in 25 Jahren übertraf das tatsächliche Ertragswachstum des S&P 500 die Prognosen der Analysten. In beiden Fällen fand dies in der Aufschwungphase nach einer Rezession statt.

McKinsey wiederum erhielt seine Erkenntnisse 2012 von offizieller Seite bestätigt. Der Financial Stability Review der EZB vom Dezember 2012 ist in Abb. 7.22 dargestellt. Sie zeichnet die Konsensprognose von Ökonomen zur realen BIP-Wachstumsentwicklung in der Eurozone und den USA vom Oktober für das jeweils darauffolgende Jahr zwischen 2007 und 2012. Deutlich zu sehen ist die Ausprägung einer Spitze der Glockenkurve über der Null-Linie. Die „Great Recession" auf beiden Seiten des Atlantiks kam – trotz Einsatzes von sophistizierten quantitativen Modellen – nicht im Ansatz vor. Einzig in „normalen" Jahren, wenn die Volkswirtschaft näher am Potenzialwachstum expandierte, lagen die Prognosen weniger falsch.

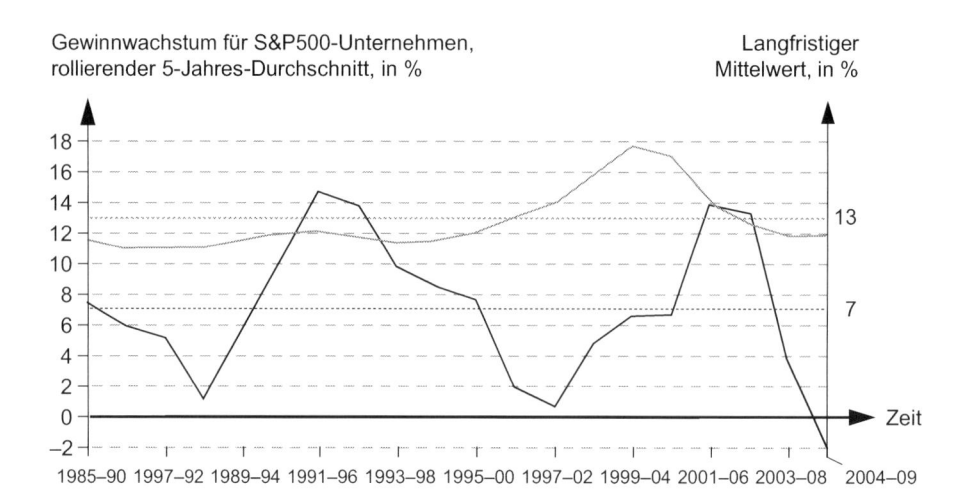

Abb. 7.21 Optimist Bias. (McKinsey 2010, S. 15)

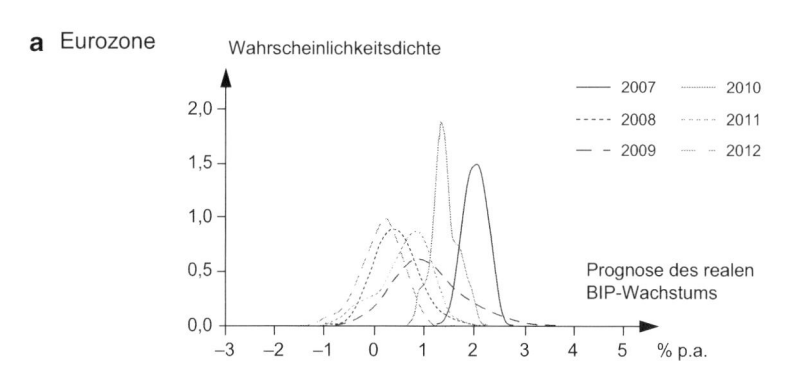

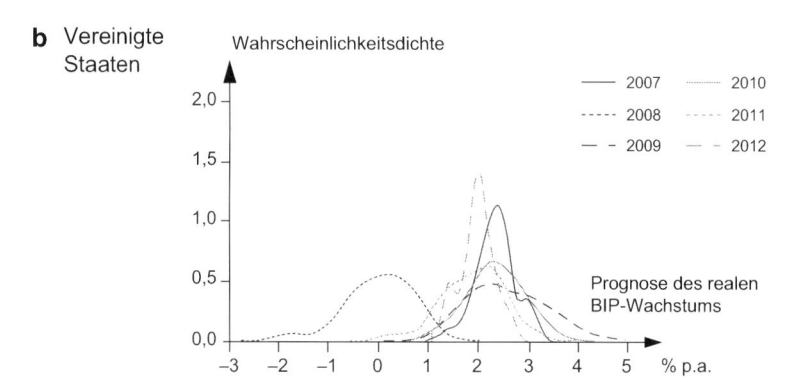

Abb. 7.22 Optimist Bias. (EZB 2012, S. 15)

▸ Analysten von Unternehmen und Volkswirtschaften sind ebenso blind wie alle anderen Menschen, wenn es darum geht, künftige Geschehnisse vorherzusagen. Sollte Ihr Gegenüber anderes behaupten, werden Sie misstrauisch.

Analysten leben mit ihrer verzerrten Marktwahrnehmung von zu optimistischen Prognosen hinsichtlich Kursverläufen. Nun mag dies das Management des bewerteten Unternehmens vordergründig nicht stören, doch sollten am Markt keine unrealistischen Erwartungen aufgebaut werden, denn eine durch unerfüllte Markterwartung getriebene Kurskorrektur kann schmerzlich für das Management enden.

Lemmingen sei empfohlen, dem am höchsten dekorierten Sell-Side-Analysten zu folgen, den man finden kann. Für produktives, wertschöpfendes Arbeiten hingegen ist das durch Analysten produzierte Marktrauschen unbedingt herauszufiltern.

7.2.3.3 Quantitative Modelle

Nun könnte man meinen, bei Prognosen handele es sich um Tendenzaussagen, die auch dann nützlich sind, wenn sie die Faktoren benennen und gewichten, auf die es ankommt. Entschuldbar wären folglich inkorrekt vorhergesagte schockartige Ereignisse wie plötzliche Unternehmensinsolvenzen oder Rezessionen. Die Anhänger dieser Modelle glauben, dass mit fortschreitendem Einsatz quantitativer Methoden in der Faktorenbestimmung und -gewichtung die Ergebnisse exakter werden. Chronisch überschätzen sie dabei jedoch die Möglichkeiten durch technologische Hilfsmittel.

William Sherden beschrieb bereits 1998 in „The Fortune Sellers", dass eine steigende Sophistizierung nicht zu einer Verbesserung der Trefferquote führt. Er untersuchte führende Publikationen zur Analyse- und Vorhersagegenauigkeit von Ökonomen in puncto Umkehrpunkte in Wirtschaftszyklen zwischen 1970 und 1995 und kam zu diesen Schlussfolgerungen (Sherden 1998, S. 85):

- Ökonomen können Umkehrpunkte im Wirtschaftszyklus nicht vorhersagen. Von den 48 Vorhersagen waren 46 falsch.
- Die Vorhersagequalität entspricht jener von Ratespielen.
- Weder einzelne Personen noch ökonomische Theorien produzierten eine konstante Akkuratesse.
- Der Einsatz von komplexeren Methoden erwirkt keine Verbesserung.
- Consensus Forecasts bieten keine Verbesserung.

Theoretisch deduziert, finden sich die gleichen Schlussfolgerungen zu den technologischen Hilfsmitteln in Nassim Talebs neuem Buch „Antifragile – Things That Gain From Disorder" (Taleb 2013, S. 19).

> Black Swans hijack our brains, making us feel we „sort of" or „almost" predicted them, because they are retrospectively explainable. [...] An annoying aspect of the Black Swan problem – in fact the central, and largely missed, point, is that the odds of rate events are simply not computable.

▸ Werden Sie misstrauisch, wenn Ihnen Analysten Ergebnisse vorstellen, die mit komplexen quantitativen Modellen errechnet wurden, und vorgeben, damit Prognosen zu validieren.

7.3 Gängige Bewertungsmethoden in der Unternehmensanalyse

Welche Methoden stehen nun bei Analysten hoch im Kurs? In diesem Abschnitt werden die folgenden, gängigen Bewertungsmethoden vorgestellt:

- Discounted Cash Flow/Net Present Value
- Comparables/Multiples
- Venture-Capital-Methode
- First-Chicago-Methode

Viele Leser werden im Zuge ihres Studiums oder beruflich mit Variationen der Barwert-Methode in Berührung gekommen sein. Diese ist ein gängiges Prinzip, um dem Zeitwert des Geldes gerecht zu werden. Es folgt dem bekannten Motto „Ein Euro heute ist besser als ein Euro in einem Jahr" (s. auch Abschn. 6.2.9.4). Inflation und andere Risikofaktoren wirken entwertend auf diesen Euro. Die Barwert-Methode (oder Net Present Value Method) erlaubt die Berücksichtigung künftiger Cash Flows und deren Entwertung durch einen Diskontierungsfaktor, der mit jeder Periode exponentiell ansteigt.

$$\begin{aligned} NPV &= CF_0 + \frac{CF_1}{(1+i)} + \frac{CF_2}{(1+i)^2} + \frac{CF_3}{(1+i)^3} + \ldots + \frac{CF_n}{(1+i)^n} \\ &= \sum\nolimits_{t=0}^{n} \left[(E_t - A_t) \times \frac{1}{(1+i)^t} \right] \end{aligned} \quad (7.2)$$

Aufgrund der Popularität der Barwert-Methode und ihrer Anwendung in der Bewertung von Unternehmen, Investitionen und Projekten mittels des Discounted-Cash-Flow-Verfahrens gehen wir nur kurz auf ebenjenes ein. Es findet sich ausreichend Basisliteratur zum Thema. Wir konzentrieren uns im Anschluss stärker auf die aktuelleren, etwas differenzierteren Verfahren in der Bewertung.

Terminal Value (TV), Begriffsbestimmung Der Terminal Value (Unternehmenswert am Ende des Betrachtungszeitraumes) ist ein in der Praxis umstrittener Begriff.

Sehen wir uns daher die zwei TV-Glaubensrichtungen, bei vorausgesetzter Going-Concern-Annahme (Weiterführungshypothese des Unternehmens), an:

- Stable Growth Approach
- Exit Multiple Approach

Stable Growth geht von stetem Wachstum nach dem Planungshorizont aus. Bestimmt wird diese Annahme durch zwei Determinanten: künftige Profitabilität und künftige Reinvestitionsquote. Diese Methode ist zwar akademisch am besten fundiert, birgt aber in ihrer Anwendung umfassende und nichttriviale Berechnungen und bietet daher keine gute Anwendungsbasis für Praktiker.

Exit Multiple geht von einer Veräußerung des Unternehmens am Ende des Planungshorizonts aus. In der Regel werden dazu auf Free Cash Flow, EBIT oder EBITDA basierende Multiples zur Unternehmenswertbestimmung verwendet. Dieser Ansatz ist wesentlich einfacher in der Anwendung, birgt aber durch die Simplifizierung von künftigen Entwicklungen ein hohes Maß an Inputsensibilität. Typ und Höhe der Multiples bestimmen dabei dominant die Berechnung des Terminal Value.

Liquidation Value Es existiert eine dritte Glaubensrichtung – nämlich der Liquidation Value Approach. Dieser bricht mit der Going-Concern-Annahme und geht davon aus, dass das Unternehmen am Ende des Planungshorizonts liquidiert werden soll. Mit diesem Ansatz lassen sich Liquiditätswerte von Assets und Verbindlichkeiten auf Basis der Buchwerte zum Liquidationszeitpunkt errechnen.

Praktikerformel Wir verwenden in der nun folgenden Auflistung von Bewertungsmethoden die Exit-Multiple-Interpretation des Terminal Value. Sie repräsentiert die klassische Praktikerformel und reicht aus, um die – ohnehin nur grob mögliche – Schätzung eines künftigen Firmenwertes annähernd abbilden zu können.

7.3.1 Discounted Cash Flow/Net Present Value

Die Discounted-Cash-Flow-Methode (DCF) bewertet ein Unternehmen, eine Investition oder ein Projekt auf Basis künftiger Cash Flows, die durch einen Diskontierungsfaktor abgezinst werden. Dieser spiegelt den Risikograd des Bewertungsobjektes wider.

DCF ist flexibler als andere Bewertungsansätze, wenn es darum geht, das individuelle Umfeld einer Unternehmung einzubeziehen. Zugleich – sozusagen als Kehrseite dieser Medaille – reagiert es stark sensitiv auf Änderungen bei Cash Flow, Terminal Value und Diskontierungszins.

Tipps zur DCF-Projektion

- Verwenden Sie realistische, gut recherchierte Cash-Flow-Annahmen.
- Verwenden Sie Best-, Base- und Worst-Case-Szenarien zur Sensitivitätsanalyse und gewichten Sie nach Ihrer Wahrscheinlichkeitsschätzung des Eintretens.
- Sofern praktikabel, sollte der Planungshorizont bis zu jenem Zeitpunkt ausgedehnt werden, zu dem das Unternehmen ein stabiles Umsatzwachstum oder Rentabilitätsniveau erreicht hat.

- Verwenden Sie den Free Cash Flow als Referenz.
- Der Terminal Value sollte eine Marktbewertung zum IPO-Zeitpunkt darstellen.
- Das Terminal Value Multiple sollte die langfristige Wachstumserwartung über den Planungszeitraum hinaus repräsentieren. Das Multiple kann durchaus unter dem aktuellen EBITDA Multiple liegen. Man denke an Marktphasen mit übertriebenen Wertpapierpreisen.
- Je nach Industrie kann die Referenzgröße des Multiples von EBITDA auf Umsatz, EBIT oder Net Income wechseln.

Vorteile dieser Vorgehensweise:

- Sie bietet ein objektiviertes Gerüst.
- Sie kann genutzt werden, wenn keine „pure play"-Vergleichbarkeit mit konkurrierenden Unternehmen gegeben ist – also keine Comparables anhand einer gut begründbaren Peer Group verwendet werden können.

Nachteile dieser Vorgehensweise:

- Sie reagiert extrem sensitiv auf Cash-Flow-Projektionen, die, für sich genommen, nahezu unmöglich zu planen sind – speziell wenn längere Planungszeiträume angenommen werden.
- Der Terminal Value könnte durch inkorrekte Annahmen bezogen auf Cash Flows und Terminal Multiples verzerrt sein.

Der Goldstandard DCF rangiert bei Analysten von Wall-Street-Investmentbanken, Equity-Research-Unternehmen, institutionellen Investoren, Hedge Fonds und Consultants als „Goldstandard" unter den Bewertungsmethoden. Dementsprechend standardisiert ist die DCF-Kalkulation. Die am häufigsten angewandte Variante ist jene im Kontext des „Sum-of-the-Parts"-Frameworks, also einer Bewertung der einzelnen Business-Segmente oder Divisionen, die aggregiert und dann zum Beispiel mit der gegenwärtigen Marktkapitalisierung verglichen werden.

Aufgrund des hohen Standardisierungsgrades gibt es Softwareprogramme, welche diese Kalkulation für Investoren vornehmen. Als Beispiel ist TREFIS (www.trefis.com) zu nennen – ein frei verfügbares Tool zur Berechnung des angenommenen Wertes („fair value") einer Unternehmung auf Basis von DCF.

7.3.2 Comparables/Multiples

Die Comparables-Methode fungiert als „Ballpark"-Modell zur Bestimmung des Unternehmenswertes, indem vergleichbare, kürzlich bepreiste Unternehmen als Benchmark herangezogen werden. Sie kann bei gelisteten wie privat gehaltenen Unternehmen angewandt werden. Sie funktioniert also mit liquiden wie illiquiden Bezugspunkten.

7.3 Gängige Bewertungsmethoden in der Unternehmensanalyse

Tab. 7.4 Comparables

Unternehmen	EBITDA margin 2011	EBITDA margin 2012	2011–2012 Umsatz-wachstum	EV/EBITDA 2011	EV/EBITDA 2012
Alpha	22,3 %	22,6 %	9,6 %	8,8x	8,4x
Beta	18,4 %	18,4 %	8,7 %	7,8x	7,5x
NyComp	25,2 %	25,5 %	12,7 %	9,5x	9x
Delta	14 %	13,7 %	5,1 %	7,1x	7,3x

Als Vergleichsfaktoren werden quantitative Größen herangezogen, die auf den Wert einer Unternehmung im Vergleich zu deren Wettbewerbern schließen lassen. Beispielhaft lassen sich Risikofaktoren, Wachstumsraten, Kapitalstrukturen und Cash Flows nennen.

Diese Vergleichsfaktoren werden in Form von Multiples oder Ratios ausgedrückt. Die am häufigsten verwendeten Multiples sind:

- KGV
- Marktwert/Umsatz
- Marktwert/Eigenkapital
- EBITDA/Umsatz
- Marktwert/EBITDA

Zu empfehlen ist die Verwendung von mehreren Ratios bei der Bestimmung des Firmenwertes. In der Folge lässt sich ein Durchschnitt berechnen, der als gleichgewichteter Näherungswert eine größere Aussagekraft besitzt als ein einzelnes Multiple.

Anwendungsbeispiel: Basierend auf den folgenden Multiples wird – wie in Tab. 7.4 angeführt – das Unternehmen NyComp mit einem Aufschlag zu seiner Peer bewertet.

NyComp wird wegen seiner höheren Wachstumsdynamik und seiner höheren Profitabilität mit einem Aufschlag gehandelt (EV/EBITDA 2011 von 9,5x versus einen Mittelwert von 8,3x).

Generelle Prinzipien in der Anwendung:

- Ein geringes Top- oder Bottom-Line Multiple (umsatz- oder gewinnbezogen) weist wahrscheinlich auf eine Unterbewertung hin.
- Die Comparables-Methode kann für regional wie auch für global tätige Unternehmen verwendet werden.
- Anwendungsbereiche sind das Auffinden von attraktiven Übernahmekandidaten, Back-of-a-Napkin-Unternehmensbewertungen (überschlagsmäßige Näherungen) oder die Bewertung von illiquiden Assets wie Immobilien.
- Nicht alle Multiples können für sämtliche Industrien verwendet werden. So sind die akzeptablen Höhen pro Multiple abhängig von den jeweiligen Sektoren. Ein höheres KGV ist etwa in Wachstumssektoren wie Biotech akzeptabler als in saturierten Industrien (beispielsweise Eisenbahn).

- Die Schwierigkeit liegt in der Auswahl angemessener Multiples. Angemessen bedeutet in diesem Fall, dass die Peer aus Unternehmen mit vergleichbarer Größe, vergleichbarem Wachstum und vergleichbarer geografischer Marktkonzentration ausgewählt und mit sektorenspezifischen Multiples abgebildet wird.
- Die Methode ersetzt nicht eine umfassende Fundamentalanalyse, sondern stellt eine „quick and dirty"-Approximation zur Bestimmung des Unternehmenswertes dar.

Best Practice zur Interpretation von Multiples
- **Überbewertung**
  Was, wenn die als Benchmark herangezogene Peer über- oder unterbewertet ist? Die Methode stellt also einen Vergleich zu gegenwärtigen Bewertungsniveaus innerhalb der Peer her, sagt aber nichts über die relative Bewertungshöhe zum Gesamtmarkt aus.

- **Multiple Trends**
  Multiples tendieren dazu, im Zeitverlauf zu sinken, weil die Werte im Zähler bei gesunden Unternehmen stärker zunehmen sollten als jene im Nenner. Ist dies nicht der Fall, sollte den Ursachen nachgegangen werden.

- **Umsatzwachstum**
  In der Regel wachsen Umsätze gesunder Unternehmen im Zeitverlauf. Bei negativem Umsatzwachstum sollte den Ursachen nachgegangen werden.

- **Umsatzwachstum versus Margen**
  In der Regel verbessern gesunde Unternehmen ihre Margen im Zeitverlauf. Kann ein starkes Umsatzwachstum bei gleichzeitiger Verschlechterung der Margen beobachtet werden, sollte den Ursachen nachgegangen werden.

- **Outliers**
  Jene Multiples, die aus dem Muster der anderen fallen, bedürfen besonderer Aufmerksamkeit. Es ist anzuraten, der Ursache für die Abweichung nachzugehen. Stellt sich ein nichtiger Grund heraus, sollte auf dieses Multiple verzichtet werden. Als Beispiel dienen KGVs von 100 + für junge High-Tech-Unternehmen mit Potenzial.

7.3.3 Venture-Capital-Methode

1987 publizierte der Harvard-Professor William Sahlman die 52 Seiten starke Fallstudie „The Venture Capital Method" (Sahlman 1987). Er beschreibt darin eine Methode zur Bewertung von Hochrisiko-Investments mit langem Zeithorizont – also klassischen Venture-Capital- beziehungsweise Business-Angels-Allokationen. Sie basiert auf einer Schätzung des Terminal Value in fünf bis sieben Jahren, der mittels hohem Diskontierungsfaktor in die Gegenwart abgezinst wird.

7.3 Gängige Bewertungsmethoden in der Unternehmensanalyse

Der Return des Investors resultiert also aus einem potenziell hohen Kapitalertrag zum Exit-Zeitpunkt (etwa Verkauf oder IPO). Das Risiko wird nicht über Dividenden aus dem Free Cash Flow, sondern mit der finalen Transaktion bezahlt. Die Venture-Capital-Methode berücksichtigt diese Eigenheit. Wenn Exit-Preis, die erwartete Verzinsung und der Zeitraum bis zum Exit abgeschätzt werden können, lässt sich der heutige Firmenwert als Post-Money-Größe errechnen, so die Annahme. Als Formel dargestellt, bedeutet dies:

Pre-Money-Unternehmenswert = Post-Money-Unternehmenswert − Investitionssumme

In der Zwischenzeit ist die Venture-Capital(VC)-Methode innerhalb des Private-Equity-Universums gut etabliert. Ebendort sind viele Investments charakterisiert durch negative Cash Flows und Verluste in den Anfangsjahren – eingebettet in ein Umfeld hoher Ungewissheit – sowie durch eine potenziell hohe Wertsteigerung in der Zukunft. Die VC-Methode geht auf dieses Auszahlungsprofil ein, indem sie ein Multiple auf den projizierten Cash Flow oder Gewinn im Jahr fünf bis sieben anwendet – also dann, wenn das Unternehmen aus der anfänglichen Verlustzone gewachsen ist. Das Multiple basiert auf den Renditeerwartungen des Investors. Wurde nun der Terminal Value bestimmt, entspricht dieser dem Post-Money-Unternehmenswert inklusive der Investitionssumme. Dieser Terminal Value wird mit Diskontierungsfaktoren von 40 bis 75 % abgezinst.

Die Venture-Capital-Methode ist zwar nicht besonders präzise, trotzdem insbesondere im Fall mehrerer Finanzierungsrunden sinnvoll.

Die Methode verwendet bestimmte Begriffe, um die Abfolge der einzelnen Bewertungsschritte nachvollziehbar kategorisieren zu können. Deshalb werden nun die Schlüsselbegriffe der VC-Methode kurz vorgestellt:

Post-Money Valuation Die Bewertung eines Unternehmens unmittelbar nach dem Ende einer neuen Finanzierungsrunde.

Pre-Money Valuation Die Bewertung eines Unternehmens unmittelbar vor Ende einer neuen Finanzierungsrunde. Sie inkludiert den Gegenwert der Unternehmensidee, Intellectual Property, das Managementteam und das Marktpotenzial.

Terminal Value (TV) Die Bewertung eines Unternehmens am Exit-Stichtag. Präziser formuliert, stellt der TV den Exit-Erlös etwa durch M&A oder IPO dar.

Antizipierter Return on Invest (ROI) Der antizipierte ROI entspricht dem erwarteten Cash-on-Cash ROI für ein Investment im Exit-Jahr. Dieser ROI wird üblicherweise als Multiple der Investitionssumme ausgedrückt – zum Beispiel 10x –, unabhängig vom Investitionszeitraum.

Schrittweiser Bewertungsprozess Mit den eingeführten Begriffen lässt sich nun der Bewertungsprozess beschreiben:

- **Schritt 1– Terminal-Value-Schätzung**
  Der Terminal Value wird für einen konkreten Zeitpunkt in der Zukunft geschätzt. Dieser Zeitpunkt stellt den Ausstiegsmoment für den Investor dar. Meist werden zwischen vier und sieben Jahren angenommen. Der Terminal Value wird in der Regel mittels eines Multiples – wie des KGV – geschätzt, welches auf den Nettogewinn im Exitjahr gerechnet wird. Eine weitere Schätzgröße ist die Verwendung von Umsatz-Multiples. Dies sind lediglich zwei aus einer Vielzahl an möglichen Schätzverfahren für die Berechnung des Terminal Value. Mit Vorsicht vorgenommen, könnte man eine Auswahl an Multiples zur Anwendung bringen und daraus einen TV-Durchschnitt errechnen.

- **Schritt 2– Diskontierung des Terminal Value**
  In der Net-Present-Value-Methode wird der WACC (Weighted Average Cost of Capital) zur Abzinsung der jährlichen Cash Flows und des Terminal Value verwendet. In der Venture-Capital-Methode verwendet der Investor den antizipierten ROI als Diskontierungsfaktor.

- **Schritt 3– Anteilsberechnung**
  Der Anteil am Unternehmen, der benötigt wird, um den antizipierten ROI zu erreichen, wird errechnet.

Beispielrechnung: Ein Venture Capitalist identifizierte ein Start-up, bei dem er sich ein Investment vorstellen könnte. In den Gesprächen mit dem Gründer wurde eine Unternehmensbewertung (Terminal Value) von 800.000 € vor der Finanzierung vereinbart (Pre-Money Valuation). Das Unternehmen muss 450.000 € finanziert bekommen. Der Investor erwägt eine Allokation zu den genannten Konditionen. Angenommen, die 450.000 € werden in Stammaktien investiert, sieht die Post-Money Valuation wie folgt aus:

$$800.000\ \text{€} + 450.000\ \text{€} = 1{,}25\ \text{Mio.}\ \text{€}$$

Der Investor würde Stammaktien in folgender Anteilshöhe erhalten:

$$450.000\ \text{€} / 1{,}25\ \text{Mio.}\ \text{€} = 0{,}36 = 36\,\%\ \text{des Unternehmens}$$

7.3.4 First-Chicago-Methode

Wie die Venture-Capital-Methode (VCM) ist auch die First-Chicago-Methode (FCM) ein Praktikeransatz zur Unternehmensbewertung. Dessen theoretische Fundierung ist jedoch gering. 1989 wurde die Methode von Professor William Sahlman – wie zuvor die VCM – akademisch aufgearbeitet (Sahlman 1989, S. 231). Seinen Ursprung nahm der Ansatz bei den Managern der First Chicago Corporation – einer US-Bank, die in der heutigen J.P. Morgan Chase aufging. Die FCM kombiniert die Multiples- und DCF-basierte Unternehmensbewertung.

7.3 Gängige Bewertungsmethoden in der Unternehmensanalyse

Szenarien Herzstück der FCM ist die Gliederung der Zukunftserwartungen in Szenarien. VCM kann hier lediglich mit der Durchschnittsbildung von verschiedenen Multiples zur Terminal-Value-Berechnung aufwarten. Durch die Bestimmung von Best, Base und Worst Cases in der Entwicklung des Cash Flows und der Abschätzung von deren Eintrittswahrscheinlichkeit ergibt sich tendenziell ein geringerer Firmenwert als bei VCM. Der Investor kann beliebig viele Szenarien zeichnen. Die drei genannten bilden eine geläufige Unterteilung.

Wie bei der VCM werden auch hier während der Beteiligungsphase erfolgende Gewinnausschüttungen nicht berücksichtigt. VCM und FCM unterscheiden sich darin, dass die FCM vertraglich festgeschriebene Rückflüsse in die Kalkulation einarbeitet. Eine Usance in den USA stellt die Beteiligung durch den Erwerb von rückzahlbaren Vorzugsaktien dar. Für Investoren gilt diese Rückzahlung als eine Alternative zum Best-Case-Szenario. Eine zweite Alternative wäre eine vereinbarte Teilrückzahlung des Investitionsbetrages im Fall einer Liquidation des Unternehmens.

Schrittweiser Bewertungsprozess Nachstehend ist die Abfolge des Bewertungsprozesses beschrieben:

- **Schritt 1– Cash-Flow-Schätzung**
  Für jedes Szenario wird eine begründbare Cash-Flow-Schätzung bis zum erwarteten Exit-Zeitpunkt vorgenommen.

- **Schritt 2– Terminal-Value-Berechnung**
  Der Terminal Value wird pro Szenario errechnet. Dabei haben die Multiples-Höhen dem jeweiligen Szenario zu entsprechen. Cash Flows und Terminal Value werden anschließend pro Szenario mit dem antizipierten ROI diskontiert. Die sich daraus ergebenden Summen entsprechen den Unternehmenswerten bei gegebenen Szenarien.

- **Schritt 3– Bewertung der Eintrittswahrscheinlichkeit**
  Alle drei bestimmten Szenarien werden mit der jeweiligen Eintrittswahrscheinlichkeit multipliziert. Der finale Unternehmenswert bildet sich aus der Summe der gewichteten Terminal Values.

Beispielrechnung:

Best Case – diskontierte CF + Terminal Value: 2 Mio. €
Eintrittswahrscheinlichkeit: 20 %

Base Case – diskontierte CF + Terminal Value: 1,6 Mio. €
Eintrittswahrscheinlichkeit: 60 %

Worst Case − diskontierte CF + Terminal Value: 0 €
Eintrittswahrscheinlichkeit: 20 %

Final Terminal Value
(2 Mio. € × 20 %) + (1,6 Mio. € × 60 %) + (0 € × 20%) = 1,36 Mio. €

7.3.5 Methodenwahl

Auf die Frage nach der richtigen Methode gibt es leider keine allgemein gültige Antwort.

Sie hängt von zwei bestimmenden Faktoren ab: dem Alter und dem Reifegrad des Unternehmens. Folgt man der Einteilung Seed – Start-up – First Stage – Expansion Stage – IPO, sollten Unternehmen in der Seed- und Start-up-Phase eher mit DCF und der Venture-Capital-Methode operieren. Für Unternehmen ab beziehungsweise inklusive First Stage lassen sich bereits Comparables- und First-Chicago-Methode aussagekräftig anwenden.

Die Problematik aller vorgestellten Methoden ist deren Sensitivität gegenüber Inputfaktoren. Marktnäher formuliert, stehen wir vor dem „garbage in – garbage out"-Puzzle. Tun Sie sich selbst und den Finanzierungspartnern einen Gefallen und wenden Sie die Einsicht von Warren Buffett an:

> You leave yourself an enormous margin of safety. You build a bridge that 30,000-pound trucks can go across and then you drive 10,000-pound trucks across it. That is the way I like to go across bridges (Warren Buffett 1984).

▶ Setzen Sie Kosten für Ihr Empfinden zu hoch und Umsatzerwartungen zu niedrig an. Vermeiden Sie den klassischen Hockey Stick in den Umsatzplanungen mit exponentiellem Wachstum nach dem dritten Jahr. Sie gewinnen damit an Glaubwürdigkeit in den Augen von Investoren.

Grundsätzlich ist zu empfehlen, mehrere Methoden zu rechnen und innerhalb dieser wiederum mehrere Szenarien zu testen. All diese Ergebnisse ergeben ein Ballpark-Muster an Bewertungen, die in den Verhandlungen mit (potenziellen) Finanzierungspartnern als Ausgangsbasis verwendet werden können.

Empirisch gesprochen, sollte ein Term Sheet die folgenden zehn Merkmale aufweisen, um die Erfolgswahrscheinlichkeit einer Investition zu erhöhen:

Terms

- sind einfach gehalten.
- sind robust formuliert.
- berücksichtigen Incentives beteiligter Seiten unter verschiedenen Umständen.
- beinhalten Mechanismen zur Kommunikation und gemeinsamen Interpretation.
- fußen primär auf Vertrauen und nicht auf juristischen Dokumenten.
- sind nicht offenkundig unfair.

- decken die Primärbedarfe aller beteiligten Seiten.
- verkomplizieren nicht die Möglichkeiten künftiger Kapitalbeschaffungen.
- berücksichtigen, dass Kapitalbeschaffung Zeit benötigt.
- verbessern die Chancen auf Erfolg für das Unternehmen.

7.4 Bewertung von Produktportfolios

7.4.1 Produktneuheiten in Cash-Flow-Annahmen berücksichtigen?

Cash-Flow-Annahmen für bestehende Produkte lassen sich durch Tools wie das Marktwachstum-Marktanteil-Portfolio der BCG (2013) oder das Marktattraktivitäts-Wettbewerbsvorteil-Portfolio von McKinsey (2008) approximieren. Diffiziler ist die Bewertung von Produkten kurz vor Markteintritt. Die Entscheidung, ob solch ein Produkt in die Cash-Flow-Annahmen Eingang findet, sollte primär von der Ungewissheit hinsichtlich eines erfolgreichen Markteintritts abhängig gemacht werden.

Wie ist Ungewissheit sichtbar zu machen?

- Ist das neue Produkt ein Substitut eines bereits bestehenden, aber alternden Auslaufmodells, kann Anleihe am Umsatzverlauf des alten Produktes genommen werden.
- Ein weiterer abzuklärender Aspekt ist die mögliche Umsatz- oder Margen-Kannibalisierung von bereits bestehenden Produkten im Unternehmensportfolio.
- Besteht Prozess-Know-how, von dem das neue Produkt profitieren kann? Ein Beispiel: Aufgrund seiner Marktstellung in Consumer-Electronics-Segment könnte sich Apple Inc. an jeglichem Produkt in diesem Bereich versuchen. Dennoch besteht ein Unterschied zwischen der Markteinführung des iPhones und einem etwaigen Release eines Apple-Fernsehers. Lag beim Ersten ausreichend Prozess-Know-how vor, um von einer hochwertigen Schnittstelle aus Software und Hardware ausgehen zu können, liegt bei einem Apple-Fernseher kein indirekter Proof-of-Concept vor. Weder Apple TV noch die Monitor-Produktion lassen ausreichend stichhaltig den Schluss eines Prozess-Know-hows zu.

Letztendlich bleibt es eine diskretionäre Entscheidung des Managements, ob ausreichend Begründbares vorliegt, um Produktneuheiten in den Cash-Flow-Annahmen berücksichtigen zu können.

7.4.2 Nützliche Praktikerliste aus Investorensicht

Neben der reinen Berechnung des Unternehmenswertes sollten zusätzliche quantitative und qualitative Aspekte in die Investitionsentscheidung einfließen. Bei Fragen nach der Evaluierung einer Unternehmenssubstanz muss das Rad nicht neu erfunden werden.

Wir spielen im Anschluss „Frage den Value-Investor", um herauszufinden, ob ein Unternehmen tatsächlich erstklassig ist:

1. Verfügt das Unternehmen über ein erkennbares Verbrauchermonopol?
2. Weist das Unternehmen nachhaltig hohe Gewinne mit steigender Tendenz aus?
3. Ist das Unternehmen konservativ finanziert?
4. Erwirtschaftet das Unternehmen nachhaltig hohe Eigenkapitalrenditen?
5. Behält das Unternehmen die Gewinne ein?
6. Mit welchem Investitionsaufwand kann das Unternehmen den laufenden Betrieb aufrechterhalten?
7. Kann das Unternehmen über einbehaltene Gewinne frei verfügen und diese in neue Geschäftsmöglichkeiten, in die betriebliche Expansion oder in Aktienrückkäufe reinvestieren?
8. Hat das Unternehmen Gestaltungsfreiheit bei der Preisanpassung an die Inflation?
9. Wird der durch die einbehaltenen Gewinne gestiegene Unternehmenswert auch den Marktwert des Unternehmens erhöhen?

Beantworten Sie diese neun Fragen ungeschminkt für Ihre eigene Firma. Gleiches ist vor jedem Investment in ein anderes Unternehmen anzuraten.

7.4.3 Reflexion hinsichtlich Bewertungsmodellen und Verhandlungen

Wie oben gezeigt, unterliegen Bewertungsmodelle dem „garbage in – garbage out"-Prinzip. Woher kann der Bewertende jedoch letztlich erkennen, ob gute Datenquellen als Grundlage für die Berechnungen von Unternehmenswert und Portfolioqualität beziehungsweise als Basis für die darauf folgenden Verhandlungen gewählt wurden?

Im Folgenden sind Gedanken darüber angeführt, was im Allgemeinen gesagt werden kann, ohne vortäuschen zu müssen – eine Meta-Analyse.

Eine neue Generation glaubt stets, in der schwierigsten, turbulentesten und kompliziertesten aller Zeiten seit Menschheitsbeginn zu leben. Dies ist durchaus verständlich. Irgendwie muss man sich die Mühen des Tages „schönreden", während man die eigene Lernerfahrung verarbeitet.

Wir leben im Zeitalter der Überinformation – so weit, so bekannt. Die tägliche Informationsflut führt zu einer Reizüberflutung, gefolgt von einer Unschärfe im Erkennen von Qualitätsgrenzen. Schnelligkeit überlistet Bedachtsamkeit. Blogs attackieren das Geschäftsmodell von honorigen Printmedien. Qualitätszeitungen versuchen mit einer Verschränkung von Print- und Onlineauftritten gegenzuhalten. Das Ergebnis ist eine unübersichtliche Vielzahl an Informationsquellen, jeweils nur einen Klick voneinander entfernt. Handelt es sich dabei um plumpe Kulturkritik? Folgen Sie mir in die Überleitung zum Kapitalmarkt:

7.4 Bewertung von Produktportfolios

Der Kapitalmarkt repräsentiert in konzentrierter Form das Verhalten der Gesellschaft. Was also für „Joe the Plumber" gilt, trifft für Kapitalmarktteilnehmer in potenzierter Form zu. Der Kapitalmarkt wird von Menschen bestimmt – trotz aller Algorithmen. Zu beachten ist, dass es sich dabei um Menschen handelt, die mittels der Datenbanktiefe von beispielsweise Bloomberg, FactSet oder Reuters in noch größerem Maße einer Reizüberflutung ausgesetzt sind. Die Aufgabe hingegen bleibt für CEOs, Unternehmensinhaber und Portfoliomanager gleich: Aus dem Rohstoff Information mittels Analyse und Interpretation wertsteigernde Handlungen abzuleiten.

Neben den beispielhaft genannten Informationsaggregatoren steht dem Kapitalmarktteilnehmer eine Vielzahl an Interpretationshelfern zur Verfügung. Doch sind die großen Finanznachrichtensender nicht mehr als Dauerwerbesendungen mit zweifelhafter Analysequalität. Gleiches gilt für den Analyse-Support seitens Industrierepräsentanten oder *unabhängigem* Banken-Research. Sie alle verursachen ein permanentes Marktrauschen, welches es herauszufiltern gilt.

Welchen Quellen also vertrauen? Die offiziellen Angaben von Regierungen und deren vorgelagerten Organisationen sollten doch zumindest eine gute Basis bieten. Dies kann leider nicht bejaht werden. Offizielle Daten zum Zustand einer Volkswirtschaft dürfen ebenso getrost als politisch motiviert betrachtet werden. Dies beginnt bei der Zusammenstellung eines Konsumentenpreisindex und endet bei der Zählweise in Bezug auf Arbeitslose. Nun darf man Statistikämtern in Industrienationen wie Eurostat oder BEA durchaus Lernfähigkeit und Lernwillen im Bereich der wissenschaftlichen Methodenwahl zuschreiben. Als Beispiel kann das Verhalten von Eurostat nach der Griechenland-Schmach genannt werden (Handelsblatt 2010). Doch empfiehlt es sich, selbst bei jenen stets die Zusammenstellung und Aufbereitung von Daten zu hinterfragen.

Als stabil darf die positive Korrelation zwischen dem Entwicklungsstand einer Volkswirtschaft und der Qualität offizieller Daten angenommen werden. Je weniger entwickelt eine Volkswirtschaft ist, desto eher läuft man Gefahr politischen Einflusses. Als gutes Beispiel fungiert die via WikiLeaks ans Tageslicht gekommene, permanente Manipulation von BIP-Zahlen in Entwicklungsländern.

Selbst bei supranationalen Organisationen wie zum Beispiel UN, FAO, IWF oder Weltbank muss ein gesundes Maß an Skepsis gegenüber deren Datenqualität angewandt werden. In internationalen Kreisen gilt es als offenes Geheimnis, dass sich rund um die supranationalen Organisationen eine kleine, aber feine Consulting-Elite positionierte, deren Aufgabe es ist, Daten zu „präzisieren". So kann zum Beispiel einem Land, das dem IWF Daten liefern soll, geholfen werden, seine Situation besser aussehen zu lassen, als es dem tatsächlichen Zustand des Landes gerecht werden würde. Im Fachjargon wird dies „Optimierung der Datenqualität" genannt.

Somit stellt sich dem Finanzmarktteilnehmer nicht nur die eigene Beschränktheit in der Verarbeitungskapazität von Information als Hindernis in den Weg. Die Interpretationsqualität steht auf noch wackeligeren Beinen, berücksichtigt man die unzureichende Datenqualität in der Datenflut.

Damit noch nicht genug! Leben wir nicht erst seit Krisenausbruch in einem zunehmend politischen Markt, in welchem die Politik sowohl in Developed als auch in Emerging und Frontier Markets selbst den Überblick verloren hat, weil ideologiegeleitete Antworten zunehmend an schwindender Erklärungskraft leiden? Mit der steigenden Interdependenz von Volkswirtschaften ist jeglicher Versuch regionaler Abgrenzung mit einem stark negativen Rückkoppelungseffekt verbunden.

Wo geht's hier zum Ausweg? Der Clou: Es gibt keinen! Gibt es eine einfache Antwort auf Komplexität? Nein! Wer nach einfachen Antworten in komplexen Systemzusammenhängen sucht, endet in simplifizierenden Erklärungen. Komplexität mit simplifizierenden Antworten zu begegnen, kann irrlichternden Experten mit magischen Prognosefähigkeiten überlassen werden. Sollen sie doch als Rattenfänger ihresgleichen die Lebenszeit stehlen.

Empfehlenswerter Zugang für Executives In Profit-Organisationen dominieren trotz aller ökonomischen Postulate in der Praxis meist Unternehmenspolitik und Karrieredenken, sodass der Fokus auf bestmögliche Informationsgewinnung und -interpretation nur schwer konsequent umgesetzt werden kann.

Weil von Subjekten geschaffen, ist objektive – sprich unbefangene – Information nicht nur semantisch eine Utopie. Trotzdem: Die Suche nach größtmöglicher Reinheit in der Informationsgewinnung und -verarbeitung ist jeden Versuch wert und deshalb ein wertvolles Gut an sich. Diesem Anspruch annähernd gerecht zu werden, bedarf viel Arbeit sowie des Aufbaus handverlesener Informationsquellen und Methoden zur Quellenverifikation als Absicherung gegenüber Datenmanipulationen. Dabei helfen das durch Reflexion und Repetition in Intuition übergehende Erfahrungswissen und eine gewisse Grundskepsis nach dem Motto „Fide, sed cui, vide".

7.5 Zusammenfassung

Wie kann ein Unternehmen in der Service- beziehungsweise Produkt-Portfoliosteuerung von den Lehren des Finanzmarktes profitieren? Seit dem Postulat der Modernen Portfoliotheorie von Henry Markowitz in den 1950er Jahren durchliefen die Erkenntnisse der Asset Manager zwei schmerzhafte Evolutionswellen bis hin zur sich derzeit ausprägenden dritten Generation an Asset-Allocation-Methoden. Im Verlauf dieser sechzig Jahre wandelten sich die Methoden von statischen Werkzeugen, basierend auf unrealistischen Menschenbildern im Hinblick auf Marktakteure, hin zu dynamischen, nach globalen Erklärungsmustern suchenden und das Oszillieren des Individuums zwischen Angst und Gier berücksichtigenden Ansätzen. Bei all dem finanziellen Aufwand in der Suche nach der besten Strategie ist eines grundlegend zu berücksichtigen: Wir sprechen trotz aller computergestützten Modellrechnungen und mathematischen Abstraktionen über eine Sozialwissenschaft – also das Verständnis von der Interaktion zwischen Individuen. Dementsprechend fließend und unvollendet ist die Suche. So können die genannten Best-Practice-Verfahren auch nur die gegenwärtigen Errungenschaften abbilden.

Dies berücksichtigend, bilden sich seit Markowitz akademisch wie empirisch empfohlene Handlungslinien heraus, die bei unseren heutigen Allokationsentscheidungen Orientierung geben. Durch sie werden Mythen der traditionellen Ansätze dekonstruiert, praktikable Bewertungsmethoden eingeführt und Verhandlungstaktiken für den Umgang mit Investmentbanken und anderen Marktteilnehmern empfohlen.

Unternehmen können von diesen sich herauskristallisierenden Best-Practice-Verfahren bei Portfolio-Allokationsentscheidungen profitieren, weil der Finanzmarkt als weltweit integrierteste Transaktionsplattform menschlichen Handelns fungiert. Dementsprechend sichtbar und klar werden dort sich neu ausprägende Handlungsmuster.

Als Beispiel eines Best-Practice-Verfahrens wird der Umgang mit Investmentbanken dargelegt. Anstatt sich von komplexen quantitativen Modellen und deren vorgegebenen Prognosefähigkeiten beeindrucken zu lassen, sollten Unternehmer in der Zusammenarbeit mit Investoren deren Fachjargon dekonstruieren und darauf Wert legen, dass ein nachvollziehbares und für ihr Geschäft passendes Bewertungsmodell zugrunde gelegt wird. In der Praxis wird diesem Wunsch bei entsprechender Vehemenz durchaus Rechnung getragen. Das folgende Prinzip gilt zeitlos: Services, die man nicht versteht, sollte man nicht beziehen.

Auf der Suche nach der richtigen Bewertungsmethode gibt es keinen allgemein gültigen Pfad. Sie hängt von zwei bestimmenden Faktoren ab: dem Alter und dem Reifegrad des Unternehmens. Folgt man der Einteilung Seed – Start-up – First Stage – Expansion Stage – IPO, sollten Firmen in der Seed- und Start-up-Phase eher mit der DCF- und Venture-Capital-Methode operieren. Für Unternehmen ab beziehungsweise inklusive First Stage lassen sich bereits Comparables- und First-Chicago-Methode aussagekräftig anwenden.

Die Problematik aller vorgestellten Methoden ist deren Sensitivität gegenüber Inputfaktoren. Marktnäher formuliert, ist man stets mit dem „garbage in – garbage out"-Puzzle konfrontiert. In der Bewertung sollte demnach stets eine Sicherheitsmarge (Margin of Safety) einkalkuliert werden.

Typische Fehler und Stolperfallen in diesem Kontext
1. Unterschätzen der Trägheit sozialer Systeme; falsifizierte, aber gut etablierte Modelle genießen lange Halbwertszeiten
2. Vertrauen in statische Erklärungsmuster zur Portfoliosteuerung
3. Vertrauen in die Prognosequalität eigener oder zugekaufter Markteinschätzungen
4. Falsche Risikoeinschätzung durch Verwendung von falsifizierten Risiko-Messparametern
5. Informationsüberlastung durch falsche Prioritätensetzung in der Quellenauswahl
6. Inkonsistente Portfoliostrategie mit der Konsequenz hoher Opportunitäts- und Transaktionskosten
7. Inkonsequentes Domestizieren der Animal Spirits in Entscheidungsprozessen
8. Ehrfürchtiger Umgang mit Investmentbankern ob deren vermeintlicher Qualitäten und Einflussmöglichkeiten

Weiterführende Literatur

Bücher

Asness C, Frazzini A, Pedersen L (2011) Leverage aversion and risk parity. Working paper, NYU Stern School of Management, New York

Bachelier L (1900) La Theorie de la Speculation: Annales scientifiques de l'École Normale Supérieure, vol. 3. Gauthier-Villars, Paris, S. 21–86

Baker D (2002) Dangerous minds? The track record of economic and financial analysts. Center for economic and policy research, Washington

Becker G (1978) The economic approach to human behavior. University of Chicago Press, Chicago

Beechy M (2000) The efficient market hypothesis: a survey. RBA research discussion papers from Reserve Bank of Australia, Australia

Buffett W (1987) Berkshire Hathaway annual meeting. Zitiert in Kilpatrick A (2007) Of permanent Value: the story of warren buffett, vol. 2. Andy Kilpatrick Publishing Empire, S. 1615

Carhard M (1997) On persistence in mutual fund performance. J Finance 52:57–82 (Wiley)

Carhart M, Carpenter J (2002) Mutual fund survivorship. The review of financial studies Winter (2002) 15(5):1439–1463

Edelen R, Evans R (2007) Scale effects in mutual fund performance: the role of trading costs. Social science research network

Einstein A (1905) Über die von der molekularkinetischen Theorie der Wärme geforderte Bewegung von in ruhenden Flüssigkeiten suspendierten Teilchen. Ann der Physik 17:549–560

EZB (2012): Financial stability review. European Central Bank, Frankfurt

Fama E (1970) Efficient capital markets: a review of theory and empirical work. J Finance 25:383–417

Fama E, French K (1993) Common risk factors in the returns on stocks and bonds. J Finan Econ 33:3–56

Hurst B, Johnson B, Ooi H (2010) Understanding risk parity. AQR Capital Management, Greenwich

Jones B (2011) Third generation asset allocation. Deutsche Bank Research, Hong Kong

Kolbe R (2012) Portfoliomanagement 2.0: Liefert der Fokus auf das Risiko bessere Ergebnisse? Portfolio International, vol. 6/2012

Lee M (2009) Is there skill among active bond managers? Dimensional Fund Advisors, Santa Monica

Lo A (2004) Adaptive markets hypothesis: market efficiency from an evolutionary perspective. MIT Laboratory for Financial Engineering, Cambridge

Lo A (2010) Adaptive markets and the new investment paradigm. CFA Institute Presentation, San Antonio

Luhmann N (1987) Soziale Systeme: Grundriß einer allgemeinen Theorie. Suhrkamp Verlag, Berlin

Maillard S, Roncalli T, Teiletche J (2009) On the properties of equally-weighted risk contributions portfolios. Social Science Research Network

Malkiel B (2003) The efficient market hypothesis and its critics. J Econ Perspect 17:59–82

Malkiel B (1996) A Random Walk Down Wall Street. W. W. Norton & Company, New York, (Completely revised and updated edition (December 17, 2007))

Mandelbrot B (2006) The misbehaviour of markets. Basic Books, New York

Markowitz H (1952) Portfolio selection. J Finance 7:77–91

Markowitz H (1959) Portfolio selection: efficient diversification of investments. John Wiley & Sons, New York

Maturana H, Varela F (1990) Der Baum der Erkenntnis: Die biologischen Wurzeln des menschlichen Erkennens. Goldmann Verlag, München

McCracken M (2009) How accurate are forecasts in a recession. Federal Reserve Bank of St Louis Publication, St. Louis

McKinsey (2010) Equity analysts still too bullish. McKinsey on Finance, vol. 35
Montier J (2007) Behavioural Investing. John Wiley & Sons, New York
Page S (2011) The myth of diversification: risk factors vs. asset classes. PIMCO, Newport Beach
Philips C, Kinnery F (2010) Mutual fund ratings and future performance. Vanguard, Valley Forge
Sahlman W (1987) The venture capital method. HBS Case # 9-288-006
Salhman W, Gorman M (1989) What do venture capitalists do? J Bus Ventur 4:231–248
Schachter B, Thiagarajan S (2011) Risk parity: rewards, risks and reserarch opportunities. Edhec-Risk Insititute
Schuller M, Kula G (2012) Risk Parity: Eine Modeerscheinung unterschätzt ihren blinden Fleck. Panthera Solutions Commentary, vol. 13/2012. Monaco
Schuller M (2012) Value-at-Risk: Eine Abrechnung. Asset Allocation Journal, vol. 7. Monaco, S. 18–20
Schumpeter J (1954) History of economics analysis. Allen & Unwin Ltd, New South Wales
Sharpe W (1964) Capital asset prices: A theory of market equilibrium under conditions of risk. J Finance 425–442
Sherden W (1998) The fortune sellers. John Wiley & Sons, New York
Shiller R (2009) Animal spirits. Princeton University Press, Princeton
Swedroe L (2011) The quest for alpha. Bloomberg Press, New York
Swensen D (2000) Pioneering portfolio management: an unconventional approach to institutional investment. Free Press, Washington
Taleb N (2012) Antifragile: things That gain from disorder. Random House, München
TheCityUK (2012) Fund management: financial market series. TheCityUK, London
Tobin J (1958) Liquidity preference as behaviour towards risk. Rev Econ Stud 67:65–86

Online-Quellen

BCG (2013) Portfoliomatrix. http://www.bcg.de/bcg_deutschland/geschichte/klassiker/portfoliomatrix.aspx. Zugegriffen: 13. Juni 2013
Buffett W (1984) Super investors of Graham-and-Doddsvile commemorating the 50th anniversary of security analysis. http://www.tilsonfunds.com/superinvestors.pdf. Zugegriffen: 18. Apr 2013
Clinton B (1999) Statement by President Bill Clinton at the signing of the Financial Modernization Bill. http://www.treasury.gov/press-center/press-releases/Pages/ls241.aspx. Zugegriffen: 13. Sept 2013
Business School EBS (2012) Umfrage: Provisionsgeil und frustriert - Die Wahrheit über Bankberater. http://www.handelsblatt.com/finanzen/boerse-maerkte/anlagestrategie/provisionsgeil-und-frustriert-die-wahrheit-ueber-bankberater/6195332.html#image. Zugegriffen: 25. Apr 2013
E-fellows (2013) ECM definition. http://www.e-fellows.net/JOBS-EVENTS/Branchen/Banking/Investment-Banking/Equity-Capital-Markets-ECM. Zugegriffen: 22. Apr 2013
E-fellows (2013) DCM Definition. http://www.e-fellows.net/JOBS-EVENTS/Branchen/Banking/Investment-Banking/Debt-Capital-Markets-DCM-Leveraged-Finance. Zugegriffen: 22. Apr 2013
E-financialcareers.com (2012a). Global equity analyst. http://jobs.efinancialcareers.de/job-4000000001101658.htm. Zugegriffen: 13. Feb 2013
E-financialcareers.com (2012b). Equity analyst. http://jobs.efinancialcareers.de/job-4000000001029888.htm. Zugegriffen: 13. Feb 2013
Feri E (2012) Investmentfonds - Renditeschwache Mogelpackung. http://www.handelsblatt.com/finanzen/fonds/ratgeber-hintergrund/investmentfonds-renditeschwache-mogelpackung/6250322.html. Zugegriffen: 24. Apr 2013
Finance WTUD (2012) Risikoloser Zinssatz. http://finance.wiwi.tu-dresden.de/Wiki-fi/index.php/Risikoloser_Zinssatz. Zugegriffen: 22. Apr 2013

Handelsblatt (2010) EU duldet Griechenlands Beetrug seit Jahren. http://www.handelsblatt.com/politik/international/korrumpierter-staatsapparat-eu-duldet-griechenlands-betrug-seit-jahren/3381312.html. Zugegriffen: 06. Mai 2013

Institutional M (2011) Risk parity: Krisenfeste balance. http://www.institutional-money.com/magazin/?tx_ttnews[tt_news]=37250. Zugegriffen: 03. Mai 2013

Investment Company Institute (2013) 2013 Factbook. http://www.ici.org/research/stats/factbook. Zugegriffen: 23. Apr 2013

Investopedia (2006) Unsystematic Risk. http://www.investopedia.com/articles/06/mpt.asp. Zugegriffen: 11. Mai 2013

IWF (2011) Long term investors and their asset allocation: where are they now? http://www.imf.org/External/Pubs/FT/GFSR/2011/02/pdf/ch2.pdf. Zugegriffen: 20. Apr 2013

Macquarie (2013) Fixed income, currencies and commodities. http://www.macquarie.com.au/mgl/au/about-macquarie-group/profile/organisation-structure/ficc. Zugegriffen: 14. Feb 2013

McKinsey (2008) Enduring ideas: the GE-McKinsey nine-box matrix. http://www.mckinsey.com/insights/strategy/enduring_ideas_the_ge_and_mckinsey_nine-box_matrix. Zugegriffen: 13. Juni 2013

Ritholtz B (2008) Only 5% of Wall Street recommendations are sells. http://www.ritholtz.com/blog/2008/05/only-5-of-wall-street-recommendations-are-sells/. Zugegriffen: 17. Apr 2013

Roche C (2012) Is sector allocation dead? http://pragcap.com/is-sector-allocation-dead. Zugegriffen: 20. Apr 2013

Swensen D (2010) Yearbook 2010. Yale endowment office. http://investments.yale.edu/images/documents/Yale_Endowment_10.pdf. Zugegriffen: 23. Apr 2013

Swensen D (2012) Yearbook 2012. Yale endowment office. http://investments.yale.edu/images/documents/Yale_Endowment_12.pdf. Zugegriffen: 23. Apr 2013

UOBAM (2009) Asset allocation in UOBAM, fund focus. http://uobam.com.sg/uobam/fundfocus/1Q2009/feature2_1q2009.pdf. Zugegriffen: 11. Mai 2013

Wong S (2013) Should we ignore stock research from big bank analysts? http://www.minyanville.com/sectors/financial/articles/Should-We-Ignore-Investment-Banks2527-Stock/2/28/2013/id/48437. Zugegriffen: 22. Apr 2013

Sachverzeichnis

A

Absatzfördernde Maßnahmen, 239
Absatzmenge, 83
Absatzpotenzial, 83
Absatzvolumen, 83
Abschöpfungsstrategie, 138
Adabei, 103
Adaptive Markets Hypothesis, 298
Aktivitäten, unterstützende, 245
Alleinstellungsmerkmal, 97, 233
Amortisationszeit, 7
Analyst, Track Record, 308
Änderungsmanagement, 151
Änderungsprozess, 152
Anleger, 265
Ansoff-Matrix Siehe Portfolio-Markt-Matrix, 75
APT (Arbitrage Pricing Theory), 265
Arbitrage Pricing Theory Siehe APT, 265
Asset Allocation, 275

B

Balanced Portfolio, 286
Barwert, 268, 313
Bauchladen, 148
BCG-Matrix Siehe Marktwachstums-Marktanteils-Portfolio, 77
Benchmarking, 125
Beta-Faktor, 265
Boston I Portfolio Siehe Marktwachstums-Marktanteils-Portfolio, 77

C

Capital Asset Pricing Model Siehe CAPM, 264
CAPM (Capital Asset Pricing Model), 264, 279
Chancenbewertung, 254

Change Management, 151
Comparables-Methode, 314
Comparables Siehe Comparables-Methode, 314

D

DCF (Discounted Cash Flow), 312, 313
DCM (Debt Capital Markets), 304
Debt Capital Markets Siehe DCM, 304
Discounted Cash Flow Siehe DCF, 312
Diversifikation, 43, 232
    Vorteile, 48

E

Early Birds, 103
ECM (Equity Capital Markets), 303
Effizienzgrenze, 278
Effizienzmarkthypothese Siehe EMH, 280
Eigenkapital, 263
Eigenkapitalkosten, 267
EMH (Effizienzmarkthypothese), 280
Entwicklung, stufenweise, 18
Equity Capital Markets Siehe ECM, 303
Erfolgsfaktoren, 68
Erwartungsrendite, 279
Erweiterungsmodul, 23
Executive Summary, 222
Exit Multiple, 313

F

FICC (Fixed Income, Currencies, Commodities), 305
Finanzbedarf, 258
Finanzierungskosten, 263
Finanzplan, 255
First-Chicago-Methode, 319

Fixed Income, Currencies, Commodities Siehe FICC, 305
Fokussierung, 43, 232
   Vorteile, 45
Fremdkapital, 263

G
GAP-Analyse, 120
Geschäftsmodell, 214
Geschäftsobjekt, 125
Geschäftsplan, 116, 211
   Aspekte pro, 212
   Bausteine, 221
   Kontext, 223
Glass-Steagall Act, 302
Granularität, 25
Great Depression, 301
Great Recession, 309
Grundstrategieelemente, 231

H
Herangehensweise, iterative, 216

I
Initial Public Offering Siehe IPO, 304
Innovation, 101
Innovationsprozess, 143
Innovationsstrategie, 142
Investmentbank, 300
Investor, 250
IPO (Initial Public Offering), 304

K
Kapitalisierung, 250
Kapitalkosten, gewichtete Siehe WACC, 263
Kapitalmarktlinie, 278
Kennzahlen-Analyse, 117
Kommunikation, 239
Kommunikationspolitik, 147
Komplexität
   Erkennen, 91
   externe, 88
   interne, 88
   Verarbeitung, 91
   Verarbeitungskapazität, 94
Komplexitätstreiber, 93
Kontingenz, 252
Kosten
   direkte, 256
   indirekte, 257

L
Leistungserbringung, 244
Leitbild, 129
Liquidation Value, 313
Liquiditätsplan, 261
Long Only Portfolio, 286
Louisiana Purchase, 301
Lückenanalyse Siehe GAP-Analyse, 120

M
M&A (Mergers & Acquisitions), 305
Marketing
   Instrumente, 113
   operatives, 143
   strategisches, 111
Marketingmix, 145
Marketingprozess, 114
Marketingstrategie, 113
Markt
   Abgrenzung, 61
   relevanter, 114
Marktanalyse, 59, 108, 226
   Bausteine, 61
   Datenquellen, 70
   Fragestellung, 67
   Methoden, 73
   Nutzen, 64, 104
   qualitative, 63
   quantitative, 62
Marktattraktivitäts-Wettbewerbsstärken-Portfolio, 79
Marktbeobachtung, 85
Marktdynamik, 85
Markteinführung, 236
Marktnische, 46
Marktpotenzial, 83
Marktsegmentierung, 228
Marktwachstums-Marktanteils-Portfolio, 77
McKinsey-Portfolio Siehe Marktattraktivitäts-Wettbewerbsstärken-Portfolio, 79
Meilensteinplan, 243
Mergers & Acquisitions Siehe M&A, 305
Metaprodukt, 23
Mission, 52, 225
Mitbewerb, 233
Mittelwert-Varianz-Portfolio, 277
Modell, quantitatives, 311
Multi-Asset-Konzept, 289
Multiples-Methode, 314
Multiples Siehe Multiples-Methode, 314

Sachverzeichnis

N
Net Present Value Siehe Barwert, 268
Neun-Felder-Portfolio Siehe Marktattraktivitäts-Wettbewerbsstärken-Portfolio, 79
NPV Siehe Barwert, 268

O
Optimal Risky Portfolio, 278
Organisation, 247
Organisationsform Siehe Organisation, 247

P
Partnerschaften, 246
Penetrationsstrategie, 138
Portfolioelemente, Ausgangszustand, 225
Portfolio-Markt-Matrix, 75
Portfolio-Sensitivitätsanalyse, 39
Portfoliostrategie, 133
    Abhängigkeiten, 230
Portfoliotheorie, moderne (MPT), 276
Portfolio Siehe Produktportfolio, 35
Potenzialbetrachtung, 229
Preisgestaltung, 139
Preispolitik Siehe Preisstrategie, 137
Preisstrategie, 137
Produkt
    Anpassungen, 16
    Ebene 1, 21
    Ebene 2, 23
    Ebene 3, 26
    versus Projekt, 17
Produktentscheidung, unreflektierte, 11
Produktentwicklung, iterative, 54
Produktinvestition, 211
Produktpolitik, 147
Produktportfolio, 35
Produktpositionierung, Strategien, 237
Produktstrategie, 9
    Aufwände, 14
    Gründe pro, 9
Prognose, 227
Projekt, 16
Prozess, 28
Publikumsfonds-Industrie, 281

Q
Quantitative Modelle, 311

R
Realisierungsplan, 243
Reengineering, 28
Rendite, 265
Rentabilitätsbewertung, 262
Replikation, 21
Risiko, 31
    systematisches, 264
    unsystematisches, 264
Risikobewertung, 252
Risikoprämie, 264
Risk Parity Portfolio, 287

S
Sarbanes Oxley Act, 306
Schlüsselpersonen, 248
Sell-Side-Analyst, 306
Stable Growth, 313
Strategiedefinition, 132
Strategie, Unternehmen Siehe Unternehmensstrategie, 52
SWOT-Analyse, 80

T
TARP (Troubled Asset Relief Program), 302
Terminal Value Siehe TV, 312
Tobin-Separation, 277
Trivialisierung, 94
Troubled Asset Relief Program Siehe TARP, 302
TV (Terminal Value), 312

U
Umsatzplanung, 259
Umsatzströme, 240
Underwriting, 305
Unternehmensanalyse, interne, 117
Unternehmensprofil, 223, 225
Unternehmensstrategie, 52, 225
Unternehmensstruktur, finanzielle, 250
Unterstützende Aktivitäten, 244
USP Siehe Alleinstellungsmerkmal, 97

V
Value Proposition, 232
Venture-Capital-Methode, 316
Veränderungsmanagement, 151
Verrechnungsmodelle, 241

Vertriebskonzept, 233
Vertriebspolitik, 147
Vertriebsstrategie Siehe Vertriebskonzept, 234
Vertrieb über Partner, 234
Vision, 52, 129, 225
Volatilität, 279
Vorgehensweise, 27

W
WACC (Weighted Average Cost of Capital), 263
Wahrscheinlichkeit, Produkterfolg, 32
Wahrscheinlichkeitstheorie, 32
Wandel
    evolutionärer, 153
    revolutionärer, 152
Weighted Average Cost of Capital Siehe WACC, 263

Wertketten-Analyse Siehe Wertschöpfungsketten-Analyse, 123
Wertschöpfungsketten-Analyse, 123

Y
Yale-Modell, 289

Z
Zieldefinition, 129
    Bottom-up, 131
    Top-down, 131
Zinssatz
    kalkulatorischer, 263
    risikoloser, 278
Z-Matrix Siehe Portfolio-Markt-Matrix, 75

Printed in Germany
by Amazon Distribution
GmbH, Leipzig